华南师范大学创建国家教师教育创新实验区

首批教师教育专家工作室主持人研究成果

新 时 代 教 师 教 育 文 库

第2辑

学科课程与教学论丛书

丛书主编 | 王 红 黄道鸣 姚轶懿

陈少华 主编

从节选推向整篇（部）

——高中外国文学名篇导读

南方传媒

全国优秀出版社 全国百佳图书出版单位 广东教育出版社

·广 州·

图书在版编目（CIP）数据

从节选推向整篇（部）：高中外国文学名篇导读 / 陈少华主编. -- 广州 ：广东教育出版社，2024. 8. --（新时代教师教育文库 / 王红, 黄道鸣, 姚铁懿主编）.

ISBN 978-7-5548-6081-6

Ⅰ. G634.333

中国国家版本馆CIP数据核字第（2024）第2024PA5250号

从节选推向整篇（部）——高中外国文学名篇导读

CONG JIEXUAN TUIXIANG ZHENGPIAN (BU) — GAOZHONG WAIGUO WENXUE MINGPIAN DAODU

出 版 人：朱文清
策划编辑：靳淑敏
责任编辑：谢慧瑜　苏沐阳
责任技编：许伟斌
装帧设计：陈宇丹
责任校对：田建利
出版发行：广东教育出版社
（广州市环市东路472号12-15楼　邮政编码：510075）
销售热线：020-87615809
网　　址：http://www.gjs.cn
E-mail：gjs-quality@nfcb.com.cn
经　　销：广东新华发行集团股份有限公司
印　　刷：佛山市浩文彩色印刷有限公司
（佛山市南海区狮山科技工业园A区）
规　　格：787 mm × 1092 mm　1/16
印　　张：27.75
字　　数：555千
版　　次：2024年8月第1版
2024年8月第1次印刷
定　　价：86.00元

前言

一

“理解多样文化。通过学习语言文字作品，懂得尊重和包容，初步理解和借鉴不同民族、不同区域、不同国家的优秀文化，吸收人类文化的精华”是《普通高中语文课程标准（2017年版2020年修订）》（简称“新课标”）订立的语文课程目标之一，“文化传承与理解”是语文学科核心素养的一个重要组成部分。“外国作家作品研习”和“跨文化专题研讨”分别为普通高中语文课程选择性必修和选修的学习任务群。高中语文中对不同民族、不同区域、不同国家的优秀文化的学习、理解，主要是通过阅读和学习外国优秀经典作品来实现的，外国文学作品在其中占有很大的比例。和以往相比，目前统编版高中语文教材关于文学名篇的阅读教学实践，比较突出的变化是通过节选来驱动，一改过去对文学名篇采取的粗读、略读等方式，而更倾向于让学生自由选择、自我驱动去完成，这一新颖的阅读形态无疑给相应的阅读教学带来了新的挑战。值得注意的是，在篇幅有限的必修教材中，对外国文学名篇的推介，体现了编者对外国现代小说的重视。对外国现代小说名篇阅读的探究与对从节选推向整篇（部）阅读的实践，都需要语文教师具备良好的阅读外国文学文本的能力。

客观上，由于近年高考中语文科目涉及的外国文学作品篇目不多，语文教师多将一些节选作品放在自读篇目中，中学语文教学对外国文学作品的教学缺乏应有的重视，教师对外国文学作品及其文学史脉络的了解和研究不够深入，开展外国文学作品教学时难免捉襟见肘。要想很好地完成外国文学名篇节选的教学，带动学生从节选阅读自主走向整本阅读，教师首先要提高自身的外国文学文本阅读能力，加深对外国文学的学习研究，提升自身外国文学阅读的修养，对教材中节选篇目的整篇（部）有较全面的了解，有针对性地研究外国文学教学策略，这样才能更有效地开展教学，让学生在教师的指导下读懂节选、读好整篇（部），真正理解外国的优秀文学、文化，在外国文学阅读学习中获得独特的审美体验，激发阅读兴趣。

为了帮助一线中学教师解决在外国文学教学中遇到的一些困难，提升其专业水平和专业能力，恰逢华南师范大学教师教育学部推出“新时代教师教育文库”，笔者作为“华南师范大学专家工作室”语文学科主持人之一，决定就统编版高中语文教材中的外国文学名篇“节选”阅读，以及从“节选”推向整篇（部）的阅读，做一次与“整本书阅读”“外国文学专题阅读”相关的文本阅读尝试。为此，笔者组织了工作室的访问学者、珠三角地区部分优秀语文教师和几位华南师范大学文学院的在读博士生，在认真研究的基础上，对统编版高中语文教材中节选的外国文学名篇进行解读，并针对节选的特点提出一些备课、上课必需的教学建议。

二

以节选来驱动整篇（部）阅读也是整本书阅读的一种创新形态。对经典名篇进行粗读、略读，固然可以完成大部分技能型的教学任务，但师生对经典文学作品的了解可能流于肤浅。无论是粗读、略读课文抑或涉猎相关作品，没有针对性的文本阅读理念与教学实践，就不易引导师生产生阅读的驱动力。落实一定的教学目标应该设立相应的阅读框架辅助阅读。本书涉及《哈姆莱特》《变形记》《大卫·科波菲尔》《复活》《老人与海》《百年孤独》《玩偶之家》《自己之歌》等外国文学作品，涵盖了戏剧、小说、诗歌等不同体裁的文学文本，它们都是以节选方式呈现的外国文学名篇。由于这些文学文本跨越古今，主题内容与艺术形式复杂多样，为帮助师生打开其中的文本褶皱，在每篇课文阅读中，都会提供一个供师生进入文本世界的“阅读框架”。该框架相当于引导师生进入文本世界、从节选到整篇（部）的“阅读中介”，通过问题设计让师生产生阅读驱动力，希冀达到从阅读节选转向阅读整篇（部）的目的。这个中介在形式上并无定式，在内容上可以提示名著的艺术特色与要素，也可以指涉主题思想、文化内涵。如《变形记》的“社会－家庭/个人”，指出了资本主义社会荒诞世界中迫使人变形的孤独内涵；再如《百年孤独》的“魔幻”，昭示了该拉丁美洲小说的文体风格及文本背后的恢宏历史。阅读框架这一中介，能为高中语文教师提供教学抓手；在学生自学、自读时，这个中介也能帮助、驱动学生从节选走向整篇（部）阅读，并为其提供进一步理解、鉴赏文本的路径。

阅读中介之所以必要，一方面在于其顺应了学生的认知学习规律。教师无法希冀学生甫一接触外国文学文本就有成熟的学习方法与阅读方式，因此要设立框架让其进入说不尽的文本世界，接纳学生各有差异的认知结构，为学生指明阅读方向、激发学生的阅读兴趣。另一方面，学生在接触经典文学文本时若没有限定的框架，可能会陷入浮泛的品味之中，毕竟文学作品带有理想化与虚构成分，宜用文学思维去理解和剖析，而学生对文学作品主题的了解不能流于肤浅。例如哈姆莱特的“延宕”不能仅仅理解为现代“拖延症”的文学表征，延宕背后承载着的是文艺复兴时期的人文主义愿景；《变形记》中，格里高尔的变形涵容了20世纪初复杂多变的社会形势与人类境遇。因此，我们将教学目标与文本分析相结合，设计从节选推向整篇（部）阅读的阅读框架，由此帮助师生形成进一步阅读的驱动力。教师在各自的教学实践中，既可以借鉴，也可以自创，这在根本上也是对语文教师学科素养、文学阅读能力的检验。

节选部分是整本书中相对完整的一个篇章，也是整本书中一个精彩的片段，它既相对独立，又和整本书密切相连。由节选推向整本书，教学的立足点首先是节选部分，这是教学的主体内容。教学中教师需引导学生对安排为讲读篇目的课文进行精读，通过中介框架进入，对安排为自读篇目的课文进行研读。不论是精读还是研读，都要紧扣节选课文的主题内容与艺术形式等方面展开，根据单元的研习任务和课文的学习提示，从不同的角度对课文进行深入解读。但是要想更好地解读课文，在理解整本书的基础上解读节选是必不可少的，也就是说，教师只有对整本书有相对完整和透彻的理解，才能更好地解读节选的课文。借由节选的解读，激发学生对整本书的阅读兴趣，进而阅读整本书，从而促进学生对外国文学、外国文化的理解，提升其语文学科素养。

阅读中介在本书中以“阅读框架”的形式出现，为师生阅读节选课文创设了多样化的情境，展示了外国文学作品（节选）的广度，其中除了提及文学主题、修辞使用等传统语文课堂分析的知识点外，还创设了昆虫学、疾病学、社会学等与文学交叉的阅读中介，希望在对课文进行文化症候的解读时，满足不同学生的趣味阅读需求，充分激发学生的内在驱动力，为从节选到整篇（部）阅读助力。教师引导学生进入阅读框架后，循序渐进，深耕主题内容和探索艺术形式，以展现课文的深度，完成阅读推向。

三

无论是节选阅读，还是整篇（部）阅读，教

师都要掌握阅读的内涵要求，尝试在节选“推向”中，促进阅读主体的兴趣生成、对话思维等方面的个体阅读动力学的建构，而这不仅仅是整篇（部）阅读的要求，也是语文阅读与写作在思维活动上的要求。

本书每章均按照文本的“外围—路径—内核—延伸”的推向步骤，对作品进行解读，提出教学建议。其中文本的“外围”包括阐述中介框架的“入口”与“语境”两部分，前者主要以阅读中介为中心，阐释该篇节选具体框架涵盖的主题内容抑或艺术形式，后者则涉及作家作品介绍、文学背景、节选与整篇的关系等内容，主要为高中师生提供节选阅读与学习的预备知识；“路径”则提供了与该篇课文的主题元素或艺术修辞等有关的关键词，并将其作为“推向”的主题，既补充教师必需的文学知识，也通过设立不同的中介框架引起学生的阅读兴趣；“内核”包括对作品主题（内容）、艺术特色（形式）的分析与拓展，是课文阅读理解的核心部分，与中介框架相互勾连，此处会将文学作品节选置于宏观的文学场域中，在提供一定的参考资料与结论的同时，适当彰显个人的阅读立场；“延伸”包括教学实践延伸与节选的文本延伸，前者强调情境化教学活动的提出，旨在为师生提供切实可行的教学活动设计参考，后者贯彻在文本路径部分提出的中介框架中，节选与课文相关的文本，并对教学的重点难点做进一步的说明和阐释，辅助教师帮学生达成学习目标，生发从节选推向整篇（部）阅读的驱动力，融通多维阅读，渗透任务群的教学内涵，以期实现从节选到整篇（部）的推向。

本书面对的读者群主要是一线教师，以“阅读中介”为教学抓手展开对课文的解读，学理化设置符合高中生学习习惯与思维模式的教学目标，提出教学建议。对教材节选文本的细读侧重理解节选文本在教材中的编写意义，突出其类型特征；对作家与节选文本、节选文本与整篇（部）等之间的关系进行阐释，分析教材选用的节选文本何以成为该流派、体裁的经典，如何代表了作者的文学成就，又如何集中体现了作者的创作主题与背后的文学批评诉求。此外，还增添与补充了其他节选文本以进行同向拓深和异向延展，希望能切实补充教师备课所需的内容，这也是本书针对教学的推向。

语文教师作为教育工作者，首先应该是一名语文工作者，本书注重为一线语文教师提供相应的文学批评分析与理论资料，指明学术性阅读的深化路径。一方面，在阐释既定的文学理论观点的同时，补充复调式的对话观点，提醒教师批判、审慎地接受现有的观点与分析：当发现作者的实际创作始终游离于流派主张之外、非现实主义的作品实际上直指当时的社会现实时，教师应思考如何恰如其分地完成教学的阐述，把握课堂上言语的分寸。另一方面，在进行知人论世的教学时，除了要注重作品描写的时代背景外，还应高度重视作者创作时所处的年代，挖掘作品的历史与社会内涵。

"推向"指建构阅读驱动力以期完成从节选到整篇（部）的阅读，希望本书在为中学一线语文教师提供实用的备课参考资料时，也能帮助学生燃起心中的人文之火。无论学生将来选择什么学科深造，在高中阶段尤其在高一认真培养学生的文学阅读素养，并协同点燃个体成长的人文之火是语文教师应该志业守望的事情，尽管这件事情的印证更多以个体未来的人生为约，但以文化育人首先就是语文教师自身的本体诉求。

然而，在从节选推向整篇（部）的过程中，学术与教学两端的"推向"不一定平衡。学术性推向多了，就会促进一定的语文专业深度，但就现行的教学环境与条件而言，难免失之实用性；教学性推向多了，可能流于表面、欠缺深度，无法拓展学生认知的广度和深度。因此，前者的推向应尽量避免深奥晦涩、诘屈聱牙的说教与论述，尽力提供恰当的教学延伸内容并对其做详尽的活动阐释；后者的推向则应尝试对课文进行与课程相关的理论分析与文本细读，并指明深度阅读的关键词与路径。本书在编写过程中尽量协调学术与教学两端，但最终也取决于各编写者的风格与指向的差异，在注重基本实用性的同时，还应就篇目的文本体现出一定的深度，体现语文学科的人文性。

本书的编写分工如下：陈少华负责整体设计、结构安排与全书统稿；邓丽婵（澳门科技大学博士生）在校注、文稿通读等方面做了大量协助工作；杨婷婷（广州市铁一中学）、邓丽婵负责第一章，陈少华、邓丽婵负责第二章，晏丽萍（广州市协和学校）、钟培旭（东莞实验中学）负责第三章，李金华（中山纪念中学）、潘艳荔（东莞市松山湖实验中学）负责第四章，林健（广州市培正中学）负责第五章，李瑞妍（深圳市锦田小学）负责第六章，张小丹（广州市黄埔区开元学校）负责第七章，鲁雅俊（华南师范大学比较文学与世界文学博士生）、黄文继（中山市实验中学）负责第八章。感谢华南师范大学文学院《语文月刊》、感谢胡家俊主编对这一专题的热情与鼎力支持——各章择要陆续给予发表。由于名著博大精深，对每篇的解读与提出的教学建议，也只是一孔之见，加之编者水平与编写时间所限，书中不免有疏漏甚至错误之处，欢迎广大语文教育工作者同仁批评指正。

陈少华

2024年3月

目　录

必修下册

选择性必修上册

选择性必修中册

必修下册

第一章 《哈姆莱特》[1]：“理想－现实”冲突下的人性突围

文本外围：“理想－现实”阅读框架建构　“属于所有世纪”的莎士比亚　戏剧史上的天才　读不尽的《哈姆莱特》

文本路径：情节冲突（“试探”中的外部冲突·“追问”下的内部冲突·“独白”的力量）与悲剧性毁灭

文本内核：复仇的延宕　忧郁的价值　悲剧的净化

文本延伸：活动线索的“研”与“演”　拓展阅读（人的发现·冲突·哈姆莱特的人文主义理想·哈姆莱特的人文主义托付与理想永存·理性、爱情与责任）

① 又译作《哈姆雷特》。正文引文中出现的“哈姆雷特”与“哈姆莱特”等同。

一、文本外围："我却要负起重整乾坤的责任！"[①]

（一）入口："理想－现实"阅读框架建构

亚里士多德认为，"情节是悲剧的根本和灵魂，没有行动就没有目的"[②]。情节中心论始终影响着西方戏剧，因此理解《哈姆莱特》的关键在于情节，而冲突是构成戏剧情节的基础。课本节选展示的是《哈姆莱特》中"生存还是毁灭"的著名片段，集中表现了丹麦王子哈姆莱特的人文主义理想与黑暗现实的冲突。理想和现实的冲突也表现在哈姆莱特重整乾坤的愿望与延宕犹豫的实践的冲突上，饱含了人文思辨的思想与被思考"瘫痪"了行动的意志之间的矛盾。

"冲突分为人物与外在集团（情节）的冲突和与内心性格的冲突"[③]，戏剧的外部冲突，主要表现为人与他人 / 他者的冲突。《哈姆莱特》内与外，尽管存在同质的冲突，但却存在着两对理想与现实关系，即哈姆莱特的理想和现实与莎士比亚的理想和现实。哈姆莱特本在威登堡求学，咀嚼知识的精华，心中充满人文主义理想，奥菲利娅称其为"朝臣的眼睛、学者的辩舌、军人的利剑、国家所瞩望的一朵娇花，时流的明镜、人伦的雅范、举世瞩目的中心"，然而听闻父亲即旧王老哈姆莱特的死讯后，哈姆莱特中断求学之旅，不得不面对"一个颠

---

① 莎士比亚．莎士比亚全集：第五卷［M］．朱生豪，译．北京：人民文学出版社，1994：297.

② 亚里士多德．诗学［M］．陈中梅，译注．北京：商务印书馆，1996：65.

③ 杨周翰．莎士比亚评论汇编：上［M］．北京：中国社会科学出版社，1979：31.

倒混乱的时代”[①]的现实。历史上，那时的威登堡与宗教运动紧密相连，哈姆莱特所在年代的人们被卷入北欧新教未来的斗争之中。[②]哈姆莱特在父亲的鬼魂的指引下，完成了“发现”：叔父谋杀父亲并篡位，母亲钻入乱伦的衾被。哈姆莱特复仇的时代对应着莎士比亚所处的动荡的时代。16世纪60—80年代，英国面临着宗教纷争，欧洲国家四分五裂，惨烈的内战此起彼伏，[③]然而这一时期也是高举人文主义理想大旗的文艺复兴时期。鉴于当时的文学审查制度与政治形势，莎士比亚选择了几个世纪以前的丹麦作为《哈姆莱特》的故事背景，隐喻了自身所处的时世。

无论是哈姆莱特的时代，抑或是莎士比亚的年代，都存在着人与社会的对抗与纠缠，哈姆莱特与社会的冲突极具现实价值与意义。总而言之，哈姆莱特的忧郁来源于人文主义理想与现实的矛盾，难以担负重整乾坤的重任让他愤世嫉俗，让他达到忧郁的最高峰。他的忧郁来源于对社会的认识——全世界是监狱，丹麦是最坏的一间。“自然”是莎士比亚戏剧的关键词，相关文学批评认为，莎士比亚按照生活的逻辑和真实来表现生活，又按照生活丰富多彩的面貌和无限的深度和广度来拓展戏剧内容[④]，尽管戏剧中有非自然元素如鬼魂、女巫等，但也不妨碍《哈姆莱特》具有现实生活的根基。

---

① 莎士比亚．莎士比亚全集：第五卷［M］．朱生豪，译．北京：人民文学出版社，1994：297-298.

② 麦克格雷格．莎士比亚的动荡世界［M］．范浩，译．郑州：河南大学出版社，2016：31.

③ 麦克格雷格．莎士比亚的动荡世界［M］．范浩，译．郑州：河南大学出版社，2016：12.

④ 张泗洋，徐斌，张晓阳．莎士比亚引论：下［M］．北京：中国戏剧出版社，1989：218.

至于内部冲突，其主要作用于人物内心，哈姆莱特的忧郁在第三幕第一场（教材节选）达到顶峰。"To be，or not to be，that is the question（生存还是毁灭，这是一个值得考虑的问题）"，"be"表示存在的状态，究竟是对命运逆来顺受还是挺身反抗，哈姆莱特过度的理性思考造就了他的疯狂。柯尔律治认为，"如果人类在冥想的能力中不平衡，人就会变成只会沉思默想的生物，而失去了行动的力量"①。正是因为哈姆莱特所处的真实世界与其想象的世界之间的平衡被打破，加之他永不止息的沉思和过剩的心理活动，才让戏剧的冲突达到顶峰，造就了千古不朽的名篇。

德国浪漫主义批评家弗·施莱格尔认为，哈姆莱特"处在一个极度败坏的世界中，理智遇到了无比的绝望"②，他身处人文主义理想黯淡的时代，肩负重整乾坤的责任，但由于人类和命运处于社会无法调解的矛盾之中，自身处于哲理悲剧的境地。亚里士多德认为，悲剧的冲突主要有突转、发现和苦难，而苦难的定义为"毁灭性的或包含痛苦的行动"③。哈姆莱特在与现实抗争时，虽然肉体遭到了毁灭，但他的人文主义理想却成为他"贤明"的最佳注解。

学生借用"理想－现实"框架时，可以体会到戏剧里时世的艰难，以及高举人文主义理想旗帜的哈姆莱特"知其不可为而为之"的抗争信念与勇气。

---

① 杨周翰．莎士比亚评论汇编：上［M］．北京：中国社会科学出版社，1979：146.
② 杨周翰．莎士比亚评论汇编：上［M］．北京：中国社会科学出版社，1979：312.
③ 亚里士多德．诗学［M］．陈中梅，译注．北京：商务印书馆，1996：89.

（二）语境：作家与作品简介

1. “属于所有世纪”的莎士比亚

统编版高中语文必修下册第二单元是戏剧单元，选取了关汉卿、曹禺和莎士比亚三位中西方不同时代的剧作家的戏剧作品。其中，莎士比亚对于学生来说既熟悉又陌生：熟悉在于即使学生没有完整读过任何一部莎士比亚的戏剧作品，但对罗密欧与朱丽叶的故事一定耳熟能详；陌生在于莎士比亚对于学生来说更像是一个符号，由于所处年代和国家的差异，学生缺少了更多的直接经验和文本体悟。在阅读《哈姆莱特》前，学生在阅读心理上已经形成了一种预期的认知结构，这影响着他们阅读接受的方向和深度、广度。因此，为了帮助学生形成更广阔的阅读“期待视野”，我们有必要为课堂提供一些材料，让他们在学习莎士比亚的戏剧前先走进作者的世界。

莎士比亚出生那年，他的家乡斯特拉福被可怕的瘟疫侵袭，面对人生的第一场考验，襁褓中的他幸运地活了下来。史料上并没有明确记载他的出生日期，但根据史料推算，他应该出生于1564年4月23日，而巧合的是，52年后他也死于4月23日，这天恰好也是英国的圣·乔治节（圣·乔治是英格兰的守护圣人），因此，英国人格外乐于接受这天为莎士比亚的诞辰。冥冥之中，莎士比亚也成为英国人心目中另一个“圣人”。莎士比亚在校时并没有系统地学习英语文法，他学习的是拉丁文法，因为当时社会上的书籍的主流写作语言是拉丁语。也许正是因为他没有接受过正规、系统的英语文法教育，在后来的创作中，他才没有被英语的语法框架所束缚，而得以用更自由个性的语言创造出了更丰富的文学作品。

1588—1603年在英国历史上被称为"伊丽莎白时代"，伊丽莎白一世在位统治时，开创了"伊丽莎白盛世"，英国的弗朗西斯·德雷克和沃尔特·雷利先后航行穿越大西洋到达美洲。随着人们对自然的不断探索，社会经济日益发展，物质的丰富带来了文化艺术的繁荣。其中，戏剧艺术在这个时代取得了辉煌的成就（1588年，英国击败西班牙的无敌舰队，建立了海上霸权，也掀开了其戏剧艺术璀璨的历史篇章），在这期间涌现出的英国戏剧堪与古希腊戏剧媲美，莎士比亚就是戏剧创作的佼佼者。

莎士比亚最初是剧团的演员，他跟随剧团到各地巡回演出，但也许他并不适合当演员，只能跑跑龙套，于是他开始为剧团写剧本。他勤奋好学、博采众长，创作的第一部历史剧《亨利六世》就成为当时最成功的剧作，轰动了整个戏剧界。之后，莎士比亚在戏剧创作上一发而不可收，赢得了英国贵族的青睐，成为当时许多英国贵族的座上宾，莎士比亚在创作上得到了更多的资助和保护。同时，与这些贵族的交往，让莎士比亚得以走进上流社会的圈子，了解他们的生活，接触到更先进的思想和文化，这对他的创作无疑起到了巨大的推动作用。莎士比亚成了英国最著名的诗人和剧作家。他的剧作具有普适性，受众面非常广，受众既有受过大学教育的知识分子，也有行走于市井的各色人等。因此这个"著名"不仅体现在他是当时戏剧界的"流量明星"，更体现在他的优秀剧作是当时的大"IP"。

随着戏剧的繁荣，剧场和剧院纷纷落成，但期间英国遭遇了瘟疫，剧场一度全部关闭。1594年，伦敦的剧场重新开放，莎士比亚也成为剧场的股东，除了演员的报酬、剧作家的收入外，他还作为投资人获得了另外一份收益，因此他很快就富裕起来。在当时，莎士比亚是为数不多的获得如此丰厚报酬的演员和剧作家。1603 年，莎士比亚所在的剧团改名为“国王剧团”，他受封为“宫廷侍从”，可以说是走进了“体制内”，有了固定的“铁饭碗”。1613 年，剧场发生火灾，莎士比亚遭受巨大经济损失，他因此告老还乡，离开了伦敦。1616 年 4 月 23 日，莎士比亚溘然长逝，他的墓碑上刻着“看在上帝的份上请住手，切勿掀动墓碑下的尘土。饶过这石块的人得到祝福，搬动尸骨的人将遭天谴”①。这碑文像符咒一般保护着莎士比亚的墓穴，墓穴至今依然完好无损。

作为一个戏剧家，莎士比亚绽放出了最灿烂的天才光芒，而其最耀眼的光芒也许在于他作品思想性和艺术性的高度统一。如哈姆莱特在生死问题上震撼人心的独白——“生存还是毁灭，这是一个值得考虑的问题”，默然忍受命运暴虐的毒箭抑或挺身反抗人世间的无涯苦难，道出了人类的伦理两难与道德困境；又如李尔王在暴风雨中呼告“打碎造物的模型，不要让一颗忘恩负义的人类的种子遗留在世上”②，敢于抨击丑恶，始终怀有对正义的信念，哪怕旁人叹息“这样惊人的风雨的咆哮：人类的精神是禁受不起这样的磨折和恐怖的”③，但李尔王仍执拗地控诉着弄权之辈；再如泰门对资本主义社会罪恶的强烈谴责，他在森林中如此谴责金钱带来的罪恶，“这东西，只这一点点儿，就可以使黑的变成白的，丑的变成美的，错的变成对的，卑贱变成尊

① 程雪猛，祝捷．解读莎士比亚戏剧［M］．武汉：武汉大学出版社，2008：24–25.

② 莎士比亚．莎士比亚悲剧喜剧全集：悲剧Ⅱ［M］．朱生豪，译．杭州：浙江文艺出版社，2017：62.

③ 莎士比亚．莎士比亚悲剧喜剧全集：悲剧Ⅱ［M］．朱生豪，译．杭州：浙江文艺出版社，2017：63.

贵，老人变成少年，懦夫变成勇士"[①]，独白掷地有声、振聋发聩。这些无疑都是莎士比亚人文精神的集中爆发，极富艺术魅力的抒情段落、人们传诵不辍的格言警句、脍炙人口的情节场景，都彰显着他对自己生活的社会和时代精神的思考，以及对"人"的价值、尊严和力量的发现。正如英国剧作家本·琼生所说，莎士比亚不只属于一个时代，而属于所有时代。

2. 戏剧史上的天才

马克思曾称赞莎士比亚是"人类最伟大的戏剧天才"。文艺复兴时期，古典和革新交织，莎士比亚的戏剧综合了古典戏剧和中世纪戏剧两大传统戏剧的特点。他不满足于模仿固定的戏剧模式，在戏剧模式和英语语言上都实现了新旧的融合，创造出了伟大而独特的莎士比亚戏剧。

莎士比亚一生共创作了38个剧本，是从历史剧开始的，这些历史剧中有10部是关于英国国王的，还有几部是关于罗马历史的。在这些剧作中，莎士比亚始终关注着人物的内心世界，在波澜壮阔的历史背景下，聚焦于刀光剑影的战争场面，刻画出政治与个体的殊死较量，其中最著名的就是《亨利四世》。该剧巧妙地融合了喜剧与历史剧的元素，莎士比亚在该剧中就权力的本质、内战的危险，以及普通民众与统治阶级对国家稳定的期冀提出了自己的真知灼见。该剧中最出名的人物无疑是福斯塔夫了，他是哈尔王子的"良师益友"，有时他像个自吹自擂的武士，有时他是个奉承逗乐的食客，有时他又是个宫廷

① 莎士比亚．莎士比亚悲剧喜剧全集：悲剧Ⅱ［M］．朱生豪，译．杭州：浙江文艺出版社，2017：527.

小丑。他有着小偷、流氓、骗子的特点，又有着犀利的言辞和睿智的头脑，他的无赖性格已经成为文学史上一种典型的人物性格。

莎士比亚的喜剧在结构上往往有着这样的脉络：从冲突到解决，从拘束到自由，最终在庆典和统一中结束。他的喜剧不以讽刺为目的，而是将改革作为主调，浪漫的爱情是其中丰富的内容。男女主角必须克服重重障碍，消除种种误会，借助一些超自然力转变形势，最终圆满地走到一起，结尾往往是盛大的宴席和热闹的庆典，在一片欢乐中鼓动起观众的热情。他的喜剧中也经常有某些类型化的人物，比如精明世故的人、浮华迂腐的人、凶悍的老婆、自吹自擂的人、逃犯、聪明的女仆等，男女主角身边往往会有一个社会地位低下的助手或者一个小丑似的人。这些类型化的人物较多出现在他早期的喜剧中，比如《驯悍记》中的凯瑟琳娜。《驯悍记》关注婚姻家庭中的“悍妇”形象，“悍妇”们代表了当时社会中的一种女性力量，而当时社会的主流话题是“如何驯服这些悍妇”。在莎士比亚的这部剧作中，可以看到他的矛盾之处，他既肯定了这种“驯服”行为的合理性，又借歌颂女主角讽刺了这种男权至上的行为。而《仲夏夜之梦》则标志着莎士比亚的创作走向成熟，这部喜剧展现了他丰厚的学识，同时也表现了他广阔的想象力。全剧以爱情为主题，编织出了一个月光森林中精灵出没的神奇世界，与以雅典宫廷为缩影的现实社会形成了鲜明对照，现实和理性被梦幻和想象所替代，在浪漫而梦幻的氛围中表现出了当时资产阶级新女性为追求恋爱婚姻自由，反抗封建包办婚姻所进行的斗争。

莎士比亚创作成熟期的喜剧往往蕴含着人性、爱、语言力量、理想和幻想等哲学思辨主题，塑造出了许多家喻户晓的经典人物形象，比如《威尼斯商人》中的夏洛克，他要求按照协议获得一磅肉的情节成为文学史上的经典情节之一——

"……他的理由是什么？只因为我是一个犹太人。难道犹太人没有眼睛吗？难道犹太人没有五官四肢、没有知觉、没有感情、没有血气吗？他不是吃着同样的食物，同样的武器可以伤害他，同样的医药可以疗治他，冬天同样会冷，夏天同样会热，就像一个基督徒一样吗？你们要是用刀剑刺我们，我们不是也会出血的吗？你们要是搔我们的痒，我们不是也会笑起来的吗？你们要是用毒药谋害我们，我们不是也会死的吗？那么要是你们欺侮了我们，我们难道不会复仇吗？……你们已经把残虐的手段教给我，我一定会照着你们的教训实行，而且还要加倍奉敬哩。"

（选自《威尼斯商人》，人民文学出版社 2016 年版，朱生豪译）

夏洛克无情地揭露了威尼斯人对犹太人的歧视和凌辱，而也正是因为他曾备受凌辱，所以他具有强烈的复仇心理，他没有放过任何一个可以复仇的机会，这样一个悲剧性的角色成为文学殿堂中一个典型的艺术形象。

另一部喜剧《无事生非》中的女主角贝特丽丝也是一个经典的艺术形象，甚至可以说是莎士比亚喜剧中最光彩耀眼的女性形象之一，她个性张扬、乐观豁达，举手投足间更似一个现代女性，勇于追求独立人格和自由平等——

"（上前）我的耳朵里怎么火一般热？真的会有这种事吗？难道我

就让他们这样批评我的骄傲和轻蔑吗？去你的吧，那种狂妄！再会吧，处女的骄傲！人家在你的背后，是不会说你好话的。培尼狄克，爱下去吧，我一定会报答你；我要把这颗狂野的心收束起来，呈献在你温情的手里。你要是真的爱我，我转变过来的温柔的态度，一定会鼓励你把我们的爱情用神圣的约束结合起来。人家说你值得我爱，可是我比人家更知道你的好处。”

（选自《无事生非》，译林出版社 2018 年版，朱生豪译）

多么炙热而奔涌的情感，贝特丽丝勇敢地挣脱世俗的束缚和传统观念的羁绊，追求个性的解放和爱情的纯粹，这不正是现代女性独立人格的写照吗？莎士比亚在四百多年前就创造了这样的女性形象，她像戏剧史上的明珠，熠熠的光芒穿透了百年尘埃，璀璨至今。

悲剧可以说是莎士比亚戏剧中影响最广泛、最深远的，在他的悲剧中，主人公都拥有超凡脱俗的气质和誓不妥协的秉性，他们执拗甚至偏执的爱，成就了他们性格中的英雄主义和理想主义，但也让他们走向了自我牺牲的结局。恰恰是在这种牺牲中，我们看到了人性的光芒和人生的价值所在。《哈姆莱特》就是其中最著名的篇章。

3. 读不尽的《哈姆莱特》

即使学生没有读过《哈姆莱特》，也一定听过“一千个观众有一千个哈姆莱特”这句话，这恰恰可以作为对《哈姆莱特》这部戏剧本身的注解。根据曹禺的记述，其话剧《雷雨》《日出》《北京人》等皆受到莎士比亚的戏剧如《哈姆莱特》的影响与涵养，西方戏剧实实在在地影响了中国现代话剧的形成。在统编版高中语文必修下册中，《哈姆莱特》与关汉卿的元杂剧《窦娥冤》、曹禺的现代话剧《雷雨》一同入选以"文学阅读与写作"为任务群的单元，教材的编排显示了《哈姆莱特》的文学地位与文学价值。

《哈姆莱特》在莎士比亚戏剧中有举足轻重的地位。就时代而言，它大致创作于1600—1601年，当时伊丽莎白时代已走向尾声，詹姆士一世统治时期开始。文本包孕着16世纪的社会症候，是当时社会场景与症结的高度浓缩与体现。就内容主题而言，《哈姆莱特》是莎士比亚的中心作品，是作者伟大悲剧写作中具有特殊重要性的作品，表达了人类对未来的信心，是作者带有人民性的悲剧创作的转折。统编版高中语文必修下册采用了朱生豪的译本，朱生豪翻译的莎剧在漫长的经典化过程中经受住了读者与批评家的考验，因而教师在教学时应注意译文的总体风格。"散文体朱生豪莎剧译本普遍杂有押韵和整齐的节奏，这是朱译莎剧的内在审美本质在语言上的表现……是中国散文传统诗学影响的结果"[①]，即在教学时需注意，我们并非接触《哈姆莱特》原文，仅是透过译本的窗口涉猎朱译莎剧。尽管难以观察到原文面貌，但朱译莎剧的节奏和音乐性与莎剧素体诗内含的音乐性是相似的，我们尽可体味。此外，《哈姆莱特》的思想性（如人文主题）能够通过译本较为完整地被传达，教师在教学时需要有一定的版本意识，以此引导学生去接触更真实的莎士比亚戏剧。

《哈姆莱特》与同时期莎士比亚的另外几部悲剧——《奥赛罗》《李尔王》《麦克白》一同被看作西方最伟大的戏剧作品。莎士比亚就像有点石成金之手，将《丹麦史》中一个古老的中世纪传说——"阿姆莱特复仇记"改编成了一部极富个人特色的不朽的悲剧经典。而比

① 段自力．朱生豪莎剧翻译经典化研究［M］．杭州：浙江大学出版社，2015：128.

起另外三部作品，《哈姆莱特》显得格外复杂、难懂甚至神秘，这集中体现在哈姆莱特这一人物形象上。哈姆莱特似乎就是这样一个“说不清”的人物：有人认为他是一个哲学王子、复仇英雄，可也有人对他的忧郁耿耿于怀，不解于他的癫狂甚至神经质；有人惊叹于他那段著名的独白对人的力量的发现和赞颂，认为这是人文主义之光的体现；有人深深批评哈姆莱特延宕复仇的做法，认为他与人文主义捍卫的尊严与权利严重悖离。哈姆莱特已经走出了《哈姆莱特》，成为一种象征。师生分析课文时，不应仅仅停留在其文学价值上，更应在西方的思想文化框架内进行思考。

《哈姆莱特》的丰富性除了体现在它所表达的思想内涵具有崇高的时代意义外，还体现在它的语言形式上。莎士比亚使用的韵文极为丰富，他的用词较同时期的大学才子马洛更为平易，又通过创词、双关等手法在情节安排和人物塑造上进行了更为合适的表达。王佐良认为，“莎士比亚接过来马洛的激情和历史想象力，但他又加上了多变的韵律，民间词汇与更关键的戏剧讽刺”[①]。戏剧中广阔的社会图景、个性突出的人物形象、激荡人心的复仇情节、震慑人心的内心独白、寓意深刻的人生哲学都是通过极其形象化的语言表达出来的。其戏剧中，具有较高身份地位的人物的台词多是以韵文写成的，莎士比亚能通过多种语言形式与文体风格来表现人物特色，又能在戏剧中插科打诨，因此其戏剧既有阳春白雪的高贵与典雅，又有下里巴人的俚俗和质朴，展现了文艺复兴时期广阔的社会图景。他力求改变伊丽莎白时代浮夸华丽的文风，注重对词语进行细心精致的雕琢，严格把控用词的简洁性和生动性，注重戏剧语言的动作性。正是因为《哈姆莱特》本身的

① 中国莎士比亚研究会. 莎士比亚研究：第二期［M］. 杭州：浙江文艺出版社，1984：14.

复杂性和丰富性，其中的思想与文学价值难以说尽，所以对它的研究已成为莎学研究的一个重要分支。

二、文本路径：情节冲突与悲剧性毁灭

（一）解读之一：情节中的冲突

1. "试探"中的外部冲突

"无冲突，不成戏"，戏剧冲突是戏剧的核心要素之一。教材的学习目标中就提出学生要把握戏剧冲突，从对情节内容的了解上升到对思想主题的探讨。从美学欣赏角度来说，《哈姆莱特》的表层主题——弑君夺位、王子复仇、篡位者惨死，是易于被学生接受和理解的。因为弑父、娶母、夺位之仇，哈姆莱特与国王克劳狄斯之间形成了对立，构成了戏剧最激烈的外部冲突。节选恰是外部冲突激化的部分，在这个过程中，以国王为中心的一方不断试探，试图通过各种方式探听王子发疯的真相。步步紧逼下，哈姆莱特却始终三缄其口，甚至反客为主，盘问对方的意图。双方各怀心事、互相周旋，哈姆莱特单枪匹马地应对着整个朝廷君臣对他的考验，稍有不慎便会招来杀身之祸。

节选的冲突集中在"试探"上，"试探"这一情节不仅展现出了哈姆莱特由于不认同克劳狄斯而产生的外部冲突，也推动了情节的进一步发展。哈姆莱特利用"戏中戏"，试探并确认了克劳狄斯的罪行，进一步坚定了复仇的决心；而试探无果的克劳狄斯又利用奥菲利娅对哈姆莱特进行试探；奥菲利娅试探无果之后又有了王后对哈姆莱特的试探。所有人物在不断的"试探"中迎来了自己的命运，外部冲突在彼此的"无法认同"中不断激化，直至达到矛盾的顶峰。节选的最后，

波洛涅斯向克劳狄斯提出让王后去试探哈姆莱特，自己躲在背后窃听，之后哈姆莱特误杀波洛涅斯。这一看似偶然的情节隐藏着悲剧冲突的必然性：“试探”之下，波洛涅斯最终用死亡换来了真相。节选展现出了个体在面对自身“无法认同”的外部现实时，怎样不懈地用“试探”这一行为去达成“认同”。正因为这种难以消解的“无法认同”，形成了情节上的冲突，也推动了悲剧的发展。

冲突是推进戏剧情节发展的重要环节，通过冲突表现人物的性格特征是戏剧最为典型的艺术特色之一。在节选中，冲突激化，双方也不约而同地采取了伪装的方式来隐藏自己的不认同：国王不断强调自己所有行为的目的是帮助哈姆莱特，看起来不怀恶意，甚至是个“好父亲”；而主角哈姆莱特更是用近乎疯子般的言语伪装成患了疯病的模样，这与奥菲利娅口中的王子形象形成了强烈的反差；波洛涅斯为国王出谋划策，看起来深谋远虑，委实是国家的重臣；罗森格兰兹和吉尔登斯吞伪装成哈姆莱特的挚友去关心他；甚至连单纯的奥菲利娅都为了让哈姆莱特不对她的问话有所疑虑而伪装成“用功读书”的样子。所有人物用伪装的方式隐藏起自己，加剧了戏剧的外部冲突。在这种伪装之下，人物的真实性格又不断暴露：国王心怀叵测，害怕哈姆莱特可能引发“危险的结果”，这一切“虚伪的言辞”背后是他丑恶的行为，一旦他看破哈姆莱特不是真疯，就立刻暴露出了一个诡计多端、政治手段成熟的阴谋家的形象；哈姆莱特在对奥菲利娅说疯言疯语时，不断进行自我剖析和展示，在思考与行动中始终犹疑不前，表现出了作为一个觉醒者的敏感和矛盾；波洛涅斯探知不了哈姆莱特的真实内心，一味地以为哈姆莱特是因为爱情而痛苦，暴露出他的愚蠢，而他忠心提出的建议也不是什么治国之策；波洛涅斯对国王亦步亦趋，甚至与国王沆瀣一气、不惜要“关禁”哈姆莱特的行为让他奸佞恶毒的本性也暴露无遗；罗森格兰兹和吉尔登斯吞早就背叛了友谊，成为国王的帮凶；奥菲利娅虽然单纯善良却也幼稚天真，在不自觉中站在了自己心爱之人的对立面。在这种外部冲突中，人物的外在伪装和内在真实形成对比，表现出了鲜明的人物性格，使全剧的主要人物有了一个基本的呈现。

戏剧中的人物性格是人物行动的内在依据，性格的展现又是通过行动进行的。依照亚里士多德关于戏剧的理论，戏剧是行动的艺术。通常来说，人物行动分为狭义的人物行动和广义的人物行动。狭义的人物行动是指人物做出的单一动作，既包括语言、神态、举手投足等身体表现，也包括情感等心理动作；广义的人物行动是人物做出的所有动作的集合，即人物在某一戏剧情景中或在整个演出中做出的所有动作。传统戏剧中，人物行动往往拥有完整的动作，它服务于剧情，同时表现人物性格。节选中，哈姆莱特借质问奥菲利娅发出对母亲不忠的控诉，学生可能会困惑：难道只是母后的不忠才招致他如此激烈的愤怒？不尽然。哈姆莱特的愤怒更缘于母亲是在如此短暂的“瞬间”失去忠贞：母亲急忙又轻率地认同叔父为丈夫、与之同一，而叔父又以可疑的方式火急火燎地把自己认同为国王的身份。这让哈姆莱特对这份“急速”的不忠恨得咬牙切齿。其实，在丧父之后，哈姆莱特就已经对现实“无法认同”了，正是这种“无法认同”让他丧失了堪以慰藉的归属感，他已经不知道自己与宫里的其他人有着怎样的关系了，也不明白自己是什么了，这才是他与外部现实最大的冲突。哈姆莱特“装疯”的行动就是他对现实“无法认同”的产物，他囿于理想与现实之间的冲突，趋于忧郁，逐渐丧失行动力。节选表现出了他作为一个人文主义者的人性挣扎。当他面对自己心爱的姑娘奥菲利娅时，他面临着两难的抉择，一边是爱情的无限芬芳，是他不自觉的自然冲动；另一边是复仇的使命，是他自觉的理性冲动。他忧郁犹疑、纠结痛苦，最终选择了“装疯”来释放自我，试图借此行动来摆脱桎梏于身的人性枷锁。

而克劳狄斯一再地“试探”正是他犯下罪恶、内心害怕的外在显现。不断的试探，虚伪的语言，呈现出了一个口蜜腹剑的阴谋家的形象。哈姆莱特与克劳狄斯的冲突不仅是正义与邪恶的较量，更是新旧两种社会力量的较量，是哈姆莱特与其“无法认同”的现实之间的较量。《哈姆莱特》通过冲突展示了当时波澜壮阔的历史图景，深刻地反映了先进的人文主义理想与黑暗现实之间尖锐复杂的矛盾和斗争。

2. “追问”下的内部冲突

对于哈姆莱特来说，对自我的“无法认同”造成了他复仇的延宕，复仇与延缓复仇构成了他自身的内部冲突，促成了全剧最具戏剧张力的内心独白部分。理解哈姆莱特的内部冲突是更完整深入地理解哈姆莱特这个人物的必经途径。节选恰恰是外部冲突激化、内部冲突集中爆发的部分，教材选择这个部分，可以很好地为学生展现全剧的两个核心冲突，展示全剧最吸引读者的内容，引导学生走进哈姆莱特的内心世界。

父亲逝世、母亲改嫁使哈姆莱特受到了极大的震动，更伤害他心灵的是母亲改嫁的“急促”。当他知道了叔父是弑兄篡位的凶犯后，他的内心充满了愤怒和忧郁，甚至想以死来逃离这个世界，哈姆莱特的内部冲突在此时爆发，他内心所有的震荡凝聚成了最脍炙人口的关于生存与毁灭的独白。

独白的第一句——"To be, or not to be, that is the question"总领下面长达32行的独白，这句话同时也是全剧的"剧眼"和纲要，是该剧甚至是所有莎剧中最重要的一句台词。由于译者不同，中文译文有不下10个版本，"是生存还是消亡，问题的所在"（孙大雨译）、"死后是存在，还是不存在——这是问题"（梁实秋译）、"活下去还是不活：这是问题"（卞之琳译）、"活着好，还是死了好，这是个问题"（方平译）等，教材节选选用的是朱生豪的译文"生存还是毁灭，这是一个值得考虑的问题"。无论哪版译文都明确的是，这个问题首先指向了对生死问题的追问和深思。在独白的后面，也确实提到了何谓毁灭——"要是他只要用一柄小小的刀子，就可以清算他自己的一生……倘不是因为惧怕不可知的死后……"①这种毁灭就是死亡，也许还偏向于自杀。提供不同的译本供学生思考和选择，有助于他们对哈姆莱特的内心世界进行探索，并将自我的体验与文本相联系。

母亲改嫁、叔父的弑兄篡位，令人难以容忍、完全与理想背离的现实展现在哈姆莱特面前，敏感又忧郁的他不得不展开思考，在对"无法认同的自我"的不断追问中展现出了他内心的丰富和力量。他把是否自杀作为一个逻辑命题去追问，仔细权衡二者：默然忍受"生的煎熬"和主动结束"生的苦难"，两种行为哪一种更勇敢？他把死亡喻为睡眠，期望以此让所有创痛、打击都消失，自杀成为他"求之不得"的结局。但死后也并非一劳永逸，因为睡着了之后还有梦，可是无人知晓这个梦是怎样的，这种未知自然引发了哈姆莱特对"睡

① 莎士比亚．莎士比亚全集：第五卷［M］．朱生豪，译．北京：人民文学出版社，1994：328.

眠”的焦虑：一面是无法认同现实而产生的对逃遁的渴望；一面是无法认同死亡而产生的对恐惧的犹疑，哈姆莱特内心的冲突激荡着理智的思考，最终在“理性”的牵引下，“理智”阻碍了自杀的脚步，这充分暴露了他内心的灾难感和荒诞感。哈姆莱特害怕的并不是死亡，而是对无法“死亡”的死亡产生畏惧，这让他屈从于现实的磨难，拒绝选择另一种或许并不如现在的生存形式。他在追问中认识到，人们行动的停滞源于人们的道德焦虑，而这种焦虑产生的根源在于对死后未知的恐惧，按照张沛在《哈姆雷特的问题》中的观点，“to be”单独出现，表示本体的存在，意谓“生”“实有”“恒存”，即对存在的肯定。[①] 哈姆莱特对生存还是毁灭的追问体现了人类对死亡的本能焦虑，这种焦虑不仅源于认识的无知，更源于对存在的未知。因为焦虑，人类开始思索死亡，而正是在探索死亡为何的过程中，出现了各种各样的生命哲学。

哈姆莱特在这段独白中既有充满激情的连续追问，也有冷静沉稳的逻辑思辨，二者相互作用，让我们看到了身处转型时期的他所表现出的怀疑精神。纵然他有出世之念，但他身负家仇国恨，所受的教育和革新思想使他不可能允许自己任性赴死。时代精神发生改变，个体认知与自身现实相冲突让他感到不安，这正是哈姆莱特的真实处境。

当哈姆莱特转向宗教却也无法解决自杀和复仇的两重难题时，他转向了哲学的思考和追问，结果也依然是让人沮丧的，他依然没有获得对自我的认同，但是我们从他的孤军奋战中看出了他忧郁、犹豫中的理性光辉。这种审慎的思辨精神和执着的理性追求大概也是教材节选这部

---

① 张沛．哈姆雷特的问题［M］．北京：北京大学出版社，2006：179.

分内容的原因之一，哈姆莱特身处精神的黑夜和信念的荒野之中，用不屈而高贵的灵魂去追问、去探求。而我们是否也应借此给学生以精神的启明，在多元价值共存、信仰迷失的今天，让几百年前的哈姆莱特振聋发聩的"to be, or not to be"也成为学生追寻人生意义和价值的"the question"？

3. "独白"的力量

戏剧中，语言和行为是最重要的两大元素。戏剧都在舞台上演出，戏剧语言由舞台提示和人物语言两部分构成。舞台提示一般在表演过程中出现，主要用于设置时间、地点等基本框架，同时设定人物的表情、动作。人物语言包括独白、对话、旁白等，一般用于展示人物的主观世界。戏剧语言的个性和动作性是戏剧单元教学的重点，要开展丰富多彩的戏剧活动，就必须引导学生从最具戏剧体裁特征的戏剧语言入手，揣摩领悟戏剧语言背后的情感。在《哈姆莱特》中，莎士比亚塑造人物时运用的最得力的语言形式就是人物的内心独白，尤其是主人公哈姆莱特的独白，节选也将这一最突出的特征展现了出来，选择了其中最脍炙人口的一段独白。

所谓独白，是指"充分地将特定场景中人物内心相对隐晦的所思所想直接表现为能够为人所知的语言，既使得剧情走向更加清晰，又使得人物性格刻画得更加到位"[①]。独白以自言自语的形式展现人物连续的、独有的心理活动，可以把本来深藏于内心的想法等借助语言直接外化出来，可以说，独白是人物与自己对话的情感过程，展现了人

---

① 李红玲. 论《哈姆莱特》中人物语言特色[J]. 大观（论坛），2020（8）：150–151.

物的性格特征与心灵世界。在《哈姆莱特》一剧中，哈姆莱特主要有六次内心独白，大段抒情性的内心独白构成了全剧情节链条中至关重要的因果链，清晰地标示出哈姆莱特面对复仇任务，从疑惑、痛苦到踌躇以至决断的完整过程，展示出他挣扎在现实和自我的“无法认同”中，强化了他复仇的“延宕”行为。独白的出现，意味着剧情冲突已经无比尖锐、人物的内心挣扎到了顶峰，是人物心理活动的极致表达。节选充分发挥了独白的作用，通过对哈姆莱特内心的挖掘，一笔一笔地勾勒了哈姆莱特内心的挣扎，以此来表现人物的思想矛盾，更鲜明地表现了哈姆莱特的聪慧勇敢、忧郁犹疑等多重性格特点。

节选的独白展示了哈姆莱特一波三折的心理变化脉络：渴望死亡却不能死，因为王子的责任必须由他一己承担；承担责任就意味着他要面对现实，而罪恶的现实又让他无法面对；这样就让他再次想到死亡，思绪在对死亡的思索中延宕开，对死后的未知世界产生了恐惧，认识到了生命的珍贵；思绪继续延伸，哈姆莱特开始进行自我批判，谴责自己的懦弱和对复仇的拖延，因自己耽误了重整乾坤的伟大事业而愤怒。在这段独白中，对死亡的好奇与恐惧使哈姆莱特徘徊，也正是在这些怀疑和顾虑中，他为自己的精神寻找出路，通过对生命意义的思考，显示出了人性的高贵与尊严，让我们看到了一个忧郁却高昂的人的形象。要读好这段独白，首先必须分析和理解哈姆莱特所处的“冲突”情境，深刻体会内外冲突下哈姆莱特的内心情感，了解独白所代表的语言行动背后的心理行动，根据莎士比亚所提供的角色台词去探寻哈姆莱特的全部心理活动。

统观全剧，独白往往出现在剧情的关键转折点，莎士比亚通过对哈姆莱特心理活动的描写，体现出他内心的矛盾、对复仇的“延宕”，进而推动情节发展。第一次独白展现出全剧情节的第一个转折点，即哈姆莱特由一个无忧无虑的王子变成了一个经历家庭剧变、内心充满猜疑与愤怒的反抗者；第二个转折点是哈姆莱特在消沉之时，从鬼魂口中得知父亲死亡的真相，心中燃起复仇的火焰；第三个转折点是哈姆莱特正式开始复仇，却因理性的介入而不断延宕复仇行为，因此不断自省自责，展现出他忧郁、犹疑的个性。这些独白是哈姆莱特内心深处长期积攒的情感的爆发，表现出了他的忧郁、激情和矛盾。独白使哈姆莱特性格的复杂性得以暴露，他内心的细微变化及他潜意识中存在的不为人知甚至不为己知的隐秘心思被悄然揭示，表现出了哈姆莱特的思考、认识、自责、怀疑，充分彰显了主人公强烈的自我意识，读者能从中感受他炽热情感的不断爆发、感受他内心的自我挣扎和自我救赎。

（二）解读之二：人物悲剧性的探索

统编版高中语文必修下册第二单元节选的三部戏剧都是悲剧，该单元的人文主题是"良知与悲悯"，悲剧体裁的根本特点即悲剧性。对于悲剧体裁，鲁迅曾给出定义——"悲剧就是将人生的有价值的东西毁灭给人看"。鉴赏悲剧，不能只让学生停留在对情节内容的理解上，更要引导他们通过阅读全篇来分析其"悲剧性"的艺术价值。

"有价值的东西"在《哈姆莱特》中无疑首先是哈姆莱特本人，对于他而言，复仇是宿命，是不能违背的天意，但又是十分困难的，因为复仇这一行动本身就有违自己所接受的人文主义教育。哈姆莱特生活在专制的封建制度下，宫廷斗争和国家战争是无法挣脱的环境禁锢，对于接受了先进教育的哈姆莱特而言，他必须用道德和信仰来约束自己，所以，他显得如此矛盾和挣扎。对于复仇，“完整的人”的感性冲动和理性反省纠结在他身上，造成了他一次又一次的退缩，复仇变成一项艰难的任务。黑格尔曾经断言，“在真正悲剧性的事件中，必须有两个合法的、伦理的力量相互冲突”[①]。哈姆莱特身上就同时出现了这样两种相互冲突的力量，一种是血缘亲族、国家责任，一种是人文精神、人性道德，两种力量都是合法的，但又彼此博弈，在哈姆莱特身上构成了悲剧性的冲突。

席勒认为，“完整的人是知情意完美结合的统一体。在这个统一体中，包含着三种协调的基本冲动，即以自然原则为基础的感性冲动、以理性原则为基础的形式冲动和以审美原则为基础的游戏冲动。这三种冲动，形成三种文化状态：自然状态、道德状态、审美状态。”[②]哈姆莱特身上正有着这三种基本冲动。复仇是哈姆莱特在剧中的主要行动，这是人物的一种感性冲动，是一种外在形式的显现；而哈姆莱特又采取了一定的内在形式——理性冲动。哈姆莱特既受到了感性的支配，形成了复仇的自然冲动；又被理性支配，形成了延宕复仇的理性冲动。在两种冲动状态下，他的人性受到牵制，最终完成了席勒所说的以审美原则为基础的游戏冲动，达到了感性和理性、外在形式和内在形式、理性与自由的统一，成为一个拥有完整人格的人。哈姆莱特作为完整自由的人，把“装疯”作为游戏，把“装疯”当作自己的生活哲学，一面以此保住性命，一面隐藏自己的复仇行为。他以此来挣脱自然冲动和理性冲动对他的桎梏，寻求内心的释放和灵魂的解

① 黑格尔. 哲学史讲演录［M］. 贺麟，王太庆，译. 北京：商务印书馆，1959：44.
② 肖鹰. 审美文化：历史与现实［J］. 浙江学刊，1997（5）：55.

脱，因此进入了游戏的审美状态。这恰恰是哈姆莱特的悲剧性所在，他所承受的痛苦是他的人格所指向的，他的悲剧性不是体现在他因一次失误而遭毁灭，而是体现在如他这样美好的人——"有价值的东西"——却无法避免毁灭的结局。

悲剧性不仅体现在哈姆莱特的必然毁灭中，还体现在他本人也变成了别人毁灭的原因。单纯又天真的奥菲利娅在父亲被哈姆莱特误杀后变成了真正的疯子，最终溺水而亡。在《哈姆莱特》中，这种毁灭不只是线性的延伸，还从灵魂扩散到了灵魂。节选中，奥菲利娅和哈姆莱特的爱情受到了波洛涅斯的干预，纯洁变成了荒淫，而奥菲利娅也被利用，无意识地背叛了爱情；之后雷欧提斯也受到了克劳狄斯的引诱，哈姆莱特被曾经的挚友背叛，最终也无情地将挚友骗到了英国送死。罪恶似乎点燃了毁灭的火引，没有人逃脱得了，这其实暗示了人对命运的无知，从某种意义上讲，无知正是一切悲剧的主题。

哈姆莱特一再拖延复仇行为，但他又自觉地承担起了拖延所致的后果，最终宁愿走向必然的毁灭，也始终不愿向命运低头。没有全篇的导引，学生是无法感受到这其中震撼人心的悲剧力量的。在前四幕中，莎士比亚将笔墨集中于刻画哈姆莱特的内心活动，在这些内心独白中，我们能看到哈姆莱特作为先知思想上的痛苦，同时同情他的忧郁多思，怜爱他为反抗所遭受的巨大的心灵折磨，而恰恰是这种折磨更凸显出他的悲剧性，让我们感受到他的良知和悲悯，惊叹于他在"默然忍受"和"挺身反抗"中的人性突围。

三、文本内核：忧郁王子的复仇悲剧

（一）复仇的延宕

1. 为谁复仇

为了帮助学生建构节选的阅读框架，教材在注释中补充了《哈姆莱特》的基本情节，学生在阅读节选内容前可以了解前置情节——哈姆莱特要向叔父复仇。这个“复仇”是直观的，母亲的不忠、叔父的罪恶是哈姆莱特复仇的直接动机。如果仅停留在节选文本上，哈姆莱特的犹疑和徘徊更像个人情绪的一场爆发，在强烈的自我意识的倾泻中，我们无法带领学生感受哈姆莱特更深层次的灵魂激荡，因为只依靠节选文本，我们无法让学生了解“复仇”背后的所有情节。

母亲的不忠给哈姆莱特带来了最初的打击：在节选中，哈姆莱特痛苦地向奥菲利娅发问“你贞洁吗”，在不断的追问和抨击中我们可以感受到他内心对母亲不忠这件事情的绝望。更痛苦的是，他通过鬼魂知道了父亲死亡的真相，叔父的弑兄篡位让复仇成为哈姆莱特的宿命，是不能违背的天意。

除了这条主要的复仇线索，《哈姆莱特》还有另外两条复仇线索：一条是哈姆莱特在复仇的过程中误杀了他的恋人奥菲利娅的父亲波洛涅斯，波洛涅斯的儿子雷欧提斯要为父亲报仇；另一条是挪威王子开场扬言要武力夺回其父当年在决斗中输掉的国土，终场为在哈姆莱特和克劳狄斯双双毙命的情况下、在哈姆莱特的预言中坐上了丹麦的王位。三条复仇线索彼此交织，让复仇成为贯穿全剧的主要情节结构。

哈姆莱特既是复仇者，又是被复仇的对象，如果没有之后他由于各种原因产生的对复仇的延宕，第一幕他就可以完成整个复仇。既然复仇是命运，那么为什么作为丹麦王子的哈姆莱特不直接拿起正义的道德之剑去消灭罪恶的逆贼呢？为什么还要一再地任由自己的延宕导致更多的死亡呢？他屡次延缓复仇行为，不仅一步步推动了后面两个复仇行为的发生和完成，更在这种复仇的"延宕"中让复仇走向了"更广阔的天地"——这绝不只是一场单纯的王子复仇记。

对于哈姆莱特来说，母亲的不忠、叔父的罪恶带来的不仅是亲缘关系的破灭，更是他人文主义理想世界的幻灭。为父亲复仇不仅是血缘人伦上的责任，更是"重整乾坤"的责任，是在"颠倒混乱的时代"必须完成的复仇。他利用父亲的印玺让两位曾经的挚友因背叛而走上死亡之路，挫败了克劳狄斯的阴谋，完成了对两位挚友的复仇。这原本也是一桩残忍之事，他在对霍拉旭复述时说："上天会不会嘉许我替世上剪除这一个戕害天性的蟊贼，不让他继续为非作恶。"[①]这时，哈姆莱特已经不再把复仇只当作一种个人行为，而是将其上升到了一种"国家行为"，他是替正义而为。也正因此，哈姆莱特的复仇绝不再只是和叔父的个人恩怨，他的思考让他认识到事态的严重性，不单是为父亲报仇的问题，更是必须推翻克劳狄斯所代表的一切；他要面对的也绝不再仅是克劳狄斯一个人，而是整个颠倒的乾坤。因此，哈姆莱特直接拿起剑是无法消灭逆贼的，这场复仇展现出的是一场进步势力与专制黑暗势力之间惊心动魄的斗争。

对于复仇本身，哈姆莱特也是犹疑的。他在流放途中看到挪威王

① 莎士比亚．莎士比亚全集：第五卷［M］．朱生豪，译．北京：人民文学出版社，1994：395.

子攻打波兰的军队，深受鼓舞，因此鞭策自己赶快复仇，不要被优柔寡断拖累。但转念他又感慨战争的虚妄和残忍，这前后矛盾的语调，让他之前的赞叹显得言不由衷。在他眼里，这些荣誉不过是被涂抹上理性脂粉的欲望，因此，他对复仇其实本质上也是怀着消极态度的。作为一个有着觉醒意识和清醒观察的智者，哈姆莱特洞悉了“理性”的荒诞，这也许才是他延宕复仇的真正原因。正如前文所言，他不知道自己该如何与整个世界相容，“无法认同”让他无法处理自身与整个世界的关系。

这场“复仇”终于走向了“更广阔的天地”，如果理性最终只是发现自身的虚妄，那么的确如他所言——“理智使我们变成了懦夫，决心的赤热的光彩，被审慎的思维盖上了一层灰色，伟大的事业在这一种考虑之下，也会逆流而退，失去了行动的意义”。“复仇”牵引产生了“拯救”的主题，“拯救”又与追寻自我、认识自我紧密结合。就复仇悲剧而言，哈姆莱特最终完成了复仇；但从认识自我的层面而言，复仇行动以主人公的失败而告终，《哈姆莱特》也成为一部未完成“拯救”的悲剧。

2. 延宕背后的人文主义主题

《哈姆莱特》既是一部性格悲剧，也是一部社会悲剧，具有结构化的悲剧意味。哈姆莱特的毁灭与失败既由性格造成，又源于社会外部环境，因此无论将剧作置于哪种悲剧框架来阐释，哈姆莱特在与自身和外界抗争的过程中，“命运”总是立于不败之地。亚里士多德认为情节是悲剧的中心，而悲剧的展示需要人物性格的配合，因此，探讨人物有利于厘清哈姆莱特行动的依据。对于此节人物的分析，主要着眼于典型人物，尝试阐释哈姆莱特显露出的人文主义精神，即悲剧的要素之一——思想。简要分析追求理想的哈姆莱特延宕复仇的原因，以启发学生进一步有效思考。

在莎士比亚笔下，哈姆莱特的复仇几经放弃，当他得知真相时，他完全可以借热血和激情将真相公之于众并杀掉克劳狄斯。但他没有，他说：“忍着吧，忍着吧，我的心！”[①] 这是哈姆莱特第一次放弃了复仇的机会。哈姆莱特在克劳狄斯、乔特鲁德及诸位大臣面前安排了一场戏——“捕鼠机”，可哈姆莱特又一次放弃了当众揭穿真相为父报仇的机会，让克劳狄斯逃掉，失去了复仇的良机。在克劳狄斯一个人祈祷时，哈姆莱特本可以杀掉他，可经过思考之后，哈姆莱特不愿让克劳狄斯因为自己的复仇而升入天堂，因而再次放弃了机会。“他现在在祈祷，我正好动手；我决定现在就干……不，那还要考虑一下……不，收起我的剑……”[②] 当乔特鲁德约见哈姆莱特时，哈姆莱特本可以利用这个机会向母亲说出真相，可是他没有这样做。在哈姆莱特与母亲交谈的过程中，鬼魂再次出现，但哈姆莱特还是放弃了一次好机会。克劳狄斯派哈姆莱特到英国去，并设阴谋杀害他。哈姆莱特对这种放逐竟然接受，在他偶然得到机会了解到克劳狄斯的阴谋并安全回国后，他却又一次暂时放弃了向克劳狄斯复仇，转而与雷欧提斯决斗。

哈姆莱特一次又一次地放弃复仇机会的事实，使忧郁、延宕与犹

---

① 莎士比亚．莎士比亚全集：第五卷［M］．朱生豪，译．北京：人民文学出版社，1994：294.

② 莎士比亚．莎士比亚全集：第五卷［M］．朱生豪，译．北京：人民文学出版社，1994：349-350.

豫不决成为哈姆莱特的常见标签。[①] 赫尔岑认为哈姆莱特具有全人类的普遍性，雨果视哈姆莱特为真实伟大的巨人。[②] 卞之琳认为，哈姆莱特具有深刻性和能动性，是人民性和现实主义艺术的时代镜子，更是艺术创造中的典型人物。[③] 哈姆莱特的忧郁是时代的忧郁，集中体现于现实和理想的剧烈冲突让哈姆莱特心生悲观厌世之情，理想难以从心中磨灭却也无从实现。哈姆莱特是西方文学史上一个意蕴丰富的带有文化隐喻的人物形象。

福斯特《小说面面观》中对人物分析的理论视角对于理解和印证哈姆莱特人物形象的丰富性有参考和借鉴意义。福斯特认为，小说比历史更真实，因为它已经超越了事实。[④] 典型是抽象于真实生活的形象塑造，具有真实性。我们在分析哈姆莱特这个人物时，不可以把其当成真实的历史人物，否则分析容易流于表面与庸俗，他是经文学加工的不朽形象。福斯特认为人物有两种：扁平人物和圆形人物。扁平人物被称为性格人物，现在也被称为类型人物或漫画人物。该种人物单纯，“按照简单的意念或特性而被创造出来”[⑤]。在扁平人物的基础上，绘出表示性格因素的弧线，即趋于圆形人物。前者的特点是具有单一的性格特征，容易辨认。而后者直指人类内心深处的复杂性，如哈姆莱特既有光辉的理想，又对现实深重的苦难有感；既有重整乾坤

---

① 已有文献对哈姆莱特的性格分析较为透彻，感兴趣的师生可参考张泗洋《莎士比亚引论（上）》，中国戏剧出版社 1989 年 4 月版，358～367 页。该小节名为“哈姆莱特的性格”，讲述了性格和命运的关系，但这种标签并不属于个人，而是挣扎在寻求理想中的有志之士的缩影。

② 张泗洋．莎士比亚引论：上［M］．北京：中国戏剧出版社，1989：366.

③ 卞之琳．莎士比亚悲剧论痕［M］．合肥：安徽教育出版社，2007：9.

④ 福斯特．小说面面观［M］．苏炳文，译．广州：花城出版社，1984：56.

⑤ 福斯特．小说面面观［M］．苏炳文，译．广州：花城出版社，1984：59.

的责任心，又因深思熟虑而失去行动力。此外福斯特还提到，通常喜剧中扁平人物较多，便于讽刺和制造笑料；扁平人物在悲剧中则易让人厌烦，使得观众难以产生共鸣而失去新奇感。[①] 试想哈姆莱特若遇到新王克劳狄斯，动辄提剑上前，绝无法产生如此强大的悲剧力量，也会让观众减少对这位丹麦王子的怜悯，从而削弱悲剧的效果。福斯特的这些理论可供教师选用或供学生自学用，但教师在引导学生分析的同时，也需要注意福斯特的相关理论分析是后设概念，扁平人物和圆形人物仅仅用于帮助现代人理解，不代表 16 世纪时的人的艺术观感。如若需要得出更有创新性的结论，可细读莎士比亚的其他悲剧并阅读阐释其作品人物的学术著作。

在"理想 - 现实"框架中，哈姆莱特面临着不可调和的社会矛盾，其思想和意志产生冲突，"延宕"则是文学史遗留的重要主题。苏联文学家阿尼克斯特认为，哈姆莱特的延宕是其自身的软弱和外在复杂环境共同造成的，最后哈姆莱特走上了追求真理的复杂矛盾的道路。哈姆莱特的意志薄弱只是瓦解作用的效果，而不是由于天性如此。[②] 尽管如此，哈姆莱特的人文主义之心不死代表了人类对追求理想永不放弃的精神。人文主义是《哈姆莱特》最大的主题。

（二）忧郁的价值

在节选中，装疯的哈姆莱特絮絮叨叨、疯言疯语，学生可以感受到哈姆莱特忧郁、犹疑的性格，他没有立即采取复仇的行动，在

---

① 福斯特. 小说面面观［M］. 苏炳文，译. 广州：花城出版社，1984：64.

② 杨周翰. 莎士比亚评论汇编：上［M］. 北京：中国社会科学出版社，1979：504-506.

“爱”与“仇”之间艰难抉择。他的使命感和他对父亲鬼魂的承诺促使他去完成一个难以完成的任务，他的内心充满了矛盾，这导致了他最终的悲剧命运。

“忧郁王子”的忧郁究竟有什么价值？哈姆莱特是否就等同于做事犹疑不决、顾虑重重的人？诗化的语言和隐晦的表达会造成学生阅读的陌生化。作为“忧郁王子”，哈姆莱特的忧郁究竟有着怎样的价值？这是需要引导学生往更深层次去理解的，否则，“忧郁”就只能被简化为一种性格，而不能被凝练成一种形象了。

哈姆莱特在第一幕第二场第一次出场，他有着无法表现出的“郁结的心事”。他甚至萌发了自杀的念头，他将人世比作“荒芜不治的花园长满了恶毒的莠草”[①]。这样一个忧郁的形象让人心生怜悯。哈姆莱特的忧郁源于美好期冀的幻灭，他无法承受从前偎依在父亲身边的母亲转而就成了“婶母”，他一面悲郁满怀，一面又善良地不愿在世人面前苛责母亲的不忠。如果说忧郁有价值，那么哈姆莱特忧郁的第一层价值就是对逝去的美与善的吟唱，他温柔而敏感的内心无法直视这人世的虚伪和丑陋，真诚与善良又让他无法把自己也变为丑恶的一部分。因此，他反复低吟、无限怅惘，为笼罩着阴云的时代唱出哀歌、写下墓志铭。

节选中，奥菲利娅是哈姆莱特爱情的信仰，是美好的化身，但就是这样单纯善良的人也被邪恶之人利用，成为试探哈姆莱特的帮凶。哈姆莱特不得不装疯卖傻，以此掩盖他的内心，却又无法抑制自己对

① 莎士比亚．莎士比亚全集：第五卷［M］．朱生豪，译．北京：人民文学出版社，1994：279.

奥菲利娅的真挚情感。从他的疯言疯语中，我们依然能感受到他的忧郁背后沸腾的情感。我们可以引导学生关注对白语言，比如从哈姆莱特与奥菲利娅的对白中，我们会发现一些语句重复出现，哈姆莱特先后五次提到了"出家去吧"，他为何执着于让奥菲利娅出家？仅仅是因为守护贞洁吗？哈姆莱特告诉奥菲利娅现实的危险，他让奥菲利娅出家是希望她远离这样一个"全是坏人"的世界，因为他清醒地认识到，即使奥菲利娅"像冰一样坚贞，像雪一样纯洁"，也逃不过"谗人的诽谤"。这些对白背后，隐藏着哈姆莱特对纯洁脆弱的奥菲利娅的爱和关心，隐藏着他对内心美好世界的坚守和保护。他不想让奥菲利娅卷入自己的复仇计划，希望自己毫不留情甚至残忍的斥骂能让奥菲利娅对他彻底死心，离开自己，以免受到伤害。哈姆莱特对现实充满了失望，充满罪恶的丑恶现实让他万念俱灰，让他对爱情也失去了信念。而忧郁愈深，他内心对美好的渴望愈真切。

叔本华说："感觉是意志的现象，而随着意志的现象趋于完美，痛苦也就日益显著。"[①] 因此，感觉越是敏锐的人，痛苦也就越多。哈姆莱特的忧郁是如此绵延，他总是自怨自艾、挣扎徘徊，他曾在发现帷幕后的波洛涅斯时毫不犹豫、勇敢果断地将其一剑刺穿，但一旦他开始思考，他的忧郁就会主宰他，他敏锐地感知到所处时代的黑暗和变化，认识到人的力量及人的可悲。他用"戏中戏"去确认克劳狄斯的罪恶，无非是因为他意识到鬼魂也可能蛊惑人心，他质疑自己见到的鬼魂也许是魔鬼变幻的假象，而魔鬼常常利用人的软弱和忧郁，把人

① 叔本华. 作为意志与表象的世界［M］. 石冲白，译. 北京：商务印书馆，1982：424.

引入万劫不复的深渊。他陷入了无休止的思维反刍中，这使他无法走出自身，进而导致了他延宕复仇，对复仇行为合法性的思考让他无限期地搁置了复仇行为本身。他没有任由自己的愤怒和绝望主宰理性的认知，即使是在如此痛苦之时他还是坚持了理性的反思和灵魂的清醒，这恰是他的忧郁的第二层价值所在。

“不过痛苦是生物的特权，正是在痛苦中我们感受到了自己的主体性”①，从这个角度来说，哈姆莱特的忧郁恰是他高贵灵魂的外显，他是一个痛苦的自觉者，忧郁的价值还在于对人性的自觉自知。“认识自己可悲乃是可悲的；然而认识我们之所以为可悲，却是伟大的。”②除了哈姆莱特，剧中的其他人都处于一种“不自知”中，他们接受着命运的安排，从未反思自我存在的状态。节选中表现最明显的就是波洛涅斯和奥菲利娅：波洛涅斯看似老谋深算，不断向国王提出各种建议，兢兢业业做一个忠心的贤臣，却愚蠢地自作聪明，认为哈姆莱特的疯狂只是因为失恋；奥菲利娅单纯善良，对哈姆莱特有着无限的赞颂，却沉醉于虚幻的爱情中，接受了父亲的指派，甚至放弃了和哈姆莱特的爱情，对于哈姆莱特的“疯言疯语”完全没有“知觉”。扩展到全剧，其他人物也全部处于“不自知”的混沌状态：王后心安理得地享受着不伦婚姻带给她的幸福生活，纵使儿子痛苦绝望，她也依然没有跳脱出现有的生活框架；国王克劳狄斯犯下了如此可怕的罪恶，却心安理得地在王位上扮演着英明的君王，甚至深以为然，纵使曾有过短暂的忏悔，也不过是“我的言语高高飞起，我的思想滞留地

① 黑格尔. 逻辑学：下卷［M］. 杨一之，译. 北京：商务印书馆，1976：467.
② 帕斯卡尔. 思想录［M］. 何兆武，译. 北京：商务印书馆，1985：175.

下”[①]。只有哈姆莱特是一个自觉者，他痛苦而自知，清醒地察觉到小我的可卑和可悲，更清醒地感受到他人的不幸与痛苦。因此，他才会感叹人世的各种不公，才会思索人世的痛苦，才会对所有人产生无限的悲悯和同情。他的高贵的灵魂并不是在装疯之后陨落的，而是在有了这样的自觉之时就已经陨落、沉沦了，这才是哈姆莱特的忧郁，也是该剧人文主义主题的彰显。

借助剧中四个大有深意的隐喻——“囚牢”“胡桃壳”“无限空间的君王”“噩梦”，我们可以更深刻地了解哈姆莱特的忧郁。“囚牢”让我们联想到柏拉图的“洞穴”隐喻，鲁迅的“铁窗”说也是类似的隐喻。受拘束、不自由是“囚牢”的本质，而先知们的“先知先觉”在“囚牢”中反倒成了一种过错、一种悲剧命运的开始，无知是痛苦的，但有知更加痛苦，因为它会让我们意识到自己面对着更大的无知，这恰是哈姆莱特具有诗人忧郁气质的缘由。哈姆莱特沉吟着人类的盲目和可悲，感慨着自我被困居于世界囚牢中的无奈，但他认为幸好至少有一处可以让他退守隐遁，这就是他所言的“胡桃壳”之内的广阔天地。“胡桃壳”隐喻着哈姆莱特的精神世界，“无限空间”是他在精神世界内获得的自由，他在思想里获得自由，将自我意识从存在中抽离，在理想中将精神世界与客观存在对立起来，这让哈姆莱特有了哲学家的灵魂。当他走进封闭的精神世界之中，他成为自由的君王、拥有一切的主宰，这让他可以毅然逃离现实的不堪、暂时抛开复仇的枷锁。但不幸的是还有“噩梦”萦绕，“梦”也呼应了后面的情节，在

---

① 莎士比亚．莎士比亚全集：第五卷［M］．朱生豪，译．北京：人民文学出版社，1994：350.

教材节选中，哈姆莱特在思考生死问题时也提到过对梦的恐惧。逃遁到精神世界是哲人超越时空的追求，但囿陷于特殊存在的个体又怎么可能做到超脱存在与现实、躲进“胡桃壳”里自在称王？正如哈姆莱特，作为王子，他有着“扭转乾坤”的责任；作为儿子，他有着为父复仇的义务。现实的责任和义务共同筑成了困住哈姆莱特的“囚牢”，即便他渴望遁入“胡桃壳”，亦会被“噩梦”萦绕。这个“噩梦”并不是罗吉二人所猜度的权力野心，而是父亲的鬼魂指引哈姆莱特所必须承担的责任、义务及他因此接受的命运。他想要挣扎，却无从施力，因为他深知自己的无知，这种无知最终让他产生了深深的无力感，让他的行动永远地染上了忧郁的色彩。

没有全篇阅读，仅依靠节选内容，学生无法通过哈姆莱特的“疯言疯语”感受到他更加深沉的无力感和幻灭感，无法透过他敏感忧郁的性格感受他作为人的美好价值，无法在和人物一步步走向深渊中感受罪恶的腐蚀。作为莎士比亚笔下最伟大的悲剧人物之一，哈姆莱特的忧郁带着时代的印记，是人性力量与黑暗现实对抗的外显，是理性思索与感性冲动冲突而产生的无力感和荒诞感。借助“理想－现实”的阅读中介，由节选推向整篇，学生在这种冲突中才能更深刻地领悟到：哈姆莱特的忧郁不是怯懦的犹豫和没来由的多愁善感，而是人性的觉醒，是哲学层面的思索与探寻。

（三）悲剧的净化

尽管莎士比亚的悲剧并不完全符合亚里士多德的悲剧理论，但悲剧组成要素仍然相通且值得借鉴。单元学习目标提及的“体会戏剧语言的动作性与个性化”与“把握其悲剧意蕴，激发心中的良知与悲悯情怀"，分别能与亚里士多德提出的"言语"和"思想"两大悲剧要素基本对应。由于必修所选的剧本为朱生豪译本，而亚里士多德的"言语"更强调原文音韵、文体的特点，所以本部分并不拟完全借助亚里士多德的框架进行论述，而是着重分析戏剧语言如何推进情节、独白又如何显露哈姆莱特的个性。

《哈姆莱特》的语言透露着理性思辨的哲理性，具有夸张和隐喻的意味。卞之琳在评价节选的独白时谈道："长句的均衡，一些短句的适当重复，跨行法和中间大顿法的随心所欲的运用、吞吐、起伏，充分传达了哈姆莱特沉思的内容和调子，完全符合了戏剧的要求。"[①]师生若要深究，可将朱生豪译本与梁实秋、卞之琳等翻译家的译本进行比较，充分体会译本的多样性，尝试理解原文语言的夸张风格。同时语言具有动作性，反映了哈姆莱特内心的矛盾，通过个人发声控诉社会现实。哈姆莱特的复仇并非个人的复仇，而是社会的复仇。在内容上，过深的思虑通过语言表达出来，并"瘫痪"了哈姆莱特的行动力。但极具个性化的语言通过隐喻性话语如"命运暴虐的毒箭"，将个人的境况推向社会，冲出了个人主义的藩篱。阿尼克斯特认为，哈姆莱特遭遇到的"个别不公正事件就使他向四围观看，使他相信四面八方都被不公平的事笼罩着"[②]。哈姆莱特并没有把复仇当作个人问题去解决，他作为思想家，具有概括的天赋，具有透视人类社会一般恶的表现的能力。

亚里士多德悲剧论中的"思想"包括一切必须通过语言产生的效

① 卞之琳．莎士比亚悲剧论痕［M］．合肥：安徽教育出版社，2007：94.

② 杨周翰．莎士比亚评论汇编：下［M］．北京：中国社会科学出版社，1979：508.

果，如求证和反驳，情感的激发（如悲悯、恐惧、愤怒）。[①]本节的“思想”主要涉及观看、阅读悲剧后产生的悲悯，悲悯是亚里士多德“净化论”的重要内容。此外，“思想”还涉及教学目标中的情感态度与价值观，要求教师引导学生对外国文学保持兴趣并尊重、包容各国文化精华。

根据亚里士多德的悲剧“净化论”，人们在观看了悲剧后，对有过失的人物会产生同情、悲悯并恐惧悲剧发生于自身。“净化”原来是医学词汇，后来被借用为表示悲剧净化心灵、升华精神及开发心智的作用。[②]根据亚里士多德的观点，观剧者要产生悲悯之情，前提是相信戏剧人物符合可然律与必然律，即《哈姆莱特》的毁灭结局必须具有艺术真实性，符合生活逻辑。人们将剧中人物的悲剧人生，由戏剧内延伸到戏剧外，推而广之到自己或旁人身上，生发出同情、悲悯，并因不幸可能降临在每个人身上而恐惧。文本恰如其分地展现了哈姆莱特的内心世界，因而读者能沉浸在戏剧的文本世界中，但阅读剧本还需要想象并还原悲剧演出时的效果。英国学者约翰逊博士认为，独白具有指点和解释的性质，让戏剧所产生的幻觉完全遭到了破坏[③]，因而观众无法完全沉浸于戏剧营造的幻觉与氛围。然而在莎士比亚生活的时代，戏剧在“环球剧院”上演，这个剧院三面环绕着观众，也许能弥补部分人物独白破坏的氛围，使得观众有沉浸感与代入感，心灵更易被净化。营造观剧者与演员之间独立的空间有利于观剧者对悲剧内容共情。观众在剧院观剧时通过喝倒彩来反对罪恶，通过叫好赞赏

① 亚里士多德．诗学［M］．陈中梅，译注．北京：商务印书馆，1996：140.
② 亚里士多德．诗学［M］．陈中梅，译注．北京：商务印书馆，1996：226.
③ 杨周翰．莎士比亚评论汇编：下［M］．北京：中国社会科学出版社，1979：69.

美德，因过失人物的苦难而唏嘘，从而共情而心生悲悯。

再者，根据亚里士多德的悲剧理论，悲剧的中心是"行动"，然而哈姆莱特却因大段的独白和深刻的思虑而荒废了行动，减少了悲剧的模仿行动。此时教师可以从学生的阅读体验入手，引导他们理解莎士比亚用深刻的人文主义主题揭开的悲剧的思想本质：命运尽管能左右人类的行动，却难以阻碍人类无止息地追求荣光，哈姆莱特灵魂的受难是人高贵的存在的体现，孤注一掷的思想表达弥补了行动模仿的不足，因而悲悯得以产生且留存。

此外，教师仍需引导学生尊重和包容他国优秀文化，体会经典作品的时代意蕴与艺术特点。《哈姆莱特》反映了其创作时期的浪漫与现实并重的风格。浪漫体现在显示了人类的魄力和自由，包括但不限于接受鬼魂等成为戏剧成分，作为社会集体想象的一部分。至于该悲剧的现实性，卢卡契认为，莎士比亚作品中的此岸性占主导地位，描写了没有被分割的人和人的不可分割性，[①]即尽管戏剧有一定的非自然因素，但总体而言具有坚实的现实主义土壤。《哈姆莱特》中的人物行动与社会诉求都融入了哈姆莱特这一伦理和道德的实体中，他不断探寻人类的哲学，他的思想迸发出西方人文主义光辉。与中国古代戏剧相比，《哈姆莱特》的哲理性与人文主题都充满异质性，有待学生理解与鉴赏。

① 杨周翰．莎士比亚评论汇编：下［M］．北京：中国社会科学出版社，1979：490.

四、文本延伸：活动教学与阅读拓展

（一）活动线索

从第二单元引言“学习本单元，通过阅读鉴赏、编排演出等活动深入理解戏剧作品”可知，编排活动是完成本单元教学的重要手段之一。教参上给出了两类教学设计：一类是以研读、写作为主要学习活动，分析人物，探究主题；另一类是以观看、排演、比较研讨为主要学习活动，把握体裁，从实践上探究。《哈姆莱特》高举人文主义旗帜，其中“理想-现实”框架给人以悲剧性的震撼，如果能够在教参教学设计的基础上，提出更加系统和可操作的学习活动建议，实现戏剧排演的落地，那么就能让《哈姆莱特》展现出更全面的经典悲剧价值。本部分试图以“研、演”为框，分板块讲解，勾勒出戏剧单元的学习线索，帮助教师和学生更好地完成本单元的教学和学习任务。

1.“研”板块

“研”板块分为“研读”和“研究”两大部分，以拓展任务为驱动，完成“形象牵引”和“体裁牵引”，即品读戏剧人物形象，把握戏剧语言特色。基于学习任务群的戏剧大单元群文阅读教学，本单元也可以采用群文阅读的教学策略。一种群文阅读思路是对单元选取的三部戏剧节选做横向比较阅读，三部戏剧节选的同质点在于它们都有一个“归来者”讲述“亡者”的故事（如老哈姆莱特鬼魂讲述真相，鲁侍萍揭露自己的身份，不寻常的天象诉说冤屈），以此窥探三部戏剧的冲突，聚焦“形象牵引”，了解戏剧的艺术价值；另一种群文阅读思路是对莎士比亚的悲喜剧做纵向延伸阅读，异质点在于悲剧与喜剧的不同特征，聚焦“体裁牵引”，以此了解学习莎士比亚戏剧的特点。

对人物形象的深入认识可推进理解《哈姆莱特》的中心主题。除去之前提到的人物形象分析，还可以通过布置写作任务完成由“形象牵引”到“体裁牵引”的研读。在分析性、理性地解读文本后，用感性的演绎过程去唤醒学生对文字的理解，从而让文字的内涵与意蕴更好地丰盈学生对戏剧文本的感受。如可让学生以霍拉旭的身份为逝去的丹麦王子哈姆莱特撰写墓志铭，注意模仿莎士比亚悲剧的文体风格（高中阶段模仿译本风格即可），促进学生理解哈姆莱特的人物形象及悲剧的人文主题。此外，由于单元学习目标明确要求通过编排演出方式学习，因此剧本写作环节也必不可少，教师需要总结莎剧的艺术特色，以此引导学生感受戏剧语言特点。在进行剧本写作时，可以对原文进行适当加工；在编写演出本时，可适当修改台词，注重可表演性。通过对人物情感的深刻体会，对演出时人物的说话方式、舞台走位、身体姿态、表情控制等多方面的细节进行补充，甚至揣摩台词背后的“内心独白”，领悟人物台词的言外之意。

“研究”部分则稍微偏向学术化、理论化和抽象化，需要厘清戏剧体裁的艺术特色，以此为剧本写作的理论共识。兰姆认为，“莎剧的心理表现更为突出，不适合舞台演出，行动的瘫痪减弱了悲剧的怜悯”[①]。如果不适合演出，英国皇家莎士比亚剧团为何能够在世界范围内巡回演出呢？“假定性美学观”强调想象与象征，即尽管行动被削弱，但仍然默认观众具有相应的想象力，且借助独白，能够恰如其分

① 杨周翰．莎士比亚评论汇编：下［M］．北京：中国社会科学出版社，1979：163.

地表达。这种美学观强调观剧者的配合，如在莎士比亚生活的时代，演员总是男性，若遇到女扮男装的桥段，男演员需要舍弃男性身份，假装自己为女性，并在戏中扮演男性。柯尔律治认为，“哈姆莱特的疯狂只有一半是假的；他要巧妙的骗术来装疯，只有在他真正接近于疯狂的状态时才能装得出。”① 如果柯尔律治的论述正确，那么哈姆莱特则处在疯狂的边缘，自以为不疯狂地装疯，而精神正常的演员则需要将自身代入，自以为没有疯狂地去装疯。无论演出的过程多么复杂，观众都会默认演员就是角色本人，因此观众能够与角色产生情感共鸣。莎剧被确认能够演好且观众能够默认配合，此为戏剧的开演前提，课堂上的编排演出同理：道具简陋可用演员的肢体动作、独白，以及观众的想象、默认与配合来弥补。但如同环球剧场高台阶的设计可以将演员与观众拉开距离，演出时除了控场，也应减少不必要的互动，将台上、台下两个世界隔离开来，给予空间让观众更容易生发悲悯之情。

2.“演”板块

“演”板块主要是针对戏剧的编排进行舞台性指导。莎士比亚戏剧更加注重语言和思想，而非道具与音乐。因此，就算是条件简陋的课堂也可以成为演出的剧场，只要演员在其中能恰如其分地表达出人物的语言与思想。按李海林在《文学作品阅读教学思路》中所说的，剧本阅读的基本方式就是所谓的“场面思维”。在“研”板块的基础上，引导学生发散思维和展开想象，将剧中的台词和舞台说明还原成舞台上的具体场景，既把自己想象成剧中的角色，体验人物内心的情感；又把自己想象成观众，感受演出的现场氛围，在这样的立体还原

---

① 杨周翰．莎士比亚评论汇编：下［M］．北京：中国社会科学出版社，1979：156.

中营造出剧本的"剧场感"。

要营造剧本的"剧场感"，首先必须完成"研"板块的内容，比如要塑造教材节选中的哈姆莱特的形象，就必须对他装疯的言语有深刻的理解，要认识到在"生存还是毁灭"的独白中，他反复挣扎纠结的是作为一个人的意义。他深刻的人生思辨已经超越了个人，俨然是人类面对生存的意义、生的痛苦、死的疑惧、思与行的矛盾等人生问题时发出的诘问和喟叹。如果没有这样的文本研读作铺垫，哈姆莱特的内心独白很可能会被学生演绎成囫囵吞枣式的"激情"宣泄，忽略了哈姆莱特在特定情境下的情感、思想和挣扎。

要营造剧本的"剧场感"，还要借助剧场、道具、服装等营造演出的仪式感。道具方面，卢卡契认为"舞台上的布景大多是乏味的重复或肆意破坏和篡改，在语言中已经完善的建立起来的东西"[①]。根据卢卡契的理论，实际教学环境中，道具和布景反而没有那么重要。假定性美学观也提醒我们，空间可以多用，能在想象范围内随意扩大或缩小，道具也具有象征性。欧美国家的剧团在演出莎剧时也只是使用简单的道具而已。1975年，英国老维克剧团来华访问演出《哈姆莱特》时只用了几层黑色软幕作背景，道具简单到只有两张椅子。[②]因此道具并不需要过多指导和操心，提前让学生知悉，引导他们将精力放在其他方面，"如诗一般的语言能够弥补布景的不足"[③]。服装方面，英国人使用服装尽管讲究，但不考究服装是否合乎历史事实，他们穿

---

① 杨周翰．莎士比亚评论汇编：下［M］．北京：中国社会科学出版社，1979：488.

② 中国莎士比亚研究会．莎士比亚研究：创刊号［M］．杭州：浙江人民出版社，1983：325.

③ 索天章．莎士比亚：他的作品及其时代［M］．上海：复旦大学出版社，1986：36.

的大多是当时人的衣服[1]。在中国的剧院，如广州的十三号剧院，演出服装的设计也遵循此原则，多数演员穿的是现代的衣服，如衬衫和牛仔裤等。因此，在经费不充足或者课堂安排困难的情况下，服装并不需要太过考究，虽然舞台无法还原至原始状态，但贴近现代生活也符合莎剧的现实性特点。此外，剧本中的可以给学生科普：环球剧院通常于下午两点或三点开场，莎士比亚称之为“舞台上两点的悲欢离合”[2]。在下午的课堂进行演出也可帮助午休后的学生恢复到最好的精神状态。

教师应引导学生揣摩人物台词，体会人物的心理活动，想象舞台场景。在表演时指导学生构建“角色代入—观看对比—模拟实践”的学习链。按照《中学戏剧教学中“剧场感”的营造策略探究——以〈哈姆莱特（节选）〉的教学为例》中所列举的，对剧本内容，教师首先可以通过提问引导学生思考，“剧本中的你指谁”“如果你是哈姆莱特，你会用什么语气发问”“语音语调如何”“神态动作如何”，借助不断的追问，帮助学生进入角色，使学生的学习由静态的文本阅读转为动态的角色代入，在“想象”的情境中建构“真实”的人物形象。接着教师可以播放视频资料，借助“对比课本上的对话，视频中增加了课文里看不到的哪些内容”“哈姆莱特和奥菲利娅在哪里对话”“场景的设计是完全按照剧本还原的吗”等类似提问，引导学生在观看中发现文字和视频的缝隙，对比演员表演的实例，引导学生关注戏剧表演的细节，观察演员的动作、神情，舞台布置及道具等，同时激发学

① 索天章．莎士比亚：他的作品及其时代［M］．上海：复旦大学出版社，1986：32.

② 麦克格雷格．莎士比亚的动荡世界［M］．范浩，译．郑州：河南大学出版社，2016：25.

生想象力，让他们在头脑中再现和建构舞台场景。最后，进入演出实践环节，教师布置任务：选择一个场景，设计人物的语言和身体动作进行表演，还可以增加自定义道具。在实践中促进学生"入戏"，引导他们把对剧本的理解还原成舞台演出。神态、动作是学生对人物情绪、潜台词的外在呈现，这种外在呈现又能加深学生对角色的理解，增强代入感。除了让学生表演，还可以让学生作为观众去品评演出，既可以针对演出提问演员，交流探讨演出中演员对人物的理解、对戏剧主题和冲突的理解；也可以提问其他观看演出的观众，分享交流彼此对演出的理解。

参与这样的演出实践，学生能获得文本分析无法获得的实践体验，对文本内容形成反刍，"演"也成了"研"的一部分，戏剧的文体特征得以凸显，学生通过具有"剧场感"的实践，由一元的读者变为"演员""观众""导演""舞美""评论家""记者"等多元角色，多维度深入接近人物、理解情节、感知主题。

（二）拓展阅读

1. 节选一：人的发现

在《哈姆莱特》中，理想与现实发生强烈的对抗和纠缠，致使忧郁王子丧失了行动力，以下戏剧片段节选自第二幕第二场，人教版历史教材将其中的名句"人类是一件多么了不得的杰作"作为文艺复兴运动对人的发现的佐证。文艺复兴时期，人文主义者普遍认为人是"宇宙的精华"和"万物的灵长"，随着对人的发现，人对自我的自信甚至到了盲目的地步，拉伯雷的"巨人"就是其中的典型代表。物极必反，从蒙田开始，自我否定的人文思潮逐渐成为欧洲社会的主流。

哈姆莱特的反问——“可是在我看来，这一个泥土塑成的生命算得了什么？”就是这种时代精神的体现。人是什么？这也是一个典型的“哈姆莱特问题”。这个问题不仅仅是他那个时代的问题，更是一切时代的问题，是一切严肃哲学无法回避的“思的问题”。处于中世纪与现代世界夹缝之中的都铎王朝，正是孕育莎士比亚的土壤。一方面，传统的封建君主和贵族想要取代天主教会的权威，成为这个时代新的领导者，树立起新的世界观和道德标准；另一方面，蓬勃发展的市民阶层也大胆进取开拓，将自身的活力与矛盾都充分展现出来。[①]在这个英国文艺复兴的盛世，从天主教桎梏下解脱出来的人得以充分彰显自身的力量与局限，哈姆莱特对人的思考和定位，就是在前一个平衡中心已被推翻，后一个平衡中心尚未建立时的“认同危机”的表征和产物，从崇高的万物灵长到可笑的泥土塑成的生命，不过一步之遥。

尽管选段表达了哈姆莱特对人的高度肯定，但这只是他在象牙塔内未罹难时的感受，随之而来的是对现实生活产生的动摇与理想世界的幻灭。选段展示了哈姆莱特的挣扎与沉浮，以及知其不可为而为之的人道主义者不灭的光辉与勇气，揭示了当时沉重黑暗的现实与人文主义理想之间难以调和的矛盾。卞之琳从人、神、兽三者的关系论证莎士比亚对人的发现：以人为中心，相信人可以像“神”，承认人也可以像“兽”。旧的势力是兽的表现，新的倾向则是神的表现，新旧翻转之间即是理想。[②]按照这种说法，“在行为上多么像一个天使！在智慧上多么像一个天神！”这句话使人向神性靠拢，符合卞之琳所论

① 王楠．颠覆与虚无：莎剧《麦克白》与《哈姆莱特》中的主观性困境［J］．社会，2020，40（1）：126.

② 卞之琳．莎士比亚悲剧论痕［M］．合肥：安徽教育出版社，2007：239.

证的人文主义对人的发现。

教师可通过展示以下选段激发学生的阅读兴趣，引导学生继续在"理想－现实"框架中体味《哈姆莱特》展示的人类与命运的悲剧性。鼓励学生哪怕身处不利境地，也要始终相信光明，引导他们树立正确的价值观。

第二幕第二场

哈姆莱特 让我代你们说明来意，免得你们泄露了自己的秘密，有负国王王后的托付。我近来不知为了什么缘故，一点兴致都提不起来，什么游乐的事都懒得过问；在这一种抑郁的心境之下，仿佛负载万物的大地，这一座美好的框架，只是一个不毛的荒岬，这个覆盖众生的苍穹，这一顶壮丽的帷幕，这个金黄色的火球点缀着的庄严的屋宇，只是一大堆污浊的瘴气的集合。人类是一件多么了不得的杰作！多么高贵的理性！多么伟大的力量！多么优美的仪表！多么文雅的举动！在行为上多么像一个天使！在智慧上多么像一个天神！宇宙的精华！万物的灵长！可是在我看来，这一个泥土塑成的生命算得了什么？人类不能使我发生兴趣；不，女人也不能使我发生兴趣，虽然从你现在的微笑之中，我可以看到你在这样想。

罗森格兰兹 殿下，我心里并没有这样的思想。

哈姆莱特 那么当我说"人类不能使我发生兴趣"的时候，你为什么笑起来？

罗森格兰兹 我想，殿下，要是人类不能使您发生兴趣，那么那班戏子们恐怕要来自讨一场没趣了；我们在路上追赶过了他们，他们是要到这儿来向您献技的。

（选自《莎士比亚全集》第五卷，人民文学出版社1994年版327页，朱生豪译）

2. 节选二：冲突

以下节选自第五幕第二场，即悲剧的最后一场，这一场的情节为在哈姆莱特、雷欧提斯比剑决斗过程中，乔特鲁德喝下毒酒，哈姆莱特终于大仇得报，但也招致自我毁灭的结局。戏剧的情节是由戏剧冲突推动的，而戏剧冲突更多来源于人物的内心世界。在这个部分，“比剑决斗”一共有两种冲突：哈姆莱特－克劳狄斯（杀父霸母之仇）；哈姆莱特—雷欧提斯（杀父“害”妹之仇）。两重矛盾冲突发生激烈的碰撞，并紧紧围绕“比剑”（明）和“毒计”（暗）展开，将戏剧引向高潮！教师可通过这部分节选引导学生从表演的角度去探究莎士比亚戏剧在可读和可演之间的转换。

第五幕第二场

哈姆莱特 他会使这两种武器吗？很好。

奥斯里克 殿下，王上已经用六匹巴巴里的骏马跟他打赌；在他的一方面，照我所知道的，押的是六柄法国的宝剑和好刀，连同一切鞘带钩子之类的附件，其中有三柄的挂机尤其珍奇可爱，跟剑柄配得非常合式，式样非常精致，花纹非常富丽。

哈姆莱特 您所说的挂机是什么东西？

霍拉旭 我知道您要听懂他的话，非得翻查一下注解不可。

奥斯里克 殿下，挂机就是钩子。

哈姆莱特 要是我们腰间挂着大炮，用这个名词倒还合适；在那一天没有来到以前，我看还是就叫它钩子吧。好，说下去；六匹巴巴里骏马对六柄法国宝剑，附件在内，外加三个花纹富丽的挂机；法国产品对丹麦产品。可是，用你的话来说，这样"押"是为了什么呢？

奥斯里克 殿下，王上跟他打赌，要是你们两人交起手来，在十二个回合之中，他至多不过多赢您三着；可是他却觉得他可以稳赢九个回合。殿下要是答应的话，马上就可以试一试。

哈姆莱特 要是我答应个"不"字呢？

奥斯里克 殿下，我的意思是说，您答应跟他当面比较高低。

哈姆莱特 先生，我还要在这儿厅堂里散散步。您去回陛下说，现在是我一天之中休息的时间。叫他们把比赛用的钝剑预备好了，要是这位绅士愿意，王上也不改变他的意见的话，我愿意尽力为他博取一次胜利；万一不幸失败，那我也不过丢了一次脸，给他多剁了两下。

奥斯里克 我就照这样去回话吗？

哈姆莱特 您就照这个意思去说，随便您再加上一些什么新颖词藻都行。

奥斯里克 我保证为殿下效劳。

哈姆莱特 不敢，不敢。（奥斯里克下）多亏他自己保证，别人谁也不会替他张口的。

霍拉旭 这一只小鸭子顶着壳儿逃走了。

哈姆莱特 他在母亲怀抱里的时候，也要先把他母亲的奶头恭维几句然后吮吸。像他这一类靠着一些繁文缛礼撑撑场面的家伙，正是愚妄的世人所醉心的；他们的浅薄的牙慧使傻瓜和聪明人同样受他们的欺骗，可是一经试验，他们的水泡就爆破了。

（一贵族上）

贵族 殿下，陛下刚才叫奥斯里克来向您传话，知道您在这儿厅上等候他的旨意；他叫我再来问您一声，您是不是仍旧愿意跟雷欧提斯比剑，还是慢慢再说。

哈姆莱特 我没有改变我的初心，一切服从王上的旨意。现在也好，无论什么时候都好，只要他方便，我总是随时准备着，除非我丧失了现在所有的力气。

贵族 王上、娘娘，跟其他的人都要到这儿来了。

哈姆莱特 他们来得正好。

贵族 娘娘请您在开始比赛以前，对雷欧提斯客气几句。

哈姆莱特 我愿意服从她的教诲。（贵族下）

霍拉旭 殿下，您在这一回打赌中间，多半要失败的。

哈姆莱特 我想我不会失败。自从他到法国去以后，我练习得很勤；我一定可以把他打败。可是你不知道我的心里是多么不舒服；那也不用说了。

霍拉旭 啊，我的好殿下——

哈姆莱特 那不过是一种傻气的心理；可是一个女人也许会因为这种莫名其妙的疑虑而惶惑。

霍拉旭 要是您心里不愿意做一件事，那么就不要做吧。我可以去通知他们不用到这儿来，说您现在不能比赛。

哈姆莱特 不，我们不要害怕什么预兆；一只雀子的死生，都是命运预先注定的。注定在今天，就不会是明天；不是明天，就是今天；逃过了今天，明天还是逃不了，随时准备着就是了。一个人既然在离开世界的时候，只能一无所有，那么早早脱身而去，不是更好吗？随它去。

（国王、王后、雷欧提斯、众贵族、奥斯里克及侍从等持钝剑等上）

国王 来，哈姆莱特，来，让我替你们两人和解和解。（牵雷欧提斯、哈姆莱特二人手使相握）

哈姆莱特 原谅我，雷欧提斯；我得罪了你，可是你是个堂堂男子，请你原谅我吧。这儿在场的众人都知道，你也一定听见人家说起，我是怎样被疯狂害苦了。凡是我的所作所为，足以伤害你的感情和荣誉，激起你的愤怒来的，我现在声明都是我在疯狂中犯下的过失。难道哈姆莱特会做对不起雷欧提斯的事吗？哈姆莱特决不会做这种事。要是哈姆莱特在丧失他自己的心神的时候，做了对不起雷欧提斯的事，那样的事不是哈姆莱特做的，哈姆莱特不能承认。那么是谁做的呢？是他的疯狂。既然是这样，那么哈姆莱特也是属于受害的一方，他的疯狂是可怜的哈姆莱特的敌人。当着在座众人之前，我承认我在无心中射出的箭，误伤了我的兄弟；我现在要向他请求大度包涵，宽恕我的不是出于故意的罪恶。

雷欧提斯 按理讲，对这件事情我的感情是激动我复仇的主要力量，现在我在感情上总算满意了，但是另外还有荣誉这一关；除非有什么为众人所敬仰的长者，告诉我可以跟你捐除宿怨，指出这样的事是有前例可援的，不至于损害我的名誉，那时我才可以跟你言归于好。目前我且接受你友好的表示，并且保证决不会辜负你的盛情。

哈姆莱特 我绝对信任你的诚意，愿意奉陪你举行这一次友谊的比赛。把钝剑给我们。来。

雷欧提斯 来，给我一柄。

哈姆莱特 雷欧提斯，我的剑术荒疏已久，只能给你帮场，正像最黑暗的夜里一颗吐耀的明星一般，彼此相形之下，一定更显得你的本领的高强。

雷欧提斯 殿下不要取笑。

哈姆莱特 不，我可以举手起誓，这不是取笑。

国王 奥斯里克，把钝剑分给他们。哈姆莱特侄儿，你知道我们怎样打赌吗？

哈姆莱特 我知道，陛下；您把赌注下在实力较弱的一方了。

国王 我想我的判断不会有错。你们两人的技术我都领教过；但是后来他又有了进步，所以才规定他必须多赢几着。

雷欧提斯 这一柄太重了；换一柄给我。

哈姆莱特 这一柄我很满意。这些钝剑都是同样长短的吗？

奥斯里克 是，殿下。（二人准备比赛）

国王 替我在那桌子上斟下几杯酒。要是哈姆莱特击中了第一剑或是第二剑，或者在第三次交锋的时候争得上风，让所有的碉堡上一齐鸣起炮来；国王将要饮酒慰劳哈姆莱特，他还要拿一颗比丹麦四代国王戴在王冠上的更贵重的珍珠丢在酒杯里。把杯子给我；鼓声一起，喇叭就接着吹响，通知外面的炮手，让炮声震彻天地，报告这一个消息："现在国王为哈姆莱特祝饮了！"来，开始比赛吧；你们在场裁判的都要留心看着。

哈姆莱特 请了。

雷欧提斯 请了，殿下。（二人比剑）

哈姆莱特 一剑。

雷欧提斯 不，没有击中。

哈姆莱特 请裁判员公断。

奥斯里克 中了，很明显的一剑。

雷欧提斯 好；再来。

（选自《莎士比亚全集》第五卷，人民文学出版社1994年版413–418页，朱生豪译）

3. 节选三：哈姆莱特的人文主义理想

在哈姆莱特"重整乾坤"之理想中，丹麦王国政治秩序的构建是重要一环，政治理想亦是哈姆莱特人文主义理想的重要组成部分，因此附《哈姆莱特》其他场次的节选，作为理解该悲剧人文主义意蕴的迁移文本。第一幕第五场的情节为老哈姆莱特鬼魂告知真相，哈姆莱特尽管有所抱怨，但仍然承担起重整乾坤的任务。这是哈姆莱特展现高超的先知性——发现社会结构性悲剧的一段。哈姆莱特首先将私仇记于"记事簿"中，将仇恨铭刻于记忆之中。然后转而对霍拉旭说道："天地之间有许多事情，是你们的哲学里所没有梦想到的呢。"哈姆莱特本是活在自己的哲学里的人，在对神明的祈祷呼告中获得了精神的力量，从记挂个人的复仇到心怀悲悯，以至渴望扭转世道。他的呼告与呐喊促使他成为一名思想家。

第一幕第五场

哈姆莱特 天上的神明啊！地啊！再有什么呢？我还要向地狱呼喊吗？啊，呸！忍着吧，忍着吧，我的心！我的全身的筋骨，不要一下子就变成衰老，支持着我的身体呀！记着你！是的，我可怜的亡魂，当记忆不曾从我这混乱的头脑里消失的时候，我会记着你的。记着你！是的，我要从我的记忆的碑版上，拭去一切琐碎愚蠢的记录、一切书本上的格言、一切陈言套语、一切过去的印象、我的少年的阅历所留下的痕迹，只让你的命令留在我的脑筋的书卷里，不搀杂一些下贱的废料；是的，上天为我做证！啊，最恶毒的妇人！啊，奸贼，奸贼，脸上堆着笑的万恶的奸贼！我的记事簿呢？我必须把它记下来：一个人可以尽管满面都是笑，骨子里却是杀人的奸贼；至少我相信在丹麦是这样的。（写字）好，叔父，我把你写下来了。现在我要记下我的座右铭那是，“再会，再会！记着我。”我已经发过誓了。…………

哈姆莱特 那么你还是用见怪不怪的态度对待它吧。霍拉旭，天地之间有许多事情，是你们的哲学里所没有梦想到的呢。可是，来，上帝的慈悲保佑你们，你们必须再作一次宣誓。我今后也许有时候要故意装出一副疯疯癫癫的样子，你们要是在那时候看见了我的古怪的举动，切不可像这样交叉着手臂，或者这样摇头摆脑的，或者嘴里说一些吞吞吐吐的言词，例如"呃，呃，我们知道"，或是"只要我们高兴，我们就可以"，或是"要是我们愿意说出来的话"，或是"有人要是怎么怎么"，诸如此类的含糊其辞的话语，表示你们知道我有些什么秘密；你们必须答应我避开这一类言词，上帝的恩惠和慈悲保佑着你们，宣誓吧。

鬼魂 （在下）宣誓！（二人宣誓）

哈姆莱特 安息吧，安息吧，受难的灵魂！好，朋友们，我以满怀的热情，信赖着你们两位；要是在哈姆莱特的微弱的能力以内，能够有可以向你们表示他的友情之处，上帝在上，我一定不会有负你们。让我们一同进去；请你们记着无论在什么时候都要守口如瓶。这是一个颠倒混乱的时代，唉，倒楣的我却要负起重整乾坤的责任！来，我们一块儿去吧。（同下）

（选自《莎士比亚全集》第五卷，人民文学出版社 1994 年版 307－308、311 页，朱生豪译）

4. 节选四：哈姆莱特人文主义托付与理想永存

在第五幕第二场中，哈姆莱特完成复仇，但也招致自身毁灭，将国家托付给霍拉旭与福丁布拉斯。有学者认为，"福丁布拉斯埋葬哈姆莱特的方式是有深刻意义的"[①]。"让四个将士把哈姆莱特像一个军人似的抬到台上……要用军乐和战地的仪式，向他致敬"，[②]不仅是对他作

① 杨周翰. 莎士比亚评论汇编：下［M］. 北京：中国社会科学出版社，1979：520.

② 莎士比亚. 莎士比亚全集：第五卷［M］. 朱生豪，译. 北京：人民文学出版社，1994：422.

为与雷欧提斯决斗的勇者致敬，也是为他将无道的新王杀死，成为人文主义斗士而喝彩。人文主义这一重要主题，贯穿《哈姆莱特》全文，教师可根据实际教学需求引用，并鼓励有志于深入研究的学生从节选推向《哈姆莱特》的整篇（部）阅读。

第五幕第二场

哈姆莱特 愿上天赦免你的错误！我也跟着你来了。我死了，霍拉旭。不幸的王后，别了！你们这些看见这一幕意外的惨变而战栗失色的无言的观众，倘不是因为死神的拘捕不给人片刻的停留，啊！我可以告诉你们——可是随它去吧。霍拉旭，我死了，你还活在世上；请你把我的行事的始末根由昭告世人，解除他们的疑惑。

霍拉旭 不，我虽然是个丹麦人，可是在精神上我却更是个古代的罗马人；这儿还留剩着一些毒药。

哈姆莱特 你是个汉子，把那杯子给我；放手；凭着上天起誓，你必须把它给我。啊，上帝！霍拉旭，我一死之后，要是世人不明白这一切事情的真相，我的名誉将要永远蒙着怎样的损伤！你倘然爱我，请你暂时牺牲一下天堂上的幸福，留在这一个冷酷的人间，替我传述我的故事吧。（内军队自远处行进及鸣炮声）这是哪儿来的战场上的声音？

奥斯里克 年轻的福丁布拉斯从波兰奏凯班师，这是他对英国来的钦使所发的礼炮。

哈姆莱特 啊！我死了，霍拉旭；猛烈的毒药已经克服了我的精神，我不能活着听见英国来的消息。可是我可以预言福丁布拉斯将被推戴为王，他已经得到我这临死之人的同意；你可以把这儿所发生的一切事实告诉他，此外仅余沉默而已。（死）

霍拉旭 一颗高贵的心现在碎裂了！晚安，亲爱的王子，愿成群的天使们用歌唱抚慰你安息！——为什么鼓声越来越近了？（内军队行进声）

（福丁布拉斯、英国使臣及余人等上）

福丁布拉斯 这一场比赛在什么地方举行？

霍拉旭 你们要看些什么？要是你们想知道一些惊人的惨事，那么不用再到别处去找了。

福丁布拉斯 好一场惊心动魄的屠杀！啊，骄傲的死神！你用这样残忍的手腕，一下子杀死了这许多王裔贵胄，在你的永久的幽窟里，将要有一席多么丰美的盛筵！

使臣甲 这一景象太惨了。我们从英国奉命来此，本来是要回复这儿的王上，告诉他我们已经遵从他的命令，把罗森格兰兹和吉尔登斯吞两人处死；不幸我们来迟了一步，那应该听我们说话的耳朵已经没有知觉了，我们还希望从谁的嘴里得到一声感谢呢？

霍拉旭 即使他能够向你们开口说话，他也不会感谢你们；他从来不曾命令你们把他们处死。可是既然你们都来得这样凑巧，有的刚从波兰回来，有的刚从英国到来，恰好看见这一幕流血的惨剧，那么请你们叫人把这几个尸体抬起来放在高台上面，让大家可以看见，让我向那懵无所知的世人报告这些事情的发生经过；你们可以听到奸淫残杀、反常悖理的行为、冥冥中的判决、意外的屠戮，借手杀人的狡计，以及陷入自害的结局；这一切我都可以确确实实地告诉你们。

福丁布拉斯 让我们赶快听你说；所有最尊贵的人，都叫他们一起来吧。我在这一个国内本来也有继承王位的权利，现在国中无主，正是我要求这一个权利的机会；可是我虽然准备接受我的幸运，我的心里却充满了悲哀。

霍拉旭 关于那一点，我受死者的嘱托，也有一句话要说，他的意见是可以影响许多人的；可是在这人心惶惶的时候，让我还是先把这一切解释明白了，免得引起更多的不幸、阴谋和错误来。

福丁布拉斯 让四个将士把哈姆莱特像一个军人似的抬到台上，因为要是他能够践登王位，一定会成为一个贤明的君主的；为了表示对他的悲悼，我们要用军乐和战地的仪式，向他致敬。把这些尸体一起抬起来。这一种情形在战场上是不足为奇的，可是在宫廷之内，却是非常的变故。去，叫兵士放起炮来。（奏丧礼进行曲；众舁尸同下。鸣炮）

（选自《莎士比亚全集》第五卷，人民文学出版社1994年版420-422页，朱生豪译）

5. 节选五：理性、爱情与责任

除却“理想－现实”框架，《哈姆莱特》的政治、爱情主题历来也是重要的阐释点。学生若希望对《哈姆莱特》的政治主题有进一步了解，可参考“莎士比亚绎读”丛书，如《莎士比亚的政治盛典》《莎士比亚戏剧与政治哲学》等，其中有对《哈姆莱特》的政治意味的阐释。

莎士比亚笔下的爱情，是多样的爱情。有至死不渝的跨越门第偏见和封建制度的爱情：“借着爱的轻翼飞过园墙，因为砖石的墙垣是不能把爱情阻隔的；爱情的力量能够做到的事，它都会冒险尝试，所以我不怕你家里人的干涉。”罗密欧翻过墙垣，打破世俗偏见，赢得了朱丽叶欢心。《奥瑟罗》中，因受到伊阿古的挑拨离间，加之对爱情的怀疑，奥瑟罗选择“一了百了，让爱情和嫉妒同时毁灭”。《哈姆莱特》中，哈姆莱特选择对女友奥菲利娅隐瞒真相，未能坦诚相待。尽管无辜的奥菲利娅忠于爱情，却缺少理性的思考，放弃对现实的抗争，走向自我毁灭，与哈姆莱特形成对照。以下片段节选自《哈姆莱特》第一幕第三场，关于爱情与责任的精彩选段。这些对爱情的论述，可以拓展学生对爱情的理解，引导他们理性对待爱情，树立正确的爱情观。

第一幕第三场

（雷欧提斯及奥菲利娅上）

雷欧提斯 我需要的物件已经装在船上，再会了；妹妹，在好风给人方便、船只来往无阻的时候，不要贪睡，让我听见你的消息。

奥菲利娅 你还不相信我吗？

雷欧提斯 对于哈姆莱特和他的调情献媚，你必须把它认作年轻人一时的感情冲动。一朵初春的紫罗兰早熟而易凋，馥郁而不能持久，一分钟的芬芳和喜悦，如此而已。

奥菲利娅 不过如此吗？

雷欧提斯 不过如此；因为一个人成长的过程，不仅是肌肉和体格的增强，而且随着身体的发展，精神和心灵也同时扩大。也许他现在爱你，他的真诚的意志是纯洁而不带欺诈的；可是你必须留心，他有这样高的地位，他的意志并不属于他自己，因为他自己也要被他的血统所支配；他不能像一般庶民一样为自己选择，因为他的决定足以影响到整个国本的安危，他是全身的首脑，他的选择必须得到各部分肢体的同意；所以要是他说，他爱你，你不可贸然相信，应该明白：照他的身分地位说来，他要想把自己的话付诸实现，绝不能越出丹麦国内普遍舆论所同意的范围。你再想一想，要是你用过于轻信的耳朵倾听他的歌曲，让他攫走了你的心，在他的狂妄的渎求之下，打开了你的宝贵的童贞，那时候你的名誉将要蒙受多大的损失。留心，奥菲利娅，留心，我的亲爱的妹妹，不要放纵你的爱情，不要让欲望的利箭把你射中。一个自爱的女郎，若是向月亮显露她的美貌就算是极端放荡了；圣贤也不能逃避谗口的中伤；春天的草木往往还没有吐放它们的蓓蕾，就被蛀虫蠹蚀；朝露一样晶莹的青春，常常会受到罡风的吹打。所以留心吧，戒惧是最安全的方策；即使没有旁人的诱惑，少年的血气也要向他自己叛变。

奥菲利娅 我将要记住你这个很好的教训，让它看守着我的心。可是，我的好哥哥，你不要像有些坏牧师一样，指点我上天去的险峻的荆棘之途，自己却在花街柳巷流连忘返，忘记了自己的箴言。

雷欧提斯　啊！不要为我担心。我耽搁得太久了；可是父亲来了。

（选自《莎士比亚全集》第五卷，人民文学出版社
1994 年版 297–299 页，朱生豪译）

以上是对教材节选、《哈姆莱特》整部悲剧的阅读探讨，在拟定的"理想－现实"框架中开展教学活动，以促进"推向"的阅读目标的达成。同时也希望能够激发学生阅读莎士比亚作品的兴趣，希望感兴趣的学生能够多读一点莎士比亚的作品。

第二章 《变形记》：“为沉重呼吸寻找一条出路”①

文本外围：“社会－家庭／个人”阅读框架构建 卡夫卡生平简介 《变形记》简介

文本路径：文本的梦幻性与现实性（情节的梦幻性与现实性·卡夫卡经历的缩影） 文学、博物学引入（《变形记》中的昆虫线索·《纳博科夫文学讲稿三种：文学讲稿》中的昆虫线索）

文本内核：逃避与申诉：变形的二重性（逃避：变形·申诉：异化与佯谬·孤独体验下的希望主题） 比较阅读：《促织》

文本延伸：封面设计活动 插图绘画活动 拓展阅读活动（《乡村婚礼筹备》《一份为某科学院写的报告》）

① 选自叶廷芳主编的《卡夫卡全集（第6卷）》，河北教育出版社1996年版110页。原句“为沉重呼吸寻找一条出路，对没有阴影的光明的渴求”既表达了对追寻出路的疲惫，又表达了对阅读书籍的欣喜。

一、文本外围："一本书必须是能劈开我们心中冰封的大海的利斧"[①]

本部分内容分为"入口"与"语境"两大块。"入口"设立"社会－家庭／个体"的阅读框架，教师应思考如何使学生在阅读框架中形成一定的驱动力去开展阅读活动。"语境"则要求教师能够阐述关于作品、作家及其流派的文学常识，将卡夫卡及其《变形记》置于西方文学坐标系中，不仅要探讨《变形记》的修辞手法与主题思想，还要对卡夫卡遵循的文学传统和所处的时代背景有所揭示。

（一）入口：阅读框架与诗学特征

在统编版高中语文必修下册中，卡夫卡的《变形记》以节选的形式呈现。值得注意的是，在篇幅有限的必修教材中，对外国文学名篇的推介，体现了编者对外国现代小说的重视，而在众多外国现代小说名篇中选择卡夫卡的《变形记》，这应该与卡夫卡小说个体孤独的表达深刻长远地影响着现代社会的人们对世界的想象与理解有关。高中学生读《变形记》时无疑会觉得其是"好看"的，一个人变成甲壳虫的戏剧性的开端能更快、更直接地将学生的阅读兴趣激发出来。所谓"好看"，即能够比较容易地把握《变形记》的内容，能够感受到主人公是一个被机械工作逼迫的可怜员工，而且是被父亲压迫着为家人谋生的工具。若仅仅停留在"好看"的层面，对卡夫卡要表达的更深的

---

① 叶廷芳主编的《卡夫卡全集（第7卷）》中的表述为"一本书必须是一把能劈开我们心中冰封的大海的斧子"，此处略作改动。

内涵恐怕就有所忽略了。统编版高中语文教材对名篇名著的节选，有两点需要我们注意，一是片段的“独立性”——节选内容既相对独立又能够体现名篇名著的特征，二是“关联性”——节选与整篇（部）的关系，我们要在此基础上完成课标提出的“文化的传承与理解”中对外国文化的“理解”。对外国现代小说名作阅读的探究与对从节选推向整篇（部）阅读的实践，都需要语文教师对外国文学文本具备良好的阅读能力。因此，在“入口”处设计从节选推向整篇（部）阅读的中介延展阅读框架以形成进一步驱动阅读的动力，这在根本上是对语文教师的学科素养、文学阅读能力的检验。本章据此对《变形记》进行讨论，试图探索路径清晰的文学研读途径，在关注片段独立性的同时，加强整体阐释，希望能为语文教师提供相应的学术探讨的思维训练，并启发融于基础教育的教学实践，推进对其他节选文本的教学及推向对整篇（部）的阅读。

统编版高中语文必修下册《变形记》的节选部分为小说完整的第一节，主要人物的动作是“起床”—“开门”—“被赶回房间”。与主人公格里高尔相关的人物及关系可分为两组：一为公司协理，代表社会关系；二为父亲、母亲和妹妹，代表家庭关系。对比此前人教版的《变形记》节选只讲述到格里高尔变成甲壳虫后艰难“起床”的过程（“用尽力气把自己甩出了床外”“他扭了扭脑袋，痛苦而愤怒地把头挨在地板上磨蹭着”），统编版则补全了第一节的内容，讲述格里高尔艰难地“开门”，因为变形而吓走了公司协理。在父母的惊恐中，格里高尔被父亲赶回了房间。统编版的节选清楚交待了格里高尔的动作行为、人际关系，在人物互动、心理特征等方面都为《变形记》的整体阅读勾勒出了相应的阅读框架。

"一天清晨，当格里高尔·萨姆沙从烦躁不安的睡梦中醒来，发现自己在床上变成了一只大得吓人的甲壳虫。"教材节选把"当"字删除，避免了缺少主语的病句出现，在第一句即对叶廷芳译本进行了修改，足见教材文本语言的可推敲性。第一句话体现了小说冷静平淡的叙事语气、第三人称有限视角的使用，甚至暴露出这是一部关于焦虑、迷茫的现代神话。然而，刚醒来的格里高尔不知道自己具体变成了什么，只能大致判断是一只虫子，因此翻译为"甲壳虫"似乎缺少点视角意识，翻译为"虫子"似乎更为恰当。

在第一节中，公司协理来查看并责怪格里高尔为什么不上班，以及看到变形后的格里高尔而表现出来的厌恶与逃遁（这是格里高尔极力避免出现的结果），让我们看到了社会的隔阂、机械、冷漠。此外，因变形而变得丑陋、无用的格里高尔也遭到了父母无情、恼怒的对待。关于家庭成员的反应，在这最初的情节中，我们看不到父母的心疼，妹妹对他的厌恶在小说的后面部分表现得更加彻底，"在这只怪物面前我都不愿意说出我哥哥的名字""我们必须想办法摆脱他"[①]。社会与家庭对格里高尔做出放弃与"驱逐"的行为，在大众的预想里，后者更为残酷、更难以接受，因此设计让格里高尔的妹妹暂时"缺席"。随着小说情节的发展，妹妹的耐心与爱心逐步丧失，这既符合妹妹形象塑造的要求，也易于让读者逐步接受这一揪心的事实。

读者若从"社会－家庭/个人"框架来看格里高尔的荒诞变形，似乎便能体味出一丝丝他的真实经历与境况。小说后面部分的叙述中，

---

① 卡夫卡. 卡夫卡短篇小说选［M］. 叶廷芳，等译. 桂林：漓江出版社，2013：36–37.

格里高尔的命运会出现转机吗？无论是社会还是家庭，有谁试图关心一下作为独立个体的格里高尔吗？显然，在节选的部分我们已经看到，荒诞梦幻的开头导向的是具有现实生活向度的故事。格里高尔需要别人理解他的困境，他对工作的担忧与对家人的责任是他变成甲壳虫后主要的意识内容，但是这些内容引起的压力及焦虑深深影响着他。显然，他“生病”了。那么结果会是怎样的呢？确立“社会－家庭/个人”的阅读框架，对人物命运进行探寻，能够激发学生的驱动力，从节选延伸到整篇（部）阅读。

统编版高中语文必修下册《变形记》章节的学习提示中提到，要注意主要情节的起伏和人物情感的变化，体会人物的生存境况，进而理解“变形”中寄寓的社会批判意味。教师可引导学生在“社会－家庭/个人”的阅读框架下，探究小说如何反映社会生活、进行社会批判。《变形记》这一节选文本被当作刺激源而作用于教师与学生，教师与学生对小说内容进行人生思索则反映了阅读个体对外在文本的接受，对小说内容的解读则依赖于阅读个体已有的认知结构和对小说文本的接受程度，产生审美和想象的反应。教材单元学习目标要求学生关注作品的社会批判性，这一目标溢出了语言文学的框架，已然涉及历史学与社会学。由此可再次推论，教学目标的实现包括但不限于文学领域，引导学生从教材节选的文本出发，看到更广阔的社会；引导学生通过分析典型的情节与人物，解读文本，从对现实美的欣赏过渡到对艺术美的体味。因此，在逐步深入的同时，笔者也为教师提出稍具学术性质的教学活动建议，如论文节选阅读、教学活动举隅、相似主题的作品比对等，尽管有一定的专业难度与学术意味，但都呼应了教学目标。该教学环节方便教师为学生设计课文的进入框架，即从“社会－家庭/个人"的框架切入《变形记》的阅读，帮助学生接受小说的环境设置、情节走向与人物塑造。

如果说以上目标更注重对课文主题内容进行探讨，那么对小说叙述形式的探究则更需用力挖掘。小说通过选择不同的文体风格、叙事手法与修辞手段将内容呈现给读者。20世纪是人类历史上复杂的世纪，这个世纪的文明涵容着错综复杂的政治事件与难以辨明的文化事件。除却两次世界大战的发生、第三世界民族的觉醒和独立，马克思主义的"异化"理论、存在主义关于"荒诞"的论述皆体现了人文议题的复杂性与思辨性。尽管卡夫卡的《变形记》成稿于"一战"前，但却能反映出整个20世纪的特点，原因在于文学元素具有文学史意义上的连续性，必定会重组成新的形式。在具有意义的稳定性后，新形式则会演变为一种固定的文学符号，如《变形记》中"甲壳虫"成为带有象征性的异化符号。教师要想对"甲壳虫"这一象征进行解读，则需要了解卡夫卡所经历的社会与历史的变迁，并从中探讨《变形记》文本世界的构建方式与原则，思考小说中的环境与真实历史或对应或背离的关系，从而加深对这部研究人类的困扰、焦虑与期冀的小说的了解。本章的撰写具有诗学特征。此处的诗学指的是专业化的、以文论为支撑的形态，这也是语文教师学科核心素养的重要构成部分。同时也与具体教学目标有所衔接，使高悬的理论落地，关注教学的实用性。传统小说的研究路径更加注重作品主题、社会背景、人物塑造、情节理解等，但对作品背后的文化根源、文学内涵的探究则比较欠缺。如本章开篇提到，《变形记》读起来无疑是"好看"的，人变成虫引发的悬念能够成为阅读驱动力，但背后的文化症候却亟待探讨。诗学研究还要求追问到底是怎样的问题，即"当我们谈论卡夫卡时，我们在谈论什么”,《变形记》节选是否还指涉了卡夫卡生活的时代的特点和时人的诉求，即从文学层面渗透到文化研究层面。人变成虫，在形式的构建上颇为“好看”与新颖，在艺术特征上表现为表现主义式的“荒诞”，但这是卡夫卡构建的深层叙事话语模式，他渴望在异化、变形的形式表象中把握世界，探讨人类在迷茫和焦虑中突围的可能。尽管小说以虫形格里高尔的死亡结束，但文本内部却暗含拯救的可能，通过探查文本大厦的建筑裂缝，我们可以看到，卡夫卡实际上对人类的未来是有所希冀的，读者在小说中能瞥见一些光亮。

本章也提供反向论述的学术参考，构建对话的开放结构。人变为虫的梦幻性、异化绝望的主题等现有文学结论都会得到进一步讨论。在文学批评的众声喧哗中，本章将提供多面的学术资料，指出文学常识的悖反处，培养学生的批判性思维。教师要考虑学生的认知结构差异，要根据《变形记》的其他章节设计出不同的阅读框架，帮助学生进入文本世界。

（二）语境：作家与作品简介

弗兰茨·卡夫卡（又译作弗朗兹·卡夫卡），奥地利小说家，1883年出生于布拉格的一个犹太人家庭。父亲是一名白手起家的商人。由于父亲专制如家庭暴君，他渴望逃离父亲与布拉格，但始终未能获得自由，他细腻敏感，具有浓烈深切的孤独感、负疚感与恐惧感。大学时，卡夫卡先攻读了化学、日耳曼语言文学等，后改学法律，毕业后就职于一家保险公司，并开始发表作品。卡夫卡作品的表现手法多样，充满荒诞与梦幻的意味，富有寓意。卡夫卡的主要作品有长篇小说《美国》《审判》和《城堡》，短篇小说《变形记》等。

卡夫卡是西方现代文学的开创者之一，是表现主义流派的代表人物。评论家保尔·拉贝提到，卡夫卡并不具有表现主义文学"灵活性"与"积极性"的两点特征，也没有在表现主义流派的刊物上发表过作品，至少并不能集中体现该流派的文学特征与文艺诉求，但仍然被表现主义诗人们拥簇。[①] 卡夫卡首先同存在主义发生联系，此后，"反英雄"的荒诞派、灰暗的带有讥讽意味的黑色幽默、注重心理分析的超现实主义、注重梦幻与直觉的表现主义等各种现代主义文学流派纷纷寻根，找到了卡夫卡，卢卡契索性把卡夫卡列为现实主义作家。[②] 米兰·昆德拉评价卡夫卡说："我狂热地欣赏卡夫卡的个人遗产……因为它是小说的彻底自主性的出色样板……弗朗兹·卡夫卡对我们人类的命运所说的一切是任何社会学和政治学的思考所没有说出的。"[③]

卡夫卡生活的时期有着激烈的民族矛盾与冲突，其中包括文学上的沙文主义和政治上的民族压迫，卡夫卡表达了反对德国的沙文主义的立场，反对奥地利统治制度，并对捷克民族运动寄予了深切同情。[④] 在《变形记》出版前夕，卡夫卡在日记中记录道："伴随着最后记入的许多不幸走向毁灭，就这样无意义地、没有必要地毁灭。""父亲生日前夕……我已足够不安宁了，可是为什么目的，它什么时候出现，一颗心脏、一颗并不完全健康的心脏怎么能承受那么多的恶劣的情绪和

---

① 叶廷芳. 论卡夫卡［M］. 北京：中国社会科学出版社，1988：523.

② 曾艳兵. 卡夫卡研究［M］. 北京：商务印书馆，2009：36.

③ 昆德拉. 小说的艺术［M］. 孟湄，译. 北京：生活·读书·新知三联书店，1992：115.

④ 叶廷芳. 论卡夫卡［M］. 北京：中国社会科学出版社，1988：302.

那么多的不断牵扯着的要求呢？”[①]外部的痛苦使卡夫卡几近崩溃。在外部挤压与内部崩坏的境遇下，卡夫卡不堪重负，终于依靠格里高尔的成虫完成逃遁。

《变形记》是卡夫卡的作品中最早被译为中文的作品之一，最为中国读者所熟悉，学者也对该小说阐释得最为深入。1966 年作家出版社出版了李文军翻译的《变形记》。早在 1980 年就有学者指出，《变形记》“之所以具有不同凡响的声誉，不仅在于它的变形手法，更重要的原因在于它在世界文学中最先引进了资本主义制度下人的异化的主题”[②]。

卡夫卡仅主动发表过三部小说，即《判决》《变形记》和《在流放地》。《变形记》是一部短篇小说，可代表卡夫卡的最高文学成就。哈罗德·布鲁姆认为，卡夫卡的作品在美学价值上尽管不能与普鲁斯特、乔伊斯等人的作品相提并论，但具备一种不依赖于信仰或意识形态的精神。[③]德·扎东斯基则在艺术价值上肯定了卡夫卡，他认为，“在卡夫卡以前，谁也不曾把不合理的东西和合理的东西，荒诞的东西和普通的东西如此紧密地缠在一起……《变形记》的色彩，是卡夫卡特有的色彩。”[④]

《变形记》与卡夫卡的其他小说在主题上有承继关系，小说的主人公进行着无望的奋斗、寻求个人的解救。将卡夫卡的长篇小说按照

---

① 叶廷芳．卡夫卡全集：第 6 卷［M］．孙龙生，译．石家庄：河北教育出版社，1996：372–373.

② 郭祥赓，戴经论．我国研究卡夫卡述评［J］．外国文学研究，1983（2）：133.

③ 布鲁姆．西方正典［M］．江宁康，译．南京：译林出版社，2005：362.

④ 卡夫卡．卡夫卡短篇小说选［M］．叶廷芳，等译．桂林：漓江出版社，2013：前言 2.

出版时间排列，从先到后依次是《审判》《城堡》《美国》（按写作年代排序从先到后则是《美国》《审判》《城堡》）。[①] 这几部小说都关注生存主题。《变形记》中，格里高尔在家庭与社会的双重压迫下，不仅无法体面地活着，还遭受排挤，始终无法融入社会最终默默死去；《审判》中，K 的庭审过程漫长无终结，最后莫名其妙地结束了一生；《城堡》尽管未完成，但卡夫卡口述透露的结局是 K 被准许在城堡中居住和工作，但没有合法权利。相比其他小说主人公被放逐的境遇，《城堡》的主人公的结局已经是相对较好的了。卡夫卡表达了人们融入公共生活、并在人生的坎坷与困境中追寻秩序的需求，其不同时期的作品都表达了梦幻逼真的生存体验，而《变形记》则是体现对个人解救的追寻的开端之作。

《变形记》与《审判》《城堡》在艺术技巧上也有相通之处。长篇故事的中心形象如《诉讼》中的法庭，后期小说《城堡》中的城堡，"比他那些篇幅较短的故事中的象征更为晦涩和集中。原因在于长篇小说里的中心形象具有多种作用和含义，实际上，它们把互相矛盾的意思和作用彼此统一起来了。"[②] 因此，《变形记》中的甲壳虫是卡夫卡精神矛盾的具象化，是投射心中的内在矛盾、创造客观对应物的尝试。无论如何，以上对作品的串联仅是一种论述。瓦尔特 · 本雅明提道："对于双重生活（指的是日常家庭与工作不幸的生活与夜晚涂鸦的丰富生活），卡夫卡只有一次找到了自己作品的规律。"[③] 即卡夫卡的作品规律是难以捉摸的。

---

① 叶廷芳. 论卡夫卡［M］. 北京：中国社会科学出版社，1988：17-18.
② 叶廷芳. 论卡夫卡［M］. 北京：中国社会科学出版社，1988：648-649.
③ 叶廷芳. 论卡夫卡［M］. 北京：中国社会科学出版社，1988：642.

卡夫卡作品的语言风格极具特色，冷峻、客观、叙而不议。尽管囿于语言能力，学生无法阅读原文，但仍可通过译文感受到部分。“卡夫卡的语言中掺杂着布拉格的以及一般奥地利的遣词用字的语调成分，构成了一种特殊的，不致混淆的语言魔力。”[①]批评家甚至造了“卡夫卡式”（Kafkaesque）这一文学批评名词。卡夫卡作品的风格可借用纳博科夫的话语简要概括：“它的清晰、准确和正式的语调与故事噩梦般的内容形成如此强烈的对照。没有一点诗般的隐喻来装点他全然只有黑白两色的故事，他的清晰的风格强调了他的幻想的暗调的丰富性。对比与统一、风格与内容、形式与情节，达到了完美的整合。”[②]

二、文本路径：小说要素与博物学探索

本部分提供文学与博物学两种进入路径。前者主要分析小说体现的梦幻性与现实性，作为观察小说艺术特色的呈现窗口。根据前面提出的“推向”驱动，从节选到整篇（部）的推向需要把阅读框架作为文本内容的一部分，以建构文本现实的推动力，而产生推动力的框架本身不一定局限于语文学科。博物学路径则引导学生细读《变形记》节选部分和整部小说中描述“甲壳虫”的部分，不仅可加深学生对小说现实性的了解，而且意在促使学生在对昆虫学的探索中产生阅读驱动力，从而完成整篇（部）阅读。

---

① 叶廷芳. 论卡夫卡［M］. 北京：中国社会科学出版社，1988：15.

② 纳博科夫. 纳博科夫文学讲稿三种：文学讲稿［M］. 申慧辉，等译. 上海：上海译文出版社，2018：318.

（一）解读之一：文本的梦幻性与现实性

本部分主要就文学语言层面从小说情节、人物等角度分析《变形记》对现实背离与靠近的艺术特征。除对文学体裁、主题等进行分析外，本部分还涉及对小说诗学风格、文化研究式的分析。梦幻性与现实性是《变形记》文学主题和修辞体现出的矛盾，格里高尔在"社会－家庭"中求得个人的生存，既反映了梦幻般的荒诞生活，又准确勾勒了社会可怖的现实。

1. 驱动：情节的梦幻性与现实性

纳博科夫认为，这种荒诞的幻想作品仅仅"是指故事在题材方面与我们通常称为现实的东西不一致"①，人变成虫的情节充满了梦幻性，而梦幻性的集中爆发与体现则在小说的第一句中。上文提到，小说第一句是唯一带有梦幻意味的话语，其他地方则夹杂着基于现实的因素，如虫化的格里高尔的习性、经历等都是符合读者的逻辑的。第一句的梦幻表述置于"社会－家庭/个人"的现实框架内之后，更为落到实处，卡夫卡在荒诞的情节中展示了丰富与新颖的表现手法与叙述手段。批评家奥斯丁·沃伦认为，这种梦幻并非超现实，也不在于把超自然和自然放在一起进行比对，而是将梦幻的超自然置于自然之中发生作用，并且以时断时续和幻觉的方式显现出来……卡夫卡的世界既不是世俗常人的世界，也不是幻想的世界，而是一个在眼睛微微斜视下瞥见的世界。②

---

① 纳博科夫．纳博科夫文学讲稿三种：文学讲稿［M］．申慧辉，等译．上海：上海译文出版社，2018：282.

② 叶廷芳．论卡夫卡［M］．北京：中国社会科学出版社，1988：89.

因此在情节上探讨卡夫卡小说梦幻性与现实性的关系时，让读者意识到，小说开篇梦幻性的情节也能产生的符合现实逻辑的悬念，这一发现能够成为他们完成整篇《变形记》，阅读的驱动力。这在节选的课堂教学中是可以实现的，也可鼓励学生尝试理解梦幻的情节中潜藏的现实的逻辑，从而推动学生理解节选部分的主题，并推向对《变形记》全文的阅读，从而建立对整部小说情节发展的认知方法与对环境、人物的接受机制。

2. 变形：卡夫卡经历的缩影

虫化的格里高尔与小说外的孤独的卡夫卡面临的境遇有相似之处。梦幻的变形实际上是工作“暴政”与生活深渊的隐喻。学生从教材节选部分即可读出“社会”与“家庭”对格里高尔的双重压迫。对于格里高尔来说，在最初观察自己的身体之后，他想：“我发生什么事啦？”这样的反应大概和对喉咙沙哑、感冒头晕等症状的反应一样，格里高尔只把变形当作身体出现的小毛病。当他把目光投向窗外，看到天气阴沉有雨时，他想：“要是我能多睡一会儿，把所有这些倒霉的事儿都丢在脑后，那该多好啊。”这句话其实是他对自我询问的回答，他其实不在乎自己出了什么事，毕竟已然被社会和家庭两方的异己力量压迫得毫无感知了——无论是生理感知抑或是心理感知。后文描写的成虫后更关注自我而选择从现状中逃遁的格里高尔的语言表达能力与感官能力增强即可作为论据。他倒是在乎有什么办法能够将自己醒来置身其中的现实世界忘却，实际上他不愿意出门面对这个现实世界。因此，尽管在此处的阅读中读者还不知道“倒霉的事儿”是什么事，但是显然并不包括变成甲壳虫这件事。变成甲壳虫使格里高尔在行动上不能去处理那些“倒霉的事儿”，这种强制性的满足不是以做梦来实现的，而是他清醒地明白自己不想工作，但是却不得不努力起床出门工作的现实要求——家庭的重担与公司的管理——使然。

格里高尔无依无靠，孤独直达内心，他的虫化为小说增添了梦幻色彩。作者卡夫卡，他的遭遇与经历和格里高尔是相似的。卡夫卡是一位不被承认出处、缺少归属感的孤独作家。"这里全面理解我的人一个也没有。假如有这么一个理解我的人……那就意味着在所有方面获得支持，获得上帝。"①

卡夫卡也经历着如同格里高尔经历着的工作与家庭"暴政"。"工作条件遵从严格的准则：星期六是正常的工作日，只在特殊情况下才允许员工享有假期，个人在协会和基金会受聘需经经理处同意。工作中笼罩着一种拘谨的气氛，它灾难性地令这位年轻职员想起家庭暴政：部门领导的恐吓、责骂和吼叫是办公室里日常交往中司空见惯的事。"② 由此可见，卡夫卡经历着的社会和家庭的压力，与格里高尔的遭遇是相通的，甚至可以说，格里高尔是卡夫卡在文学世界的抽象化表达。

公务员的工作还影响了卡夫卡个人理想的实现。卡夫卡的日记写道："两种职业（公务员与作家）从不互相容忍，并容许一种共同的幸福……如果我在头天晚上写出了好东西，第二天我就在办公室里烧掉，并什么也干不出来了。"③ 日复一日、循规蹈矩地工作让卡夫卡的抱负

---

① 勃罗德．卡夫卡传［M］．叶廷芳，黎奇，译．石家庄：河北教育出版社，1997：198.

② 阿尔特．卡夫卡传［M］．张荣昌，译．重庆：重庆大学出版社，2012：159.

③ 叶廷芳．卡夫卡全集：第6卷［M］．孙龙生，译．石家庄：河北教育出版社，1996：45.

与理想难以实现，“可是通过这种为工厂无意义耗费的努力，我会在另一个方面夺去我将下午的一些时间用在自己身上的可能性，这肯定会导致我生存的全部毁灭，我的生存本来就越来越受到限制了。”[①]因此虫化的人物尽管荒诞、充满幻想，实际上却是作者不得志的被压抑的现实隐喻。

纳博科夫认为，所谓文本的客观现实，是众多个人世界的交集，作者的世界与个人的经验紧密相连。[②]卡夫卡将个人带有梦幻色彩的强烈主观世界与当时的社会现实融合成小说异化的、荒诞的、破碎的外壳。卡夫卡痛苦地洞烛到社会的扭曲环境，使得文本呈现出半现实、半梦幻的艺术特征。但在具体阅读时不必过于纠结作品所属的具体流派及应具有的流派特征，如卢卡契认为，“现实主义不是诸种不同文学中的一种风格，而是任何一种文学的基础；各种风格只有在现实主义的范围之内，或者在与现实主义的特定关系（其中包括敌对的关系）中才可能产生。”[③]即《变形记》的荒诞与梦幻属性尽管包含了与现实主义相对抗的艺术特征与文学因素，但仍可在其中窥见现实的一隅。学生在对梦幻进行理解时，其思考应该建立在现实之上。

不管是节选部分，还是全书，在虚实方面，《变形记》第一句话可以独立为一个部分；此后的故事发展及结尾可以看作第二个部分。第二个部分的叙述把读者可以经历的真实生活感受置于阅读体验之中，

---

① 叶廷芳. 卡夫卡全集：第6卷［M］. 孙龙生，译. 石家庄：河北教育出版社，1996：175.

② 纳博科夫. 纳博科夫文学讲稿三种：文学讲稿［M］. 申慧辉，等译. 上海：上海译文出版社，2018：283.

③ 叶廷芳. 论卡夫卡［M］. 北京：中国社会科学出版社，1988：336.

不再出现梦幻内容。因此，对人物行为的理解，可按照日常生活的逻辑和常识去分析把握。

（二）解读之二：文学、博物学引入

虽然小说告诉读者，甲壳虫是一个叫格里高尔的人变成的，但是在阅读的过程中，我们不仅要考虑这是一只在“社会－家庭/个人”框架的压迫下变形而成的甲壳虫，更要越过这个框架：关于甲壳虫的描写能让我们对这只昆虫意义上的“东西”有深刻印象，记住它的顽强坚韧，当然也包括它作为昆虫的习性。这无疑是《变形记》能够引起学生阅读兴趣的一个切入点——对一部小说的阅读兴趣的产生是语文教学实践活动始终期待的——对昆虫的探索欲望不失为一种阅读引导的有效策略。

这只巨大的甲壳虫有棕色的肚皮，并被许多弧形的硬片包裹着，长着很多条很细的腿，腿不停地舞动着。甲壳虫不能侧睡，即便“他尝试着努力了上百次”也不行，看来甲壳虫只能仰卧。即使是在这种情况下，他仍然有很积极主动的行为：一是不断伸缩他的头（辨明方向）；二是用力晃动以挪动身体，以致从床上摔到了地上。小说中描述的甲壳虫“大得吓人”是多大？有多少条细腿？肚子上发痒的“白色小斑点”是什么？以上问题，文中并未作具体解答，因为小说根据甲壳虫眼睛所见、所为、所触来叙述，仿佛是第一次见到自己所做的自我介绍，因此叙述具有限制性、写实性的特点。

《变形记》是人变成虫的现代荒诞神话，但细微之处却极尽真实，卢卡契甚至将卡夫卡归为现实主义作家。以下节选可作为重要的阅读材料，帮助学生完成探索。节选一为《变形记》中描写昆虫外表的相关文段，可通过阅读小说中虫化的格里高尔的描述，勾勒出昆虫的轮廓，尝试确定昆虫的原型与品种，并判断这是害虫还是益虫（影响作品解读的褒贬倾向），归纳出昆虫的习性。

1. 节选一：《变形记》中的昆虫线索（参考选段）

一天清晨，当格里高尔·萨姆沙从烦躁不安的睡梦中醒来，发现自己在床上变成了一只大得吓人的甲壳虫。他躺着，感到脊背坚硬，犹如铁甲，他稍稍抬起头，看见自己的肚子高高隆起，棕色，并被分成许多弧形硬片，被子很难盖得住，很快就会全都滑落下来。他那许多与他原来的身躯相比细得可怜的腿脚，只见它们无可奈何地在眼前舞动着。

但接下去困难就来了，尤其是由于他的身体宽得出奇，使它行动十分艰难。他本来可以利用胳膊和手坐起来，但现在取代它们的是许多条小腿。

唯一遗憾的是，他的身体太宽，无法整个儿藏在沙发底下。

他的小腿的脚掌带有些许黏性物质。

但格里高尔真还没练过退着走的功夫，他往回退时实在是非常缓慢。

于是为了消磨时间，他养成了在墙上和天花板上爬来爬去的习惯。（习性养成）

他赶紧爬上去，把身体紧贴在玻璃上，玻璃吸附住他发热的肚皮，使他感觉舒服。

（选自《卡夫卡短篇小说选》，漓江出版社2013年版，有删改）

2. 节选二：《纳博科夫文学讲稿三种：文学讲稿》中的昆虫线索

现在我们来看，可怜的格里高尔，倒霉的推销员，所突然变成的那个“甲壳虫”究竟是什么。很显然，他属于一种“多足虫”（节肢动物），蜘蛛、百足虫和甲壳虫都属于此类。如果小说开头提到的“许多条腿”指的是多于六条腿，那么从动物学的角度来说格里高尔就不是昆虫了。但我想一个人一觉醒来发现自己有六条腿在空中乱蹬，一定会觉得“六”这个数字足可以用“许多”来形容了。因此，我们可以假定格里高尔有六条腿，他是一只昆虫。

下一个题是：什么虫？一些注释家说是蟑螂，这显然不对。蟑螂是一种扁平的有着长腿的昆虫，而格里高尔的形状绝不是扁平的，他的腹背两面都是凸出的，而且腿很细小。他与蟑螂只有一处相似，即他的颜色是棕色的。只此一点。除了这一点以外，他还有一个极大的凸出的、被折皱分成一条条块状的肚皮，他还有一个坚硬的圆鼓鼓的背，使人想到那底下可能有翅膀。甲壳虫在身上的硬壳下藏着不太灵活的小翅膀，展开后可以载着它跌跌撞撞地飞上好几英里。奇怪的是，甲壳虫格里高尔从来没有发现他背上的硬壳下有翅膀。（我的这一极好的发现足以值得你们珍视一辈子，有些格里高尔们，有些乔和简们就是不知道自己还有翅膀。）另外，他有强有力的硬颚，他就是用这些器官去转动插在锁上的钥匙，同时用他的两只后腿直立，即他的第三对腿（一对有力的小腿）。这就使我们知道了他的身体长度，大约有三英尺。随着故事的发展，他渐渐习惯使用他的新器官——他的脚和触须。这个棕色的、鼓鼓的、像狗一般大小的甲壳虫长得很宽大。我想象他应该是这样的：

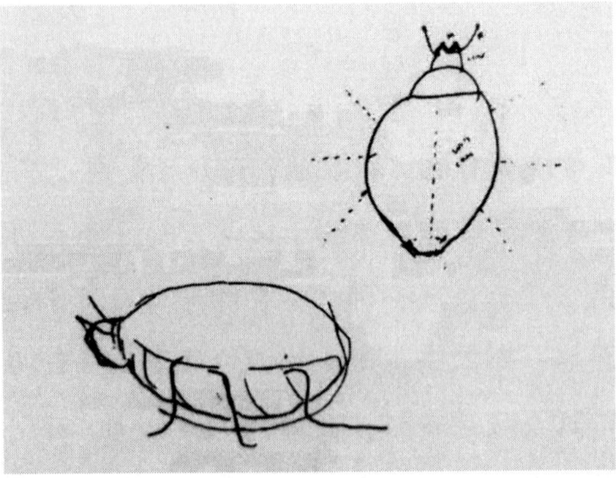

在原来的德文版中，那个老女仆把他称为 Mistkafer，一种“屎壳郎”，显然这位好心的女人加上这个形容词并非恶意。从技术术语上说，他不是屎壳郎。他就是一个大甲虫。（我必须附加说明，无论是格里高尔还是卡夫卡都没有看清楚这个大甲虫。）

（选自《纳博科夫文学讲稿三种：文学讲稿》，上海译文出版社 2018 年版）

由于《变形记》具有荒诞意味，不必过于在意不符合昆虫特征的人化描写。纳博科夫在自用的那本《变形记》的空白处注道：“正常的甲壳虫没有眼睑，因此不可能闭眼睛——一只有着人的眼睛的甲壳虫。”① 此外，我们还可以找出相似的人化描写，如“直到他到达门

① 纳博科夫．纳博科夫文学讲稿三种：文学讲稿［M］．申慧辉，等译．上海：上海译文出版社，2018：289.

口时，他才扭过头来，可惜没有完全扭过来，因为他的脖子有些僵硬了”[①]。昆虫没有脖子，有脖子的是人类。生发于文学的博物学显然带有文学的意味，因此可采用文学作品的不同框架邀请学生进入探索。

三、文本内核：逃避、申诉与变形主题

本部分主要解读《变形记》的主题内涵。格里高尔的变形具有二重性，他既需要在变形中完成对伦理责任的逃避与自我惩罚，也要通过变形反抗家庭和社会的压迫。逃避是格里高尔变形的原因，但他又在双重压迫下通过变形完成对自我的矮化与惩罚。异化与佯谬则是格里高尔对社会进行申诉的手段，前者着重突出人物在荒诞世界中失去自我的特点，后者则刻意忽略世界的荒诞，极力平静地叙述不平常的遭遇。通过异化与佯谬，卡夫卡有力地表达了对现实社会的控诉。

（一）逃避与申诉：变形的二重性

从教学目标的实现来看，本部分更注重对《变形记》的主题进行阐释，并体味作品的社会批判作用。从论述层次来看，本部分除却对文学艺术特征的分析外，更注重梳理作品的文化脉络。格里高尔变形为虫，是逃避并卸去所有社会和家庭责任的表现。格里高尔的文本内逃遁与卡夫卡的文本外寄托，皆是通过从人到虫的变形和异化完成的，以此抗争亟待批判的具有结构性悲剧的社会。这种悲剧不是源于个人，而是根源于社会制度、阶级等现状，因此悲剧的发生是必然的。但卡

① 卡夫卡．卡夫卡短篇小说选［M］．叶廷芳，等译．桂林：漓江出版社，2013：38.

夫卡与格里高尔也对社会与家庭有所申诉，变形本身就是对资本主义社会下人面临异化的隐喻，而异化下却藏着佯谬的逻辑，佯谬之下潜藏着社会的悲剧，即人在异化下面临的一切荒诞都具有内在的逻辑性，凄惨的遭遇符合现实逻辑，看起来竟是合理的，而越“合理”则越是突显社会的荒诞与对人的异化。格里高尔并非被动地承受外部加诸于其身上的一切，虫化的主人公的思路似乎更为清晰（尽管他人似乎无法听懂其言语），听觉更为集中，嗅觉更为敏感。按常理来说，异化后的主人公，神智应该渐趋模糊，主动斩断与社会、家庭的联系，且反过来报复黑暗、荒诞的世界。然而，卡夫卡却反其道而行之，通过格里高尔的申诉和挣扎，表达了对荒诞的个人的同情和祝愿、对社会不失希望的微弱祝愿。

1. 逃避：变形

卡夫卡在他1911年2月21日的日记中写道：“我在这里的生活就是这样，好像我有了第二次生命完全是确凿无疑的。就如我，比方说忘怀了那次在巴黎的糟糕的逗留，而后来我又努力地去了那里一趟。在这种情况下，看看投在街道路面上的被明显分开的光亮与阴影的部分。瞬息之间，我感到浑身禁锢在甲壳之中。”[①] 这个时期正是《变形记》创作的前后。卡夫卡的中学同学评价道：“我们大家都很喜欢他，也很尊敬他，可是我们谁都不跟他特别亲密，在他周围仿佛总有一道玻璃墙。他那温和而亲切的笑容给他打开了世界的大门，可是他自己却在世界面前把自己锁住了。”[②] 从以上资料中可以提炼出三个重要信

① 叶廷芳. 卡夫卡全集：第6卷［M］. 孙龙生，译. 石家庄：河北教育出版社，1996：33-34.

② 叶廷芳. 论卡夫卡［M］. 北京：中国社会科学出版社，1988：459-460.

息：虫化的格里高尔仿佛就是在甲壳中的卡夫卡；卡夫卡因内心孤独而逃遁；卡夫卡尽管在写作和工作中挣扎，尽管生活在人生的“甲壳”之中，但最终获得了朋友的理解和陪伴，不像格里高尔一般被社会和家庭“放逐”。

首先要解决的问题是，变形意味着什么，是因孤独而进行的具象化逃避吗？格里高尔是孤独的，在行动受限后，他的语言能力也随之受到了限制，无力回应母亲的问候，门内的他无法让人明白，门外的人也拒绝继续了解他。类似的孤独挫败事件还有很多，如格里高尔希望协助妹妹治疗晕厥的母亲，但始终只能在旁边焦急悔恨；妹妹在客厅演奏，格里高尔走出房门对妹妹表示支持的举动却酿成了悲剧性后果。

《变形记》明处的、显示出来的内容是一名旅行推销员的辛苦，格里高尔生活不规律、饮食很差、路途奔波，更重要的是“打交道的人不断变换，没有一个保持长久来往的朋友，从来建立不起真正的友情”。在公司里得不到公平公正的对待，供职五年，从未请过病假。面对居高临下的老板，他想，“等我攒够了钱，还清父母欠他的债”，那就可以让“这一切都见鬼去吧”。主人公的意识遵循的是现实的逻辑，人在屋檐下，不得不低头，忍气吞声，顾虑父母。

在巨大的压力面前，格里高尔即使变成了甲壳虫，面对公司派来查探的协理，他内心的诉求还是希望不要把事情搞砸了，不要把饭碗丢了。我们可以把这些意识活动和行动理解为格里高尔对他实际不能起身去工作的逃避的挣扎与辩白：尽管工作让他孤独抑郁，但他是一个努力工作、对公司有贡献的员工，也是对父母尽孝的儿子。眼前变形导致的危机该如何解决呢？变形与辞职又有何不同？变形造成的结果难道和辞职不是一样的吗？对于格里高尔来说，当然是不一样的：变形是自己不可控制的、是被动的，自己对此无能为力，虽然这种不可控的结果让自己实现了不想工作的愿望，但是自己也不应该背负什么罪责吧！这一方面的含义比较丰富，却是小说人物意识不愿意去碰触的。

因此，以上这些内心活动其实是在明处的申辩内容里闪烁而过的，包括“这一切都见鬼去吧”并不完全是一句负气的话。潜隐的、暗处的意识具有清算性质和不顾一切的特点，而这是格里高尔明处的意识不能明确认定的。然而在整个事件中，我们却看到他的身体以沉睡的状态给予回应。例如，对于闹钟闹铃的认识，小说有一段是这样写的：“难道闹钟没有响？他从床上明明是看见闹钟定在四点的，它肯定响过。没错，准是响过，不过，也有可能它震天作响的时候，我竟安安稳稳地睡着而没有听见？咳，他睡得并不安稳呀，但也许因此睡得更死呢。”其实就算承认整个身体都在反抗，闹钟响了又能怎么样呢？闹钟每天都准时叫醒格里高尔，让他能够去应付那些“倒霉的事儿”，睡眠严重不足，难道就不可以试试听不见闹铃吗？这就是“也许因此睡得更死”的原因——他更愿意逃脱束缚自身已久的日常路线。这些隐约的、幽暗处的意思正可以解释格里高尔对醒来后发现自己变形的镇定，不管自己多么迫切地意识到要去上班，可是身不由己，客观上已经达到“这一切都见鬼去吧”的状态。

有学者认为，变形不仅是逃避的具象化，还是格里高尔主动接受的惩罚。变形对格里高尔内心的矛盾起着调和作用，是他反抗的愿望与对这一愿望立刻进行惩罚的渴望之间的中介。此时他的负罪感与反抗欲高度合一：因逃避而生发负罪感，但因巨大重负产生反抗欲。[①]而变形不仅意味着逃避的表现，更为格里高尔免除了逃避的责任，不探究化为虫形的原因，即不用对自身进行认知与定位，不必承担与之相应的伦理责任。《变形记》以荒诞的物化、异化揭示了人物变形的心灵逻辑：以变形狂想避开伦理责任——退化的身体是对自我的否定，却获得了不上班的自由——同时在一定程度上减轻了对伦理责任的焦虑，以具体的人物关系的伦理焦虑揭示了资本主义社会中小人物孤独的现实。格里高尔渴望从家庭伦理和责任中逃脱，因此，他通过变形完成自我放逐，但又意识到这种逃避是社会和家庭所不允许的，因此变形也是对自己的惩罚，对自我进行的矮化。

2. 申诉：异化与佯谬

众多关于《变形记》的文学批评文章中常出现社会学的"异化"一词，异化主题的构建是格里高尔与卡夫卡对社会申诉的手段之一。经过不同的社会理论家阐释，"异化"一词具有稳定且丰富的含义。首先，在《1844年经济学哲学手稿》中，马克思对"异化"的直接表述是"异化既表现为我的生活资料属于别人，我所希望的东西是我不能得到的、别人的占有物；也表现为每个事物本身都是不同于它本身的另一个东西，我的活动是另一个东西，而最后，——这也适用于资本家——则表现为一种非人的力量统治一切"[②]。马克思的这段话稍显抽象，我们可以试着解读以上话语：他从经济生产方面论述异化，认为异化由人类自身行动造成，"我"因为在资本主义社会中不占有生产资

---

① 叶廷芳. 论卡夫卡［M］. 北京：中国社会科学出版社，1988：254.

② 马克思. 1844年经济学哲学手稿［M］. 中共中央马克思恩格斯列宁斯大林著作编译局，编译. 北京：人民出版社，2000：130.

料而无法获取自己想要之物，“我”被社会制度和既定规则所裹挟，这最终会掠夺人的社会性，导致人无法真正占有人的本质。格里高尔想，“人哪能少得了睡眠。别的推销员活得就像后宫里的娘娘。举例说吧，当我跑着赶回旅店，以便在搞到的订单上签字时，这些先生们还在坐着吃早餐呢。要是我在我的老板这里也这么试一把的话，我准保立刻就被解雇。不过，说不定这对我倒是大好事，谁知道呢。假如我不考虑我父母的态度，我早就辞职了。”即“我”可以是除了“我”之外的一切事物，唯独无法遵循并成为自我：格里高尔在非人的社会中求生存，他是公司兢兢业业的职员，也是赡养父母的好儿子，还时时刻刻记挂着妹妹的音乐教育，但格里高尔唯独不是自己，无法关注自己的需求。

德裔美籍心理学家兼哲学家弗洛姆在《健全的社会》中称，“所谓异化，就是一种经验方式，通过这种方式，人体验到自己是一个陌生人”[①]。弗洛姆暗示处于异化状态的人无法对自己产生认同，在社会中，人都难以认出自己本身的面貌。他的异化理论与马克思的异化理论一样，主要指向对资本主义社会的批判。格里高尔由人变为虫，就是对自己渐渐感到陌生，难以辨明自己本来面貌的过程。格里高尔虫化后一开始无法面对的是无法赶上车、无法及时去上班的自己，实际上他真正无法接受的是自己的生活“重回正轨”，毕竟“外勤人员几乎整年不在公司里，容易成为闲言碎语和捕风捉影的责难的牺牲品，而对这些事情他根本无法防备，因为大多他根本就听不到，只有等他疲惫不堪地出差回来时，他才感觉到这些莫名其妙的事情的严重后果”。

---

① 弗洛姆．健全的社会［M］．孙恺祥，译．贵阳：贵州人民出版社，1994：111.

在流言蜚语中，格里高尔难以辨明自己，在谣言中对自己逐渐感到陌生。

社会学家马尔库塞在《爱欲与文明：对弗洛伊德思想的哲学探讨》一书中也提到"异化"概念，他借用马克思"异化劳动"的观念表明操作原则与爱欲（即"快乐原则"）的冲突。人被劳动支配，成为劳动的工具，无法实现自我。他认为随着自动化生产的不断发展，人们想要摆脱异化劳动的方法是完成异化，因为"把人的潜能从（异化）劳动世界中取消乃是把劳动从人的潜能世界中取消的前提"[①]。从马尔库塞的这段话中我们可以获得如下信息：人们行事遵循让自己快乐的原则，而非愿意时刻自律工作学习，所以劳动是一种让人异化的力量，在劳动中，人仅仅作为一种"工具人"而存在，无暇与他人交流，无法关注自身需求，情感上始终无法得到平等的对待，失去了人的社会化的本质属性。《变形记》中格里高尔挣扎起床时内心的一段独白印证了以上观点："为什么天注定偏偏是格里高尔，在一家商号供职，发生一点儿小小的延误，马上就招致天大的怀疑？难道所有的员工全都是无赖，他们中就没有一个忠实、听话的人，他即便早上有那么几个钟头没有充分利用为公司做事就于心不安，头脑发呆，简直连床都下不了？"格里高尔始终无法获得以协理为代表的公司的认同。但人和劳动又难以分割，人时刻处于在劳动中异化的风险中，只有适应、接受并改造这种劳动模式，才能从异化劳动中挣脱出来。人们摆脱异化劳动的方法是完成异化，格里高尔最终把自己从无止境的劳动

① 马尔库塞．爱欲与文明：对弗洛伊德思想的哲学探讨［M］．黄勇，薛民，译．上海：上海译文出版社，2005：79.

中解放出来，完成了成虫的异化，摆脱了异化劳动。马尔库塞的这段评述对论述如今“996”“007”的工作模式似乎仍然适用。

上述异化理论表明，在不同社会和不同领域，异化的呈现和偏向均有所不同，但是都用“异化”一词指涉人类创造的外部世界与人的关系，当这种关系违背了人性时，人就会呈现为异化状态。“异化”一词本身就有浓重的社会学色彩，当对小说的解读涉及“异化”时，则不可避免地指向社会学意义上的批判。《变形记》中格里高尔夹在家庭和社会的罅隙中，寻不到出路，失去了人性的自由，“异化”恰如其分地概括了格里高尔的状态。卡夫卡本人在谈及“异化”时也说：“不断运动的生活纽带把我们拖向某个地方，至于拖向哪里，我们自己是不得而知的。我们就像物品、物件，而不像活人。”① 这表明了人与外部世界关系的失衡。

但将“异化”作为卡夫卡作品的标签又失之妥当。原因有二：其一，卡夫卡的世界并不符合异化理论的社会背景。米兰·昆德拉认为，“在卡夫卡的世界，人们几乎找不到什么构成资本主义的东西：没有钱和没有它的权力，没有商业，没有产业和产业主，没有阶级斗争。”“卡夫卡现象也不符合另一方面的定义，在卡夫卡的小说里，没有意识形态和它的语言，没有政治，没有警察，没有军队。”②《变形记》中未设置意识形态、语言、政治、警察与军队等资本主义社会的要素，尽管有协理、父亲等“恶人”般对立力量的存在，但也仅表示了人在他的世界中受压迫的一种可能性。《变形记》与异化批评的结合

① 叶廷芳. 论卡夫卡［M］. 北京：中国社会科学出版社，1988：465.

② 昆德拉. 小说的艺术［M］. 孟湄，译. 北京：生活·读书·新知三联书店，1992：104.

产生了文本缝隙。其二，卡夫卡并非单纯借用人物的异化控诉、揭露世界，相反，格里高尔在虫化后更多地进行了自省。尽管他无意对变形的原因刨根问底，表现出一定的逃避倾向。格里高尔在变形后，觉得自己的语言表达比平时更好，器官更为灵敏，能够坦然回味与家人曾经的和乐融融。格里高尔通过异化寻求申诉路径，也寻求人生的出路。无论如何，"异化"尽管有溢出文本框架之处，但仍不失为一个评判卡夫卡小说的重要文学理论名词。

除却异化，卡夫卡小说的佯谬也是对社会进行申诉的利器。"佯谬"原是哲学上的逻辑术语，在卡夫卡的文学世界中，其指的是荒诞之事看起来自相矛盾，实际上具有现实性，即"似非而是"。《变形记》主人公格里高尔的遭遇越是不寻常，故事便越显得具有逻辑性；格里高尔的悲剧越有逻辑性，给读者带来的心灵震撼越大。格里高尔对变形的反应如何呢？他对变形这件事倒是很镇定的，不吵不嚷，静静地观察着自己，对成为甲壳虫的自己，从颜色、形态进行观察，可以看出他对于发生在自己身上的这件看似灾难性的事件保持着一颗平常心。"他那许多与他原来的身躯相比细得可怜的腿脚，无可奈何地在眼前舞动着。"这是对一只仰卧的甲壳虫的观察，直接而近乎客观的叙述仿佛和人物自身没有什么关联，令人迷惑的地方在于戏剧性的"变形"事件发生之后，格里高尔的平静给人这样一种感觉：人物可以身心分离，神志清醒的格里高尔可以一动不动，在很远的地方，把自己的身形遁入甲壳虫，然后把这只甲壳虫推送到读者的面前。反过来说，也许更有意思的是这样一种情形：格里高尔的身体里住着一只甲壳虫，格里高尔有一种成为甲壳虫逃遁的强烈愿望。从观察自己到观察房间里他所熟悉的空间、物品的陈设，他作出了一个判断——"这可不是梦啊”。

格里高尔搁置了对变形原因的探究，强行把其中的荒诞从思想中压下去。自虫化后，他的故事就在自然地发展。哪怕自身早已失去人形，格里高尔仍挣扎着希冀赶上一班又一班错过的车，告诉协理和家人他很好。虫化事件给小说笼罩上逻辑的疑云，可是荒谬最终却能实现逻辑的自洽，这种自洽符合可然律与必然律，使得读者认为变形是符合逻辑的，且这种变形可能发生在每个人身上。这使得《变形记》具有“基本的荒诞和严峻的伟大”的特性。一切荒诞都在艺术世界的情理之中，符合逻辑演化和发展的规律，格里高尔的虫化是必然的，最后的社会性死亡也是必然的。正如卡夫卡所说：“我们需要的书是那种对我们产生的效果有如遭到一种不幸，这种不幸要能使我们非常痛苦，就像一个我们爱他胜过爱自己的人的死亡一样，就像我们被驱赶到了大森林里，远离所有的人一样……一本书必须是一把能劈开我们心中冰封的大海的斧子。”[①] 异化下的挣扎醒悟，佯谬下的悲剧情感，构成了格里高尔与卡夫卡对社会的有力申诉。

小说表现出了格里高尔在自主与伦理之间的矛盾，正是在之后的章节中，读者看到变形使格里高尔一方面呈现出他以逃避来表达个体选择的诉求，另一方面又申诉自己对他人（无论是对公司还是对家人）都充满尽责尽力的责任感。人物的心理有明暗、显隐的特点，其表征的意识内容说明愿望与责任的对峙。

① 叶廷芳．卡夫卡全集：第7卷［M］．叶廷芳，黎奇，赵乾龙，等译．石家庄：河北教育出版社，1996：25.

3. 孤独体验下的希望主题

在格里高尔的逃避与申诉下，在他悲惨地以虫形死去的结局中，卡夫卡实际上并不吝啬他的宽容与希望。格里高尔因为被妹妹的小提琴声吸引，居然爬到客厅来，"他的背上和腰身两侧全是绒线、毛发、食物残屑等，他带着这些脏东西满屋乱爬。他对这一切抱着无所谓的态度，不像以前那样，一天好几次让脊背着地，在地毯上来回地蹭，擦掉脏物。他现在丝毫不会自惭形秽，大胆地在光洁的客厅地板上向前爬了一段。"[①] 这样不顾一切的行为，与"而从前他总是为别人着想的，并因此而感到自豪"[②] 完全两样，在被遗弃的世界里，这难道不是在表达一种自尊吗？甲壳虫的精神性特征是紧紧依附甲壳虫的具体行为来体现的，我们很难脱离格里高尔来谈甲壳虫，脱离甲壳虫的具体形态及生存特征来谈格里高尔也同样困难。甲壳虫的行动与格里高尔的心理变化密切相关，与其说虫化后的格里高尔更关注自己，不如说格里高尔进一步接受了矮化的自己。卡夫卡在其随笔中写道："如果是在攀登一座峭壁，它就像你自身从下往上看一样陡峭，那么倒退也可能是地理形态造成的，那你就不用绝望了。"[③] 因此，即使是虫化的格里高尔，即使在倒退，但也不过是受限于社会的结构化悲剧。卡夫卡的豁达使我们有理由相信他对倒退的格里高尔也是宽容的。变形的格里高尔是卡夫卡本人孤独体验的产物，但社会上求而不得、"异化成

---

① 卡夫卡. 卡夫卡短篇小说选［M］. 叶廷芳，等译. 桂林：漓江出版社，2013：34.

② 卡夫卡. 卡夫卡短篇小说选［M］. 叶廷芳，等译. 桂林：漓江出版社，2013：34.

③ 叶廷芳. 卡夫卡全集：第5卷［M］. 黎奇，赵登荣，译. 石家庄：河北教育出版社，1996：4.

虫”的“格里高尔们”也得到了卡夫卡的包容，被卡夫卡寄予了一丝希望，就如卡夫卡在日记中所说的：“我们这个世界冰冷的空间，我一定要用一把火来温暖这个空间，这火正是我要去寻找的。”[①] 而这把火在他的作品中延续。正如哈罗德·布鲁姆评价，卡夫卡的作品有着求取生存的信念，具有不可摧毁性。[②]

（二）变形母题：与《促织》的平行比较

在统编版语文教材中，《促织》与《变形记》共同构成完整的一课，学习提示说：“阅读这两篇作品，要注意主要情节的起伏和人物情感的变化，体会人物的生存境况，进而理解‘变形’中寄寓的社会批评意味。同时，要注意比较两篇作品的异同，把握其各自的风格和特色。”对比阅读是本课重要的教学任务。

鲁迅评价《聊斋》为“花妖狐魅，多具人情，和易可亲，忘为异类”，《促织》中，成子化虫后随琴瑟之声应节而舞，且时刻保持战斗的姿态，与普通好动孩子的心性差别不大；《变形记》中的格里高尔认为化虫不过就像感冒前兆，极力淡化变形前后的不同。两篇作品对变形的描写都趋于日常化，并有将变形下行至现实主义描写的趋势。

但是格里高尔和促织变形的社会根源及诗学指向是不同的。前文提到，从“社会－家庭/个体”的框架来看，《变形记》中的格里高尔在两股力量的压迫下，最终象征性地以虫化的形态死去；而《促织》中，促织一家尽管受到公家压迫，促织被捕，也许由于家庭温情尚在，

① 叶廷芳．卡夫卡全集：第6卷［M］．孙龙生，译．石家庄：河北教育出版社，1996：18.

② 布鲁姆．西方正典［M］．江宁康，译．南京：译林出版社，2005：359.

促织最终变回人形，一家最终重享天伦。但仅依靠单一框架去理解不免有些浅薄，此处引入"人与虫"的框架稍解释两者变形逻辑的相异之处。《促织》中的变形呈现了神秘主义下的现实，魂化促织、返世为人体现了底层百姓的艰苦生活。最终一家人"并受促织恩荫"渡过难关，他们仍然抱存对社会秩序的信仰、顺应社会逻辑（成子"自言身化促织"，旁人反应不再提及），这寄予了人类对抗现实的美好愿望。但《变形记》却是对现实逻辑的挑衅：格里高尔变形后不惊不恼的表现与协理、父母的惊吓反应难以统一，卡夫卡对社会充满反叛情绪。总而言之，《促织》与《变形记》都体现了人对家庭的依恋与对社会的依赖。《促织》体现了作者对社会批判的多个方面，如"上好之，下趋之""一人飞升，仙及鸡犬"等；而《变形记》以荒诞的物化、异化揭示了人物变形的心灵逻辑和孤独、绝望的主题，对社会的批判自有其深刻之处。

此外，卡夫卡阅读过神学家布贝尔出版的《中国鬼怪和爱情故事》，其中就有《聊斋志异》，卡夫卡称赞其中的故事精妙绝伦。有学者认为，卡夫卡创作的是表达孤独的、强调异化主题的文本，从《判决》到《变形记》再到《城堡》，孤独一以贯之，"这是一种永远的疏离感和孤独感。随着卡夫卡的孤独感越来越强烈，卡夫卡小说中的世界也变得越来越小，越来越窄，其终点是那个小小的鼠洞。"[①] 即卡夫卡利用阿基米德点，撬起了异化的自我。蒲松龄根据自己的爱憎，借人物之口加以褒贬，《聊斋志异》表达了他的孤愤之情。

类似的在中西诗学上进行的平行比较的研究结论新颖，富有启发

① 曾艳兵．卡夫卡研究［M］．北京：商务印书馆，2009：392.

性。在平行研究的基础上还应注重对实证的搜集，如以上论述考据过卡夫卡确实阅读过两本中国鬼怪与民间故事集（收录了《聊斋志异》中的多个故事，但《促织》未被收录），故事集的编者布贝尔甚至在书中谈到蒲松龄徘徊在社会外围的怀才不遇的经历，由此可合理猜测，敏感的卡夫卡必定注意到了中国古代这个与他精神契合、遭遇相似且和社会格格不入的同病相怜之人。但教师在对《变形记》与《促织》的语言风格进行比较时，由于教材呈现的是《变形记》的翻译版本，此类语言风格上的比较并不一定有效。教师作为语文工作者，谈论两部小说传达出的具有普世价值的人文议题更为合适。教师作为语文的终身学习者，不必过分纠结《变形记》与《促织》到底是寓言化小说还是带有隐喻性质的小说，两者都只是批评家的后设概念而已。把握小说背景，理清作者经历，与主人公共情，尝试做知人论世、以意逆志式的解读即可。

四、文本延伸：教学建议与阅读课型探索

本部分主要探讨了三个课内外活动：封面设计活动主要引导学生体会《变形记》梦幻下的现实性，荒诞中的逻辑性；插图绘画活动则引导学生进行文本细读，完成对《变形记》细节描写的学习体会，为单元学习任务提出的读书札记写作做准备；拓展阅读活动则将学生从整篇阅读推向阅读作者的其他作品，加深学生对《变形记》主题内涵的理解。

（一）封面设计活动

《变形记》的教学目标的确立，建立在对小说的主题内涵、人物

思想情感的特点及小说独到的现实主义表现特征的把握上。节选的课堂教学与课外的整篇（部）阅读，应该体现教学目标、教学策略、教学反思的连贯性和一致性。《变形记》的教学难点在于如何让学生理解其内容的荒诞性与真实性，以及批判性。大而化之地说，小说揭示了资本主义社会中的异化现象，写出了小人物的孤独，如果能够对看似抽象的内容加以形象化的提示或要求，那么学生就能体会到《变形记》的经典价值。形象化的提示或要求，可以是插图、绘写等。

相关材料记载，1915 年莱比锡库尔特沃尔夫出版社出版了《变形记》单行本。卡夫卡曾为此书的封面设计致函这家出版社：“他会不会去画那个甲虫本身？别画那个，千万别画那个……这个甲虫本身是不可画出的，即使作为远景也不行。”① 最后，封面上画的是一个孤苦的青年哭泣着走出家门的场景。这体现了作者卡夫卡自己关注的是人物的精神状态。关于节选的课堂教学，可以让学生为《变形记》设计封面，看看画一只大甲壳虫与画一个孤苦的青年对小说内涵的表达有何不同。

尽管部分教辅书提到了这一细节，但并未展示卡夫卡对上述问题的回答。卡夫卡实际为该教学活动提供了两个参考答案，即“假如允许我对插图提建议，那么我会选择诸如这样的画面：父母和商务代理人站在关闭的门前，或者更好的是，父母和妹妹在灯光明亮的房间里，而通向一片黑暗的旁边，那个房间的门敞开着”②。父母与协理分别代

---

① 叶廷芳．卡夫卡全集：第 7 卷［M］．叶廷芳，黎奇，赵乾龙，等译．石家庄：河北教育出版社，1996：172.

② 叶廷芳．卡夫卡全集：第 7 卷［M］．叶廷芳，黎奇，赵乾龙，等译．石家庄：河北教育出版社，1996：172.

表了家庭与社会，呼应了“社会－家庭／个人”框架。该教学活动可以帮助学生理解《变形记》梦幻下深沉的隐喻——对社会异化力量的批判与对大时代洪流裹挟下的小人物的悲剧命运的同情。

（二）插图绘画活动

如果说封面设计活动注重帮助学生理解《变形记》梦幻性与现实性的艺术特征，那么插图绘画活动则引导爱好绘画的学生进行文本细读。教材的单元学习任务要求学生学习小说的表达手法。对于《变形记》教学，进行如下设置：“格里高尔艰难打开房门，正看见自己当年从军时的相片。‘手按在剑上，微笑着，无忧无虑。’这些细节描写常常为读者津津乐道。从本单元作品中找出至少五例精彩细节细加品味，体会小说中细节描写的艺术魅力。”该学习任务要求学生对小说的细节描写进行体味。尽管节选的课堂教学的最终目标是让学生写出一篇读书札记，但以此进行从节选推向全篇（部）的小说阅读也是教学目标之一。此处建议教师以插图的方式标注，把有趣的文本细节表现出来。如课本中提到的格里高尔服兵役时的照片，少尉的装束，无忧无虑，“一副要人家一看到他那风度和制服就肃然起敬的样子”。此外，还有更多细节可供学生选择，如小说第二段描写挂在桌子上方的嵌在漂亮的、镀了金的镜框里的从画报上剪下来的画，“那是一位戴着毛皮帽子、围着毛皮围巾的女性，她直挺挺地坐着，两只前臂完全笼在一个厚厚的皮手筒里，正对着看画的人”。而在格里高尔的母亲与妹妹从卧室搬家具时，格里高尔“真的不知道，先该抢救什么，这时他看见那面已经清空的墙上挂着一幅全身穿皮衣的女士的画像，很是醒目，他赶紧爬上去，把身体紧贴在玻璃上，玻璃吸附住他发热的肚皮使他感觉舒服。这幅画现在完全被格里高尔遮住，他想至少这幅画肯定不会被拿走了”。“他死死趴在他的画上。他宁可跳到她的脸上也不让他的画被拿走。”[①] 如果学生愿意从该框架进入对整篇（部）小说的阅读，那么这些细节是值得配插图的。

又比如，是否有学生关注小说中的房屋结构、家具陈设？纳博科夫在大学里讲授这篇小说时，要求学生画出小说中从卧室到楼梯的详细示意图。在他看来，这是一篇严格写实的小说。教师同样可以将此建议用在节选的课堂教学中。这个教学建议也为此种表现主义小说的阅读提供了方向和策略，可以在课外的整篇（部）阅读中加以应用。对这一写实特征的把握能够以形象直观的方式培养学生的阅读兴趣。此外，在小说的空间表述上，着力点有很多，比如，可以把格里高尔的卧室的内部结构简要勾勒出来，这有助于了解格里高尔的活动空间，了解他如何借助家具隐藏丧失劳动能力的自己。值得注意的是，公寓插图绘画活动与前文提到的昆虫学探索活动是同质的，皆是为了从梦幻性的文本中寻找现实主义的踪迹，因此教师根据教学具体需要择一即可。

① 卡夫卡．卡夫卡短篇小说选［M］．叶廷芳，等译．桂林：漓江出版社，2013：25.

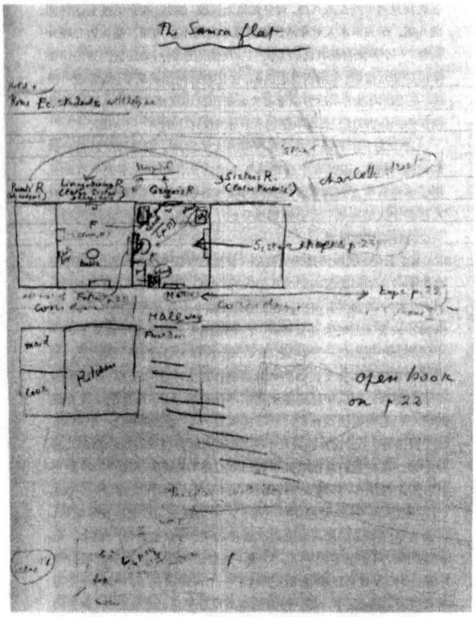

（图片选自《纳博科夫文学讲稿三种：文学讲稿》，
上海译文出版社 2018 年版）

以上绘画活动皆能引领学生的思维从抽象思维发展到具象思维，结合丰富的教学活动，创造文本的实在的进入框架，于感兴趣的一角创造学生愿意踏入的文本现实。

（三）拓展阅读活动

卡夫卡的小说常涉及异化主题，如人到动物的变形。1907—1908年间，卡夫卡创作了短篇小说《乡村婚礼筹备》，主人公将自己想象成甲虫、鹿角虫、金龟子等，去参加乏味的婚礼，逃避人际交往。卡夫卡的小说甚至还涉及动物到人的变形，如在短篇小说《一份为某科学院写的报告》中，猿猴在过上人类生活的五年后向科学院提交生涯报告，猿猴声称知识的光芒渗入自己不断觉醒的脑子，期待通过学习寻求一条出路，但实际上它深知“自由是无法选择的”，安于在人类放置的牢笼里生活。

英国学者卡奈蒂认为：“为了得到拯救就必需躺到小动物下面。直立是人优越于动物的权力，但是正是由于他那一目了然的位置，人被暴露在外，看得见，成为目的物，因为这种权力同时也是罪过，只有躺在地上，兀鹰下面，人才能看见星星，看见那使一个人免于人的权力之恐惧的星星。”[①] 变形既是异化的体现，也是将自身从异化中拯救出来的尝试。教师可就《变形记》及其相关文本思考，体会卡夫卡如何通过变形母题探讨人类的生存状态。

教师可思考是否仍能在“社会－家庭/个人”的框架下去解读以下小说，抑或是否有更适宜的阅读框架帮助学生阅读和理解《变形记》。学生需要思考的是促使以下小说中的主人公变形的外在压迫力量与《变形记》中的外在压迫力量有何不同。

1. 节选一：《乡村婚礼筹备》

这时拉班觉得，他也还会熬过往后十四天这艰难的时光。因为这仅仅是十四天，一段有限的时光罢了，虽然烦恼会越来越大，但是必须苦苦忍受的时光却会减少。而勇气则无疑会增长。所有想折磨我并且现在已经占领了我周围的整个空间的人将完全渐渐地受这些日子的友爱进程的遏制，我无须帮他们哪怕一丁点儿的忙。我可以——这将会显得是自然而然的事——软弱无力，可以寡言少语，可以听凭别人

① 叶廷芳. 论卡夫卡［M］. 北京：中国社会科学出版社，1988：608.

摆布，然而单凭这些流逝的日子一切就一定会变好。

我反正不能像我儿时遇到危险的事情时经常干过的那样去干。我连自己去乡下都不需要，这没有必要。我只派遣我的穿上了衣服的躯体。如果说这个躯体摇摇晃晃走出我的房门的话，那么这摇晃并非表示恐惧，而是表示这躯体的虚无。这躯体跌跌撞撞地下楼，这躯体呜咽着坐车去乡下，这躯体哭泣着在那里吃晚餐，这也都不是心情激动。因为我，我这时躺在我的床上，平展展地盖着棕黄色的被子，任凭从微开着的窗户透进来的小风吹着。

我相信我在床上躺着时有着一只大甲虫的，一只鹿角虫的或者一只金龟子的形态。

在一个橱窗前——湿玻璃后面的小棍上挂着小男士帽——他站住脚，噘着嘴往里瞧。唔，我的帽子还够我假期里戴的，他边想边继续行走，假如没有人因我的帽子的缘故而喜欢我，那就更好。

一只甲虫的硕大形态，是呀。随后我就装出一副冬眠的样子，我把我的细腿贴在我的鼓起的身躯上。我小声说了几句话，这是对我的悲哀的躯体的指令，我的这个躯体紧挨我身边站着并弯着腰。不久我就发布完指令，我那躯体一鞠躬，匆匆离去，他会在我躺着的时候妥善处理一切事务的。

（选自《变形记：中短篇小说集》，上海译文出版社2012年版）

2. 节选二：《一份为某科学院写的报告》

现在才开始实际训练。我是不是已经被理论课搞得太累了？没错，是太累了。我命该如此。尽管如此，我仍然竭尽全力去接递过来的酒瓶，哆哆嗦嗦地拔去瓶塞；随着拔瓶塞的成功，拔除新的力量渐渐生成；我举起酒瓶，与示范动作已经几乎分毫不差；我把酒瓶放到嘴边，然后——然后厌恶地，厌恶地，尽管瓶子是空的，里面只还有那气味，然后我就厌恶地把它扔到地上。令我老师感到伤心，令我自己更感伤心；扔掉酒瓶后我也不忘记用优美的姿势摸摸肚子和咧着嘴笑，然而这却既宽慰不了他也宽慰不了我。

训练课就这样频频进行。我的老师真了不起：他不生我的气；他有时用燃着的烟斗烫我的毛皮，直到我很难够得着的什么地方开始冒烟，但是随后他又会自己用他那只慈爱的大手把它扑灭；他不生我的气，他认识到，我们站在同一条战线上与猴子的本性作斗争，而我则更任重道远。

可是后来这对他和对我来说是一个多么了不起的胜利啊：一天晚上，在大庭广众之下——也许是一个庆典，留声机唱着，一位军官在人群中踱着步——就在这天晚上，我趁人不注意，拿起一只无意中放在我笼子前的烧酒瓶，在在场人越来越大的关注下合乎规范地拔去瓶塞，将瓶口放到嘴边，毫不迟疑，没有咧嘴，活像个喝酒的行家，眼珠子滴溜溜地转动，咕嘟咕嘟地把酒喝了个精光，不再是由于绝望，而是像艺术家那样把瓶子扔掉；虽说忘了揉肚子，但是由于我没有别的办法，由于我急不可耐，由于我晕晕乎乎，我竟简单明了地喊了声"哈啰"，发出了人的声音，凭着这声呼喊跃入了人类社会并感觉到人们的回音。"听啊，他说话了！"这回音犹如在我的整个汗淋淋的身体上的一个亲吻。

我再说一遍：模仿人类对我并没有什么吸引力，我之所以模仿，是因为我在寻找一条出路，没有什么别的原因。即便那次胜利也还是远远不够的。我很快又失去了那种声音，几个月后它才出现；对烧酒瓶的反感甚至变本加厉。不过我的方向却是一劳永逸地定下来了。

当我在汉堡被交给第一个驯兽人时，我很快就认识到在我面前有两条路：动物园或杂耍剧场。我没有犹豫。我对自己说：要尽力争取进杂耍剧场，这就是出路；动物园只是一只新笼子；你一进去，你就完了。

于是我就学习，我的先生们。啊，当你不得不学习时你就会学习，当你想寻找一条出路时你就会学习；你会不顾一切地学习。你会用鞭子来鞭策自己；稍有反抗你就会撕咬自己。猴子天性飞速地离我而去，致使我的第一位老师自己因此而几乎染上猴性，不久就不得不放下教鞭并被送进一家精神病院。幸亏他不久之后就出院了。

可是我累垮了许多老师，有几个甚至是同时累垮的。后来我对自己的能力有了更大的把握，公众关注我的进步，我的前途开始变得光明灿烂的时候，我就自己聘请老师，让他们坐在五间彼此相接连的房间里，我不停地从这间跳到那间，同时向他们领教。

这些进步！知识的光芒从四面八方射进正在开窍的脑子！我不否认，这使我感到幸福。但是我也承认，我并没有过高估计这一点，当时没有，现在更不会。我作出了至今举世无双的惊人努力，达到了一个欧洲人的平均文化水平。这本来也许根本没什么了不起的，但是这却仍然有一定意义，因为这帮助我走出牢笼，为我开辟了这条特殊的出路，这条人的出路。德国有句绝妙的俗语：溜之大吉。我已经这样做了，我已经溜之大吉。我没有别的办法，总是在自由不可选择的前提下。

回顾我的成长道路，总结迄今已达到的目标，我既不怨天尤人，也不心满意足。双手插在裤兜里，酒瓶放在桌子上，我半躺半坐在摇椅里，望着窗外。有客来访，我以得体的方式接待。我的经纪人坐在外屋；我一按铃，他便进来听候我的吩咐。晚上几乎都有演出，我的成功可以说已登峰造极。深夜我从宴会、学术性聚会、社会聚会回家时，会有一只半驯化的小母猩猩在等候我，我按照猿猴方式从她那里享受快乐。白天我不愿见她；她的目光中流露出迷惘的已驯服的动物的那种疯癫神情，这只有我才看得出来，我无法忍受。

总的说来，我无论如何已经达到了我想达到的目标。不要说这不值得费这个劲儿。再者说，我不想作出人的判断，我只是想传播知识，我只是作报告，对你们，高贵的科学院的先生们，我也只是作了一个报告。

（选自《变形记：中短篇小说集》，上海译文出版社 2012 年版）

选择性必修上册

第三章 《大卫·科波菲尔》：在善与恶的较量中成长

文本外围：“善－恶中成长”阅读框架构建　狄更斯生平简介　《大卫·科波菲尔》简介（主题：惩恶扬善和人道主义·人物形象）

文本路径：半自传体小说的“实”与“虚”（人生投射与小说创作·“孤儿”身份的代入与寓意）　狄更斯式幽默（温和的戏谑·愤懑的反抗）

文本内核：人道主义精神与成长小说底色（对人性的深度挖掘·对成长的全面省察）

文本延伸：大卫·科波菲尔的际遇　“新视角”故事会　幽默养成记　狄更斯小剧场

一、文本外围："世上没有比笑声和幽默更具感染力的了"①

（一）入口：构建"善－恶中成长"阅读框架

在《大卫·科波菲尔》序言中，狄更斯写道："在我所有的作品中，我最爱的是这一部。人们不难相信，对于从我想象中产生的每个孩子，我是一个溺爱的父亲，从来没有人像我这样深爱着他们。不过，正如许多溺爱子女的父母一样，在我内心的最深处，我有一个最宠爱的孩子。他的名字就叫《大卫·科波菲尔》。"②狄更斯对这部小说的偏爱显而易见。

翻开这部小说，我们跟随大卫进入他的回忆，借由大卫的叙述，与他一起回顾他从出生到成为一名优秀作家的全过程，这其中有快乐与美好，有痛苦与追悔，也有抉择与思考。在这个过程中，我们渐渐走进大卫的内心深处，感受大卫成长过程中的人生浮沉。

统编版高中语文选择性必修上册选择的是宋兆霖译本，全书分上下两册，共六十四章，节选部分是《大卫·科波菲尔》的第十一章"独自谋生"。这一章共69段，其中有54个段落被保留成为教材节选内容，有15个段落被删减，教材编者还对个别语句进行了修改。删改之后，这一章的内容更为集中。《大卫·科波菲尔》中的大卫克服了重

---

① 该句出自狄更斯的《圣诞颂歌》，原文为"there is nothing in the world so irresistibly contagious as laughter and good-humour"，译林出版社2019年版翻译为"但世上没有任何东西的感染力比大笑和欢乐更强"，此处有改动。

② 狄更斯. 大卫·科波菲尔：上［M］. 宋兆霖，译. 郑州：河南文艺出版社，2015：序2.

重困难，最终成长为一位有成就的作家，这与狄更斯本人的生平有相似之处，这部作品带有“自传”性质。统编版高中语文选择性必修上册之所以选择第十一章，大概是因为第十一章描述的这段经历在大卫或者说在狄更斯本人的成长历程中具有突出地位。这一章所描述的情节正发生在大卫人生的最低谷期、命运的转折时期、苦寻出路的阶段，这些情节也是决定他性情的重要关口。阅读这一章，我们的脑海中很容易浮现出一幅小大卫当童工，辛酸而又倔强地活着的画面，“这幅图画所展示的悲惨、痛苦、温情和充满幽默的幻想，甚至超过了他全部著作的成就”①。

大卫出生前，父亲就去世了。大卫从小和母亲克莱拉及善良的女仆佩格蒂相依为命。天真无知、不知人世险恶的克莱拉经不住貌似绅士的谋得斯通的哄骗嫁给了他。大卫幸福的童年生活就此结束，他遭到谋得斯通的虐待，被送进寄宿学校，他在学校里结识了斯蒂福思、特雷德尔等人。母亲去世后，谋得斯通霸占了科波菲尔家的财产，把年仅 10 岁的大卫送到谋得斯通 - 格林比货行当童工。第十一章的内容就是从这里开始的。谋得斯通 - 格林比货行不仅破旧，而且老鼠横行，到处都是污垢和腐臭味。没有了母亲，没有了佩格蒂，没有了属于他的温暖的家，大卫的生活与之前形成了极大的落差。他的内心充满苦涩，“仿佛我的心窝也有了一道裂口，随时都有爆炸的危险似的”②。但是生活还要继续，大卫要学会自己面对人生的苦难，走向成长。所以，正如教材在该篇课文的“学习提示”中所言，阅读时可以

---

① 罗经国. 狄更斯评论集［M］. 上海：上海译文出版社，1981：313.

② 狄更斯. 大卫·科波菲尔：上［M］. 宋兆霖，译. 郑州：河南文艺出版社，2015：193.

扣住“成长”这一线索，看看大卫在成长的过程中经历了哪些事、遇到了哪些人，想想这一切对他的成长会有哪些影响。如此就可以随着大卫的回忆，走进狄更斯所描绘的19世纪英国社会生活的广阔画卷，领悟作者多方面的深刻思考。

大卫被狄更斯赋予了同他自己一样的特长——观察力强，机灵敏感。一个10岁的孩子，突然间失去母亲的关爱，过早地进入社会，开始了独自谋生的人生苦旅，却没有人为他说一句公道话。这在一个10岁的孩子看来怎能不觉得委屈至极？毕竟，孩子的世界是美好的，而人与人之间的隔绝让他幼小的心灵出现了难以弥合的伤痕，面对身心所遭受的种种痛苦，大卫只能学着忍受。没有人知道他究竟受了多少苦，流了多少泪。他所受的苦，被他深深地埋在心底。

与所有在苦难中挣扎的孩子一样，大卫此时面临着一个不可回避的抉择——是沉沦堕落还是保持良善？大卫出身于一个小资产阶级家庭，他的家庭教育让他渴望成为一个有名望、有学问的人，而这一切都在他成为谋得斯通－格林比货行里的童工的那一天走向破灭。幼小的大卫吃不饱、穿不暖，为了生存他很有可能走向堕落，成为一个流浪街头的小强盗或者小流氓。但是纯真的大卫有他与生俱来的良知，幼时母亲对他的教育、佩格蒂对他无私的关爱都潜移默化地影响着他，母亲和佩格蒂的善感召着大卫。谋得斯通姐弟的冷酷、昆宁的监视、工作生活条件的极度恶劣，都在时时考验着大卫的良知。在善与恶的较量中，他挣扎着，他没有一天甘心于过这种让他感到万分不幸和痛苦的生活。此时的大卫多么需要一个人站出来给他劝告与建议，让他感到鼓励与安慰，可是却没有人在这时向大卫伸出援手。他的成长之路将何去何从牵动着每一位读者的心。

大卫对痛苦的忍受是否能带来让人欣慰的结局？如果他无法忍受这种囚徒般屈辱的生活，那他是向恶屈服，还是用他对人生的渴望摆脱目前的困境，借助善的力量改变自己的生活？他的将来是怎样的呢？他是否脱离了苦海？这一切，都成为推动学生走向深度阅读的潜在力量。在本课的教学过程中，如果以“成长”为阅读起点，沿着大卫“成长”的轨迹，观察大卫如何进行“善与恶的较量”，以此来激发学生阅读这部作品的兴趣，那么也就使学生获得了延伸到整节、整篇（部）小说阅读的驱动力。这里的“善与恶”既包括大卫自身所具有的本性的善、恶较量，也包括大卫身边善的恶的人与事对大卫的影响。

由节选推向整篇（部）小说，读者越来越能感受到大卫的“正能量”，他无论身处什么样的逆境，都能秉持良善的本性。大卫在每一个人生关口的沉重哀叹，都是不能将大卫最后的“成长”简单归功于幸运的有力证据。大卫在人生选择中透露出的“向上”与“向善”的价值取向，可以视为狄更斯价值判断的原生态投射。

读一部经典小说，犹如进行一次奇妙的漫游。翻开《大卫·科波菲尔》，我们仿佛置身于19世纪维多利亚时代的英国，目睹各式各样的人生故事，探知丰富多彩的心灵世界，感受多种多样的文化风貌。

（二）语境：作家与作品简介

狄更斯对《大卫·科波菲尔》那份毫不掩饰的喜爱，在很大程度上与这部作品是一部带有“自传”性质的半自传体小说有关。因此，若要深入解读《大卫·科波菲尔》，就不能不走近狄更斯本人。

狄更斯是英国维多利亚时代著名的作家，1812年2月7日出生于朴次茅斯市的郊外，他的父亲当时在英国海军军需处任职，家境尚可，属于小资产阶级家庭。但是他的父亲缺乏理财意识，导致家庭收支失衡。1824 年，狄更斯的父亲因债务纠纷而锒铛入狱。生活上的压力使得狄更斯小小年纪就被送到鞋油作坊里去做学徒，后来因他父亲出狱才终止了这段童工经历，而他的母亲则还想让他留在作坊里继续挣钱贴补家用。

这段经历对于狄更斯来说是惨痛的，也是他最不愿意面对的，对他后来的性格形成有着重要的影响。他在自传里说，他根本没有勇气回到他奴役生活开始的地方，即使走近也是他所不能忍受的。多年来，每当他经过河边的罗伯特·华伦公司时，他都会绕开，避免闻到黑鞋油的瓶塞上加胶泥的气味，因为这些会让他想起之前的童工经历。他本来打算把这一段经历写在自传里，待他离开人世之后再被人发现。

1847 年，狄更斯的密友约翰·福斯特偶然看到狄更斯自传的手稿，他敏锐地意识到如果把黑鞋油作坊的经历写进小说会很有看点。狄更斯差不多用了两年的时间来考虑福斯特的建议，终于在 1849 年初春开始创作《大卫·科波菲尔》。

以下节选内容是狄更斯自传中的片段，通过对比阅读，我们不难发现这一段描写与《大卫·科波菲尔》第十一章“独自谋生”部分用的许多词语是相同的。

黑鞋油作坊在亨格福特旧码头左边的最后一所房子，那是一所歪歪斜斜的、快倒塌的旧房子，它当然紧挨着河面。这所房子是名副其实地给老鼠占领着。它那镶板房间，腐烂的地板和楼梯，地下室里到处乱窜乱跑的灰色大老鼠，以及从楼下传来的老鼠的尖叫声和争斗声，那地方的污秽和腐败，活生生地又在我眼前出现，好像我又回到了那里。

（选自《狄更斯评论集》，上海译文出版社 1981 年版）

虽说狄更斯的经历与大卫的故事有许多相似的地方，但是狄更斯还是在原有个人经历的基础上增加了许多自己的创造。比如大卫的求学经历就与狄更斯个人的经历刚好相反，狄更斯是在去黑鞋油作坊之前就读于一所好的学校，后来则因为家境衰落，进入了一所较差的学校。而大卫则是先被继父送去黑暗的萨伦学校，后来才在姨婆的帮助下接受了良好的教育。此外，狄更斯个人的性格也与大卫有较大的差异。狄更斯的性情有温和的一面，但是他有时也会表现出冷酷无情的一面，比如他对太太凯瑟琳的态度，这与他童年时所受到的心灵创伤有一定的关系。而我们从小说的阅读中可以感受到大卫则是一贯的温文尔雅，就连他在得知斯蒂福思所犯的种种罪恶之后还是选择对他表示原谅，并没有表现出丝毫的冷酷。

一位小说家如果能够对自己的经历进行很好的加工和利用，就可以使这些经历成为小说创作的丰富素材，而狄更斯就是这样一位天才作家。在《大卫・科波菲尔》中，我们可以从米考伯夫妇身上看到狄更斯父母的影子。狄更斯对自己的亲身经历和体验稍加改动并加以整合，于是就有了广为世人翻阅的《大卫・科波菲尔》。

与同时代的许多作家相比，狄更斯无疑是多产的。1837 年，他完成了第一部现实主义风格的长篇小说《匹克威克外传》。此后，他的创作风格日趋成熟。在 30 多年的创作生涯中，他一共创作了 15 部长篇小说（其中 1 部未完成）、20 余部中篇小说、1 部随笔、2 部长篇游记、3部剧本、1本英国历史著作、数百篇短篇小说和散文，还留下了12000多封书信。

狄更斯在英国文学史上的地位不容置疑，他被誉为继莎士比亚之后最伟大的作家。在文学上，狄更斯的作品不仅在英国非常畅销，而且被翻译成各种语言版本进而在世界范围内流传。托尔斯泰在读了狄更斯的作品之后大为称赞，对他给予了高度评价，认为他是“19世纪最伟大的小说家”[①]。阿尼克斯特对狄更斯的评价——“英国文学批判现实主义的创始人和最伟大的代表者”[②]，不仅是俄国文学评论界，也是我国学术界对狄更斯的普遍共识。狄更斯一生共塑造了近2000个个性鲜明、有血有肉的人物形象，为我们展现了19世纪英国社会生活的广阔画卷，表达了他对人道主义理想的热切追求。他笔下的许多人物因形象十分具有代表性而成为专有名词被广泛使用，更有一些被选入英语词典。正如伊瓦肖娃所说：“艺术家狄更斯的力量渊源于他的现实主义和对他那时代现实的认识。在作品中他反映了当时的基本问题。”[③]此外，在文化上，狄更斯在出版《圣诞颂歌》后，使圣诞节在英国重新流行起来。狄更斯深受一代又一代的英国儿童爱戴，在孩子们的心中，他俨然是圣诞老人般的存在。

狄更斯的作品中，有上流社会富丽堂皇的厅堂，也有下层社会寒微简陋的贫民窟；有生活富裕的中产阶级，也有以偷窃为生的盗贼团

---

① 赵炎秋. 狄更斯研究文集［M］. 蔡熙，刘白，赵炎秋，译. 南京：译林出版社，2014：19.

② 阿尼克斯特. 英国文学史纲［M］. 戴镏龄，等译. 北京：人民文学出版社，1959：381.

③ 伊瓦肖娃. 狄更斯评传［M］. 蔡文显，等译. 广州：广东人民出版社，1983：2.

伙；有机声轰鸣的工厂，也有宁静淡雅的乡村。这些对比描写不仅为我们展现了封建阶级与资产阶级之间的矛盾，还呈现了资产阶级与工人阶级之间的斗争，他的作品几乎关注到了维多利亚时代英国社会的方方面面。通过阅读狄更斯的作品，我们可以一窥维多利亚时代英国社会生活的全貌。狄更斯的作品因对社会现实的全面反映与对社会黑暗的深刻揭露与批判而深受读者喜爱，马克思更是将他与萨克雷、夏洛蒂·勃朗特及盖斯凯尔夫人一起视为现代英国小说最好的创作家。

《大卫·科波菲尔》是鲜明地体现狄更斯批判现实主义精神的重要代表作之一。从中我们不仅可以看到19世纪中叶工业化给英国社会带来的巨大变化，也可以看到因社会的发展、阶级的分化，人性在金钱的驱使下不可避免地遭到异化。谋得斯通是一个商人，但他最主要的“经商”途径则是通过与有钱的单身女性结婚而“名正言顺”地占取她们的钱财。为了获得大卫母亲克莱拉的好感，在结婚之前他是绅士的、浪漫的，让克莱拉沉迷于他，不能自拔。克莱拉不顾佩格蒂的强烈反对，毅然决然地嫁给了他。而结婚之后的谋得斯通仿佛变了一个人，他冷酷残忍。谋得斯通和他姐姐控制了整个家庭的管理权和财产权，让大卫的母亲克莱拉一天天抑郁。谋得斯通还动手打大卫，把他关在房间里不允许他出来，甚至不允许克莱拉接近大卫。最终，克莱拉抑郁而死，大卫失去了母亲，失去了原本温暖的家。综观全书，克莱拉的第二次婚姻生活是不幸的，没有明确交代的贝特西姨婆的婚姻生活也同样是不幸的，谋得斯通后来又娶的那位年轻、漂亮而且有钱的新太太估计也不会有幸福的婚姻生活，婚姻带给她们的是自我的毁灭。为什么会这样？依照当时英国的社会制度，女性即使再有钱，一旦结婚，她所有的财产都将属于她的丈夫。了解了这一背景，小说中贝特西姨婆的怪异行为就不难理解了。即使狄更斯没有明言谋得斯通与那位新太太后来的婚姻生活，也可以想象无非是克莱拉婚姻生活的翻版罢了。狄更斯通过描写金钱对婚姻、对家庭、对社会的腐蚀，让我们看到人性在金钱面前变得扭曲。从狄更斯对社会中的一系列丑恶现象进行的辛辣鞭挞中，读者对"维多利亚盛世"有了更深入全面的了解。

狄更斯的《大卫·科波菲尔》，不仅让我们看到人性的贪婪、虚伪和凶残，让我们感受到身处社会底层的儿童、妇女和老人处境的悲惨，其在对社会中的"恶"进行深刻反思的同时，也让我们看到底层人民的觉醒及自觉或不自觉的抗争。狄更斯对大卫在谋得斯通－格林比货行的经历进行细致描写，一方面表达了他对遭受迫害和欺凌的大卫的深切同情，另一方面也借此揭露了19世纪中叶维多利亚时代的孤儿问题、童工问题及教育问题，狄更斯在对这些社会问题进行深入揭露与批判的同时，将他的人道主义思想进行了清晰的阐述。

现实社会问题重重，狄更斯敏锐地捕捉到了它们，并用文学创作的形式把它们直观地呈现在世人面前，以引发社会的关注。在狄更斯的内心深处，对和谐社会的向往与追求从来没有停止过，这也是他人道主义思想的重要组成部分。这种对和谐社会的向往和追求精神在主人公大卫身上表现得淋漓尽致。即使他命途多舛，小小年纪便失去了父母的疼爱，继而家产被夺，被迫流落他乡，成为童工。好不容易拥有了贝特西姨婆的关爱，过上了幸福的生活，可是姨婆又不幸破产。这些接二连三的疾苦非但没有让大卫迷失自我、一蹶不振，反倒铸就了大卫坚韧的品格。大卫从来没有放弃对美好的追求，对生活的热爱让他勇于面对来自生活的挑战。这正是狄更斯所着力描写并加以弘扬的人道主义思想的重要内容。

狄更斯的作品受到广大读者的喜爱不仅与他的作品所承载的思想内核有着密不可分的关系，还与他高超的讲故事的能力息息相关。就《大卫·科波菲尔》这部作品的结构而言，并没有因为人物众多、情节复杂而松散杂乱，总的来说还是完整严密的。这部作品以主人公大卫从一名孤儿成长为一位优秀作家的曲折经历为主线，衍生出多个家庭、人物：颠沛流离的米考伯先生一家，多灾多难的佩格蒂一家，转危为安的威克菲尔先生一家，以及贝特西姨婆、巴基斯、斯特朗博士、斯蒂福思、特雷德尔、希普等。狄更斯巧妙地将多支线、多层次的情节内容与大卫的成长经历有机结合起来，使情节层层展开、互相交错，曲折动人。《大卫·科波菲尔》以第一人称为叙述视角，虽说从叙事的角度来看故事的叙述受到了不少的限制，给作者的叙述增加了难度，但狄更斯却依旧能够娓娓道来、挥洒自如，这也证明了狄更斯在叙事方面的功力的确不凡。

在《大卫·科波菲尔》这部作品中，除了主人公大卫之外，虽说主要人物也就十来个，但是有名有姓的人物却有近九十人。狄更斯以他们为触角，以大卫为主线，将众多的人物串联起来，借助他们的言行举止和思想性格，带领广大读者一起走进19世纪的英国社会。在塑造这些人物的时候，狄更斯为了让自己的人道主义精神得到更好的彰显，除少数几个人物之外，其他人物的思想性格自始至终都基本没有发生多少变化，以扁平人物[①]为主，这一点虽也被一些评论家诟病，但是《大卫·科波菲尔》这部作品仍然深受人们喜爱。在众多扁平人物中，米考伯太太是一个典型，她对米考伯先生的爱从来没有动摇过，她说她永远不会抛弃米考伯先生，即使米考伯先生总是债务缠身。米考伯太太对爱情的誓言虽然在作品中多次出现，但却没有让读者感觉到繁复，反倒有一种深情和幽默蕴含其中。

为了服务惩恶扬善的价值取向以及弘扬仁慈博爱的人道主义思想，狄更斯在人物性格的预设与创造方面都有较为明晰的指向。在《大卫·科波菲尔》中，贝特西姨婆外表严肃、内心慈祥，女仆佩格蒂勤劳温顺、善良忠厚，佩格蒂先生仁爱无私、宽厚善良，汉姆忠厚豁达、勇敢高尚，特雷德尔勤恳真诚、正直纯朴，爱格妮斯温柔聪慧、端庄高雅，朵拉活泼温顺、痴情单纯，这些人物无疑是狄更斯所创造的善的形象群体；与他们相对的则是一群恶的代表：心狠手辣、贪婪阴险的谋得斯通姐弟，凶暴狠毒的克里克尔校长，自私冷酷、傲慢自大的斯蒂福思及其家人，还有阴险狡诈的希普母子。

小说中还有一些中间人物，比如米考伯先生，他虽然有正直善良的一面，但其缺点也不容忽视。他爱慕虚荣，喜欢挥霍，总是入不敷出，负债累累，而这一切在他去澳大利亚之后有了明显改变，他不仅还清了旧债，还成了当地的治安官，并用自己的经历教育后人。又如

---

① 根据福斯特的《小说面面观》中“人物”章节所言，扁平人物在17世纪时被称为性格人物，有时也被称为类型人物或漫画人物。他们往往是按照一个简单的意念或特性而被刻画出来的，创作形式比较单纯。如果给这些人物增多一些因素，他们就会向圆形人物转化。真正的扁平人物可以用一个句子表达出来。例如时常把“我永远不会抛弃米考伯先生”挂在嘴边的米考伯太太。关于扁平人物与图形人物的详细解释在第一章已经提及，此处不再赘述。

贝特西姨婆，与她对大卫母亲克莱拉的态度相比，后来对朵拉的态度明显发生了很大的改变，她不仅包容朵拉，还教导大卫如何爱朵拉。这也说明小说中一些人物的性格并不是完全固定的，而是随着情节的发展而变化的。

从总体上说，《大卫·科波菲尔》中的人物形象是较为丰满的，就连一些次要人物，如精神失常的狄克、吝啬的巴基斯、乐天的欧默先生、贫嘴薄舌的马克勒姆太太、怨天尤人的葛米治太太等，虽然着墨不多，但也各有个性，有血有肉。正如现代诗人兼评论家艾略特所说："狄更斯塑造人物特别出色。他所塑造的人物比人们本身更为深刻……只要用一句话，不管是这些人物说的，还是别人对他们的议论，就能使他们完整地再现在我们眼前。"①

在创作小说的过程中，狄更斯非常擅长把漫画式的表现手法运用于人物形象的创造，是一位不可多得的幽默大师。他的语言风趣、夸张，妙趣横生的用语让他笔下的人物有血有肉，很好地满足了不同层次阅读群体的需要。比如狄更斯在写女仆佩格蒂很胖时是这样描述的：任何时候只要她稍一用劲，她外衣背后的纽扣就会被崩飞。而这一细节在小说中多次出现，在让读者感到好笑的同时，也将佩格蒂真诚善良的形象深深刻入读者的心中。这种夸张幽默的手法，还可以从贝特西姨婆及谋得斯通小姐的服饰装束、言谈甚至举手投足间感受到。更为夸张的还有负债累累的米考伯先生，债主们的追逼常常使他羞愧难当，可不到半个钟头，他又可以擦亮靴子，哼着小曲，比平时更神气

---

① 狄更斯．大卫·科波菲尔：上［M］．宋兆霖，译．郑州：河南文艺出版社，2015：序 4.

地出去。斯蒂芬·茨威格评价狄更斯是“一个最充分地表达了他同时代人的共同趣味的天才”。

狄更斯塑造的人物来自社会不同阶层，他们的社会阅历不同，受教育的程度也不同，因此口语化的语言是狄更斯让这些人物活起来的一个重要途径。那些处于社会底层的人，很有可能由于受教育程度有限而无法说出标准的英语，这在狄更斯的小说中都有充分的体现。非常典型的是，狄更斯在描写社会下层人物的时候，常常让他们的语言中出现名词单复数含混不清的状况，这种含混不清从侧面反映出他们受教育程度不高的事实。除了语法上的明显错误之外，狄更斯还绝对不会让这些下层人物的口中冒出高级词汇。狄更斯在人物语言设计上的严谨，增强了其小说的整体艺术性，使得小说的内涵更为丰富。

狄更斯有敏锐的洞察力，也有丰富的想象力，这使得他在创作《大卫·科波菲尔》时，不仅能够很好地揭露社会现实，而且能娴熟地运用象征与浪漫主义手法。尽管文学领域各种思潮不断涌现，人们的审美趣味和价值判断均有所变化，但狄更斯及其代表作品《大卫·科波菲尔》从未受到过冷落，这在一定程度上说明了《大卫·科波菲尔》的确是一部经得起历史考验的经典作品，值得广大读者深入研读。

二、文本路径：半自传体小说与幽默风格

（一）解读之一：半自传体小说的“实”与“虚”

找准每篇（部）小说的突出特质，是一个精明读者的解读秘技，也是一个负责任的语文教师的教学起点。《大卫·科波菲尔》之所以被

作者狄更斯称为自己众多作品中“最宠爱的孩子”，其中一个原因就是狄更斯在这部小说中融入了个人的经历，这部小说饱含着狄更斯的深情。这也意味着，“半自传体小说”是其不可忽视的身份“标签”。

顾名思义，半自传体小说是不完全记录作者真实生活的小说，既富含大量作者的人生经历，又经过各种艺术加工。在《大卫·科波菲尔》中，大卫是狄更斯的化身，他们有相同的童工经历，有过相似的情爱体验，而且都因有着细致的观察力而走上写作之路。但若是循此路径，认为大卫就是狄更斯，则不免幼稚而荒唐。毕竟，小说是虚构的艺术。从本质上看，小说里的世界是取材于现实、以想象创造的。狄更斯在塑造大卫时，早已对自己的人生经历进行了移植、错位、浓缩、变形等艺术加工。而在这个过程中，狄更斯定有自己的匠心与巧思。

从教材的节选出发，推向《大卫·科波菲尔》整部作品，领会半自传体小说的真实与虚构，探讨小说的本质，摸索小说边界，这可以说是为把学生培养成成熟小说解读者奠定基础。

1. 人生投射与小说创作

在统编版高中语文选择性必修上册第三单元中，《大卫·科波菲尔》的节选部分主要讲述“我”（大卫）开始在谋得斯通－格林比货行当童工，结识了房东米考伯夫妇的经历。

米考伯先生是狄更斯给文学史留下的经典人物形象，他代表了乐天知命的一群人，“米考伯主义”还作为词条被收录进很多词典。即便没有通读全书，仅仅是读完节选部分，相信学生也会对米考伯先生的形象有深刻印象。用当下网络流行语来说，米考伯先生是“锦鲤迷信者”，因为他总是希望有朝一日时来运转，变得很有钱；他也可以算是“月光族代言人”，因为他挥霍成性，佣金总是很快不见踪影，只得到处欠账。

米考伯先生这一人物的塑造很能体现狄更斯的写作功力。狄更斯对米考伯先生出场时细致生动的描写值得品味：“他的衣服破旧，但装了一条颇为神奇的衬衣硬领。他手里拿着一根很有气派的手杖，手杖上系有一对已褪色的大穗子，他的外套的前襟上还挂着一副有柄的单片眼镜——我后来发现，这只是用作装饰的，因为他难得用来看东西，即使他用来看了，也是什么都看不见的。”在这一段对米考伯先生衣着的描绘中，狄更斯写了好几组矛盾——“衣服破旧”却装“衬衣硬领”，“气派的手杖”却配着“褪色的大穗子”，带着“单片眼镜”却可能是“什么都看不见”。这几组矛盾就这么神奇地结合在一起，透露出米考伯先生的真实情况。在写到米考伯先生的住宅时，狄更斯更是忍不住揭示了答案：“这住宅像他一样破破烂烂，但也跟他一样一切都尽可能装出体面的样子。”米考伯先生的经济情况十分糟糕——他靠着给人介绍生意收取佣金过活，但那点钱远不够一家人生活，他已经债台高筑了。面对如此窘境，他被逼得想自杀，但过不了多久，他又擦亮皮鞋、哼起曲、喝起酒来，仿佛没有这些事儿，快快乐乐地活着。他的太太有着跟他几乎一样的行为模式。这种强大的内心和纯粹的快乐实在让人惊叹。

尽管如此，米考伯先生这样一个“无赖”式的人物却让人讨厌不起来。因为米考伯先生乐观、亲切而善良，像是我们身边熟悉的某一类人。不难读出，狄更斯在安排与勾勒这个人物形象时，倾注了自己的偏爱。众多资料显示，这个活灵活现的人物形象的原型正是狄更斯自己的父亲。狄更斯的父亲约翰·狄更斯曾供职于英国海军军需处，而节选部分也提及“米考伯先生曾当过海军军官”，米考伯先生与约翰·狄更斯一样追求虚荣、不懂节制和爱好交际，导致家里的用度总是入不敷出，而且都曾因为负债被送进债务监狱。写米考伯先生就像写自己的父亲，狄更斯自然能够运笔从容，不自觉地给予更多笔墨与关照。米考伯先生形象能如此立体也就不让人意外了。

在教材的节选部分，“我”（大卫·科波菲尔）正处于落难时期——母亲克莱拉死后，继父谋得斯通霸占了财产，把“我”送到谋得斯通－格林比货行当童工。大卫沦为童工的艰辛经历也能在狄更斯的人生经历中找到对应。因为父亲约翰·狄更斯负债被抓，狄更斯作为家里的长子，自然而然地需要承担一些责任，他被安排去皮鞋油作坊做工，每周领回 6 先令。狄更斯一直将此事藏于心底，因为他认为这段经历实在过于屈辱。这种伤害是深重且持久的，他很难走出这个阴影。节选中有一段大卫的独白：“我觉得，想成为一个有学问、有名望的人的希望，已在我胸中破灭了。当时我感到绝望极了，对自己所处的地位深深地感到羞辱。我年轻的心里痛苦地认定，我过去所学的、所想的、所喜爱的，以及激发我想象力和上进心的一切，都将一天天地渐渐离我而去，永远不再回来了。”这无非是狄更斯借大卫之口，道出自己做童工时的内心想法。这一段经历确实是狄更斯成长之路上挥之不去的梦魇。狄更斯成名后，父亲的朋友询问大名鼎鼎的作家博兹（狄更斯笔名）是不是当年那个做童工的孩子，藏不住了的狄更斯才向别人说出这件旧事。后来狄更斯的朋友福斯特反复鼓励他，狄更斯才最终决定将这段经历写入小说。

大卫的经历实际上就是狄更斯的人生写照。福斯特还发现，大卫姓名的首字母（D.C）和狄更斯姓名的首字母（C.D）相同，只是颠倒了顺序。这种偶合正说明二者的关系——他们既是一体，又不可等同。

从教材的节选部分中，我们可以寻觅到狄更斯人生经历的部分影子。但是要深度理解半自传体小说的真实与虚构，恐怕还要从整部作品中去梳理这两者的关系。狄更斯在《大卫·科波菲尔》中重塑了自己的人生，又通过艺术加工彰显了小说的魅力。循着大卫的人生轨迹和生活版图，辨析狄更斯在这部作品中投射的人生经历的真实与小说创作的虚伪，可以看到作品中的多重指向与艺术张力：

第一，选用第一人称视角叙事，重塑自我成长。

就《大卫·科波菲尔》的半自传体特性来说，狄更斯选用第一人称叙述是与之契合的，因为这样可以更真实、更有感染力；就《大卫·科波菲尔》的成书体量来说，人物众多，事件纷繁，这种内视角的叙述方式掣肘颇多，写得如此厚重实属不易。

《大卫·科波菲尔》始终用第一人称叙述，透过大卫的自述，展现出大卫的艰难成长历程，也透露出生活在极艰难环境中的大卫一直保持着良善的初心。书中描绘出来的种种不仅是大卫的成长经历，也是狄更斯对走向道德健全的自我的期许。“这一叙述方式将创作主体与叙事主体融而为一，便于狄更斯充分调动自己的生活记忆和创作情绪，饱和着真情实感详详细细写出自己经历的、体验的、想象的和揣测的一切，使小说格外具体、细腻，富有强烈的自传色彩和生活气息。”①通过小说的第一人称叙事视角，读者能够集中观察大卫的成长，也能够谛听狄更斯的点滴心声。

① 申家仁.《大卫·科波菲尔》：自我的解脱与补偿［J］.佛山大学佛山师专学报（社会科学版），1990（1）：30.

在狄更斯的笔下，大卫跟自己一样有过短暂却快乐的童年，然后跌入充满苦难的童工生涯，走出困境之后，跟自己一样在律师事务所当学徒，学习速记，接触报业，开始创作……狄更斯把自己的人生经历、身世、气质、性格等附着在大卫身上，重塑了自己的人生。但其中亦真亦假，例如狄更斯父母健在，大卫却早早父母双失；狄更斯与妻子关系不谐，却还是和妻子相伴到老（晚年分居），而大卫的妻子朵拉却很快病夭；仁慈、勤劳、善良的女仆佩格蒂的原型则是狄更斯的奶奶。

狄更斯在创作《大卫·科波菲尔》过程中进行的自我回顾，实际上也是自我疗救。他这样一个将童工经历视为人生创伤的作家，终于放下负担把这段经历拿来塑造和讨论，这实际上是一种心灵的倾诉，也是自我疗救的一次努力。

第二，描绘个体成长轨迹，勾画社会图谱。

《大卫·科波菲尔》以大卫的成长轨迹为主轴，内容很广，书中有名有姓的人物有九十个左右，其中主要人物有十多个，展现了维多利亚时代各个阶层的情况，书中写到的地方有伦敦、布兰德斯通、亚茅茨、多佛尔、坎特伯雷等地，描绘了 19 世纪上半叶英国社会的广阔画卷。

在这部小说里，狄更斯以自己的生存背景为基础，把大卫生存的广阔背景描绘得细致入微，为读者呈现了维多利亚时代的真实情况。

在英国资本主义的蓬勃发展之下，还有这样的一些生活图景：儿童因为生活艰难，会被送到工厂做童工，工作环境是潮湿甚至是充斥着腐烂物的；渔民冒着生命危险捕鱼（艾米莉的父亲是在捕鱼时不幸去世的），只能住在用旧渔船改成的房屋里；善良的女仆佩格蒂虽然幸运地嫁给了爱她的人，但是她的人生总体上很卑微、很不自主……贫富差距巨大，罪恶层出不穷。

“对社会生活的全方位反映，是狄更斯长篇小说的一个重要特色。”[①]仅仅在《大卫·科波菲尔》一书中，就铺展了平静的乡村生活和残酷的城市生活，醉生梦死的上流社会和以命博食的底层社会，珠光宝气的厅堂和腐烂衰朽的陋巷……“全景式”描摹是狄更斯的雄心，也是他留给文学史的广阔图谱。

第三，设置道德反思坐标，指引社会改良。

就现实人生而言，大部分人的个性并没有那么鲜明，道德是非也非泾渭分明，而狄更斯在《大卫·科波菲尔》中设置了多组可以互相比较的极端人物，如用心险恶、残酷无比的继父谋得斯通对应的是貌似高傲、实则慈祥的贝特西姨婆，纨绔膏粱、玩弄感情的斯蒂福斯对应的是忠厚老实、勇敢坚毅的汉姆，勤劳善良的女仆佩格蒂对应的是自私冷漠的克里克尔校长等人，卑鄙狡诈的乌利亚·希普与善良淳朴的主人公大卫也可形成一组对照。正如前文所说，不少人物在狄更斯自己的人生中都能找到原型，但经狄更斯的塑造变得极端而尖锐。这些人物的言行和最终走向，暗藏着狄更斯的道德批判和社会认知。

《大卫·科波菲尔》之所以能够成为一部经典著作，不只是因为它完整地呈现了主人公的成长之路，也不只是因为这些多类型人物的组合，更多的是因为它揭示了当时的价值观念和道德信仰。实际上，狄更斯是一个坚定的人道主义者。从上面的人物对比中，可以看到正面人物突出狄更斯认定的人道主义核心——善和爱，而反面人物往

---

① 赵炎秋. 狄更斯长篇小说研究［M］. 北京：社会科学文献出版社，1996：36.

往在败坏仁爱，最终都以失败告终，可见狄更斯对人道主义的支持和讴歌。

以人物命运为指向，暗藏道德反思的坐标，将人的仁爱和温情作为改良社会的良方提供给社会，这是狄更斯一贯的坚持。非常难得的是，“狄更斯的个人道德更多的与社会道德是同一的。他的发展一般也是沿着这个方向进行的”[①]。

“半自传体小说”是《大卫·科波菲尔》天然的解读途径：检视狄更斯的人生经历，对小说的真实会有更深的了解，因为书中人物有原型、事件有类似、社会背景有依据，所有的一切经狄更斯的加工走向艺术的真实。爬梳狄更斯用心的虚构与想象，则更能体会其以小说来反映社会的雄心，用故事来展现人性的努力。

总而言之，真实与虚构既是解读《大卫·科波菲尔》的钥匙，也是探索这部小说本质的探路石。

2.“孤儿”身份的代入与寓意

狄更斯的小说世界里有大量的孤儿形象，最广为人知的是《雾都孤儿》里的奥利弗，其他的如《老古玩店》里的小耐儿、《远大前程》里的匹普、《荒凉山庄》中的女主人公埃丝特·萨默森等，他们在艰难的处境中突围、成长，令人印象深刻。狄更斯喜欢将小说中的人物身份创设为孤儿，关于这一点，读者只要对狄更斯的作品有基本了解，就能觉察得出。

在颇具自传色彩的《大卫·科波菲尔》中，狄更斯仍将大卫的身份设置为孤儿。统编版高中语文教材中对大卫的境况做了简单介绍：

---

① 赵炎秋．狄更斯长篇小说研究［M］．北京：社会科学文献出版社，1996：66.

“大卫·科波菲尔出生前，父亲就去世了。”“母亲去世后，谋得斯通霸占了科波菲尔家的财产，把大卫送到谋得斯通－格林比货行当童工。”而狄更斯开始创作《大卫·科波菲尔》时是35岁，这时候他的父母都还健在。

这部小说自创作初始就带有自传意味，也就是说，狄更斯在下笔时就有意按照自己的人生经历来写这部小说。那么，父母双全的狄更斯为什么要将自己的化身——大卫的身份设计成一名孤儿呢？细究起来，“孤儿”身份的代入多少带有狄更斯的深意。

在书中，大卫的童年有一个急遽的变故。在他刚出生那会儿，温柔的母亲和周全的女仆佩格蒂让他的成长沐浴着爱和温暖。在母亲再嫁给谋得斯通后，他的生活仿若跌入“深渊”。谋得斯通及其姐姐经常讽刺、辱骂甚至毒打他，把他送到苛刻的寄宿学校。大卫的母亲病故后，大卫成了孤儿。那时候大卫才大约10岁，他被送去做童工，过了一段暗无天日的生活。

狄更斯虽然不是孤儿，但他与大卫一样经历过不幸的童年。因为父亲挥霍无度，狄更斯的家庭很快陷入经济困境。狄更斯不仅没有得到很好的照拂，还被送去做童工，这段经历给他的心灵留下巨大创伤。因为雇主和父亲的纠纷，狄更斯终于脱离苦海，但母亲仍希望狄更斯继续做工以获取收益。狄更斯在书写大卫的童年经历时，将自己童年的这番痛苦体验真实完整地投注其中。“孤儿”心结也是狄更斯童年时父母缺位的写照。

或许，在狄更斯眼里，一个理想的家庭是由一个慈祥又不失严肃的父亲、一个妥帖而又温和的母亲、一群健康有活力的孩子组成的。狄更斯的原生家庭自然不符合这些要求，虽然他父母俱在，但没有给予他充分的关爱。从狄更斯的经历来看，或许他在情感上更偏向于认定自己为孤儿。

狄更斯书写大卫以及一系列像大卫那样的孤儿，正写出了19世纪英国底层孩子的艰难生活。而要给孩子一片顺利成长的沃土，首先就应该给他们一个完整的家庭，更为重要的是给予他们充分的关爱。在这里，狄更斯透露出他对新时代家庭的理解和希冀。

虽然将大卫塑造为孤儿与狄更斯的原生家庭有关，但不应认为狄更斯把大卫写成孤儿仅仅是因为想向父母报复或囿于个人心结。这样理解则太小看狄更斯的心胸，也太弱化狄更斯作品的思想价值。

在创作过程中，狄更斯有意把大卫的处境写得比自己的人生更艰难一些。除了写大卫痛失双亲之外，还写大卫遇到阴险狡诈、残酷暴虐的继父；写找贝特西姨婆的过程中遭遇抢劫，只能艰辛地徒步前往多佛尔；写大卫准备结婚之时，婆姨的财产突然被骗，自己成了没有任何财产（可继承）的穷光蛋……这些绝境自然让故事更有戏剧性，但也逼迫着大卫在绝境中做出抉择。

生活在社会底层的孤儿，他们无亲无故，无依无靠，可能生活凄惨、落寞而死，可能在街边乞讨度日，也可能以偷蒙拐骗为生。贫穷是堕落之源，更何况是孤苦无依的孤儿。孤儿是最有可能走向犯罪深渊的，大卫就时常走在这样的边缘。他在伦敦街头终日食不果腹之时，他和擅长偷懒耍滑的米考伯先生在一起时，他在去多佛尔的路上被抢时，在这些艰难的处境中，大卫有理由做出堕落邪恶之举，但是大卫没有。

伴随着大卫的成长，我们看到一个人该如何不违本心、坚持正义、完善自己，在社会的夹缝中孜孜探求平等、爱情和慰藉。大卫在贝特西姨婆的帮助下完成了学业，在律师事务所做学徒，后来慢慢发现自己的写作才华而成为作家……尽管极为艰难，大卫还是通过自己的努力成才了，成了一个有用的人。而在母亲的庇护下成长的斯蒂福斯，勾引了艾米莉却始乱终弃、背信弃义，最终受到了应有的惩戒。有母亲疼爱的乌利亚·希普，阴险狡诈，对他人曲意逢迎。大卫虽然没有父母的关爱，但仍不放弃善良的本性，保持着正直的操守和正义的言行。

当然，大卫这个“孤儿”的逆境突围多少有点“童话模式”的意味，但正是这种绝境逢生、不堕本心，更让人坚持相信社会中存在善意，对好心人相助存有希冀，也相信邪恶战胜不了正义，美好生活是可以实现的。

在众多社会人群中，关注社会底层人民，选取孤儿作为叙述重心是合理的，因为孤儿无疑是社会上最弱小无助的群体。在维多利亚时代，工业正在蓬勃发展，很多人得到良机获得空前发展，但是孤儿仍然处于社会最底层，孤儿在社会中面临着诸多困境——无良的监护人、黑暗虚伪的慈善机构、剥削压榨的工厂、随时可能遭遇的灾难……他们难以获得真正的幸福。

狄更斯塑造出众多孤儿形象，有映射当时社会弊端的用意。只有10岁的大卫被送去做童工，在无法忍受童工生活时逃了出来。他在去寻找贝特西姨婆的路上受尽磨难和屈辱。这些是典型的被遗弃儿童的经历。大卫还算幸运，但19世纪的英国还有许多和大卫一样不幸却没他幸运的孩子，他们最终沦落街头，成为流浪儿。狄更斯把视点放在这些孩子身上，当然是希望他们不被无视、忽略。他用批判和讽刺的口吻，来谴责当时社会对儿童惨状的不作为。

《大卫·科波菲尔》还透露出当时学校教育的情况。大卫在成为孤儿之前，曾被继父送去伦敦郊区的一所寄宿学校——萨伦学校。那里的校长克里克尔动不动就打骂学生，学生们对这个校长敢怒不敢言。在萨伦学校，教室可以说是专门用来惩罚学生的场所。在那里，学生们与其说是受教育，不如说是被困在“监狱”，身心受到极大伤害。与之相对的是，大卫后来被姨婆送去斯特朗博士开设的学校，那里的老师温和、关爱学生，不会随意虐打学生，这才是理想的学校教育。狄更斯通过这样的前后对比，透露出当时学校教育最真实的模样，并对那种非正常的学校教育进行深刻的批判。

在狄更斯笔下，像大卫这样有着美好品德、善良品格的“孤儿”，虽然经历曲折，但最终都能以良善正义与邪恶势力作斗争并取得胜利。也就是说，“孤儿”虽然出身悲惨，但大多能逆境“翻盘”。这一切体现了作者人道主义的立场，人性的光辉得以普照至“孤儿”。

“孤儿”形象在文学作品中并不鲜见，这层身份或带有作者对人物命运的悲悯、对人生状态的隐喻，或带有对文化冲突的卓识，这几乎也是一种文化符码。循着狄更斯的独特笔法和纵深思考，能读出大卫“孤儿”身份的一些寓意。

“孤儿”形象的代入是观测这部半自传体小说的一个小视角。我们深思这个创设，去体会狄更斯小说真实与虚构之间的权衡，去揣摩狄更斯对家庭的看法和理想，去了解狄更斯对社会的想象和洞见。

（二）解读之二：狄更斯式幽默

在日常语境中，幽默与搞笑同义。但仔细辨析，就会发现两词有着明显的不同。搞笑是纯粹为笑而笑，是为感官欢乐却没有余味。幽默则不同，幽默似乎需要在搞笑的基础上注入一些思想内涵，加上一些精神意义，以供回味。正如《现代汉语词典》对“幽默”的释义是“有趣或可笑而意味深长”。幽默有很多种，果戈里的幽默较为犀利，用词尖锐，间杂挖苦；马克·吐温的幽默则轻松诙谐，冷嘲热讽；哈代的幽默更为严肃认真，令人感到震撼。相对来说，狄更斯的幽默，则是平和而温厚的，他善于揶揄一些小人物的可笑行为，但含有善意，他也常用有喜剧意味的戏剧冲突来表现社会的不公和黑暗，有反抗意味。

论及狄更斯的创作特点，他擅长以史实为骨、以富有故事性的叙述为肉。同时，风趣幽默的风格也是他的鲜明特色。两者相互融合，铸就了狄更斯独有的幽默风格。在他的作品中，经常能看到滑稽的描写，能看到因不和谐而产生的戏谑，更能看到对丑陋不堪、不良风气的调侃和嘲讽。狄更斯以他独有的幽默介入社会，反映维多利亚时代的善与恶、美与丑。

狄更斯曾鲜明地指出：“疾病和悲伤会传染，但世上没有任何东西的感染力比大笑和欢乐更强。”[①] 他在创作小说时不遗余力地践行这个理念，幽默可以使人欢笑，也可以引人深思。

1. 温和的戏谑

课文节选部分提及大卫在货行做童工时有一个同事被起了个花名“mealy potatoes”，有的译本将这个花名译为“面胡土豆儿”，怪异之余还别扭地“儿化”；有的译本则将其译为“白煮土豆”，给“mealy”强加了它本没有的“白煮”之义；而课文选用的译本将其译为“粉

① 狄更斯. 圣诞颂歌［M］. 吴钧陶，译. 南京：译林出版社，2019：100.

白·土豆”，相对算是信达雅了，但还是少了点狄更斯想要表达的狡黠与戏谑意味。这一处起名，多少可看出狄更斯对寓意命名法这一文学传统的继承。所谓寓意命名法，是指采用有寓意性的名字（直接用某个单词或单词的谐音）来直接表现或暗示人物特点。在《大卫·科波菲尔》中，狄更斯为大卫的继父谋得斯通（Mr.Murdstone）所起的名字就很典型。这个继父残忍凶狠，冷酷无情，虐待大卫，摧残大卫的母亲，其名字前半部分（Murd）的读音很像murder（谋杀）。可惜的是，作为译本的阅读者，我们难以一一领略这些“风味”。总的来说，读译著，而非原著，必定少了许多原汁原味，难以品味原生态的美与趣。此处讨论狄更斯式的幽默，只能着重关注描写与叙述，聚焦人物。

狄更斯的幽默很多是从人物着手的，毕竟，狄更斯本身就擅长刻画人物。

例如，教材节选部分带我们走近了米考伯先生，他可以算是全书最逗乐的人物了。我们看到他在被追债时（装成）痛心疾首，但是转头又欢乐如常，前后一对比，他的过分洒脱表现得淋漓尽致。情节往后推，当米考伯先生和大卫分别时，他对大卫进行了一番良心忠告：“拖延乃光阴之窃贼。”“年收入二十镑，年支出十九镑十九先令六便士，结果是快乐。年收入二十镑，年支出二十镑零六便士，结果是痛苦。”[①]这些内容本身很严肃也很有价值，但米考伯先生说完就喝潘趣酒、吹口哨，让这番谆谆教导顿时变得很不严肃、很滑稽。

其实，全书充满了这样充满善意、轻松的戏谑。具体说来，可以

---

① 狄更斯．大卫·科波菲尔：上［M］．宋兆霖，译．郑州：河南文艺出版社，2015：216.

分为如下几种情况：

狄更斯笔下有不少漫画式的人物。作者用夸张的笔墨勾勒人物形象，突出人物的某个特征，显出滑稽的效果。需要注意的是，并不是所有滑稽人物的塑造都是为了讽刺，有的刻画蕴藏着作者深沉的爱，《大卫·科波菲尔》中刻画的贝特西姨婆就属于这种情况。贝特西姨婆在大卫出生时来到他家，一听说生的是男孩转头就走，但是后来却为了大卫，和大卫的继父谋得斯通激烈对抗；贝特西姨婆不允许任何驴进入自己的草地，一直在赶驴，可是并没有赶走落魄的大卫；贝特西姨婆总是假装她没有感情，不会掉眼泪，真正掉眼泪的时候遮遮掩掩。这些描写，实际上正表现出贝特西姨婆心眼好，感情含蓄却真挚热烈。

滑稽式的细节描写也突出了不少人物的某些特征。例如女仆佩格蒂的丈夫巴基斯先生也是非常有意思的人物。人们很容易记得他至死守着的那只箱子，他谎称那只箱子里装的是衣服和裤子，其实他把全部财产都藏在了里面。还有一个细节也很有趣，佩格蒂和巴基斯结婚的时候，狄更斯是这么描写的："他上身穿的是一件蓝色的新外套，裁缝给他量的尺码真是太妙了，袖子大得在天冷时可以不用戴手套，领子高得使他的头发全都竖到了头顶。那些发亮的纽扣也是最大号的。"[①] 定做的衣服为什么过长过大且领子过高？不得不让人怀疑巴基斯先生是为了贪小便宜而要求衣服做大一点的尺码。这个细节在让人发笑的同时，也凸显出巴基斯吝啬、守财的特点。

---

① 狄更斯. 大卫·科波菲尔：上［M］. 宋兆霖，译. 郑州：河南文艺出版社，2015：180.

将底层人物写得新奇谐趣，在一定程度上冲淡了人们对苦难生活的绝望感。米考伯先生也好，巴基斯先生也好，都是被生活狠狠打压、活在社会底层的人。如果切实地去反映这类人的生活，恐怕更多的只有血和泪。在《大卫·科波菲尔》中，米考伯先生是乐天知命的人，他不会因为被逼债就发疯忧愁；巴基斯先生是守财的人，对他的描写也不仅仅停留在他为了点滴薪酬出卖体力、为了点滴积蓄辛苦奔忙。幽默减轻了苦难生活给人的直观冲击和逼仄的观感。

狄更斯的幽默，更多的是这种对底层人物的温情戏谑，是轻柔的，恰如其分的，寄寓着他对这类人深切的同情。

2. 愤懑的反抗

狄更斯的幽默往往跟讽刺交织在一起。

《大卫·科波菲尔》中，有正面人物也有反面人物，二者交织出现。突出负面人物的罪恶阴毒时，狄更斯有时也会运用幽默的写法，让揭露显得不那么干瘪。

例如小说中多次写到乌利亚·希普“又冷又湿”的手。狄更斯有意把这个阴险狡诈的人写得像“阴曹地府”里的鬼一样，连身体都特别诡异。在小说中，第一次写到乌利亚·希普的手时，狄更斯是这么描述的：“可是，我的天哪，他的手又冷又湿！握起来跟看上去一样，都像一只鬼手！事后我把我的手使劲搓了一通，为的是把它搓暖，也为了把他那只手的感觉搓掉。”[①] 这一描写如神来之笔，把希普的阴冷集中在他的手上。“我”不仅要搓暖，还要把感觉搓掉，可见“我”对

---

① 狄更斯. 大卫·科波菲尔：上［M］. 宋兆霖，译. 郑州：河南文艺出版社，2015：276.

希普的厌恶之深。希普后来骗签名，套走钱，占了公司，还想强娶爱格妮斯，全是这双“又冷又湿”的手所为。

狄更斯还通过幽默诙谐的艺术手法，使读者在笑声中发现荒诞的人与事，激发读者对邪恶事物的憎恶，以达到抨击社会弊端的目的。

例如狄更斯在小说中对谋得斯通姐姐的着墨虽然不多，但却能让读者感受到其极尽险恶之处。狄更斯有意刻画了几个小细节加以嘲讽。大卫刚从亚茅斯回家时，发现母亲克莱拉已经嫁给了谋得斯通。这时，谋得斯通的姐姐毫不客气地搬来与他们同住。此处，谋得斯通的姐姐和大卫有一段对话，“谋得斯通小姐说：‘我是不喜欢男孩子的，你好吗，孩子？’在这种受到鼓励的情况下，我回答说，我很好，并且希望她也一样。”①这里的“受到鼓励”一词，不知道是狄更斯有意幽默，还是故意写反话。幽默意味淡，讽刺意味浓。后面还有一处，将谋得斯通姐姐的矫情与阴毒写出了难以名状的可笑意味。母亲克莱拉死后，大卫回到家，这个极需要安慰的男孩，注定无法从继父及其姐姐那里得到半点安慰。大卫去见谋得斯通姐姐的时候，“她朝我伸过来冰冷冷的手指甲”②——让大卫握自己的手指甲！这真的是闻所未闻的握手方式。狄更斯用神来之笔，把谋得斯通姐姐的冰冷写到了极致。通过这些细节的刻画，狄更斯也在隐约中引导读者拒绝冷漠和无耻，向善出发。

我国的不少优秀作家就学习了狄更斯幽默中含讽刺、笑中含泪

---

① 狄更斯. 大卫·科波菲尔：上[M]. 宋兆霖，译. 郑州：河南文艺出版社，2015：59.

② 狄更斯. 大卫·科波菲尔：上[M]. 宋兆霖，译. 郑州：河南文艺出版社，2015：161.

的创作风格。例如讽刺作家张天翼，其塑造的小说人物、创作的观念和幽默的风格都有狄更斯创作风格的影子。张天翼很小的时候就开始接触狄更斯的作品，在一篇文章中，张天翼生动地描绘了母亲给他讲《孝女耐儿传》(《老古玩店》)的情景。张天翼自己也常在课桌下偷看狄更斯的小说，例如《块肉余生述》(《大卫·科波菲尔》)和《滑稽外史》等。这些阅读经历潜移默化地影响着张天翼的创作。张天翼的代表作《华威先生》很能体现出狄更斯对他的影响——以人物描写为中心，富含幽默、讽刺的风格。老舍先生的幽默风格则更广为人知，他的幽默也在很大程度上得益于耿更斯。老舍自己曾说，早年留学英国时，读了很多狄更斯的作品。老舍当时大量阅读狄更斯的作品，对狄更斯的风格也有意识地进行了学习。因而，在老舍的不少作品中，我们都能看到与狄更斯作品中相仿的鲜明的人物形象和恰到好处的幽默。

总的来说，狄更斯的幽默里有愤懑的反抗，这是人道主义精神，也是悲悯情怀，不仅赋予其作品灵魂，也如旗帜引领后人。

三、文本内核：人道主义精神与成长小说底色

本部分主要解读《大卫·科波菲尔》的主题内涵。

狄更斯能跻身世界伟大作家行列，一个重要的原因就是他通过讲述一个又一个富有诚意的故事，反映历史现实和人们所需承担的社会责任。《大卫·科波菲尔》自带一种惩恶扬善的机制，以此来引导世人重视道德和指引社会改良。这些内容折射出来的思想就是被人们谈及的人道主义精神。狄更斯在大卫的成长历程中，设置了不少道德有伤的人，也触及了很多社会弊病，借此引发读者对社会改良的思考，这

在一定程度上展现了狄更斯在培养世人道德和挖掘人性善面所做出的努力。

《大卫·科波菲尔》带有成长小说的标签。成长小说无论怎么写，大多很难挣脱情节雷同的窠臼。《大卫·科波菲尔》并非不入俗套，但它更重视展现大卫在思想和心灵方面的成长。大卫在面临自己生命中的善恶对垒时，能坚守底线，不走偏、不逆反，心中的点滴想法都被狄更斯一一奉呈。这部小说对大卫成长过程中心灵和思想的再现和省察，足以启迪不少迷茫的年轻人。

（一）对人性的深度挖掘

人道主义最早出现在西方文艺复兴时期，作为一种思潮，它以普遍而抽象的人性为基础，从人性出发，建立了一整套属于自己的思想体系。人性既是理论的出发点，也是理念的依据。狄更斯的创作思想深受人道主义思想的影响，狄更斯也以此为创作的出发点。“人类之爱”是他人道主义思想的重要内核。他常常从“善”与“恶”两个角度来理解和再现人性，将“人性”与“道德”巧妙地连接起来，并更多地借助“道德”的形式将“人性”展现出来。在狄更斯的作品中，正面主人公基本是以“爱”为行动准则的，正如大卫。

狄更斯对伦理道德有比较深入的思考，形成了独特的见解，还形成了一个完整的体系。在《大卫·科波菲尔》中，大卫的贝特西姨婆曾嘱咐大卫“无论在什么时候，绝不可卑鄙自私，绝不可弄虚作假，绝不可残酷无情”[①]。卑鄙、作假、残酷对应的是高尚、诚实、仁爱，后三点是狄更斯道德体系的核心层次。中间层次指正直、勇敢、无私、利他、厚道、温柔、忠诚、通情达理等品质。表面层次则指人们的教养、生活作风、处世态度等，如文雅、谦和、稳重、严谨、有礼貌、自尊、尊重别人、举止得体等。

对狄更斯的人道主义思想内容有了基本的了解之后，我们再来解读狄更斯的作品就更容易走向深入了。综观狄更斯的作品，我们不难发现他作品中的情节大多是以对人性的探索、对道德的弘扬和对社会的批判为出发点来展开的，这三个方面既相辅相成，又各自独立，构成了狄更斯作品复杂而又和谐的内容。

对人性的探索、对人类的热爱是狄更斯笔耕不辍的原动力。对人性的挖掘，不仅是狄更斯小说描写的重要内容，更是他创作的主要目的。如果我们从人性的角度走进狄更斯创作的众多文本，那么就能了解这些文本的巨大价值。比如从《大卫·科波菲尔》这部半自传体小说中，我们不仅了解了大卫这个父母双亡的孤儿在困苦与挫折中逐渐走向成长的过程，也看到了健全人性的养成与发展过程。有评论家认为“狄更斯在这里极其注意生活上的琐事与细节，却并不试图提出重大的社会问题”[②]。这种观点值得商榷，它仅从小说社会功用的角度来批判小说的分量，忽略了小说在展现人性方面所做出的努力。

狄更斯具有常人难以企及的观察力，他往往能够从日常生活中的

---

① 狄更斯. 大卫·科波菲尔：上［M］. 宋兆霖，译. 郑州：河南文艺出版社，2015：序2.

② 伊瓦肖娃. 狄更斯评传［M］. 蔡文显，等译. 广州：广东人民出版社，1983：284-287.

细微事件中发现丰富的人性。例如在《大卫·科波菲尔》中描写萨伦学校的学生对教师梅尔的态度，平日里这些学生对校长克里克尔战战兢兢，害怕克里克尔和他助手的鞭子打到自己，自然都循规蹈矩的。可是有一天克里克尔不在学校，他们全然不把掌事的梅尔老师放在眼里，公然与梅尔老师对抗。他们如此对待梅尔老师无非是因为梅尔老师家里穷。这些学生顽皮、好动本无可厚非，但是他们的行为背后如果与金钱有了牵连，那么金钱对人性的摧残就不能不引起我们的重视。所幸孩子本性中潜在的善良与同情心是没有泯灭的，当看到因斯蒂福思的顶撞而面孔苍白的梅尔老师时，他们立刻静了下来，“有个同学本来想奔到他身后去学他母亲，临时改变主意，假装修起笔来”[①]。狄更斯就是这样用一件件生活中的小事来挖掘丰富的人性的。

狄更斯对人性善与恶的认识是深刻的。他作品中人性的“恶”不只是大家公认的邪恶，也包含人性的弱点。大卫的房东克拉普太太是一个欺善怕恶的人，每当大卫对她不够顺从或者反对她的建议的时候，她就会装出要生病的样子，或者把碗碟、水罐、锅之类的物品全都摆在楼梯上，让大卫无法通行。通过这样的手段，大卫被治理得听话服帖。但是她对贝特西姨婆却无计可施，因为贝特西姨婆会从那些用来挡路的小物件上踩过去。面对强势的贝特西姨婆，她非但不敢有新的行动，反倒主动示好。对于她的欺软怕硬，我们很难说她是一个邪恶的人，但从她的言行中我们看到了人性的弱点。

人性毕竟是复杂的，善与恶难以截然分开，往往相互交错，恶中

① 狄更斯．大卫·科波菲尔：上［M］．宋兆霖，译．郑州：河南文艺出版社，2015：119.

有善，善中有恶，或者善同时又是恶，恶同时又是善，这种人性的复杂性在狄更斯的作品中有成功的体现。例如《雾都孤儿》中的南茜以偷盗为生，她听从盗贼首领费金和她的情人赛克斯的指令，拐走了已被收养的奥立弗，使得奥立弗再次陷入困境。但是她内心的善良又驱使她无法坐视奥立弗受苦，她同情奥立弗，冒着生命危险打探费金的秘密，在她的暗中帮助下，奥立弗最终得救，而她却因此而失去了性命。又如《荒凉山庄》中的杰利比太太，她积极参与公众事务，热心慈善，从人性的角度来看，她是值得颂扬的。但是她没有把握好尺度，忘记了自己家庭主妇的身份，使得家庭混乱、丈夫破产，从另外一个角度来看，这又变成了一种“恶”。狄更斯对善与恶的辩证思考，已经上升到了哲学层面。

狄更斯不仅从静态入手探索人性的善与恶，而且从动态入手探索善与恶的发展与变化。《远大前程》的主人公匹普就是狄更斯以这一手法刻画的典型人物。幼时的匹普善良、纯朴、诚实，可他在认识了艾丝黛拉与郝薇香之后开始不满于自己的地位，羞于继续做一个下等人。后来受到一位不愿透露姓名的人士资助，他得以跻身上流社会，成为一个上等人。此时的匹普虚荣、忘恩负义，过着奢靡堕落的生活。待到他再次一无所有之后，他开始认真反省自己，改正了缺点，走上了一条全新的人生道路。

狄更斯的人道主义思想不仅对人性的善与恶有全方位的关照，对人性的探索也具有一定的系统性与整体性。对人性进行深度挖掘，这无疑是狄更斯小说魅力之所在。但是我们也不能忽视，狄更斯的人道主义思想毕竟也有他的阶级局限性。阅读教材节选的《大卫·科波菲尔》第十一章内容的时候，我们看到在谋得斯通－格林比货行的遭遇的确让大卫的内心受到了很大的冲击，他觉得自己竟然沦落到与米克·沃克和粉白·土豆这些生活在社会底层的人为伍，对自己当时所处的地位深深感到羞耻，他痛苦万分、伤心落泪。读到这里的时候，我们往往会被大卫的内心独白触动。此处若是细加“咀嚼”，就会发现狄更斯的价值观是失衡的。一方面他对生活在社会底层的人民饱含同情，但另一方面又颇为看不起他们。对于狄更斯这样一种矛盾的表现，我们不能忽视，但我们也不应给予过多指责，毕竟狄更斯的视野是受他本人所处的阶级限制的。出生在小资产阶级家庭的狄更斯能把目光投向劳苦大众，去展现他们的喜怒哀乐，已属难能可贵。

（二）对成长的全面省察

在19—20世纪的欧美世界，有一批像《大卫·科波菲尔》一样的小说，这些小说通过描写社会延续或变迁过程中的个人成长经历，借助再现与省察，探索个人成长与社会之间的内在关联，进而思考个人自由意志与社会伦理道德之间的关系，反映人物思想走向成熟的过程。这类小说叙事内容独具特色，被称为成长小说。成长小说是欧美文学的重要组成部分，在成长小说的创作宝库里，有一大批经典的人物形象，例如大卫·科波菲尔、于连·索黑尔、威廉·迈斯特、玛琪·杜立弗、厄尼斯特、拉斯蒂涅等，他们是欧美小说中全新的年轻人代表。成长小说通过描写主人公成长过程中的独特求索经历，展现了他们迷茫、骚动的青春体验以及对最具创造力的岁月的思考，这也成为了欧美现代性的标志性存在和19—20世纪欧美最重要的文化现象之一。[①]

成长小说的主题，主要为处于青春期的少年为了挣脱贫穷落后的生活，通过努力进入城市。面对复杂的人生舞台，他们为了个人成长和发展经受了种种挑战，这些少年在初入社会时往往会经历理想的挫败与重建，而他们的勇气和对自我的信心则会帮助他们度过艰涩和充满困惑的青春岁月，对自我的省察则会使他们学会评估自己的生活方式和人生价值，进而实现自我的成长。这类小说的主题与结构虽说有共同之处或相近之处，但每部作品都有属于自己的表现方式与探索空间。成长小说的作者往往在作品的创作过程中融入了自己的成长经历及心灵体验，通过不同的视角呈现自我的期待和自我实现的过程。

成长小说呈现的“成长”更多的是主人公心智的成熟，而非年龄的增长。这类小说大多是作者早期的带有自传性质的作品。前文已经就《大卫·科波菲尔》的自传性作了解说，这里不再赘述。就成长小说而言，小说中的所有人物与事件都关涉着主人公的成长与发展。《大卫·科波菲尔》采用第一人称的叙述视角，将大卫从童年到成年的那些深入骨髓的经历与记忆通过大卫的自述生动再现。大卫有着诗人的敏感，对周边的人和事有着神奇的感知能力，大卫的“成长”与他所生活的世界密不可分。他的身边有母亲克莱拉、保姆佩格蒂及其哥哥一家、贝特西姨婆、当律师的老同学特雷德尔、女友爱格妮斯等人，这群人组成一个善良的世界，让大卫感受到社会温情的一面。另一面则是由谋得斯通姐弟俩、大卫的老同学斯蒂福思及乌利亚·希普等人

① 巴克莱．青春的季节－成长小说：从狄更斯到戈尔丁［M］．郑利萍，译．济南：明天出版社，2014：4.

组成的充满邪恶的世界。大卫从小就生活在这两个极端的世界里，在与恶的世界进行斗争的过程中，获取“成长”所不能缺少的历练，铸就健全的人格，让自己逐渐走向成熟。

通观《大卫·科波菲尔》，我们可以感受到大卫的“成长”主要表现为两个方面。一方面为大卫对社会中的邪恶逐渐有了正确的认知。在初涉人世时，大卫对周围的罪恶一无所知，他心怀赤子之心，而现实世界的险恶却不可避免地让大卫稚嫩的身心遭受了种种折磨。对纨绔子弟斯蒂福思，这位萨伦学校的同学，大卫充满了崇拜，轻信了他的言行。大卫热情地将斯蒂福思带到亚茅斯佩格蒂先生的家里，想让他体验另一种生活。谁料，大卫对斯蒂福思的那些夸大的赞美之词让纯情的艾米莉对斯蒂福思产生了幻想。在艾米莉与汉姆结婚前夕，艾米莉竟然与斯蒂福思私奔了。放荡不羁的斯蒂福思不久后抛弃了艾米莉。最让人唏嘘的是，这件事情的受害者汉姆却做了一件伟大的事。一次海难，汉姆为了救落水的情敌斯蒂福思，扑向巨浪翻滚的大海，最终汉姆和斯蒂福思双双殒命。大卫后来意识到，是自己把斯蒂福思带到亚茅斯介绍给佩格蒂先生一家这个天真的举动，害了艾米莉和她的未婚夫汉姆，这让他悔恨不已。这或许也是大卫走向“成长”不可避免地要付出的代价。

另一方面为他对爱情有了更深的理解，明白了什么样的人才是携手终身的伴侣。在律师事务所学习时，大卫堕入情网，纯真地爱上了朵拉——斯潘洛律师的女儿。朵拉漂亮活泼、充满稚气，是一个除了笃爱丈夫外，什么事情都不会做的“孩子气太太”。虽然朵拉也深爱着大卫，但是大卫的家庭生活并不幸福，毕竟婚姻生活不是只有鲜花和浪漫，还需要牛奶和面包。在大卫与朵拉结合之前，大卫意识不到与聪颖贤惠的爱格妮斯之间的感情，错误地认为他们之间只是兄妹之爱。朵拉死后，大卫历经几年的出游和深思，才发现多少年来自己对爱情和婚姻的理解是如此浅薄，更适合自己的人是爱格妮斯。大卫的爱情之路虽说并不平坦，但最终他还是找到了真正的心上人，并真正理解了安妮所说的"在婚姻生活中，再没有比思想不合和志向不投更大的悬殊了"[①]这句话的特殊意义。读者在梳理大卫的恋情时，也见证了大卫在追求真爱道路上的"成长"。

成长小说重在讲述主人公的成长过程，读者通过了解人物的思想与心理走向成熟的过程，可以获得更多的思想启迪。也正因如此，对于成长小说，我们既可以从文学作品的角度去阅读、去思考，也可以从教育启迪的方向去切入。大卫的成长经历对于现今中学生破解成长过程中的种种困惑也具有非常重要的参考价值。

清末，以林纾和梁启超为代表的小说翻译者以救国启民智为使命，希冀通过翻译西方小说来开启民众的智慧，促进改革。在这个目的的推动下，他们翻译了一大批西方的文学作品，并把它们推介给国人，《大卫·科波菲尔》就是在这个时候被林纾引进中国的。当时林纾所加的译名为《块肉余生述》，"块肉"就是孤儿的意思，借由块肉（孤儿）自述的余生故事让国人增广见闻。由此可见，《大卫·科波菲尔》这部作品的价值早已被关注，所以我们对这部作品的解读思路可以更开阔，这样获益会更多。

---

① 狄更斯．大卫·科波菲尔：下［M］．宋兆霖，译．郑州：河南文艺出版社，2015：269.

四、文本延伸：教学建议与情境设计

活动一：大卫·科波菲尔的际遇

【活动目标】

通读《大卫·科波菲尔》，梳理主人公大卫的生平经历。鉴于这部小说文字丰富，情境多变，这个学习活动主要指引学生把握小说的情节，厘清人物关系，学会通过作者生动的刻画欣赏人物形象，走进人物的内心，探究复杂的人性表现。

【活动设计】

1. 环节一：大卫·科波菲尔的成长

活动建议：让学生梳理大卫的生平经历，可以用时间轴，也可以按照地点分类梳理。

设计说明：这个学习活动可以帮助学生更清晰地了解大卫的经历。在梳理过程中，学生可以了解大卫精神发展和生命成长的历程，从而把握这个人物形象，并通过将他与其他同龄人进行比较，找出大卫不同的人生抉择。同时启发学生思考大卫在艰辛的成长历程中，是如何保持良善本心的，他能够保持良善本心的原因又是什么。

2. 环节二：大卫·科波菲尔生命中的过客

活动建议：让学生围绕大卫梳理人物关系，可以使用表格，或者使用辐射图。

设计说明：这个学习活动能够帮助学生关注小说中的每个人物，思考他们与大卫的关系，包括显性关系和隐性关系。在梳理过程中，学生能够学会概括人物特点的方法，并品味每个人物形象的精髓。为了准确梳理人物关系，学生需要将泛读、精读、回读相结合，为深度理解打下基础。

活动二："新视角"故事会

【活动目标】

小说中的叙述者是"我"——大卫·科波菲尔，选用的是第一人称内视角，便于集中叙事，条理清晰，减少了很多枝蔓和复线。这个学习活动旨在帮助学生了解第一人称视角和其他视角的区别，并学会灵活变换。

【活动设计】

活动建议：让学生用第三人称叙述《大卫·科波菲尔》的节选内容（例如"我"去监狱探视米考伯先生的经历）。

设计说明：这个学习活动让学生用不同的叙述视角来叙述故事，可以产生不同的叙述效果。通过比较，学生能够明白叙述视角的选用是作者慎重选择的结果，叙事方式的选择与作者的表达用意和表达主旨有关。

活动三：幽默养成记

【活动目标】

语言风格是学生阅读小说时经常忽视的要点。而狄更斯式幽默又是学习他的小说不可跳过的特征。这个学习活动指引学生鉴赏狄更斯小说的幽默艺术，一方面体会狄更斯小说的幽默风格，另一方面感悟这种风格背后的沉重主题。

【活动设计】

1. 环节一：幽默资料卡

活动建议：让学生查阅资料，了解幽默的相关知识，包括它的内涵、分类、作用等。

设计说明：幽默，既是一种创作手法，也是一种整体风格。学生只有通过积累和交流，才能从直接、感性的认识走向全面、理性的认知。

2. 环节二：狄更斯式幽默逗乐会

活动建议：让学生从小说中找出3～5个作者使用幽默手法的片段，并对这些片段进行鉴赏，分享自己的理解和体会。

设计说明：狄更斯常常描写一些看似荒唐的人或事，提醒人们关注社会底层和弱势群体，初看可笑，细看深刻，给人警醒。让学生通过摘录和分享，读懂狄更斯式幽默。

3. 环节三：学着写"幽默"故事

活动建议：让学生塑造一个人物形象，体现幽默风格，进行片段写作并分享。

设计说明：没有实践，学生对幽默的理解可能流于表面。借助这个学习活动，引导学生透过创作掌握精髓，由表及里，由浅入深，真正把握幽默风格。

活动四：狄更斯小剧场

【活动目标】

指导学生拍摄《大卫·科波菲尔》微电影，要保留狄更斯的风格。学生从阅读、梳理到改写、拍摄，在阅读和写作过程中融入个人的理解和思考，使阅读、表达、思考等综合能力得到有效提升。

【活动设计】

活动建议：让学生从《大卫·科波菲尔》中自选最喜爱的情节，通过改写和转化，拍摄成微电影。拍摄前一定要思考主人公是谁，所选情节最精彩的地方在哪里，主题是什么。

设计说明：《大卫·科波菲尔》有很多精彩、令人震撼的情节。让学生将文字转化为表演和视频，可以多层次地发展其形象思维能力和逻辑思维能力。

第四章 《复活》：善－恶冲突中的灵魂净化

文本外围：“善－恶冲突”阅读框架构建 列夫·托尔斯泰与《复活》简介（内心痛苦的“伯爵”·“俄国革命的镜子”·《复活》创作始末·“聂赫留朵夫”们）

文本路径：心灵辩证法（忏悔·多声调·独白） 人物：受尽凌辱的女性 情节：重建“善”的信念 环境：展开的底层空间

文本内核：人性指向（冲突与“复活”·个体生命价值） 社会指向（表现真实生态·揭露与批判·变革的预警） 宗教指向（批判精神统治·道德自我完善）

文本延伸：演绎人生 绘写人生 知人论世

一、文本外围："俄国小说里的真正主人公，就是灵魂！"[①]

（一）入口：善-恶冲突的审视——从托尔斯泰到他的"人物"

阅读世界中最大众、最广泛、最通行的小说阅读，应该是人类进行文学阅读、文学审美和文学积累的主要途径。因为小说是"比真的面貌还要有神气、有活力、有生气"[②]的"别具艺术生命的一种文体"[③]，往往通过人物的故事延展来流露或表达作者对世界、社会、人生的认识，而这种表达上的"间接性"正好可以构成小说设置情节、塑造人物、描绘环境的优越条件。总体上看，经典小说既可以让读者得到"求真"的知识，点燃智慧的火花；又能够使读者获得"向善"的德性，享受精神的洗礼；还可以令读者经历"崇美"的过程，探寻美感的"奥秘"，进而真正达到文学教育塑造"创造性的人才"和"健全的人格"的理想目标与"人的发展和完整性建构"[④]的全新境域。

从文学审美和积累的角度来审视语文教学视域中的小说阅读和小说教学情况，不难发现其价值排序和方法路径上的错位：小说教学基本上是文学审美教育的主要内容和主导环节，但不少小说阅读和小说

---

① 伍尔夫. 伍尔夫读书随笔［M］. 刘文荣，译. 上海：文汇出版社，2006：140.

② 杨道麟. 语文教育应探求真善美融合的新理念［J］. 贵州师范大学学报（社会科学版），2007（6）：130.

③ 曹明海. 文学解读学导论［M］. 北京：人民文学出版社，1997：275.

④ 杨道麟. 语文教育应探求真善美融合的新理念［J］. 贵州师范大学学报（社会科学版），2007（6）：131.

教学都脱离了小说的本体，即忽视了小说本身所固有的文本肌理和文本系统，而采用了非小说本体性的阅读和教学。比如，只纯粹追求情节刺激和内容上猎奇式的小说阅读，和按照一般课文所进行的教学模式并无区别，它们都是把小说阅读和小说教学当成一般文体阅读和一般文体教学的共性行为，与散文、诗歌、戏剧等或记叙文、议论文、说明文等的阅读或教学没有区别。也就是说，我们在小说阅读和教学的过程中忽略了小说的本体，摒弃了正确打开小说阅读和教学方式的门径。

因此，对于像《复活》这样的经典小说，必须以小说的本体及其独特的叙述方式为依据进行阅读和教学，必须从人物形象、人物性格、人物灵魂的角度对小说进行分析与理解、审美与鉴赏、积累与表达，这样才能实现对小说的整体理解与审美建构。“《复活》是托尔斯泰世界观转变后创作的最重要的作品，是他晚年思想与艺术探索的结晶”[①]，讲述了聂赫留朵夫和玛丝洛娃各自道德复活、人格复活、精神复活和灵魂复活的心路历程，从“人物－作家”的同构关系中可以更好地能理解小说的人物形象和深邃题旨。对人物形象进行分析与理解，以及对小说进行审美阅读、思想品读，可具体到聂赫留朵夫和玛丝洛娃身上，再结合小说的情节发展、人物心理变化的推进逻辑，以及小说的“复活”题旨。必须从小说人物的内心所展示出来的“善－恶”纠缠与冲突入手，窥探时代与社会下的人性之光，以及托尔斯泰的“晚年思想与艺术探索”。

正如伍尔夫所说，“俄国小说里的真正主人公，就是‘灵魂’”。

---

① 郑克鲁. 外国文学史：上［M］. 北京：高等教育出版社，2001：301.

从这个意义上讲，理解《复活》中人物的内心的冲突与矛盾，以人物理解为抓手，并从节选的部分推向整篇（部）的阅读，完成对人物形象的整体理解与把握，正是阅读《复活》最好的方式。这一小说阅读方式的选择，也可以在托尔斯泰丰富的人生与思想经历中找到一系列明确的“依据”。最典型的“素材”莫过于托尔斯泰的“阿尔扎马斯之夜”。

1869 年，托尔斯泰在去平扎省时，中途在阿尔扎马斯过夜，在离开波良纳的第三天夜里，托尔斯泰感到“一种可怕的东西”在追赶他、纠缠他，让他无法摆脱，甚至听到了死神的声音——“是我，我在这……”“纵观托尔斯泰的人生，一直都在不断地进行精神上的裂变，‘阿尔扎马斯之夜’似乎更可以看作是质变前的最后一次量变”[①]。其实，作者这样的“事件”还有很多很多。通过理解作者思想的突围和转向，来解读《复活》中的人物，这是一个关键的抓手与入口，虽然大可不必进行作者注脚或印证式的解读，但从作者的创作经历和《复活》的成书过程出发，对理解聂赫留朵夫和玛丝洛娃的人物性格、心灵冲突和灵魂复活，无疑是大有裨益的，也只有这样才能深入理解人物形象的表现功能和艺术价值，才能体味到人物形象的多面性、层次性和发展性，也才能真正地体会《复活》的艺术魅力、文学价值与深邃思想。

---

① 宋瑞静．托尔斯泰与阿尔扎马斯之夜［J］．世界文化，2009（7）：15.

（二）语境：作家与作品简介

1. 内心痛苦的“伯爵”

列夫·尼古拉耶维奇·托尔斯泰，1828年9月出生于俄国的一个贵族家庭，1840年进入喀山大学法律系就读。就其出身和所受的教育来说，托尔斯泰属于俄国上层地主贵族。托尔斯泰从小接触的亲人，包括父母、姑母、兄长，都是仁慈善良之人。他们的言传身教让托尔斯泰从小就形成了善良的品格，并逐渐成长为人道主义者。19世纪四五十年代，托尔斯泰伯爵还曾经尝试解决贵族与农民的矛盾，试图协调贵族与农民的关系。这正像聂赫留朵夫在念大学三年级时所畅想的一样：“那是他第一次懂得土地私有制的残酷和荒谬，而他又十分看重道德，认为因道德而自我牺牲是最高的精神享受，因此决定放弃土地所有权，把他从父亲名下继承来的土地赠给农民。现在他正在写一篇论文，论述这个问题。”[①]这样的呼应，让我们可以从作者思想的发展与变化方面来理解人物形象的心灵构成与其中的矛盾冲突。

后来，托尔斯泰又在自己的家乡为农民办学，创办教育杂志，等等。在与农民的接触中，他逐渐接受了农民对事物的一些看法，也加深了对普通人民的同情。19世纪80年代，托尔斯泰在《忏悔录》和《我的信仰是什么》等作品中都表达过劳动人民让他找到了生活的真谛这一观点。“我弃绝了我们那个阶层的生活，我承认，这不是生活，而只是类似生活；我们生活的优裕条件剥夺了我们认识生活的可能性，因而，为了理解生活，我们应该去认识普通劳动人民的生活，劳动人

---

① 托尔斯泰．复活［M］．草婴，译．上海：上海译文出版社，1983：51.

民缔造了生活，并且赋予了生活以意义。”[①] 可以看出，托尔斯泰已经站在农民的立场上，对官办教会、国家制度和土地私有制度产生了强烈的不满。这与《复活》中聂赫留朵夫的社会活动背景和情节内容相呼应。再后来，托尔斯泰开始过农民的生活，缝鞋，担水劈柴，到田里从事一些农业劳动，等等。托尔斯泰的这些行动，是其思想蜕变的表现。

于是，由于思想的转变而产生的内在痛苦和矛盾，让托尔斯泰不断地进行自我反思、自我解剖、自我斗争和社会批判，正如其在《忏悔录》中所说：“那两滴把我的视线从残酷现实中转移出来的蜂蜜，就是对‘家庭’和被我称之为‘艺术创作’的热爱。而现在，这些已经不再使我感到甜蜜了。”[②] 其在 1907 年 7 月 10 日的日记中还写道：“由于不平等，由于我们在贫困现象的环境中过着豪华奢侈的生活，我越来越感到痛苦——几乎是肉体的痛苦，而我又无法减少这种不平等的现象。这就是我生活中隐藏着的悲剧因素。”[③] 这些内心“丰富的痛苦”正是《复活》中的人物进行“复活”的能量源与出发点。因此，只有理解了托尔斯泰这种内在的“自我道德完善”的信念，才能更好地理解聂赫留朵夫的性格发展逻辑和“灵魂复活”的要义。

从文学教育层面上讲，小说主要靠塑造“比真面貌还要有神气、有活力、有生气”的各种人物来表现主题、开展故事，并以揭示各种人物的性格与灵魂为艺术焦点，来完成对读者的审美教育、人格教育

① 波波夫金．列夫·托尔斯泰传［M］．李未青，辛守魁，译．哈尔滨：黑龙江人民出版社，1986：342.

② 托尔斯泰．忏悔录［M］．崔建华，译．杭州：浙江文艺出版社，2015：30.

③ 王立明．《复活》诠释与解读［M］．北京：中国少年儿童出版社，2002：46–47.

与思想教育。因此，从作者到人物，从人物到灵魂，由表及里，由外而内，只有理解到灵魂层面才能深刻地体会“复活”的艺术魅力与深邃思想。读者可以从作者的生活经历和灵魂层面进行反溯，完成和小说人物内心的精神共鸣与沟通。“使托尔斯泰着迷的，就是生活本身。”“生活的意义究竟是什么？我们活着，到底有没有目的？如果有的话，那又是怎样的目的？这样的问题，无疑会使人觉得万事皆空。”[①]这其中的“生活”不仅仅是指个人的日常生活与岁月过往，还囊括着托尔斯泰对社会方方面面的观察、审视与鲜明态度的内容。这就不得不说到，一直徘徊在托尔斯泰心灵世界上空的云朵是什么？到底是什么东西让托尔斯泰不断地进行自我挣扎、斗争与突破，直到走进空明澄澈的宗教信仰境地呢？

2. “俄国革命的镜子”

在将近60年的创作生涯中，托尔斯泰对社会的观察、审视一直是其创作的起点和主要内容。而且托尔斯泰对“自我完善”的追求，也正是通过对社会进行深入、全面的呈现与批判完成的，像《少年》《塞瓦斯托波尔故事集》《伐林》《袭击》《一个地主的早晨》等都有鲜明的现实内容或指向。从《复活》整篇来看，聂赫留朵夫对一些社会问题的思考，如“土地问题”“对待贵族阶层的态度问题”“封建官僚制度问题”“宗教问题”“法律和监狱问题”“对待政治犯的态度问题”等，正是托尔斯泰创作中的现实指向表现，而且也只有从现实的层面来理解聂赫留朵夫的“复活”，才能看出托尔斯泰对人性“复活”的期待与愿望。可以说，托尔斯泰的大部分作品都与俄国社会的革命现实有

① 伍尔夫．伍尔夫读书随笔［M］．刘文荣，译．上海：文汇出版社，2006：147.

着紧密的联系。

从对待革命者的态度与信仰层面上看，托尔斯泰思想中也有着比较突出的矛盾，而这一矛盾也是聂赫留朵夫身上矛盾的“源头”与转变动力——一次次的灵魂挣扎及最后的信仰表达。因而列宁称托尔斯泰为“俄国革命的镜子”，“作为俄国千百万农民在俄国资产阶级革命快到来的时候的思想和情绪的表现者，托尔斯泰是伟大的。托尔斯泰富于独创性，因为他的全部观点，总的说来，恰恰表现了我国革命是农民资产阶级革命的特点。从这个角度来看，托尔斯泰观点中矛盾，的确是一面反映农民在我国革命中的历史活动所处的各种矛盾状况的镜子”[①]。

这一点在《复活》中体现得也比较明显，当聂赫留朵夫奔走于法庭、农庄、监狱、检察院及上层贵族场所时，小说充分地表现了他身上的“社会景观”要素，但也更突出了他内心的徘徊、矛盾、冲突和忏悔，托尔斯泰最后让聂赫留朵夫在“自我完善”的坚定与社会的怀疑、批判中完成道德的、人格的、精神的、灵魂的“复活”，但其采取的却是“爱”和“信仰”的方式，这无疑是一种个人的矛盾与局限。“一方面，无情地批判了资本主义的剥削，揭露了政府的暴虐以及法庭和国家管理机关的滑稽，暴露了财富的增加和文明的成就同工人群众的穷困、野蛮和痛苦的加剧之间极其深刻的矛盾；另一方面，狂信地鼓吹‘不用暴力抵抗邪恶’。一方面，是最清醒的现实主义，撕下了一切假面具；另一方面，鼓吹世界上最卑鄙龌龊的东西之一，即

① 列宁．列夫·托尔斯泰是俄国革命的镜子［G］//倪蕊琴．俄国作家批评家论列夫·托尔斯泰．北京：中国社会科学出版社，1982：13.

宗教，力求让有道德信念的僧侣代替有官职的僧侣。”[①] 正如罗曼·罗兰所说：“这个艺术创作阶段的巅峰和终极，出现了《复活》，仿佛一座有两个塔楼的圣母院，一个象征永恒的爱，另一个象征对世界的憎恨。”[②] 因而，从现实、革命和信仰三个维度来理解托尔斯泰是更好地理解《复活》中的人物身上现实镜像的心灵路径。

通过现实这面“镜子”来反射《复活》的作品内容，可以发现人物形象的刻画不仅充分显示了托尔斯泰精湛的小说文体艺术表现能力，即于细致的艺术描写中生动展开人物形象的心理刻画，更体现了人物之间与人物内心的冲突与矛盾。而要理解构成人物矛盾的根本要素和人物“复活”的历程，必须结合作者的社会指向、思想背景与信仰追求。“人物是积极的、有意识的社会生活的主体和错综的、纷繁的社会关系的总和，经典小说细致地塑造栩栩如生的人物，在一定的意义上可以说既是其中心任务，又是其应有价值，还是其特有功能。”[③] 理解小说人物形象，不能仅仅局限于节选部分，这就要求我们立足于节选部分来推向整篇（部），因为人物形象的多面性必须从整篇（部）出发才能理解，人物形象的发展性只有从整篇（部）观照才能把握，人物形象的层次性只有站在整篇（部）高度才能体会，而且人物形象也只有在生动复杂的情节中才能得到充分的发展和表现。

---

① 列宁．列夫·托尔斯泰是俄国革命的镜子［G］// 倪蕊琴．俄国作家批评家论列夫·托尔斯泰．北京：中国社会科学出版社，1982：11-12.

② 罗兰．名人传［M］．张冠尧，艾珉，译．北京：人民文学出版社，2010：264.

③ 杨道麟．试论经典小说的教育策略［J］．喀什师范学院学报，2010（6）：88.

3.《复活》创作始末

10 年的时间，托尔斯泰把一个听来的故事锻造为一部经典小说，这其中的写作花絮、过程间隔、不断改写和思想表达都值得思考：作者为什么会花费如此长的时间来创作？这体现了作者怎样的艺术创造力？在人物的选择和加工过程中作者赋予了人物怎样的生命力和思想倾向？尝试从小说的创作机制来理解人物的特点、感受人物内心的跳动、触摸这个“俄罗斯灵魂”，也是理解小说人物必要的维度和方式。

1887 年，托尔斯泰和检察官朋友科尼谈话时，科尼讲了一个他听到的故事：一个出身于贵族阶层且刚毕业的年轻人，在他亲戚家的庄园度假时，诱奸了女主人收养的名叫罗扎丽的 16 岁姑娘。后来，罗扎丽怀孕被赶出家门。生了孩子后，罗扎丽便把孩子送进了育婴堂，自己则成了一名妓女。再后来，罗扎丽由于在妓院盗窃了嫖客的 100 卢布（这笔钱其实是被妓院的老板娘私吞了）被判了刑。在审判罗扎丽时，曾诱奸她的那个年轻人恰巧是陪审员。年轻人认出了罗扎丽后，良心发现，认为罗扎丽的堕落是由他个人的情欲造成的。因此，他决定同罗扎丽结婚，以赎自己的罪过。罗扎丽也满怀喜悦地接受了。但没过多久，罗扎丽因患伤寒而死。年轻人知道后悲不欲生，把为罗扎丽准备的嫁妆捐给了狱中的女囚犯后便不知去向。

托尔斯泰听到这样一个颇感伤的故事后，开始思考将其改写为小说。可是，托尔斯泰在 1890 年底才真正动笔写这个“科尼听到的故事”，直到 1899 年才最终完成。这期间他写写停停、数易其稿，断断续续用了 10 年的时间，最后对小说的结尾也进行了修改，没有让聂赫留朵夫和玛丝洛娃“大团圆”。创作《复活》比创作《战争与和平》《安娜·卡列尼娜》花费的时间都要长，为什么？这里面包含着小说的创作动机与思想要素，即作者想用小说表现更深刻的道德法则和更丰富的社会内容，把道德心理类型的小说发展为具有巨大社会批判力量的小说。我们还可以从其手稿中看出《复活》的这一思想担当：

他为什么不能把《复活》写下去："开头不正确"。11月5日的日记里写道："必须从她开始写起"（按她，即玛丝洛娃）。于是，他就这样去做，过了一天，在日记里写道："这两天，我写了点新的《复活》。我心里想起，我非常糟糕地从他写起。迄今我一直满心欢喜地思考这部作品怎样开头"（按他，即聂赫留朵夫）。

着手写《复活》，接着长期中断，后来又回到写作《复活》上来，又抛弃了写作，最后全力以赴地去写。这期间，他还从事理论和艺术作品的创作。托尔斯泰看到了国内嚣张的反动力量，令人发指的不平等。"尤其是，务必不只从事实上，而且在感情上，内心感受上，提防虚假和夸张"。了解社会、洞悉社会详情末节的伟大艺术家预先发出了警告。[①]

正是这些思想担当才让"复活"有了更多的阐释空间和精神内涵。从这个意义上说，了解作者的创作过程可以更好地明白故事被改写成小说的秘妙、扁平人物成为圆形人物的关键艺术，也才能理解人物身上所承载的人性理解、社会指向与心灵信仰。

① 日丹诺夫.《复活》的创作过程［M］. 雷成德，译. 呼和浩特：内蒙古人民出版社，1982：6-31.

4. “聂赫留朵夫”们

理解小说必须先理解小说着力塑造的人物。因此，我们应该立足于对人物的解读来完成对小说的阅读或教学，即把握人物及其性格特点是怎样被刻画和表现的，“领会小说人物刻画和表现的艺术真谛”。《复活》中的聂赫留朵夫承载着“复活”的表现功能，而理解聂赫留朵夫又不能仅仅从“这一个”入手，而是要看到作者所创作的“这一类”，再从“类”到“个”，找到聂赫留朵夫的“凝聚性”和“互文性”，这样就能更深入地理解人物所承载的“复活”意蕴。尽管《复活》是托尔斯泰晚期的经典作品，但聂赫留朵夫这一形象在其创作的早期作品里就已经有了影子。可以说，《复活》中的聂赫留朵夫是托尔斯泰小说中人物谱系的一个典型形象，是托尔斯泰的“自画像”和代言人，从某种意义上说，是托尔斯泰的艺术遗嘱。正如高尔基所说：“六十年来，聂赫留朵夫公爵驰骋于俄罗斯，到处去看看：到农村和乡村小学，到维亚兹玛修道院，到外国，到监狱，到兵营，到内阁，到省长办公室，到农舍，到驿站，到贵族太太的客厅。”[①] 对这种以“聂赫留朵夫”为名字或近似的性格出现的带有自传性质的人物群像的梳理与理解，正是从作者思想发展的维度来理解聂赫留朵夫的重要步骤。有学者认为，“他所塑造的聂赫留朵夫这个艺术典型正是这一时期出现的贵族资产阶级知识分子中人道主义者的形象”[②]。

在托尔斯泰早期的作品《幼年·少年·青年》中，主人公尼考林

---

① 易漱泉. 托尔斯泰创作中聂赫留朵夫的形象［J］. 湖南师院学报（哲学社会科学版），1981（2）：101.

② 易漱泉. 托尔斯泰创作中聂赫留朵夫的形象［J］. 湖南师院学报（哲学社会科学版），1981（2）：102.

卡就是最初的“聂赫留朵夫”，因为他思考和探讨的正是人生和社会的各种问题，尤其是阶级社会中人与人之间的不平等问题。他想成为一个有道德的人，并力求自己不断地改恶从善，而且托尔斯泰也突出了人的天性中的善和社会影响下的恶在其内心激烈斗争的过程，进而主张通过个体的“道德上的自我完善”，发扬天性中的爱和善来驱除内心的自私与恶念。1856年发表的《一个地主的早晨》中的聂赫留朵夫继续沿着尼考林卡的问题探索，并进一步思考如何解决地主和农民之间的矛盾。聂赫留朵夫依然秉持着“道德自我完善”的思想，用做一个好人的方式来解决不合理的制度所存在的痼疾。到了《安娜·卡列尼娜》，其中的列文依然站在贵族地主的立场上对社会和人生问题进行思考与探索，寻求解决现实问题的出路。随着时代风云的变幻，列文开始对资产阶级所带来的都市文明也采取了敌视的态度。最后，列文没有找到解决问题的出路，又回到了披着宗教外衣的贵族资产阶级人道主义的立场上。

从尼考林卡到聂赫留朵夫，再从聂赫留朵夫到列文，又从列文到聂赫留朵夫，这样一个人物形象发展谱系非常清楚地体现了托尔斯泰一以贯之的“道德自我完善”式的问题解决路径。而《忏悔录》中托尔斯泰所流露出的“死亡”意识和信仰力量，标志着托尔斯泰的世界观彻底转变了。所以，《复活》的出现让小说人物的思想有了不一样的立场，“他看到了国内的阶级矛盾的尖锐化，看到了俄国的政治危机和经济危机，看到了民主革命运动在重新高涨”。在了解了托尔斯泰世界观本身的矛盾后再来理解人物就比较容易了，人物内心的善与恶的冲突也就比较容易理解了，那就是面对腐朽的黑暗社会，托尔斯泰和聂赫留朵夫一样，都从宗教道德观念出发，幻想靠拯救人的灵魂来消除社会的罪恶与问题。正如聂赫留朵夫最后的结论——“务必要想出办法来改变”。但究竟想什么办法来改变这个局面，除了“人类爱”的药方之外再无其他办法，小说的思想内容只能收束于爱与宗教信仰的皈依。

二、文本路径：心灵辩证法与小说结构

统编版高中语文选择性必修上册第三单元外国文学选读的导言强调了《复活》作为现实主义小说，展现了广阔社会生活，并提出了解小说多样化的风格样式，从主题内容、叙事手法、语言风格等方面入手把握作品独特的艺术成就。教材节选的片段描写了主人公聂赫留朵夫作为陪审员参与审判玛丝洛娃谋财害命案件之后，良心深受谴责，于是前往监狱探望玛丝洛娃并祈求原谅的情节，拉开了“复活”序幕。为帮助学生实现从节选到整篇（部）的阅读，不妨把《复活》看作对由太阳式、月亮式和众多星星式的人物的活动所组成的社会生活的历史记录，从监狱犯人、陪审员、警察及法官之间的社会交互关系中，可窥见一个更贴近作者写作时代的真实社会，并从俄国的司法制度方面考察底层人民生活的惨状与人物精神“复活”的困境。也就是说，把对小说人物内在心灵的理解当作串联小说情节、驱动学生完成整篇（部）阅读的主要路径。

（一）解读之一：走进心灵辩证法

《复活》中的聂赫留朵夫是个忏悔的贵族形象，也是托尔斯泰笔下的“聂赫留朵夫”形象谱系之一和“精神探索者”系列人物之一。正如前文所述，《复活》中的聂赫留朵夫已经转变了其贵族思想的立

场，不仅意识到个人行为层面以及自身所处阶级的罪恶，还否定了贵族阶级，直至最后与之决裂，成为原本阶级的叛逆者。所以，理解聂赫留朵夫的心灵要先把握住人物的这一思想基座和支柱，再从人物形象成功塑造的角度来赏析小说的表达功能、艺术手法和审美效果。推而广之，我们对小说的阅读和教学也都应该遵从这样一个逻辑——立足于文体的风格样式来教学，用小说的方式来读小说、教小说，即“把握小说刻画人物形象艺术手段的多样化及其表现功能，把握小说在复杂情节中艺术叙写人物形象的表现功能，把握小说在具体环境里艺术展示人物形象的表现功能”①，而不是仅仅通过时代背景、作者的写作意图或某些教学资料来进行小说阅读，更不是通过所谓的整体感知、自我体悟、反复阅读、概括提炼等外部方式来进行小说教学。

1. 忏悔的过程

作为最清醒的现实主义作家，托尔斯泰在展现聂赫留朵夫忏悔、赎罪的过程，以及性格和心灵的发展历程时，主要使用的是心灵辩证法——让人物形象与性格在动态的心理描写中表现出来。“对人物心灵深处的思想、情绪、感受产生的原因、发展变化过程的细心探索，目的是对人物精神世界的复杂心理进行入微的披沥，使读者感知人物在特定环境中的特定心理，从而把握人物的性格特点和精神面貌，使心理描写达到出神入化的艺术效果。”②托尔斯泰的心理描写手法“不限于描写心理过程的结果：他所关心的是过程本身，那种难以捉摸的内

① 曹明海．文体艺术价值：人物形象表现功能解读：小说教学中“怎么读”的问题分析［J］．语文教学通讯，2021（1）：19.

② 杜春荣．就《复活》试论托尔斯泰的艺术渊源［J］．辽宁大学学报（哲学社会科学版），1993（2）：77.

心生活现象，彼此异常。迅速而又无穷多样地变换着的，托尔斯泰伯爵却能巧妙地描写出来”[①]。俄国评论家车尔尼雪夫斯基把托尔斯泰的这种心理描写手法称为“心灵辩证法”。在统编版高中语文教材的节选部分，托尔斯泰成功地运用了心灵辩证法，出色地刻画了聂赫留朵夫忏悔时的心理活动及变化过程：

昨晚迷惑过聂赫留朵夫的魔鬼，此刻又在他心里说话，又竭力阻止他思考该怎样行动，却让他去考虑他的行动会有什么后果，怎样才能对他有利。

“这个女人已经无可救药了。”魔鬼说，“你只会把石头吊在自己脖子上，活活淹死，再也不能做什么对别人有益的事了。给她一些钱，把你身边所有的钱全给她，同她分手，从此一刀两断，岂不更好？”他心里这样想。

不过，他同时又感到，他的心灵里此刻正要完成一种极其重大的变化，他的精神世界这会儿仿佛搁在不稳定的天平上，只要稍稍加一点力气，就会向这边或者那边倾斜。他决定此刻把所有的话全向她说出来。

在节选的这一片段中，聂赫留朵夫内心的两种声音交织在一起，但其目的是清晰的、明确的，他的心灵是澄澈的，思想是统一的。他把玛丝洛娃的讨好、卖弄看作堕落的标志，在浅层的理解上，这种解

---

① 车尔尼雪夫斯基．书评［G］//倪蕊琴．俄国作家批评家论列夫·托尔斯泰．北京：中国社会科学出版社，1982：31.

读是足够的。但是，如果把讨好、卖弄等行为表现作为定义玛丝洛娃的标准，那么就会与作者描写人物的初衷相背离。因为托尔斯泰在描写聂赫留朵夫和玛丝洛娃重逢的时候，是有着“善性”和“恶性”冲突的，但最终会让“善性”以美好的过往与建立在道德上的自尊等表现形式涌上人物的心头，让被生活与现实压抑而成的“恶性”（社会和经历的黑暗已经把微弱的人性之光吹灭，使得人物表现出一种自我放弃、自甘堕落的形象）走向“复活”。理解人物身上的这一点亮光至关重要，这是复活的基础，一个完全跌到谷底的罪恶的人，如何有得救的可能性？

2. 多声调表现

把聂赫留朵夫看作道德至善、救人于水火之中的完美人物也是失之偏颇的，在面对被他伤害过并抛弃的旧日情人时，他的内心也并不是一如既往地坚定，在他人性深处的犹疑阻碍他完成自救与救人的德行。在后面的情节中，玛丝洛娃更是指出他这样热心只是为了死后能够上天堂，所以聂赫留朵夫的“伪善”（人性之恶）也是其多面性格中的一面。节选部分有一个细节——在聂赫留朵夫请求玛丝洛娃宽恕时，他表现得很羞愧，他“往四下里张望了一下”①，认为自己是可耻的，即人物的内心实际上有自我认识的进步，开始跳脱出贵族生活的惯性思维。既然聂赫留朵夫是托尔斯泰精神的寄托，联系托尔斯泰的自传性文本《忏悔录》，或许可以解释这个人物的反复性。“我认为这一切都属于完善。最根本的当然是道德的完善，但是不久它就被一般的完善所代替，即不是希望在自己或是上帝面前，而是希望在别人面前表

① 托尔斯泰．复活［M］．草婴，译．上海：上海译文出版社，1983：171.

现得更好些，而且很快这种愿望又被想比别人强些的愿望所代替，即要比别人更有名、更有地位、更富有。”①

总而言之，在现实的诱惑下，精神的“复活”往往不是一蹴而就的，而是曲折的，认识聂赫留朵夫的过程也是认识托尔斯泰思想升华的过程。

“我想见见您……我……”聂赫留朵夫不知道该用“您”还是“你”，但随即决定用“您”。他说话的声音并不比平时高。

“你别跟我啰唆了。”他旁边那个衣衫褴褛的男人叫道。

“你到底拿过没有？”

“对你说，人都快死了，你还要什么？”对面有一个人嚷道。

…………

“我来是……”

“对，我在做我该做的事，我在认罪。”聂赫留朵夫想。他一想到这里，眼泪就夺眶而出，喉咙也哽住了。他用手指抓住铁栅栏，说不下去，竭力控制住感情，免得哭出声来。

“对你说，你去管闲事干什么……”这边有人喝道。

“老天爷在上，我连知道都不知道。”那边有个女犯大声说。

玛丝洛娃看到聂赫留朵夫激动的神气，认出他来了。

这一片段是另一种艺术形式的人物心理的表现。补充上对话的主语后我们可以发现，这些都是聂赫留朵夫所听到的“杂音”。这些

① 托尔斯泰．忏悔录［M］．冯增义，译．北京：华文出版社，2003：11.

“杂音”的加入可以让读者感受到更加客观真实的探监环境，更有现场感，监狱的恶劣环境与众声喧哗把社会底层的面貌展露了出来，此外，聂赫留朵夫心灵上的“杂音”选择与暗示性流露，也就是聂赫留朵夫内心两种声音的交织与重叠：一种是进行赎罪、忏悔的声音，即不断引导聂赫留朵夫行动的力量，纵然其行为上还有一些延宕；另一种声音就是“自私自利”的“恶”的声音，它给聂赫留朵夫制造障碍，阻止其行动，而这一声音的根源就是贵族阶级的习气、做派与观念，所以才会有“啰唆”“到底”“还要”“闲事”“不知道”等一系列“杂音”出现在聂赫留朵夫的耳边。再加上他的心理活动始终处于一种流动不息的变化状态，这让他的心灵得到了充分发展，也就带出了更多关于道德、人性、社会和信仰的内容。结合上文所述的托尔斯泰在《复活》中对劳动人民的态度，也许能推断出作者有意为之的更深层意义，首先是以玛丝洛娃为代表的劳动人民是一个庞大的群体，比之主人公只会更加卑微和低下，依靠说教的道德再生似乎变得更加缥缈了，展现更广阔的人民生活情状被安排在主要的位置，迫使作者在拯救劳动人民的方式上改变一开始设想的理想，并与第三部对革命者的描写相衔接。

3. 独白式发展

心灵辩证法还有独白的特点，即让人物在自言自语中完成自我的道德探索与人性追问，展示出一种清晰明确的人性指向——“自我道德的完善”，或依靠“爱”，或求助于“信仰”。总之，聂赫留朵夫的忏悔是心灵发展与追索的过程，更是思想灵魂最深处的要求与呈现。比如：

聂赫留朵夫觉得她身上有一样东西，同他水火不相容，使她永远保持现在这种样子，并且不让他闯进她的内心世界。

不过，说也奇怪，这种情况不仅没有使他疏远她，反而产生一种特殊的新的力量，使他去同她接近。聂赫留朵夫觉得他应该在精神上唤醒她，这虽然极其困难，但正因为困难就格外吸引他。他现在对她的这种感情，是以前所不曾有过的，对任何人都不曾有过，其中不带丝毫私心。他对她毫无所求，只希望她不要像现在这样，希望她能觉醒，能恢复她的本性。

这种比较确切的、明晰的、完成的、统一的心理活动其实就是人物的内心独白，最终通过主人公聂赫留朵夫的内心冲突和心理变化来展示和完成情节的叙写，并辅以较少的人物对话和行动描写来展示人物的灵魂。这一点和陀思妥耶夫斯基的心理描写是不同的，陀思妥耶夫斯基对人物心理的描写是混沌的、未完成的、复调的，比如《罪与罚》中对拉斯科尔尼科夫心理的描写不仅写出了小说人物的意识，还表现出了独立于作者的小说人物的潜意识。

从人物形象所带来的审美效果来看，小说具有其他文体所没有的震撼人心的艺术魅力。正如金圣叹所说，《水浒传》之所以吸引人、感动人，使人百读不厌，主要原因就在于它成功地塑造了一系列人物形象，“别一部书，看一遍即休，独有《水浒传》，只是看不厌，无非为他把一百零八个人物性格，都写出来”[①]。这是一种颇为深刻透辟的见解，把小说的感人魅力同人物形象的构成与塑造联系起来，概括出了

① 黄霖，韩同文．中国历代小说论著选：上册［M］．南昌：江西人民出版社，1982：285.

小说本体艺术营构的灵魂思想。由此可见，人物形象是小说本体构成的主要特色。此外，高中语文教材中所编选的小说作品，无不是以人物形象的构成与创造来取胜的。因此，在阅读或教学中应当首先把握“守本”解读，像解读聂赫留朵夫一样，要读出人物的灵魂来，才能完成对小说人物形象构成的理解和透视。

（二）解读之二：人物、情节与环境

理解小说的人物形象，不仅要了解人物身份、性格及人物之间的关系，而且“应该深入把握其文体艺术价值，着力于对人物形象表现功能的解读，引导学生学会阅读小说，领会小说人物刻画和表现的艺术真谛，而绝非仅仅是概念化强加人物性格特点的标签”。“何为小说文体艺术价值？简言之，它就是小说人物形象刻画与创造的表现功能。小说家对生活的反映和解释，对审美情感和审美理想的艺术表现，是通过对实体感很强的人物形象的刻画与创造来完成的。”[①] 也就是说，我们不能只是简单地去了解或认知人物的个人形象与性格特点，如善良、温和或虚伪、狠毒等，更重要的是要把握人物形象及其性格特点是怎样被刻画和表现的，教会或启发学生“怎么读”。

1. 受尽凌辱的女性

《复活》中的玛丝洛娃是一个受尽凌辱的女性形象。这是托尔斯泰第一次把一个非贵族的女性当作主人公来写。玛丝洛娃这一形象的塑造，是“复活”的真正意义之一，也为俄国文学艺术增添了一个独

---

① 曹明海．文体艺术价值：人物形象表现功能解读：小说教学中“怎么读”的问题分析［J］．语文教学通讯，2021（1）：16.

特的艺术典型。从情节上来看，相对于聂赫留朵夫的“复活”，玛丝洛娃的“复活”更艰难、更深邃、更震撼，也更能体现作品的文学艺术性，描写和刻画也最为成功。因为聂赫留朵夫还可以用“自我道德的完善”完成性格的统一性及心灵的矛盾性统筹，但对于玛丝洛娃，则必须有大量的情节、细节、环境内容和过程的铺展，如此才能让她的心灵和精神立体且自然地“复活”，而且还要把她的社会关系从原来的“堕落”范围扩展到广泛的底层人民。这就要求小说人物必须有合乎逻辑的演进和改变，让读者在阅读的过程中能破解“为什么就堕落了呢”“为什么就变好了呢”的疑惑。

这时必须从情节上进行回溯，从节选内容推向整篇（部）才能理解人物经历的复杂性与完整性。玛丝洛娃原本是一个女农奴的私生女。3 岁丧母，由聂赫留朵夫的姑妈（两个女地主）养大，半是养女，半是侍女。曾经的玛丝洛娃 纯洁美丽，对生活充满美好的幻想。16 岁时，玛丝洛娃与读大三的 19 岁贵族青年聂赫留朵夫相识。二人在游戏中产生了情愫，“那是一个纯洁无邪的青年和一个纯洁无邪的少女相互吸引的特殊关系”[①]。三年后，玛丝洛娃“出落得越发俏丽可爱了”，已经成为军人的聂赫留朵夫再次来到姑母家，聂赫留朵夫的到来使玛丝洛娃“乌黑的眼睛闪耀着笑意和欢乐”[②]。她不但用她那纯洁真挚的爱爱着聂赫留朵夫，而且爱着所有的人，甚至包括一个鼻子烂掉了的乞丐。可是，聂赫留朵夫已经被彼得堡上流社会的生活和军队生活腐蚀，堕落成了一个荒淫无度的利己主义者。他利用玛丝洛娃对他真诚的爱

---

① 托尔斯泰. 复活［M］. 草婴，译. 上海：上海译文出版社，1983：53–54.
② 托尔斯泰. 复活［M］. 草婴，译. 上海：上海译文出版社，1983：65.

诱奸了她，然后扔下一百卢布一走了之。从此，悲惨的命运便降临到玛丝洛娃头上。

不久，玛丝洛娃发现自己有了身孕，她满心希望聂赫留朵夫能回来看她，可是他并没有来。当她听说聂赫留朵夫乘坐的火车经过当地的车站时，她冒着凄风苦雨跑到车站，找到聂赫留朵夫乘坐的那节车厢，看到他正与其他人打牌。玛丝洛娃"用冻僵的手敲敲窗子"，"把脸贴在窗玻璃上"[①]，这时火车启动了，她加快脚步跟着火车跑。

……风迎面刮来，掀起她头上的头巾，吹得衣服裹紧她的双腿。她的头巾被风吹落了，但她还是一个劲儿地跑着。

…………

"他在灯光雪亮的车厢里，坐在丝绒椅上，有说有笑，喝酒玩乐，可我呢，在这儿，在黑暗的泥地里，淋着雨，吹着风，站着哭！""卡秋莎想着站住了，身子往后一仰，双手抱住头，放声痛哭起来。

…………

……自从那个可怕的夜晚起，她不再相信善了。以前她自己相信善，并且以为别人也相信善，但从那一晚起，她断定谁也不相信善，人人嘴里说着上帝说着善，无非只是为了骗骗人罢了。[②]

（选自《复活》，上海译文出版社 1983 年版，草婴译）

严酷的现实击碎了玛丝洛娃的幻想，使她认清了生活的本来面目，

---

① 托尔斯泰．复活［M］．草婴，译．上海：上海译文出版社，1983：153.

② 托尔斯泰．复活［M］．草婴，译．上海：上海译文出版社，1983：153-154.

她不再相信善，也不再相信上帝了。后来，玛丝洛娃被赶出庄园，常常遭到他人凌辱。在恶劣环境的逼迫下，她沦为妓女。从此，她仇视一切以欺骗、金钱和暴力占有她的男人。她借抽烟喝酒来排解愁闷，让自己的精神变得麻木，用遗忘来掩盖自己的伤痛。妓院生活污染了她的心灵，让她变得轻佻而又孱弱，所以在和聂赫留朵夫最后离别时，她流露出了“要讨男人喜欢的媚笑”。

2. 重建“善”的信念

托尔斯泰在《复活》中精心描写了玛丝洛娃的“复活”过程。主要从环境、人物的神态等细节上精心地描绘与表现，比如，《复活》中有七十多处对玛丝洛娃的眼睛、各种表情或外貌的描写，这样就把人物在各个阶段的欢快、幸福、痛苦、恐惧、愤怒等心理状态充分地揭示了出来，让读者看到了一个被侮辱与被欺凌的灵魂及这个灵魂逐渐觉醒的过程。从教材节选部分的狱中初见内容来看，聂赫留朵夫的出现对玛丝洛娃来说是完全出乎意料的。她感到愕然，“玛丝洛娃困惑地瞧了瞧副典狱长，然后仿佛感到惊讶，耸耸肩膀，跟着聂赫留朵夫走到长凳那儿，理了理裙子，在他旁边坐下”。当他问到往事时，她不想也不愿回忆曾经纯洁的爱情和令人陶醉的幸福，因为在那种欢乐之后就是一连串的苦难与屈辱。于是，她表现得心不在焉，“那双斜睨的眼睛又像在瞧他，又像不在瞧他”。同这个男人过去的一点幸福早已消散了，和这个男人相联系的痛苦使她变得麻木。她看见他，又好像没有看见。当他问到他们孩子的下落时，她气愤地回答：“谢天谢地，他当时就死了。”同时，“转过眼睛不去看他”。如果我们对玛丝洛娃接下来的内心活动进行分析，可以更好地理解她的“善”的重建与心灵“复活”的过程。

玛丝洛娃怎么也没想到会看见他，特别是在此时此地，因此最初一刹那，他的出现使她震惊，使她回想起她从不回想的往事。最初一刹那，她模模糊糊地想起那个充满感情和理想的新奇天地，这是那个热爱她并为她所热爱的迷人青年给她打开的。然后她想到了他那难以理解的残酷，想到了接二连三的屈辱和苦难，这都是紧接着那些醉人的幸福降临和由此而产生的。她感到痛苦，但她无法理解这事。她就照例把这些往事从头脑里驱除，竭力用堕落生活的特种迷雾把它遮住。此刻她就是这样做的。最初一刹那，她把坐在她面前的这个人同她一度爱过的那个青年联系起来，但接着觉得太痛苦了，就不再这样做。现在这个衣冠楚楚、脸色红润、胡子上洒过香水的老爷，对她来说，已不是她所爱过的那个聂赫留朵夫，而是一个截然不同的人。那种人在需要的时候可以玩弄像她这样的女人，而像她这样的女人也总是要尽量从他们身上多弄到些好处。就因为这个缘故，她向他妩媚地笑了笑。她沉默了一会儿，考虑着怎样利用他弄到些好处。

这其中掺杂的没想到、驱除、不情愿、小算盘让玛丝洛娃这个人物更真实、丰富、立体。试想如果相见之后的“玛丝洛娃”立即就变成了聂赫留朵夫的“卡秋莎”，那能体现出被男人玩弄带给她的伤害、阴影及生活苦难吗？因此，在和聂赫留朵夫对话时，她用“说这些干什么呀！我什么都不记得，全都忘了。那事早完了”这样的话来抵抗和回避曾经遭受的那些痛苦。她“没有抬起眼睛来”，低头沉思，是在追忆往事，还是在考虑现实？她的言行举止正是心灵受过严重创伤的表现，也是灵魂堕落的反映。长期的妓女生活使她很快地想到应当利用这个有钱的、有求于自己的男人，于是她在这个难得的时机，伸手向他要钱。她一边盯着副狱长，唯恐他发现自己的不轨行为，一边盯着聂赫留朵夫手里的钞票，这时她“那对妖媚的乌黑发亮的斜睥眼睛”[①]透露了她卑劣的职业习惯和心理。

社会的“恶”占据了玛丝洛娃的身心，这种“恶”包括那些不正派的目光，也包含人性之中本能的欲望与放纵。比如，在她走出监牢到法庭受审的途中，沿街众人都把“目光向她这边射来，她没有扭转头，悄悄地斜起眼睛瞟了一下那些瞧着她的人。这种对她的注目，使她暗暗高兴”[②]。用自己的姿色与肉感，让自己成为众目所瞩的对象，诱发他们的种种邪念，这不正是作为妓女能揽客挣钱的自豪感体现？作为被侮辱与被压迫的女性，对于玩弄她的男人，特别是把她纯洁的心变成冷漠的心、把青春的幸福变为妓女的痛苦、把对生活的美好希望变为丑恶现实的男人，玛丝洛娃是怀着痛恨与憎恶之情的。因此，狱中相逢，她的目光里“有一种粗野可怕，拒人于千里之外的神色”，这使得聂赫留朵夫不能与她深谈下去。所以，玛丝洛娃的“复活”是道德问题、人性问题、社会问题和灵魂问题，更具综合性，更有艺术感染力。

玛丝洛娃粗野可怕的目光里流露出来的痛恨与敌视，不久就在第二次和聂赫留朵夫见面时爆发了。当他表示为了上帝与灵魂，自己不仅愿意为解除对她的不公正判处而奔波，而且要与她结婚，以赎前罪

---

① 托尔斯泰．复活［M］．草婴，译．上海：上海译文出版社，1983：174.
② 托尔斯泰．复活［M］．草婴，译．上海：上海译文出版社，1983：8.

时，她愤怒地斥责说："我是个苦役犯，是个……您是老爷，是公爵，你不用来跟我惹麻烦，免得辱没你的身份，还是找你那些公爵小姐去吧，我的价钱是一张红票子。"[①] 最后她索性把一肚子怨气都发泄出来："你今世利用我作乐，来世还想利用我来拯救你自己！我讨厌你，讨厌你那副眼镜，讨厌你这个又肥又丑的嘴脸。走，你给我走！"[②] 这种从"灵魂里涌上来的种种感觉"使她激动万分，她随即"低下眼睛，把她两只小手的手指交叉在一起，紧紧地抱成一团"。后来聂赫留朵夫曾几次从她眼睛里又看出那种紧张而愤恨的神情。玛丝洛娃憎恶、愤怒的目光，深刻地反映了她内心的痛苦，表现了她对聂赫留朵夫的仇视，但也意味着她那麻木久已的精神开始"复活"、"善"开始在她的心灵里重建。

3. 展开的底层空间

聂赫留朵夫一次又一次的真诚忏悔，让玛丝洛娃渐渐减少了对他的痛恨。当然，这其中还受到了很多人的影响。玛丝洛娃被判刑以后，看到许多与她同样无辜的人也在受着迫害，这使她看到法律的不公正，她开始把自身的不幸遭遇和底层劳苦群众的命运联系起来，她也逐渐恢复了正常的生活信念和底层劳动人民的优秀品质。比如，她开始主动帮助狱友，为犯人请求聂赫留朵夫帮忙等。在与政治犯的接触中，政治犯的思想观念也加快了她精神"复活"的进程。政治犯们为解除劳动人民的苦难而甘受痛苦甚至牺牲的精神，感动并教育了她。作为一个来自社会底层的人，她很容易理解那些政治犯的行为动机，因而

① 托尔斯泰．复活［M］．草婴，译．上海：上海译文出版社，1983：194.
② 托尔斯泰．复活［M］．草婴，译．上海：上海译文出版社，1983：194.

她特别看重他们。这就为玛丝洛娃的“复活”打开了更广阔的社会空间，为小说人物注入了丰富的社会性，让小说的主题走向了另一个层面，也符合并配合着聂赫留朵夫最终阶级立场转变的发展逻辑。

最后，玛丝洛娃为了不损害聂赫留朵夫的名誉和地位拒绝了其结婚请求，而决定跟爱上她的政治犯西蒙松一块儿生活。玛丝洛娃身上的“善”彻底“复活”了——恢复了为他人着想的善良本性。托尔斯泰最后把玛丝洛娃的精神“复活”和幸福同与政治犯的结合联系在一起，这既是托尔斯泰晚年思想转变的结果，也是忠实于人物性格的发展逻辑和广阔的社会生活主题而取得的伟大艺术构思的胜利。

三、文本内核：“人性－社会－宗教”的善恶主题

（一）道德主题的人性指向

1. 灵与肉的冲突与“复活”

聂赫留朵夫和卡秋莎·玛丝洛娃是《复活》中的两个主要人物，托尔斯泰通过对他们的性格发展过程、人生命运和生活道路进行描写，呈现出了19世纪末俄国社会状况的本质特征，进而猛烈抨击了俄国沙皇专制制度。聂赫留朵夫和玛丝洛娃的人物性格和内心活动是立体的、丰富的、变化的，同时又是复杂的、矛盾的、挣扎的。因此，立体又冲突地刻画人物是托尔斯泰的文学艺术特色之一，而“人具有流动性”的观点正是解读其人物形象的密钥。

我们写我们的小说，虽说已不像以往那样笨拙了，大恶棍便是大恶棍，大好人便是大好人。但是，终究还是笨拙得可怕，只会用一种

色调。所有的人，正像我一样，都是黑白相间的花斑马好坏相间，好好坏坏，亦好亦坏，好的方面决不可能像我希望别人看待我的那样，坏的方面也决不可能在我生气或者被人欺侮时看待别人的那样。

1890，日记

在文艺作品中能够清清楚楚表现出人的流动性，即，同一个人，时而是恶棍，时而是天使，时而是智者，时而是白痴，时而是大力士，时而是软绵绵的小小的生物，倘若能够写出这种作品，那真太妙了！

1898，日记

（选自《列夫·托尔斯泰论创作》，漓江出版社1982年版，戴启篁译）

大学时期的聂赫留朵夫是个真诚善良、有美好品德的贵族青年。斯宾塞的“正义不容许土地私有”的理论深深地影响了他，“那时他第一次理解土地私有制的种种残忍和荒谬”[①]，于是他立即把从父亲名下继承的土地送给了农民。当初爱上玛丝洛娃，也完全是发自内心的纯洁高尚的情感。可是三年后，军队生活和彼得堡上流社会生活引发了他身上的利己主义的“恶”，他很快就滑入了堕落的泥坑，由原先“诚实而富有自我牺牲精神”“乐于为一切美好的事业献身”的青年，变成了专爱享乐的“荒淫无度的彻底利己主义者”。这一阶段肉体战胜了心灵，欲望腐蚀了灵魂。

十年后，聂赫留朵夫在法庭上与玛丝洛娃意外相遇，他的思想和性格出现转变。当然，他的思想变化是经过激烈的矛盾斗争的。最初，他感到恐惧，怕玛丝洛娃认出自己，让自己当众出丑，一心只想早点

① 托尔斯泰．复活［M］．草婴，译．上海：上海译文出版社，1983：51.

审完。随着案件审理过程的推进，聂赫留朵夫的心里也在激烈地斗争着，羞愧、悔恨，同时又想逃脱。当法庭宣布判处玛丝洛娃到西伯利亚服四年苦役，玛丝洛娃哭喊着“冤枉”时，聂赫留朵夫的心灵受到了强烈的震动，他开始认识到自己所犯罪恶的严重性，开始痛责自己“我就是无赖，就是流氓”[①]。他决心忏悔过去，弥补自己的罪责，重新做人。这一阶段聂赫留朵夫的道德之善逐渐征服内心的欲望之恶与社会之恶。

实际上，这时的聂赫留朵夫，并不是完全为了赎罪而提出与玛丝洛娃结婚。这些举动中，不能说没有掺杂虚伪自私的因素。例如，他一会儿为自己往日的罪行感到羞愧，一会儿暗自欣赏自己的“牺牲精神”，欣赏自己的崇高和善良，在赎罪中求得自己内心的平静。但到了后来，随着对玛丝洛娃的了解进一步深入，尤其是在为玛丝洛娃奔走上诉的过程中，从莫斯科、彼得堡的官场到荒凉凋敝的农村，他亲眼目睹了沙皇专制下社会中的种种丑恶——政治腐败、法律反动、教会欺骗、经济衰落、民不聊生，这让他愈来愈认识到上层统治阶级罪恶的深重，并对底层劳动人民的苦难产生深厚的同情。到这一阶段，聂赫留朵夫才算是真正实现了精神的复活。

相较于聂赫留朵夫的灵与肉的冲突及“复活”，玛丝洛娃的灵与肉的冲突及“复活”显得更深刻，从对美好爱情的幻想到对生活的怀疑和绝望，再到对有企图的男人们的报复，再到变得冷漠不愿回忆曾经的美好过往，直至被聂赫留朵夫的忏悔行动打动而“复活”，玛丝洛娃最终成为一个情操高尚、灵魂至善的人。“正因为如此，当她最后

---

① 托尔斯泰．复活［M］．草婴，译．上海：上海译文出版社，1983：118.

同聂赫留朵夫告别时，她一方面暗暗高兴，高兴自己终于克制住了自己的感情，没有拖累他，没有堕落；一方面又不免感到难过，因为就要跟他分手了。这种完全为别人考虑，为此不惜牺牲个人的幸福而求得自我道德的完善，正是托尔斯泰要表现的玛丝洛娃的复活。这同聂赫留朵夫的悔罪、赎罪，为使玛丝洛娃获得幸福而甘愿自我牺牲的复活，本质上是完全一样的。”①

总体来说，《复活》中的“复活”是在灵与肉的冲突中完成的道德、人性、思想和灵魂的“复活”。玛丝洛娃的“复活”更为复杂与可贵，因为“卡秋莎·玛丝洛娃的命运是小说的核心，全部情节都以她为轴心，环绕着她而转动，一切场景都与玛丝洛娃有关，一切人与事都要透过卡秋莎·玛丝洛娃一双略微斜睨的明亮的黑眼睛来观察、来衡量，卡秋莎·玛丝洛娃是小说中评价一切事物的标准”②。

2. 个体生命价值

托尔斯泰在《复活》中重点展示的是善与恶、灵与肉的冲突和最后“善”的“复活”，但在这一“复活”的过程中，还表现出了被黑暗时代裹挟的个体生命的价值。《复活》表现出了对人的内在力量与崇高精神的高度肯定和信赖，小说通过描写不同阶层的人的精神复活，展示了即使是在充斥着诱惑和苦难的生活中，人依然可以自主选择，依然可以冲破重重黑暗的帷幕而做出善的选择。这种对人的尊重和同情，让整部小说富有人性的光辉和魅力，也让我们看到了托尔斯泰在平凡中见真善美的巨人之心。所以，弘扬人性、歌颂善性、否定恶性，

---

① 白晓朗，黄林妹．如何理解《复活》中的“复活”[J]．外国文学研究，1983（4）：111.

② 徐稚芳．《复活》中的卡秋莎·玛丝洛娃的形象[J]．国外文学，1981（1）：40.

是《复活》传递出来的永恒价值——超越时代的普世价值和终极关怀。

如今，人类社会的物质财富和生活方式日益丰富和多元，但许多人在精神层面上却犹豫不前、徘徊不定，因此，可贵的人之善性总是能引起我们的高度关注和特别重视。聂赫留朵夫就是在一次次战胜内心的人性之恶的过程中，完成了人性之善的回归。聂赫留朵夫内心反省的姿态以及和自己身上真正圣洁的“我”的谈话，不仅忏悔了自己的罪责，还让他从一个衣食无忧的堕落贵族转变成一个灵魂纯正、情操崇高的人；玛丝洛娃也从一个放荡堕落的人转变成一个精神上觉醒、人格上纯洁、灵魂上善良的美丽女子。在这种质的转变中，我们可以看出“复活”是从灵魂到肉体的全方位的“复活”，因为他们都获得了新的生命、精神和灵魂。这已经超脱了“人死不能复生”这一简单的民俗学界定，人的灵魂可以被召唤，可以从麻木、残酷的黑暗世界中挣脱，转变为同情、友爱的善的灵魂，这才是真正的复活。这也是一种从低到高的升华——灵魂从污浊混沌到高尚纯洁。

人与人之间的最大区别就是如何按照自己的想法和善心去做自己喜欢的事情，又在多大程度上顺从、考虑或顾及别人的想法。正如聂赫留朵夫和玛丝洛娃的人生历程，他们都可以选择高尚，也可以选择龌龊，选择全在于“复不复活”这一质的关键。内心的停滞会让自己的灵魂堆满污垢，因而人只有对自己的心灵不断进行擦拭，才能不断地进行自我净化，才能从肉体的牵绊中解脱出来，达到灵魂的升华。人心至少是有向善的本能的，尽管随着年龄、教育、地位、环境等的变化，尤其是当一个人处在一个大时代变化的环境中，他的善的本性可能会被时代裹挟、蒙蔽、掩盖、隐藏，于是表现出恶性、贪婪、自私、狭隘、虚伪等。善的本性在这种时代中就显得很重要。要“复活”，就要自我苏醒。所以被裹挟的个体的人性之光在一个时代中显得尤为可贵，尤其是在黑暗的时代里，这也是托尔斯泰把故事改写成小说，并将其放在所设定环境里的价值和意义。

读《复活》的时候，我们一定要懂得从人物、人性这一大的路径出发，读出这部作品的价值和意义：在黑暗的年代里，个体的生命能够迸发出怎样的人性光辉。有人评价说，托尔斯泰把一个平淡故事中人物“复活”的善意和善性变成了刺破黑暗的长枪。这就是我们通过对人物形象的理解，感受被大时代裹挟的生命价值，并最终体会到保持善性或恢复善性，才能散发出人性的光辉。

（二）批判思想的社会指向

1. 对社会生态真实性的表现

1882年，托尔斯泰参加了社会人口调查工作，走访了许多农村、监狱、法庭和教堂，贫民的生活状况让他大为震动。“人们不能这样的过活！这绝不能存在！这绝不能存在！”[①] 对真实社会状况的关切和疼痛之感增强了《复活》的真实性和批判性，在《复活》中，托尔斯泰描写了各种人物、城市、乡村、法庭、监狱、贵族之家、茅草之屋等，为了描写得真实准确，他曾经细致地研究过各种人物及其生活场景。例如，为了真实地反映法庭审判的过程和犯人在狱中的生活情况，托尔斯泰曾访问过图拉法院，亲自到奥廖尔省监狱和莫斯科监狱察看过，还与图拉监狱长和老看守交谈过，了解过从莫斯科押送犯人去西伯利亚的一些细节。因此，《复活》这部作品的内容细致入微、真实可信。

---

① 王立明.《复活》诠释与解读［M］. 北京：中国少年儿童出版社，2002：46.

《复活》真实地反映了资本主义发展给农民带来的灾难。聂赫留朵夫到彼得堡上诉时，坐在马车上目睹了大批破产农民涌进城里的情景。

“今年怎么有这么多乡下人涌到城里来，”他说着从驭座上转过身，给聂赫留朵夫指指一伙从农村来的工人。他们背着锯子、斧子、短皮袄和口袋迎面走来。

“难道比往年多吗？”聂赫留朵夫问。

“多得多啦！今年到处都挤满人，简直要命。老板把乡下人丢来丢去，简直象（像）刨花一样。到处都挤满了人。”

“怎么会这样呢？”

“人越来越多，没地方去。”

“人怎么会越来越多呢？为什么他们不肯待在乡下？”

“待在乡下没活干。没有土地呀。”

…………

“你们不能租点地来种吗？‘

“如今上哪儿去租？原来的地主老爷都把家产吃尽卖光了，商人们把地统统抓在手里。你别想从他们手里租到土地，他们都自己经营……”

（选自《复活》，上海译文出版社 1983 年版，草婴译）

涌进城里的农民沦为资本家的廉价劳动力，生活在社会底层。这就是农奴制改革后俄国的真实社会现状。

托尔斯泰在创作《复活》时，不厌其烦地修改，力争使其尽真、尽善、尽美。托尔斯泰认为，真实是艺术创作的基础，没有真实就没有艺术。在人物塑造上，托尔斯泰更是遵照真实的原则。为了塑造好玛丝洛娃这一饱经忧患、被侮辱与被损害的妇女形象，他曾反反复复地修改了20多次。从一个更广阔的角度来说，《复活》也是托尔斯泰面对社会现状和理解社会问题的心灵史，体现了“批判现实主义”“真实性”的表达功能。

在生活的各个方面，特别是在艺术领域里，只需要唯一的消极的品质——不撒谎。生活中撒谎固然下流，但还不至于毁掉生活，它玷污生活，但在其污秽之下终究不能掩盖生活真实，因为总会有人或苦痛地或欢乐地渴望着什么。但在艺术领域内的谎言却毁掉现象之间的一切联系，把一切弄得灰飞烟灭。

——1877，致斯特拉霍夫的信

真实就是真实，而不是被证明的东西以及其他等等。这是真理中的真理。但真实，正如同这个真理一样，可以不去证明，而是跟踪探寻——可以接近它并且看到，再往前便无路可走并且我也会离开它。

——1879，致费特的信

写作艺术家，除开外在的才能，还应当具有两个品质：第一，确知什么事应该有，第二，坚信什么事应该有并从而描述那应有之事好像它业已存在着似的，好像我已身历其境似的。

——1887，致彼留可夫的信

（选自《列夫·托尔斯泰论创作》，漓江出版社1982年版，戴启篁译）

作品唯有在表现社会真实的基础上，才能对社会进行深入的思考与深刻的批判。《复活》中涉及的案件有40多起，我们可以从中窥见俄国社会的司法制度、庭审制度和监狱制度，加深我们对俄国社会真实性的认识。

2. 深刻的揭露与激烈的批判

《复活》中，托尔斯泰站在农民的立场上，无情地撕开了一切虚假的面具，对沙皇专制下的国家制度、社会制度、教会制度和经济制度都进行了深刻的揭露和激烈的批判。托尔斯泰在1895年11月5日的日记中写道："刚才我正在散步，忽然很清楚地懂得了我的《复活》为什么写不出来的原因，开头写得不对。这一点，我是在思考那篇关于儿童的小说《谁对》的时候才懂得的；当时我明白了那篇小说必须从农民生活写起，明白了他们才是目标，才是正面的东西，而另一些——只是阴影，只是反面的东西。想到这个，我就连带地也明白了关于《复活》这部书的道理……必须从开庭的情景写起，立即写出法律的欺骗和使它正直不阿的必要性。"①

《复活》以极具讽刺意味的描写，展示了法庭审判的荒谬场面。女主人公玛丝洛娃——真正的受害者，站在被告席上；而造成玛丝洛娃受害、堕落的罪魁祸首——聂赫留朵夫及那些嫖客们，则堂而皇之地坐在审判席上。受害者与害人者之间的这种错位关系，生动形象地揭露了当时俄国法庭黑白混淆、是非颠倒的本质。《复活》还描写了涉及道德、经济、政治、宗教等各个方面的一系列冤案。例如，一个叫明肖夫的人，新婚不久，妻子就被一个酒店的老板拐走了。他到处去

---

① 刘国屏，于心文．世界文学名著导读：下册［M］．南昌：百花洲文艺出版社，1996：1084.

伸冤告状，但由于酒店老板买通了相关官员，一直逍遥法外。当明肖夫去找酒店老板要回他的妻子时，却被酒店老板打得头破血流。第二天酒店老板的院子着火了，酒店老板就诬陷是明肖夫和他母亲所为，于是他们就被关进了监狱。又如，一些泥瓦匠由于身份证过期被关进了监狱。可见在这些“法律执行者”身上，根本找不到丝毫的公平正义。

通过描写这一系列冤案，托尔斯泰不仅揭露了法律执行者们卑劣丑恶的本质，更深刻地揭露了法律本身的虚伪性和不合理性。正如托尔斯泰所说：“问题不仅在法律执行者不好，更主要的是法律本身就不好。这一切罪恶正是按照法律的规定产生的。”“法律在我看来，只是维持对于我们的阶级有利的现有秩序的一种行政工具。”[①] 托尔斯泰从嘲讽法庭到否定法律，进而否定了法律的制定者及其背后的社会制度。托尔斯泰通过《复活》无情地揭露了沙皇俄国官僚们的丑恶嘴脸和社会的黑暗。这些官僚包括副省长、大法官和原国务大臣，他们有一个共同特点，那就是冷酷残忍、伪善贪婪和卑鄙无耻。这也恰好反映了沙皇专制统治的反动与腐朽。

1861 年，沙皇进行了农奴制改革，但农奴制改革后的俄国，全国绝大部分土地仍被贵族地主占有，而且随着资本主义势力的发展，农民的身上又被套上了新的枷锁。通过聂赫留朵夫的视角，我们可以看到俄国广大农民的贫困悲惨状况和农村破败荒凉的景象：农妇玛尔法的丈夫被饥饿驱使，砍了地主的两棵树就被关进监狱，玛尔法只得带着三个孩子去讨饭；一个老农向聂赫留朵夫诉苦说，他一家有十二个

---

① 王立明.《复活》诠释与解读［M］. 北京：中国少年儿童出版社，2002：55.

人，而土地却只能养活三个人，所住的茅屋破旧不堪，随时都有倒塌的危险，但却没有能力维修，明知住在里面有生命危险，却也不得不住在其中；寡妇阿尼霞靠四处乞讨生活。

托尔斯泰不仅看到了农民贫困的生活景象，还借聂赫留朵夫的口，说出了导致农民贫困的真实原因——“唯一能用来养家糊口的土地被地主霸占了”“儿童和老人纷纷死亡，因为他们没有土地放牧牲口，又收不到粮食和干草”“老百姓的全部灾殃，或者说老百姓遭殃的主要原因，就是他们赖以生存的土地不在他们手里，而在那些享有土地所有权，因此靠老百姓劳动过活的人手里”。[①] 于是他大声疾呼：“土地不能成为私有财产，不能成为商品，就象（像）水、空气和阳光一样。人人都有权享用土地，享用土地提供的一切利益。”[②] 在这里，托尔斯泰明确地否定了封建的地主土地占有制。托尔斯泰给出的解决办法就是把土地租给农民，再把他们缴纳的租金用作税款和公益金。当然，这种治标不治本的改良主义思想只能是空想。

3. 对社会变革的警示与预感

在《复活》中，聂赫留朵夫辗转上下，穿梭来往于社会阶层的两极，他不仅出入彼得堡上流社会及贵族沙龙，同时还走访农庄、监狱、贫民窟等社会底层空间。在聂赫留朵夫走访监狱和解救玛丝洛娃的过程中，我们看到了黑暗社会给人性到底造成了怎样的摧残。当社会的黑暗真相被揭露后，聂赫留朵夫看到了无穷的苦难，他开始怀疑这个苦难真相的真实性，更怀疑自己所在的阶层和自己一贯的生活观、价

---

① 刘国屏，于心文．世界文学名著导读：下册［M］．南昌：百花洲文艺出版社，1996：259.

② 托尔斯泰．复活［M］．草婴，译．上海：上海译文出版社，1983：259-260.

值观和世界观。透过玛丝洛娃被冤判的冰山一角，聂赫留朵夫看到了充满苦难的巨大冰山本体。这样，托尔斯泰拉开了俄国社会各个层面的帷幕，让存在于社会各方面的根本矛盾得到了全面的展现，让我们看到了 19 世纪末的俄国统治阶级腐朽没落、骄奢淫逸的荒唐生活，以及他们残忍与暴虐的本性。

托尔斯泰为什么要重点表现社会残忍暴虐的一面呢？其实，这种残忍暴虐正是一种社会或制度灭亡的征兆，灭亡之前的天空是最黑暗的。这种残忍和暴虐警示着社会即将发生巨大的变革，当然，对于这种可怕的局面和变革趋势，《复活》里的主人公聂赫留朵夫给出的结论是"务必要想出办法"。因此，《复活》在第三部分描写流放玛丝洛娃到西伯利亚的过程时，写了很多聂赫留朵夫和政治犯的接触，这些政治犯就是未来社会的某一类风云人物，这是托尔斯泰预感到的，他们可能是社会变革的动力。托尔斯泰用小说表达了自己的预感——一个社会的变革需要某种推动性力量，而这种力量极有可能就是这些勇于直面封建与黑暗的"政治犯"。

（三）具有局限性的宗教指向

1. 批判统治者所进行的精神统治

在《复活》中，托尔斯泰对沙皇专制的精神支柱——官方教会，进行了无情的揭露和批判。在沙皇时代，专制政权控制着教会的所有活动，教会是沙皇最有力的统治工具。沙皇政府的种种倒行逆施，不仅得到了教会的支持，而且还被它赋予了神圣的色彩。对此，托尔斯泰在《复活》中毫不留情地撕下了官方教会的虚伪外衣，大胆地揭露了官方教会的伪善性和欺骗性，以嘲讽的笔调细致地描写了法庭上司祭带领陪审员们宣誓及监狱里犯人们做礼拜的滑稽情景。

托尔斯泰在《复活》中对宗教的态度主要体现在两个方面，一是批判统治者盗用或扭曲基督教教义来进行精神统治，二是带有宗教色彩的道德自我完善思想。其实，托尔斯泰本身并不反对宗教，他反对的只是腐朽的教会制度，他信奉的也不全是宗教。《复活》中多次出现福音书内容，正体现了托尔斯泰复杂的宗教思想。托尔斯泰认为官方教会在欺骗和愚弄人民，是维护专制政体的工具，是模式化的、冗长的，反映了假借精神之名的物欲本质，这恰恰是违反基督教教义的。

所谓“神圣”的宗教仪式，在托尔斯泰笔下变得十分滑稽可笑，而且渗透着辛辣的讽刺意味。按照托尔斯泰的理解，真正的基督精神是爱人、爱一切人，而不是监禁人、虐待人、侮辱人、惩办人。礼拜仪式上的司祭装模作样地把面包切成小块，蘸上葡萄酒，然后煞有介事地说这就是上帝的身体和血，人吃了以后就会得到上帝的拯救。这写出了宗教仪式的欺骗性，更具有讽刺意味的是，就在司祭“用怪声怪气的假嗓又像唱又像念”地喊着“至亲至爱的耶稣哇”“万能的主耶稣哇”“爱人类的耶稣哇”等话语的同时，磨伤犯人腿的脚镣声响成一片。鲜明的对比和辛辣的讽刺淋漓尽致地展示了托尔斯泰的批判指向——“这里所做的一切正是最严重的渎神”[①]，是完全违背基督教教义的。

既然如此，那些神职人员为什么还年复一年、日复一日地做得认真起劲呢？原因很简单，他们既不是出于对上帝的敬重，也不是为犯人着想，完全是为了财富和权力。在法庭上带领陪审员们宣誓的司祭

---

① 托尔斯泰. 复活［M］. 草婴，译. 上海：上海译文出版社，1983：159–161.

靠这骗人的勾当，“不仅能给家人留下一座房子，而且还有不下于三万卢布的有息证券”和“借此结识许多名流”，[①]为自己带来更大的利益。至于这样做是否符合基督教教义，“他可从来没有想到过”[②]，而那位在监狱里带领犯人做礼拜的司祭对自己行为的目的十分明确，就是通过这种方式敛财。

托尔斯泰如此尖锐深刻地揭露官方教会的欺骗性，必然会激怒沙皇政府，因此遭到了沙皇政府书报检察机关的严格审查，《复活》中描写狱中礼拜仪式的两章，被砍到只剩下五个字——“礼拜开始了”。官方教会也恼羞成怒，俄国宗教院于1901年2月24日宣布开除托尔斯泰的教籍。根据俄国宗教院的这个决定，俄国各个教堂的神甫在做礼拜的时候，都必须对所谓的“叛教分子”托尔斯泰伯爵攻击、诅咒一番。革命导师列宁在他所主办的《火星报》上发表文章，揭露和谴责反动政府和黑暗教会的罪恶，并对托尔斯泰给予了高度评价。

2. 带有宗教色彩的道德自我完善

托尔斯泰在描绘聂赫留朵夫的形象时，认为聂赫留朵夫身上同时存在着“动物的人”和“精神的人”。“动物的人”与种种罪行相联系，“精神的人”则与种种善行相联系。他堕落作恶时，是因“动物的人”占了上风；他悔过自新，乃至“复活”时，是由于“精神的人”重居首位。当然，这是托尔斯泰的主观解释。但是，作为“最清醒的现实主义”作家，托尔斯泰在作品中把“动物的人”与贵族阶级的生活方式联系了起来，令人信服地表明聂赫留朵夫的堕落是被贵族生活方式、习惯及信仰腐蚀的结果。从法庭上开始，所谓“精神的人”在

---

① 托尔斯泰．复活［M］．草婴，译．上海：上海译文出版社，1983：34.

聂赫留朵夫身上“复活”，根本原因是玛丝洛娃的苦难经历和不白之冤触动了他，这是由于他的思想深处还留有人道主义思想和自我精神探索的习惯。而在为玛丝洛娃奔走上诉的过程中，他加深了他对贵族阶级及沙皇专制的认识，最后成为贵族阶级的叛逆者。从客观上看，托尔斯泰还是真实地揭示了聂赫留朵夫思想和性格变化的阶级和社会原因。

然而，托尔斯泰又大力宣传自己的“勿以暴力抗恶”“道德上的自我完善”学说，即所谓的“托尔斯泰主义”，号召人们以基督教的“博爱”思想放弃暴力。聂赫留朵夫信奉“勿以暴力抗恶”“道德上的自我完善”的思想，正体现了托尔斯泰最终在思想上没有走向社会革命活动而走向宗教皈依的局限性。聂赫留朵夫这个形象在那个时代是具有典型意义的，在 19 世纪 80 年代的俄国，像他这样的优秀贵族分子从贵族阶级中游离出来，对本阶级进行批判，但又没有投向人民，其最后的归宿必然是宗教。“在托尔斯泰看来，道德的自我完善便是抛弃利己主义，投身到利他主义中。一个人，如果仅仅为自己而活，为了自己而不惜牺牲其他人幸福的权利，那就是一个不道德的人，还没有找到生命的意义的人，而生命的真正意义就在于为了他人牺牲自己。如果想做一个道德完善的人，就需要经受很多考验，因为在人心中那个兽性的人会不断站出来试图掩盖每个人温良的本质，诱惑人要及时享乐。所以，当我们认识到内心的这种二重性，就不得不经常进行道德的自我完善。”①

《复活》中前后形成首尾呼应的福音书节选，代表的是托尔斯泰

① 王梅菊. 从《复活》解析托尔斯泰的宗教思想［J］. 文教资料，2014（19）：10.

所赞成的基督教博爱平等的教义，而它们有两次都正好出现在主人公人性之美的全盛期。前者出现在主人公还具有赤子之心时，后者出现在主人公的精神彻底复活时。因此，《复活》当中三次福音书的出现正好形成了类似中国佛教禅宗提出的看山是山、看山不是山、看山还是山的人生三重境界的结构。《复活》中的宗教精神概括起来就是宽恕、仁爱、道德的自我完善，这是一种带有宗教色彩的人道主义思想。在一个社会摇摇欲坠时，正是"怜"与"爱"让社会还保有一点温度，《复活》的最终目的就是让人们学会爱，让公平和正义不再被嘲弄，每一个社会的建设者都拥有追求自己幸福的权利和途径。托尔斯泰在《复活》中用两个主人公相继的自我觉醒，表达了以"道德的自我完善"来消除社会的不平等和罪恶的主旨。

四、文本延伸：《复活》整本书阅读教学设计——从教材节选推向整篇（部）的尝试

（一）设计背景

《复活》是托尔斯泰晚年世界观剧变之后的一部历时十年的力作。教材节选部分主要讲述聂赫留朵夫看到玛丝洛娃受审，意识到自己年轻时所犯的罪恶，决心悔过自新，犹豫再三后最终鼓足勇气到监狱与玛丝洛娃会面。描写了两人的对话和大量的心理活动，刻画了男女主人公走向"复活"时的心理状态。

本设计的意图不只是让学生理解教材节选部分男女主人公片刻的心理状态，更是以此为契机引导学生阅读《复活》整本书，全面理解男女主人公完整的"复活"过程，更深入地理解托尔斯泰深邃而复杂

的理想世界。

（二）教学目标

1. 语言目标

（1）学生感受托尔斯泰小说的叙事技巧、语言风格。

（2）学生理解并学习文本叙事的社会指向、人性指向、道德指向。

（3）学生学会深入考察历史和生活，运用富有表现力的语言，塑造人物形象，表达自己特有的想法。

2. 思维目标

（1）学生深入理解《复活》的人物与主题。

（2）学生对“托尔斯泰主义”——博爱思想、道德至善、不以暴力抗恶进行思辨性研究。

3. 审美目标

（1）学生领悟人性之美、道德之善。

（2）学生领会托尔斯泰的审美追求，并确立高雅的审美追求。

4. 价值目标

（1）学生了解托尔斯泰的人生及思想，并从中获取对历史、社会、人生有益的启示。

（2）学生能对社会、人性、道德等方面进行思索。

（三）专题实施

活动一：演绎人生

——梳理《复活》第一部分的情节脉络、人物关系

【核心任务】

梳理《复活》第一部分的情节脉络、人物关系。

【教学任务】

①让学生阅读《复活》第一部分，揣摩该部分心理描写的作用，区分内心独白、自我分析和人物对话中所体现的心灵辩证法。

②让学生阅读《复活》第一部分，并摘抄与聂赫留朵夫、玛丝洛娃人生经历相关的语段。

③让学生结合《复活》第一部分把《复活》教材节选部分改编成戏剧剧本并展演、点评。

④绘制聂赫留朵夫、玛丝洛娃主要情节的思维导图。

【教学资源】

①《复活》第一部分；②《探监》（夏衍剧本）；③《雷雨》（濮存昕、潘虹版本视频资料）。

【学生活动】

①参考《探监》《雷雨》（借鉴《雷雨》中设置矛盾冲突的方式和技巧）编写《复活》剧本，剧本应当清晰地展现聂赫留朵夫、玛丝洛娃的人生经历。

②学生分小组排演戏剧《复活》。演员要结合剧本的情境仔细揣摩人物动作、语言、心理，并以恰当的方式演绎。

③点评戏剧《复活》。学生不仅要点评演员的表演，也要点评剧本（剧本的语言、剧本设置的矛盾冲突、剧本展现的人物形象），并评选出优秀剧本、优秀演员。

【教学目的】

活动一的设计涉及了“跨媒介阅读与交流”“文学阅读与写作”“整本书阅读与研讨”等任务群，指向了“语言建构与运用”“思维发展与提升”等核心素养。

《复活》第一部分的主要内容是聂赫留朵夫在担任陪审员时认出了被告玛丝洛娃，并意识到了自己年轻时犯下的罪恶对他人的影响如此之深，决心积极行动帮助玛丝洛娃以期完成自我救赎。

学生通过自主编剧、演剧、评剧等具体任务的施行，能够深入领会《复活》第一部分中聂赫留朵夫、玛丝洛娃两个迷茫的灵魂堕落的过程及其中的无奈、痛苦与挣扎，为研读《复活》全篇打下坚实的基础。《雷雨》是曹禺的经典作品，其矛盾冲突的设置尤为精彩，极富张力，在有限的时空内展现了30年两代人、两个阶级的恩怨情仇。让学生在参考视频资料《雷雨》的基础上，创设全新的、有张力的戏剧冲突，也能够进一步提升学生的“语言建构与运用”“思维发展与提升”等核心素养。

活动二：绘写人生

——梳理《复活》第二部分的人物社会关系并考察主人公堕落的渊薮

【核心任务】

梳理《复活》第二部分人物的社会关系并考察主人公堕落的渊薮。

【教学任务】

①让学生阅读《复活》第二部分。

②结合《复活》第一、第二部分内容绘出聂赫留朵夫的社会关系图。

③结合《复活》全书内容，分析玛丝洛娃拒绝与聂赫留朵夫结婚，反而选择与被流放的政治犯西蒙松结婚的原因。

【教学资源】

《复活》第二部分。

【学生活动】

①阅读《复活》第二部分，梳理聂赫留朵夫为玛丝洛娃案件奔走的路线。

②用思维导图的形式，描绘出聂赫留朵夫的整个社会（包括上流社会和底层社会）关系。

③聂赫留朵夫在为玛丝洛娃案件奔走的过程中，对 19 世纪俄国的司法制度、土地制度、社会阶层、宗教信仰等各方面进行了深刻的反思，玛丝洛娃堕落并被判苦役与这些社会因素有着密切的联系。学生分小组撰写一篇议论文，从主客观方面深入分析玛丝洛娃与聂赫留朵夫的情感变化和婚姻选择的深层原因。（要理据充实、逻辑清晰，字数不少于 800 字。）

④学生对聂赫留朵夫的社会关系思维导图、有关玛丝洛娃的议论文进行互评；教师公开展示佳作，并点评、奖励。

【教学目的】

活动二的设计涉及了“实用性阅读与交流”“思辨性阅读与表达”“整本书阅读与研讨”等任务群，指向了“思维发展与提升”“审美鉴赏与创造”等核心素养。

在《复活》的第二部分，托尔斯泰对 19 世纪的俄国做了全景式、全方位的批判，这一部分不仅是《复活》的主旨所在，也是解读托尔斯泰思想的要津。《复活》第二部分中，聂赫留朵夫决心“复活”，以冷静的视角揭示了俄国社会司法制度的僵化与冷酷、土地制度的自私与奴役、上流社会的无聊与伪饰、下层民众的艰辛与安乐、官方教会的伪善性与愚民性。玛丝洛娃的“复活”在前期虽然是被动的，但是整个精神“复活”的历程具有思辨的价值，也更能体现人性的复杂和多面，值得深入研讨，将学生的思维引入对整本小说的阅读。

学生在梳理聂赫留朵夫和玛丝洛娃的社会关系时，也就跟随着主人公全景式地考察了整个 19 世纪的俄国，对托尔斯泰思想的深入理解也就逐渐清晰。

在厘清俄国的司法制度、土地制度、社会阶层、宗教信仰等几个方面问题的基础上，再次审视玛丝洛娃的“罪恶”，也就具备了一定的深度。玛丝洛娃的堕落固然有主观的因素，但社会各方面的客观因素相互叠加才最终酿成了玛丝洛娃的悲剧。学生撰写这一主题的议论文有助于全面地、清晰地理解托尔斯泰的“复活”思想的要义。

活动三：知人论世

——理解“复活”及“托尔斯泰主义”

【核心任务】

理解“复活”及“托尔斯泰主义”。

【教学任务】

①让学生阅读《复活》第三部分。

②结合《复活》第一部分、第三部分，比较分析玛丝洛娃与聂赫留朵夫首次和最后一次的狱中会面。

③理解并思辨“托尔斯泰主义”。

【教学资源】

①《复活》第三部分；②《托尔斯泰的烦恼》（视频资料）；③《逃向上帝》（茨威格）；④《一件小事》（鲁迅）；⑤《老王》（杨绛）。

【学生活动】

①阅读《复活》第三部分，梳理西蒙松、谢基尼娜、诺伏德伏罗夫、克雷里卓夫等政治犯的人生经历。

②结合《复活》第一部分中玛丝洛娃首次在狱中与聂赫留朵夫会面的场景，比较并深入分析她最后一次在狱中与聂赫留朵夫会面时所发生的转变，分小组撰文阐明玛丝洛娃“复活”的含义。教师展示佳作并点评。

③《复活》是托尔斯泰写的最后一部长篇小说，在某种程度上也是一部具有自传性质的作品，是托尔斯泰用十年时光对自己一生的探索和思想的总结。要理解《复活》的主旨，有必要了解托尔斯泰跌宕、丰富的人生经历。结合《托尔斯泰的烦恼》（视频资料）、《逃向上帝》（茨威格）等学习资源，分小组撰文阐述聂赫留朵夫的“复活”之路。教师展示佳作并点评。

④阅读《一件小事》（鲁迅）及列宁对托尔斯泰的评价，就“托尔斯泰主义”展开论辩。分小组开展以“我们该如何评价‘聂赫留朵夫’及‘托尔斯泰主义’？”为主题的大讨论。小组做好讨论记录，提炼核心观点并在班上进行分享和交流。教师评价、总结。

⑤阅读《老王》（杨绛），对比分析这篇文章与托尔斯泰《复活》

的异同，探究心灵与精神上自我救赎的根源和过程。

【教学目的】

活动三的设计涉及了“文学阅读与写作”“整本书阅读与研讨”“文化参与”“革命传统作品研习”等任务群，指向了“审美鉴赏与创造”“文化传承与理解”等核心素养。

《复活》第三部分的主要内容是玛丝洛娃被押往西伯利亚的过程，也是玛丝洛娃彻底“复活”的过程。玛丝洛娃的“复活”与那些政治犯有着密切的关系，所以梳理那些政治犯的人生经历及思想状况对于理解玛丝洛娃的“复活”尤为关键。在这一部分中，聂赫留朵夫也找到了自己的救赎之道——回归福音书。至此，《复活》的两个主人公玛丝洛娃、聂赫留朵夫都完成了自我救赎，实现了人性的、良知的、良心的复活，这也是托尔斯泰本人的救赎之道，由此形成了托尔斯泰主义。托尔斯泰主义的要义有三：博爱思想、道德至善、不以暴力抗恶。对托尔斯泰主义的讨论历来颇多，对此我们应该理性辨析，扬弃吸收，让这种思想融入我们的社会主义核心价值观。结合列宁对托尔斯泰的评价，学生在肯定托尔斯泰对现实的反省及批判的同时，比较《一件小事》中“我”的反思与聂赫留朵夫的救赎，理解“复活”的深刻内涵。此外，在《复活》整本书的阅读中，启发学生不断完善自我人格，培养学生仁爱、宽恕、善良的精神品质，落实“立德树人”的教学目标。

列宁评价托尔斯泰：“一方面，无情地批判了资本主义的剥削，揭露了政府的暴虐以及法庭和国家管理机关的滑稽，暴露了财富的增加和文明的成就同工人群众的穷困、野蛮和痛苦的加剧之间极其深刻的矛盾；另一方面，狂信地鼓吹‘不用暴力抵抗邪恶’。一方面，是最清醒的现实主义，撕下了一切假面具；另一方面，鼓吹世界上最卑鄙龌龊的东西之一，即宗教，力求让有道德信念的僧侣代替有官职的僧侣。”

（选自倪蕊琴《俄国作家批评家论列夫·托尔斯泰》，中国社会科学出版社 1982 年版）

（四）专题评价

1. 核心问题理解

新课标中，“整本书阅读与研讨”“外国作家作品研习”“跨文化专题研讨”等与整本书阅读相关的任务群无不强调“研”，所以在整本书阅读的教学中，“读”是过程，“研”是目的。以“研”推“读”，以对任务的研讨从广度、深度两方面来推进整本书阅读，这应该是整本书阅读的大道、正道。对教师来说，最关键的不外乎是精准设置具体的任务群，这需要教师对作品篇目与学情有着翔实而深入的理解和掌握。

就《复活》整本书阅读来讲，学生对俄国文学的接触应该是不多的，而且俄国文学中人物的姓名、大段的心理独白、大段的景物描写、情节推进的滞缓等都是学生研习俄国文学作品的障碍。为减小这些障碍的影响，教师应该设置相应的人物让学生适应俄国小说的节奏，能够进入小说的情境中去。本设计第一个教学活动中的戏剧改编这一任务的设置就是以此为目的的。

《复活》整部巨作共 44 万字，内容庞杂，涉及面极广。本设计三个教学活动围绕《复活》的三个部分展开，可概括为两个主人公“复活”的三个阶段：堕落—救赎—新生。如此，对学生来说比较容易把握小说的主干。

《复活》是一部现实主义作品，对现实社会有着真实而详尽的刻画，这就无法避开“知人论世”这一批评原则和方法，也唯有通过这一方法才能真正领会到托尔斯泰广博的思想。第三个教学活动中对“托尔斯泰主义”的讨论就是“知人论世”这一批评原则和方法在阅读《复活》上的实施和运用，进一步突出了“研讨”这一新课标所强调的任务。

当然，托尔斯泰成为伟大的作家并不仅仅是因为他有博大的思想，他塑造人物的手法（特别是心理描写）、写景的笔法、叙事的章法、遣词的文法等都是一流的，非常值得我们进一步学习。所以本设计从教材节选出发，关注“复活”的思想，在设计中对托尔斯泰的“复活”思想进行了重点探究。教师也可以设置相关的任务群引导学生探究研习。

2. 测试反馈

玛丝洛娃刑满释放后参加推翻沙皇政权的暴力革命，最终失败、被捕。聂赫留朵夫再次去探监并带给玛丝洛娃一封信。请你以聂赫留朵夫的身份给狱中的玛丝洛娃写一封信。

要求：①能体现聂赫留朵夫“复活”后的思想；②语言要接近《复活》中聂赫留朵夫的风格；③不少于 800 字。

第五章 《老人与海》：失败的英雄

文本外围：“成－败”阅读框架构建 海明威简介“迷惘的一代”“硬汉”文学形象·艺术风格与冰山原则

文本路径：叙事学分析（人物心理·叙述视角） 冰山原则（《老人与海》的创作过程·西方“鱼”与“渔”的文化内涵·海明威所处的时代·《老人与海》的象征性）

文本内核：悲剧的意义

文本延伸：自读课任务设计 从节选推向整篇（部）阅读任务设计 “硬汉”形象比较阅读任务设计

一、文本外围："没有什么胜利可言，挺住就意味着一切"[①]

（一）入口：建立"成－败"阅读框架

有着"文坛硬汉"之称的美国著名作家海明威以他别具风格的作品享誉世界，也影响了一代代中国人。他的经典之作《老人与海》被节选收录在统编版高中语文选择性必修上册的自读篇目中。

习近平总书记对海明威与《老人与海》非常赞赏。在2014年10月15日召开的文艺工作座谈会上，习近平总书记就提到了海明威。2015年，习近平主席访美期间，在西雅图出席美方联合欢迎宴会发表演讲时，开出了自己在青年时代的"书单"，还特别回忆了阅读海明威名作——《老人与海》的经历。习近平主席说："我第一次去古巴，专程去了海明威当年写《老人与海》的栈桥边。第二次去古巴，我去了海明威经常去的酒吧，点了海明威爱喝的朗姆酒配薄荷叶加冰块。"[②]2016年10月14日，《人民日报》《光明日报》同时转发微信公众号"学习小组"刊发的《习近平的文学情缘》一文，梳理了习近平总书记在文艺工作座谈会上脱稿讲述的15个故事。谈及美国的文学作品，习近平总书记说："海明威的《老人与海》对狂风和暴雨、巨浪和

---

① 该句选自奥地利诗人里尔克的诗歌《为沃尔夫伯爵封·卡尔克洛伊特而作》，四川人民出版社2018年版，林克译。译本原句为"谁敢轻言胜利？挺住就是一切"，此处略作改动。

② 欧阳开宇．习近平出访"读书会"：不仅荐书，也是展大国姿态［N/OL］．（2015-09-23）［2021-04-26］．https://www.chinanews.com/gn/2015/09-23/7540744.shtml.

小船、老人和鲨鱼的描写，给我留下了深刻印象。”[①]《老人与海》是海明威的代表作。小说讲述了一个叫圣地亚哥的老渔夫出海捕鱼 84 天一无所获，终于在第 85 天钓到一条比自己的小船还长的大马林鱼，几经搏斗之后，老人捕获了大鱼。归航途中，鲨鱼一次次围了上来，面对鲨鱼的攻击，老人挺住疲惫的身体，把渔叉及小船上能用的一切作为武器，一次次与群鲨展开生死搏斗。最后老人只带回了一副巨大的鱼骨架的故事。是什么原因使习近平总书记对这个故事念念不忘？对海明威如此推崇？对于一个老渔夫而言，这副巨大的鱼骨架证明了他捕鱼再次失败。但是，他在面对巨大的困难、面对明知不可避免的失败时，用尽全力挺住的顽强意志，一次次的奋起搏斗，不正说明了他超越自我的精神上的巨大成功吗？

失败与成功，是每个人在学习、生活中经常要面对的，谁都不想失败，谁都想赢得成功。古往今来不少人认为，一个人只有获得了名声、权力与财富，才算获得了成功；如果一辈子默默无闻，就是失败者。成功和失败的界限有时是如此清晰，成功者获得无数的赞赏和膜拜，有的人还能在死后名垂千古，于是人们趋之若鹜，朝着这个“标准”去努力。受命运、环境、时代等诸多因素的影响，奋斗一生还是无权无财的普通大众，难道都是失败者？

失败相对来说比较容易判断，没有完成设定的任务，没有达到自己的目标，甚至一次考试失利都可称为失败。可成功往往不是失败的反义词那么简单。如何定义成功？如何正确面对各种困难、挫折甚至失败？在无法回避的失败面前咬牙挺住的价值何在？这些都值得我们

① 蔡小文.《老人与海》：描述永恒的精神［N］. 光明日报，2017-12-04（4）.

深思。教材的学习提示说道：“……小说却通过接踵而至的搏斗，展现出一种永不言败的精神。阅读时，要围绕老人这一失败的英雄形象及其象征意义，体会小说所赞颂的‘人的灵魂的尊严’。”

（二）语境：作家与作品简介

1.“硬汉”——海明威

欧内斯特·米勒·海明威，美国记者和作家，20世纪著名的小说家之一。1899年7月21日，海明威出生于美国伊利诺州芝加哥郊外的橡树园镇的一个医生家庭。他的父亲酷爱打猎、钓鱼等户外活动，母亲喜爱音乐、文学，这一切都对海明威的成长和日后的生活与创作产生了不小的影响。海明威从小就有很强的语言天赋和想象力。6岁那年，一天放学回家，他绘声绘色地向外公讲述了一个自己的英勇故事：在放学的路上，他遇到了一匹受惊的马，路人见了纷纷躲避，只有他不怕，还跑到马的旁边，使劲拉住马的缰绳，将马制服了。外公知道这显然是小海明威编的，但当着小海明威的面还是夸奖了他，后来又很严肃地跟他母亲说，这个孩子从心底里就争强好胜，又喜欢暴力，如果能走正道，一定是个很有出息的人。小海明威经常跟着父亲去打猎、钓鱼，认得各种鸟兽和各种鱼虫，在不知不觉中有了同父亲一样勇敢的品质，也得到了对“男子汉”身份的认同感。

中学时期，海明威的好胜心非常强，不论什么课业活动都要力争名列前茅，对于自己认定的事情，会锲而不舍。他迷上了拳击，不顾母亲的反对，尽力争取父亲的支持，终于如愿以偿地去上了拳击课。拳击训练极其艰苦，训练者经常受伤，曾经一起报名的几个同学已经放弃了，但打了绷带、缠了纱布的海明威依然坚持去拳击俱乐部。在之后的两年里，海明威一直坚持苦练，对于海明威而言，拳击教会他决不能躺下不动，要随时准备再次跃起。拳击训练不仅使他的身体变得强健，更重要的是使他的内心也强大了。

海明威高中毕业那年（1917年），美国正式加入第一次世界大战，海明威没有像他父母期望的那样继续升大学读书，而是瞒着父母报名参军。由于视力检查不及格，他当兵的梦想破灭了。在叔父泰勒的推荐下，他开始了担任《堪萨斯城明星报》记者的生涯。在写给父亲的一封信中，海明威描述过他的工作："必须在半栏的篇幅内写完一个故事，记清每一个名字、地址和初步查清的事实。要记住以良好的风格来写，其实就是完美的风格。要包含所有事实，并按正确的顺序编排，就像给事件拍快照一样，使其生猛有力地被迅速描摹出来。"①担任《堪萨斯城明星报》记者六个半月的工作经历，对海明威后来逐渐形成的写作风格产生了深远的影响。

1918年，一位从欧洲前线回来的朋友的经历点燃了海明威参战的激情。海明威加入了红十字会救伤队，来到意大利，成为一名司机。他渴望参加战斗，在一次给前线部队运送物资的过程中遭遇奥地利迫击炮打击，身上受了很多处伤。战场经历让海明威遍体鳞伤，但也使其精神得到了极大丰富。意大利政府为这个在意大利战场上负伤的美国士兵颁发了英勇作战银质奖章。海明威的事迹被《纽约太阳报》宣传，他英雄般地回国。名誉与荣耀来得快去得也快，公众对参战军人的热情与崇拜很快就消退了，他求职时四处碰壁。

---

① 卡莱．八分之七的冰山：海明威传［M］．周琳琳，译．北京：中央编译出版社，2019：11.

1920年，他为《多伦多星报》工作时成了一名自由作家、记者和海外特派员。后来他到了巴黎，开始了小说创作。在这里他结识了美国现代主义小说流派的代表人物格特鲁德·斯泰因和美国早期现代派诗人埃兹拉·庞德，并得到了他们的帮助与指点，写作技巧和写作语言方面得到了很大提升，这无疑点燃了海明威的创作热情。在这期间，他出版了许多作品，在当时引起了广泛关注。其中最著名的是《太阳照常升起》《永别了，武器》。

海明威的小说忠于现实，他描写自己观察和了解的人或者写自己的经历，立足生活又对其进行艺术加工。在1935年创作的描写西班牙斗牛的《午后之死》中，他提出了文学创作的著名理论——冰山原则，他认为，“人的语言对于人的思想表达就好像冰山一样，有八分之七的部分在水下，来突出露出水面的部分。人的语言是不足以表达思想的，对于作者而言，也没有必要写得太过直露，要留出空间给读者思考”①。海明威此时期的小说还有一个特点，就是“零度结尾”。一个好的结尾往往可以为小说增色，给读者留下深刻印象。他的小说结尾，没有意料之外又在情理之中的惊喜，也不会留下意味深长的一笔，而总是很平淡，故事好像还没有讲完就戛然停止了，仿佛没有刻意去经营的定格，让读者自己去体会和想象。

1936年，西班牙内战爆发。海明威对西班牙充满热爱，他在旅居欧洲的近十年里，每年都去西班牙看斗牛，所以他对这场战争十分关注。受北美报业联盟总经理的委托，海明威去西班牙当了一名战地记

① 卡莱．八分之七的冰山：海明威传［M］．周琳琳，译．北京：中央编译出版社，2019：11.

者。斗牛场化为废墟，大教堂变为砂砾，他深刻体会到了战争给人类造成的苦难。1939 年，海明威根据这段经历写出了长篇小说《丧钟为谁而鸣》。

第二次世界大战爆发后，海明威再次申请以战地记者的身份随军行动，但是没有被批准。1944 年，美英联军在法国诺曼底登陆，开辟欧洲第二战场。海明威与《柯里尔》杂志签约，到前线去采访报道。他参加英国皇家空军出航，跟随巴顿将军的部队向巴黎挺进，甚至一度成了战场临时指战员。他跟随部队攻打卢森堡，一直打到德国。在这期间他旧伤复发，不得不离开战场。美国政府为奖励他的杰出贡献，向他颁发了一枚青铜星奖章。

告别战场的海明威回到古巴哈瓦那郊区的瞭望山庄，经过一段长时间的休养，他逐步恢复健康，重新开始小说创作。海明威晚年创作的作品不多，出版的小说只有两部，一部是《过河入林》，另一部就是给他带来最高荣誉的《老人与海》。海明威说《老人与海》是他写过的最满意的一本书，每读一遍都会有不一样的启发。这部经过差不多两百遍修改的佳作，字里行间都透露着淳朴、自然、高尚的情怀。海明威凭借《老人与海》于 1953 年荣获美国普利策奖，于 1954 年荣获诺贝尔文学奖。

海明威参加过两次世界大战，那死伤无数的血腥场面和近距离接触死亡在他的身体上和心理上都留下了深刻的烙印，加上战争留给他的伤痛和其他的一些原因，海明威在生命最后几年几乎不能写作了。他总是坐在老地方，上臂箍着灰白色的血压仪，流着泪心酸地说，他再也不能写作了——不可能有新的作品了。1961 年 7 月 2 日，一贯信奉“活着，则应勇敢地活下去”的海明威在难以忍受的肉体伤痛折磨和无法接受的不能继续创作的绝望中，最后一次以硬汉的姿态决然地结束了自己的生命。对于海明威的去世，约翰·肯尼迪总统发唁电说："几乎没有哪个美国人比欧内斯特·海明威对美国人民的感情和态度产生过更大的影响。"①

2. 海明威与"迷惘的一代"

20世纪10—40年代，爆发了两次世界大战。第一次世界大战前，美国政府以"拯救世界民主"的口号，鼓动年轻人走上战场，这些年轻人在战场上目睹了战争给人类带来的巨大灾难，经历了战争的残酷与折磨，美好的理想、激情化为泡影。战后，当他们带着战争留给他们的身心双重创伤或回到美国，或流落欧洲时，面对的是文明堕落、经济萧条、社会颓败，他们在自己的事业中看不到出路，很多的人连工作都找不到。战前政府的谎言与战后社会现实的巨大反差，使得年轻人心中充满厌战、迷惘和悲观、失望的情绪，而20世纪盛行的悲观、迷惘、颠覆思想和死亡意识本来就对缺乏积极向上的精神支柱的美国社会有着巨大的负面影响。年轻人在希望破灭后，感到失落、感到愤怒、感到被欺骗，不知该走向何处，他们只能随着自己的本能行事，以声色犬马的生活竭力反叛以前的理想与价值观。

关于"迷惘的一代"的提出，海明威曾在《流动的盛宴》一书中作过说明。

正是在我们从加拿大回来后，住在乡村圣母院路，我跟斯泰因小

---

① 海明威的生平介绍主要参考两本专著：李瑞红和孟晓媛主编的《海明威》、金苏编写的《海明威评传》。书目具体信息见文后参考文献。

姐还是亲密朋友的时候，她提出了迷惘的一代这说法。她当时驾驶的那辆老式福特T型汽车的发火装置出了些毛病，而那个在汽车修理行工作的小伙子在大战的最后一年曾在部队里服过役，在修理斯泰因小姐的福特车时手艺不熟练，或者是没有打破别的车子先来先修的次序而提前给她修车。不管怎样，他没有认真对待，等斯泰因小姐提出了抗议，他被修理行老板狠狠地训斥了一顿。老板对他说，“你们都是迷惘的一代。”

“你就是这样的人。你们都是这样的人，”斯泰因小姐说。“你们这些在大战中服过役的年轻人都是。你们是迷惘的一代。”

“真的吗？”我说。

“你们就是，”她坚持说。“你们对什么都不尊重。你们总是喝得酩酊大醉……”

“那个年轻的技工喝醉了吗？”我问道。

“当然没有。”

“你看见我喝醉过没有？”

“没有。可你的那些朋友都是醉醺醺的。”

“我喝醉过，”我说。“可是我从没有醉醺醺地上你这里来。”

“当然没有。我没有这么说。”

“那小伙子的老板很可能上午十一点钟就喝醉了，”我说。“所以他能说出这么动听的话来。”

“别跟我争辩了，海明威，”斯泰因小姐说。“这根本没有用。你们全是迷惘的一代，正像汽车修理行老板所说的那样。”

（选自《流动的盛宴》，上海译文出版社2016年版，汤永宽译）

后来海明威在出版《太阳照常升起》的时候，在书的扉页上引用了斯泰因的这句话，写着——“你们都是迷惘的一代”。渐渐地，“迷惘的一代”成了战后全世界那群有着抑郁气质的青年的代名词，随后更成为美国现代主义文学的一个流派。海明威是“迷惘的一代”文学流派的典型代表。《太阳照常升起》《永别了，武器》是“迷惘的一代”文学流派的代表作。“迷惘的一代”作家的共同特点是厌恶战争，在作品里揭露战争给人类带来的灾难，反映战后青年一代的悲剧，有浓厚的悲观主义情绪。他们并没有什么统一的组织团体和共同纲领，艺术表现手法新颖、具有独创性，是当时美国最优秀的作家群体之一。

也有另一种说法，斯泰因对海明威说的“你们所有在战争中当过兵的人，是迷惘的一代”“你们不尊重一切，你们醉生梦死……”，其实是对海明威这一代年轻人的一种嘲弄，所以海明威很不喜欢这种说法，他当时就反驳。他引用“你们都是迷惘的一代”这句话，本来是想说“你根本不了解我们在‘一战’中经历了什么”。结果这个反讽最后阴差阳错地变成了一个正面的概念，并被用来代表海明威这一代年轻人。

3. 海明威文学画廊中的“硬汉”

从海明威的成长经历和文学创作来看，他一直在努力地把自己塑造成一个“硬汉”，他笔下的一系列“硬汉”形象，是他的文学画廊中独特的存在，也是他对世界文学的一大贡献。海明威的一生是追求硬汉风格的一生，青少年时期他就非常喜爱野外生活，父亲教他钓鱼和射击，培养了他的坚毅的性格和耐力。海明威是极少的参加过两次世界大战和西班牙内战的作家，他做过战地记者，甚至直接参加过战斗。战争中的英勇为他赢得了荣誉与勋章，他也顽强地与战争带给他的伤痛斗争，坚持写作。战争还为他的写作提供了丰富的素材，促使他对人的命运与使命进行思考。"人不是为失败而生的，一个人可以被毁灭，但不能被打败。"这是《老人与海》中圣地亚哥鼓励自己的一句话，也是海明威一生真实的写照。正如他的儿子格雷戈里所说："海明威笔下的主人公应该是什么样的人呢？这可以通过分析海明威的全部作品来求得答案，但归根结蒂，有个最简单的答案，海明威笔下的主人公就是海明威本人，或者说是他身上最好的东西，然而要过海明威那样引人入胜的生活，就要在最困苦的情况下也能表现的轻松自如，高尚风雅……"[①] 海明威自身勇毅的传奇经历与其颇带有几分自传性质的作品交相辉映。硬汉海明威和海明威笔下的硬汉都别具魅力。

海明威的作品中有血有肉、个性鲜明的人物有士兵、记者、斗牛士、拳击手、猎人、渔夫等。他早期塑造的硬汉人物富有冒险精神，在战争的洗礼中成长，为走出战争的阴影而努力，但不可避免地带有悲观和无奈的烙印，如《在我们的时代里》的主人公尼克。后来从《太阳照样升起》中的巴恩斯和《永别了，武器》中的亨利，到《丧钟为谁而鸣》中的乔丹，海明威笔下的硬汉形象逐步成熟。他们为摆脱战争带来的创伤，积极工作：从斗牛的生死搏斗中重新找到生活的真谛（巴恩斯）；认清战争的无意义，厌战反战，带着心上人逃离战争，到中立国瑞士寻求和平（亨利）；出于民族利益和对法西斯的憎恨，参加正义的战争，并在战斗中表现出不惧死亡、坚韧不拔的英雄气概（乔丹）。《老人与海》中的圣地亚哥则是硬汉形象最完美的代表。84 天没有打到鱼的老渔夫仍毫不犹豫地孤身出海，与大马林鱼周

① 王宁．海明威的美学思想及创作实践［J］．外国文学研究，1983（3）：50.

旋三天三夜终于把它制服，归途中五次与抢食大马林鱼、攻击渔船的鲨鱼展开殊死搏斗。老人的结局是悲剧性的，但读者在他身上感觉不到悲观和失望，相反地，在他身上看到的是美好与崇高，看到的是在艰难困苦的重压下表现出的人的乐观与尊严。《老人与海》是对人类精神力量的一首赞歌。

4. 海明威作品的艺术风格与冰山原则

海明威是一位伟大的作家，同时也是一名优秀的记者。记者的职业经历，加上传奇的人生，帮助海明威逐步形成了简洁凝练的写作风格。英国批评家 H.E. 贝茨说：“海明威是个拿着斧头的人，尽量砍去遮住读者视线的一切障碍，把不代表大树本身的叶子砍掉，给读者一个基本枝干的清净面貌，这样就可以把作者、读者和描写对象三者之间的距离缩到最短。这种文体引起了一场文学革命。”[①] 海明威的作品一方面给读者呈现出原始的、真实的故事，另一方面通过经过锤炼的、直陈式的语言带给读者特殊的审美启迪和耳目一新的艺术享受。海明威从来不在作品中表现自己的倾向性。他把他所经历和体验到的一切准确地传递给读者，让读者根据自己的经验去充实、想象。“有如电文般的海明威式对话具有戏剧台词的特征，那偶尔使用的意识流手法时而把我们带入一种神奇的梦境，时而又使我们在茫茫雾海中感觉出几分现实生活的气息。”[②] 海明威的艺术风格特色，最主要的是简洁性、象征性、含蓄性和形式美。

海明威把自己作品的简洁风格定义为“冰山文体”。他曾说，他

---

① 董衡巽. 海明威研究［M］. 北京：中国社会科学出版社，1960：132.

② 王宁. 海明威的美学思想及创作实践［J］. 外国文学研究，1983（3）：48.

一直努力运用这样的一个所谓冰山原则来写作。什么是冰山原则呢？就是用简洁的文字塑造出鲜明的形象，把自身的感受和思想情绪最大限度地埋藏在形象之中，使之情感充沛却含而不露、思想深沉却隐而不晦，从而将文学的可感性与可思性巧妙地结合起来，让读者从对鲜明形象的感受去发掘作品的思想意义。构成冰山原则的四个基本要素是简洁的文字、鲜明的形象、丰富的情感和深刻的思想。具体地说，文字和形象是所谓的“八分之一”，而情感和思想则是所谓的“八分之七”。前两者是具体可见的，后两者是寓于前两者之中的。文字塑造了形象，形象包含了情感，而情感之中蕴涵着思想。诚然，对一般文学作品而言，这四个要素都是必不可少的，但在海明威的作品中显得尤为突出。①

《老人与海》是海明威思想与艺术的结晶，是他的巅峰之作。冰山原则在这部小说中被运用得淋漓尽致。小说中简洁的叙事，客观场景的展示，对白的直接罗列，老人、小孩、大海、鱼等意象的象征性，人物情感的含蓄表达，简单的故事情节中蕴涵的深沉主题都值得细细分析、认真品读。

二、文本路径：叙事学分析与冰山原则

（一）解读之一：小说的三要素分析与小说的叙事学分析

根据统编版高中语文选择性必修上册第四单元的“学习提示”和“单元研习任务”，我们可以归纳出《老人与海》的学习要求，主要包

① 李瑞红，孟晓媛．海明威［M］．沈阳：辽宁人民出版社，2014：30.

括以下几点：

①体会作品是如何通过一个个生动的细节推动情节的发展，最终产生那种震撼人心的力量的。

②结合课文中的具体描写，分析人物的性格特点和典型意义。

③环境是小说的基本要素之一，在小说中承担着多重功能。一方面，环境影响、制约人物的行动和情节的展开，为人物的行动提供依据，也让人物性格在与环境的互动甚至冲突中更充分地得到展现；另一方面，环境常常富有暗示性和象征性，能够烘托气氛、激发读者的情感、隐喻主题。分析作品中的环境描写，理解其复杂意蕴。

④心理描写在小说中十分常见，是小说塑造人物、推动情节发展的重要方法。文中有大量的内心独白，体会其对表现人物性格、揭示小说主题的作用。

⑤细读作品中对老人与鲨鱼五个回合的搏斗场景的描写，感受小说客观、密实的叙事风格。

针对上述要求，可从情节、人物、环境三个方面引导学生对小说进行解读。一直以来，情节、人物、环境被称为“小说三要素”。小说的三要素分析是中学语文小说教学遵循的基本方法，可以此为依据确定教学内容，形成“介绍背景、梳理情节、分析人物、赏析环境、归纳主题、总结手法”的小说教学程式。为什么小说要紧扣三要素进行分析？19世纪末英国小说家R.L.史蒂文森对他的传记作者格雷厄姆·巴尔弗说过一段话：写小说有三种方法，第一，或者先把情节定了，再去找人物。第二，或者先有了人物，然后去找与人物的性格发展密切相关的节点。第三，或者先有了一定的氛围气，然后再去找出可以表现或实现这氛围气的行为和人物来。[①] 由美国人哈米顿著、华林一翻译、商务印书馆出版的《小说法程》把小说定义为"稗史之目的，在以想象而连贯之事实，阐明人生之真"[②]。哈米顿把事实分解为三个要素——所做之事、做事之人、事发生之时地。一件事情的成立必须具备这三个要素，表现在小说中就是情节、人物、环境。三要素理论对整个现代小说理论发展有很大的影响，对我国小说的创作与研究也有很大影响，曾是推动我国小说变革的重要力量。小说教学要结合小说的创作规律去解读小说，三要素分析要点明确、条理清晰，有着相当的适用性。运用三要素分析法可以对《老人与海》(节选)的情节、人物进行以下解读：

课文节选的是老人与鲨鱼搏斗的情景，是小说临近结尾的部分，也是小说情节的高潮。从书中的描写，我们可以看到，老人与鲨鱼的搏斗共分五个回合。用渔叉杀死一条灰鲭鲨，渔叉被带走，大马林鱼被吃掉 40 磅；用刀子杀死两条星鲨，大马林鱼被吃掉四分之一；用短棍劈打成群结队的鲨鱼，短棍丢掉又用舵把，大马林鱼再也没有什么可以吃的了，只剩下残骸……"他知道自己终于给击垮了，无法挽回。"这是一场人与自然搏斗的惊心动魄的悲剧。老人每取得一点胜利都付出了惨重的代价，最后遭到无法挽救的失败。但是从另外一种意义上来说，他又是一个胜利者。因为他不屈服于命运，无论在怎么艰苦卓绝的环境里，他都凭着自己的勇气、毅力和智慧进行了奋力抗争。

---

① 陈平原．中国小说叙事模式的转变［M］．上海：上海人民出版社，1988：106.
② 哈米顿．小说法程［M］．华林一，译．上海：商务印书馆，1924：1.

小说大量人物的内心独白，它们忠实地记录了圣地亚哥的内心活动，写出了他在海上漂泊的这几天的心态，通过自由联想的方式真实地再现了老人的思想与感受。这些内心独白，不仅深刻揭示了主人公那内心的自豪、坚毅以及寻求援助的孤独感，而且闪烁着深邃丰富的哲理光彩，丰富了小说的思想，构成了小说的重要特色。

（选自《高中语文必修三教师教学用书》，
人民教育出版社 2007 年 4 月第 2 版）

三要素分析主要是针对小说的内容而进行的。随着小说创作的发展，三要素分析显然不能完全满足对欧美文学中从 20 世纪初开始陆续出现的现代派作品的研究需求。小说的研究者不仅关注对小说内容的分析，也开始重视对小说形式的分析，叙事学分析逐步走向成熟。其实，我们在小说教学中，尤其是在对欧美现代派的小说和本土借鉴、运用现代派手法进行创作的小说进行解读分析时，常常会觉得三要素分析很有局限，小说的表达形式和用这种形式传达出来的内容，不是三要素能概括的。所以很有必要引进叙事学分析理论，借鉴一些叙事学分析的方法拓展对小说（尤其是用现代手法创作的小说）的解读、分析。

文学创作就是把现实世界中发生的事件，或直接或通过虚构间接地再现在叙事作品中。也就是说，作品包含故事的本身和对故事的讲述两个层次。西方叙事学家把这两个层次称为“故事”与“话语”。作品的意义在很大程度上取决于这两个层次的相互作用。“故事”指“叙述了什么”，包括事件、人物、背景等；“话语”指“是怎么叙述的”，包括各种叙述形式和技巧。把“故事”与“话语”分开进行研究，有助于跳出故事内容本身，关注叙述视角、叙述层次、时间安排等；有利于分析处于“话语”这一层次的写作技巧。20世纪以来的小说创作，作家常常采用一种被称为“人物的思维风格”的叙述手法，这种手法对只关注内容的分析方法提出了挑战。①叙事学分析涉及的内容较多，这里我们只结合《老人与海》作一些讨论。

1. 人物心理活动是叙述的动力和叙事的归宿

张薇的《海明威小说的叙事艺术》把海明威的小说的叙事模式分为好几种，其中一种是“意识流心理型结构”。这类小说以心理现实流动为叙述动力的“情节”线，强调心理活动与现实事件的内在联系，以及两者之间的呼应对话关系。在《老人与海》里，圣地亚哥一个人在海上捕鱼，他的所见所想、自言自语构成了小说的主体，“我们完全可以断言，要写孤独老人的遭遇，我们想不出比这更好的结构来”。如果按照小说三要素分析，很多教师会安排学生梳理圣地亚哥与鲨鱼搏斗的五个回合，把握章节的主要内容，进而细读重点段落和人物内心独白，归纳人物性格，感悟人物精神。如果按照叙事学分析，我们会关注到，相比于描写老人与鲨鱼搏斗的场面，海明威花了更多的笔墨写老人搏斗前后的心理，而这些心理描写不应该仅仅被视为塑造人物的一种方法。以第一回合为例：

老人从一开始就充分认识到接下来的是注定要失败的较量，可他还是决定努力一搏。

---

① 申丹，王丽亚．西方叙事学：经典与后经典［M］．北京：北京大学出版社，2010：13–15.

老人此时头脑清醒好使，下定决心搏击一番，但却不抱什么希望。真是好景不长啊，他想，他盯着那条紧逼而来的鲨鱼，顺便朝那条大鱼望了一眼。这简直是做梦一样，他想，我没法阻止它攻击我，但我也许能制服它。尖齿鲨，他想，让你妈见鬼去吧。

（选自《老人与海》，人民文学出版社2012年版，李育超译，本章所引用《老人与海》原文均出自该译本）

鲨鱼被打死了，可是，

“它咬掉了约莫四十磅肉。”老人大声说。它把我的渔叉和所有的绳子也带走了，他想，况且我这条鱼又在淌血，别的鲨鱼也会来袭击的。

面对可预知的、马上就会出现的、可怕的未来，老人的心情是复杂的。

好景不长啊，他想。我现在真希望这是一场梦，希望根本没有钓上这条鱼，而是独个儿躺在床上铺的旧报纸上。

不过，攻击我的这条鱼的鲨鱼被我干掉了，他想。它是我见过的最大的尖齿鲨。天知道，我可见识过不少大鱼。

“但是人不是为失败而生的，”他说，“一个人可以被毁灭，但不能被打败。”我很痛心，把这鱼给杀了，他想。现在倒霉的时候就要来了，可我连渔叉都没有。尖齿鲨很残忍，而且也很能干，很强壮，很聪明。不过我比它更聪明。也许并不是这样，他想。也许只不过是我的武器比它的强。

“别想啦，老家伙，”他大声说，“顺着这条航线走吧，事到临头再对付吧。”

…………

不抱希望才愚蠢呢，他想。还有，我把这当成一桩罪过。别去想什么罪过了，他想……

我根本就不懂什么罪过，也说不准自己是不是相信。也许杀了这条鱼是一桩罪过。我看是的，尽管是为了养活自己，让好多人有鱼吃，不过这样说来，干什么都是一种罪过，别再想什么罪过了……

……你杀死它还是为了自尊，因为你是个渔夫。它活着的时候你敬爱它，它死了之后你也一样敬爱它。

…………

“我杀了它是出于自卫，”老人大声说，“而且我干得很干净利落。”

再说，他想，从某种意义上来说，一物降一物。捕鱼能让我以此为生，也能要我的命，那男孩能让我活下去，他想。我可千万不能过于自欺欺人啊。

这里有圣地亚哥对自己暂时打死鲨鱼的判断，也有对自己要面对的更可怕的袭击的自我激励，还有对渔夫职业的反思，甚至有对人生价值的审视。这些看似偶然的、随机的意识流，实际上是由外部现实冲突引起的内心反应，它本身就记录着人物的活动轨迹，同时又披露着人物深层复杂的心理活动。现实事件与心理现实，意识流空间与线性的情节时间交织、呼应，构筑起多层面、多声部的时空关系，使小说的文本呈现出开放性的叙述格局，叙述的涵盖面更广阔。可以说，心理描写在塑造人物、表现人物性格、展现人物精神品质的同时也交代了故事内容，驱动着情节的发展。

2. 多重视角与多种聚焦的叙述变幻

叙述视角指叙述时观察故事的角度，自西方现代小说理论诞生以来，从什么角度观察故事一直是叙事研究的热点。视角是传递主题意义的一个十分重要的工具。法国叙事学家热奈特的《叙事话语　新叙事话语》一书是关于叙事视角的专门研究，他认为，叙事视角即从什么角度叙述故事，以及叙述角度随哪个人物的视点而变化，并提出“零聚焦”“内聚焦”“外聚集”三种类型。“零聚焦”无固定观察角度，是一种全知叙述者的聚焦，叙述者无所不知；“内聚焦”通过故事中的人物来观察故事、叙述故事；“外聚焦”指仅从外部客观地观察人物的言行，作为旁观者进行叙述，不透视人物的内心。海明威在《老人与海》中灵活运用了多重视角，将零聚焦、内聚焦、外聚焦交织在一起，构筑了立体的视角网，使小说的叙事角度更丰富、人物塑造更丰满、主题刻画更深刻，淋漓尽致地体现了冰山原则的写作风格。

如圣地亚哥与鲨鱼搏斗的第二个回合，一开始海明威以零聚焦的方式，细致地展现了加拉诺鲨袭击的全过程。

它们来了，不过它们过来的方式和灰鲭鲨不同。有一条鲨鱼转身钻到小船底下，不见了踪影，等它开始撕扯大鱼的时候，老人感到小船都在晃动。另一条用细长的黄眼睛盯着老人，随即飞快地游了过来，半圆形的嘴张得大大的，朝着鱼身上被咬过的地方咬下去。它那褐色的头顶以及脑袋和脊髓相连接的背部有一道清晰的纹路，老人把绑在船桨上的刀子朝那个交叉点刺进去，又拔出来，再刺进它那黄色的猫一样的眼睛。鲨鱼放开了大鱼，身子朝下溜，临死还吞下了咬下来的鱼肉。

接着又如一个旁观者（外聚焦）客观地讲述老人对鲨鱼的搏击。

“还没够吗？”老人说着，把刀刃戳进鲨鱼的脊椎和脑袋之间。这一下倒是很容易，他感觉鲨鱼的软骨断裂开了。老人将船桨倒过来，把桨片插进鲨鱼的两颚之间，想撬开它的嘴。他旋转了一下桨片，鲨鱼松开嘴溜走了……

老人擦擦刀刃，放下船桨。然后他找到帆脚索，船帆鼓起来了，他驾着小船顺着原来的航线向前行驶。

而接下来，是更大段的对老人的心理描写。

“鱼啊，我本来就不该出海到这么远的地方，”他说，“对你对我都不好，鱼啊，真抱歉。”

…………

“你给了我好多忠告，”他说，“我都听烦了。”

…………

我现在想点什么呢？他暗自琢磨。没有什么可想的。我什么也不能想，就等着别的鲨鱼来吧。真希望这是一场梦，他想。可谁知道呢？说不定有个好结果呢。

这种内聚焦的老人内心独白，真实地揭示了老人当时的心理活动，有对大马林鱼被袭的怜惜，有对自己体力和工具缺乏的无奈，更有不轻言失败的乐观。

这里的“聚焦”转换非常灵活自然，顺理成章，保持了叙事节奏的连贯流畅，充分体现了海明威高超的叙事技巧。客观的叙述逼真自然，主观的心理描写细腻可感，形成多角度的透视域，全方位地展现了整个搏斗的过程，成功地塑造了圣地亚哥这一有血有肉的硬汉形象，丰富了作品的主题，同时赋予了读者真切的体验，极大地拉近了读者与作品之间的距离，增强了作品的艺术感染力。

叙事艺术精湛，语言精确简练，人物情感和作品主题含而不露，这正是海明威冰山原则的具体体现。

（二）解读之二：探索“冰山”下的八分之七

海明威曾说：“如果一位散文家对于他想写的东西心里很有数，那么他可能省略他所知道的东西，读者呢，只要作家写得真实，会强烈地感觉到他所省略的地方，好像作者已经写出来似的，冰山在海里移动很是庄严宏伟，这是因为它只有八分之一露出海面。”[①] 这样看来，隐含在作品中的东西，必须是作者熟悉的，也必须是读者能够心领神会的。能产生这种同频共振，既有作者本人的内在因素，也因为读者和作者有共同的文化基因，还因为作者在作品中表达的精神具有跨越时代的穿透力，使不同时期的读者能结合自身的体验产生共鸣。《老人与海》就是这样一座极其宏伟的、经典的“冰山”，它以简洁明了、朴实含蓄的语言塑造了一个富有哲理的寓言世界，以概括的、象征性

① 董衡巽. 海明威研究［M］. 北京：中国社会科学出版社，1980：85.

的形象歌颂了人的勇敢、坚忍。那省略的“冰山”下的八分之七，最大限度地表达了海明威心里“有数”的东西，也极大地调动了读者的参与积极性。

1.《老人与海》的创作过程

海明威自己说，《老人与海》的素材是他1935年前后居住在美国佛罗里达州基维斯岛期间从邻近的哈瓦那海湾“偶然获得”的，“一天清晨，我在海滩的水边上准备驾驶‘拜勒号’出海玩一天，我遇见一位老渔民，我们两人交谈起来，他向我讲了这个故事”。海明威把它写成了短短的通讯，在《老爷》杂志上发表。

又有一次，一个老人独自在卡瓦尼亚港口外驾着小船打鱼。他捕到一条大马林鱼，那条鱼拽着沉重的钓丝把小船拖到远处的海上。两天以后，渔民们在往东的方向六十英里处找到了这个老人，马林鱼的头部和上半身绑在船边上。剩下的鱼肉还不到一半，只有八百磅。鱼在深水里游，拖着船，老人跟着走，一天，一夜，又一天，又一夜。等鱼浮出水面，老人划船过去把它钩住。鲨鱼游到船边袭击那条鱼，老人一个人在湾流的小船上对付鲨鱼，用桨打、戳刺，累得他精疲力竭，而鲨鱼却把那鱼能吃的部位都吃掉了。渔民们找到他的时候，老人正在船上哭，他丢了鱼都气疯了，而鲨鱼还在船的周围打转。

（选自董衡巽《海明威传》，浙江文艺出版社2008年版）

之后，海明威一直想把这个故事写成小说，而《老人与海》问世已经是十六年以后的事了。海明威认为，“一个作家不需听到长篇大论就能动笔，也许只要先提供一个思路就够了，然后起作用的就是你自己的经历和想象力了，这以后，真正重要的工作是以你想用的方式，说出你想说的话”[①]。海明威有创作的想法，也不缺乏想象力，是什么经历让他十六年后才真正说出“想说的话”？

西班牙内战爆发后，出于作为一个记者强烈的责任感，一个作家对新生活的渴望，以及他个人喜好冒险、刺激的个性，海明威多次以战地记者的身份奔赴西班牙，报道战况，与士兵一同战斗。这期间，他创作了反映这次战争的剧本《第五纵队》和小说《丧钟为谁而鸣》。再一次经历残酷的战争，他对人类的命运和人的尊严等问题，实际上也是对“老人与海”这一故事的主题有了更加深入的思考。之后海明威还参加了第二次世界大战，在解放巴黎的过程中，他组织游击队为盟军收集情报，这场战役的指挥官勒克莱克将军后来跟戴高乐总统说，由于海明威的贡献，他们的作战时间缩短了一大半，也拯救了千百个士兵的生命。辉煌的战绩使海明威前所未有地体会到正义的力量是不可战胜的，加深了对人类前途的乐观认识。他还不止一次地像那位古巴老渔民一样出远海捕大鱼。曾经有一次，他独自将一条重 785 磅的鲨鱼钓出水面，拖进船舱，这都丰富了他与古巴老渔民和鲨鱼搏斗的类似体验。战后，伤病不断地折磨着他，他也经历了创作的低谷、同行的批评。在一次旅行中，他顶替实习医生，亲自操刀，救活了濒临死亡的妻子，这使他连续好几个星期一直都在思考：人与其听从命运的摆布，不如向它挑战。波澜壮阔的生活进一步拓展着海明威的视野，奇妙多姿的经历不断地丰富着海明威的体验，促使他把那个古巴

① 江溶. 海明威《老人与海》创作史初探［J］. 北京大学学报（哲学社会科学版），1992（1）：113.

老人的故事放到更广阔的背景中去思考，使他的世界观实现了重大意义上的升华。这部搁置了十六年的作品，海明威用了两个多月的时间就完成了，但为了更充分地表达自己的人生积淀和深厚的思想情感，以及准确地传递自己平生所追求的最有价值的东西，他在修改上付出了极其艰辛的劳动，对手稿审读了两百多遍，每读一遍都进行修改。海明威的努力没有白费，他在晚年终于打造了一座他一生中最宏伟的“冰山”。

2. 西方“鱼”与“渔”的文化内涵

《老人与海》讲述的是一个老渔夫出海打鱼的故事，他几经搏斗，捕获了一条大马林鱼，也打死、打伤了几条大鲨鱼。出海打鱼是海明威的一大爱好，他把自己大半生的经历与对人生的思考浓缩进这个有关渔猎的故事中，在这里我们不妨宕开一笔，去深究一下“鱼”和“渔”在西方文化中的内涵。正如在中国的诗词文学中，鸿雁、昏鸦、菊花、牡丹、西楼、南浦等不仅是作者描述的意象，还代表了中华民族共同的情感体验，积累了深厚的象征意蕴。当我们看到这些意象在诗词中出现时，总能够自然地联想到它们的文化意义，从而加深对作品的理解。在西方的文化传统中，“鱼”尤其是“大鱼”是一种除了生物意义外还包含文化意义的意象。

西方文化传统中的“大鱼”不是一般的鱼，而是海中的大型生物，俗称海怪。在古希腊神话、《圣经》神话、北欧神话、挪威传说及中世纪动物寓言这些最能代表西方文化传统的神话和传说中，我们均能看到“大鱼”的形象，它们长相凶狠、无恶不作。如古希腊神话中的克托斯就是一种有着长牙利齿的深海怪兽，是西方人认知中的恐怖形象。《圣经》中的利维坦是水族之王，威力巨大，令人望而生畏。对应着这种“鱼恐惧”，西方文化语境中的“渔”行为就不仅是一般的渔民生计，而是一种具有男性英雄文化内涵的行为。在西方文学史中，有无数经典作品都使用“渔”行为来表征英雄人物的男性气概，如英国文学的开篇巨著《贝奥武甫》、美国作家朗费罗关于印第安人英雄传奇的《海华沙之歌》等。美国著名民俗研究专家斯蒂思·汤姆森在《民间文学母题分类》一书中，把“英雄勇斗大鱼”作为一个永恒的叙事母题。

海明威的一生和“渔”行为有着很密切的联系，他从小就跟随父亲学习钓鱼，长大后与父亲在通信中多次就“渔”行为进行关于男子汉身份的交流与探讨。21岁时，海明威曾因为私自外出和一帮男女伙伴参加“野餐会”遭到母亲的严厉斥责，母亲还批评他缺乏男子汉气概，这种质疑深深伤害了海明威，他马上和朋友租车去布莱克河钓鱼，一去就是一个星期。海明威也曾在婚礼前一天和朋友一起出海钓鱼，将这样的男子汉聚会作为迈入人生新阶段的“成人礼”。海明威显然对“渔”行为非常热爱，尼克·莱恩斯在其编辑的《海明威论渔》一书中透露，海明威不喜欢照相，但若能与大鱼为伴，他来者不拒，因此也留下了不少和大鱼一起的照片。可见海明威有很深的“大鱼”和“渔”的情结。“大鱼”的力量是西方神话传说中一种异常强大的超自然力量，能够征服这种超自然力量的只有上帝、海神等神的超自然力量，海明威对征服大鱼的痴迷在一定程度上体现了古老传说在西方文化中的集体记忆沉淀。[①]

---

① 周峰．“渔”行为与海明威［D］．上海：华东师范大学，2011.

3. 海明威所处的时代

1952年下半年，海明威的《老人与海》最先发表在美国《生活》杂志上，两天内，这期杂志就销售了五百多万册，受到了千千万万读者的欢迎，紧接着出版的五万册单行本也很快就销售一空。1952年，《老人与海》一直占据畅销书榜首，也被翻译为多种文字出版，还被法国、意大利、德国等国家编入教科书。是什么原因让它在那个时代获得如此普遍的认同？

19世纪末20世纪初，资本主义社会经济越来越发达，文明程度也越来越高，但人却越来越迷失，人性萎缩，个性被扭曲，自由的空间被挤压，再加上后来两次世界大战在人们心灵深处投下了巨大的阴影，人们更多的是用怀疑的眼光看待人和人生存的整个世界。现代派作家发现，人越来越被人自身所创造的力量束缚，人在创造美好世界的同时也给自己创造了牢狱。这一时期现代派作家笔下的人物在矛盾重重的社会中重新思考自己的生存方式。要么安于异化的现实，做个怯懦的、无个性的“小人物”；要么起身反抗，挑战社会的一切价值观念，去流亡、去犯罪；要么借助毒品、酗酒、爵士乐和性来充斥自己的生活。可是他们都没有借此找回被荒诞现实吞没的自我。

工业革命的发展加速了美国的工业化进程，对劳动力的总量提出了更高的要求，原有的男性劳动力总量已经不能满足社会的需求，加上科技的进步，对劳动者的体力要求不再像以前那样高，使得女性劳动者的加入成了可能。女性越来越多地在各个领域参与到原来由男性主宰的工作，随着受教育程度的提高，女性的社会地位不断上升，在婚姻、生育的问题上有了很大的主动权，美国人的生活方式及社会发生了很大变化。

在这样的社会背景下，海明威不同于与他同时代的其他作家，他在努力地为不甘沉沦的西方人寻找一种现代的生存方式——“硬汉”生存方式，他认为，在这个迷惘的、混乱的世界里，人不应该垮塌，也不应该逃避，而应该维持自己的尊严，去面对个人生命中必然的失败和死亡，即便在现实中失败也要争取精神上的成功，做一个失败的英雄。这与西方传统的人文主义精神是一脉相承的，在这个意义上，《老人与海》赫然雄踞在连接传统和现代的桥梁上，充分展现出生命存在的悲壮与美丽。海明威带给无数的美国人民以希望和勇气，海明威本人和他笔下顽强不屈的圣地亚哥成了美国精神的化身。

4.《老人与海》的象征性

距离《老人与海》的创作已经过去半个多世纪了，但它的光芒并没有因时间的推移而消散，相反地，它跨越时空，让不同时代、不同国家的人都能从它身上汲取到精神力量。自《老人与海》问世以来，不少研究者努力地挖掘这个简单的故事所包含的丰富意义。海明威曾说：“我竭尽所能去创造一个真实的老人，真实的大海，真实的鲨鱼。”“但是如果我把它们写得太好太真实，那它们就会包含很多意思了。”[①]《老人与海》是海明威在冰山原则的指导下创作出来的，其中省略了很多他知道的东西，但只要写得真实，读者就会强烈地感受到他省略的部分，也能从这个看似简单的故事中的人和物所包含的象征意义中获得思考。一部文学作品，首先是作者按照自己的意图去进行创作的，是作者赋予了它意义，读者在读出作品的意义的同时，也会根

① 刘义峰.《老人与海》的艺术特色新解读[J]. 东北师大学报（哲学社会科学版），2014（5）：276.

据自己的经验不断去丰富作品的意义。《老人与海》中那时而平静时而汹涌的大海，那巨大的马林鱼，那些轮番攻击的鲨鱼，都不单是自然界的大海和鱼，包括那个失败了无数次却依然顽强拼搏的老人和那个始终相信老人的小孩，都蕴含着丰富的象征意义。象征手法的运用，使《老人与海》可以代表人生中的许多事件，成为人们人生旅程的一个范例。圣地亚哥虽不断遭遇失败，但仍不断地向命运挑战，成为精神力量上的硬汉形象，具有了时空穿透力，至今还激励着人们不畏坎坷，积极向上。

三、文本内核：悲剧的意义——小说主题挖掘

一部优秀的小说，总是能够展现出丰富的社会生活形态，塑造出性格独特的典型人物，以丰富的作品内涵给读者以多种启迪。《老人与海》尽管行文非常简洁，但丝毫不影响它内涵的丰富性，小说的人物情感丰富，思想内涵深厚，让不同的读者有不同的收获。

“每每想到大海，他脑海中浮现的总是 la mar，这是西班牙语中人们对大海的爱称……有些年轻一点儿的渔夫，用浮标当钓线上的浮子，还用卖鲨鱼肝赚来的大把钞票买了摩托艇，他们都把大海称作 el mar，一个阳性的名词。他们提起大海的时候，总把她当做一个竞争对手，一个去处，甚至是一个敌人。可老人一贯把大海想象成女人，她向人们施与或拒绝施与莫大的恩惠，如果她做出了什么狂暴或者邪恶的事情，那也是出于无奈。”

…………

“这条大鱼是我的朋友，”他大声说。

…………

他又为这条没有东西吃的大鱼感到难过，但伤心归伤心，他还是决定杀死它。它能够多少人吃啊，他想。可是他们配吃吗？不配，当然不配。它的举止风度何等高贵，它的尊严何等伟大，谁也不配吃它。

…………

大鱼被咬得残缺不全，他都不忍心再看上一眼。鱼被袭击的时候，他感觉就是自己受到袭击一般。

大海在《老人与海》中有举足轻重的作用，通过大海这个中介，人与自然建立起某种关系。《老人与海》中的大海是女性之海，是圣地亚哥赖以生存的物质保障，是他的精神支柱。圣地亚哥把大海看作女性，并对大海和大海中的生物表现出好感，这是一种亲近自然的体现，是文本中自然主义的体现。他也思考自己和被猎捕的鱼的关系，这在一定程度上表现了海明威的生态观——赞美自然，希望人与自然和谐相处。“这部小说的主人公圣地亚哥热爱辽阔的大海与海洋生物，并把动物与人类放在一个平等的地位，这一人物形象超越了人类中心模式，继承了美国自然写作先驱梭罗的概念。”[①]《老人与海》中潜藏着一个自然与环境的主题。

《老人与海》中还有一个特别值得注意的现象，即多次运用了“五”这个数字。小说运用了欧洲古典悲剧，尤其是莎士比亚悲剧的叙事结构，包含介绍、发展、高潮、解明、终结五个部分；归航中，老人与鲨鱼搏斗了五个回合；马诺林第一次跟随圣地亚哥出海捕鱼时

① 杨仁敬．海明威学术史研究［M］．南京：译林出版社，2014：159.

是五岁；狮子的意象在小说中出现了五次；老人在从港口回到住所的过程中一共歇息了五次。如果将耶稣受难的悲剧理解为《老人与海》辅助性的主题，那么海明威着力突出的“五”正暗含基督教所强调的“欲求、信仰、希望、谦逊、爱”的基本要求，这一系列的要素都深化了作品的主题。①

我们还可从不同的对作品的文学解读中概括出其他的主题，作为教学解读，它承担着帮助学生理解作品、引导学生树立正确的价值观的任务，其中编者引导的解读指向尤其需要关注。课本的“学习提示”提示在解读过程中要特别关注“永不言败的精神”“失败的英雄”“人的灵魂的尊严”，文中的内心独白对揭示小说主题起到重要作用。一个独自出海的老人，钓到比自己的船还要大的大马林鱼，在被鱼连人带船拖了三天后，老人“累得骨头都快散架了”，在双手“已经力不从心”“眼睛一忽看得见，一忽看不见”的情况下终于把鱼杀死了。可是在归航途中，鲨鱼先后五次来袭，老人不断鼓励自己“跟它们斗，我要跟它们一直斗到死”，终于打死、击退了鲨鱼。从这样的一个故事中，我们不难归纳出小说彰显的主题——“永不言败的精神”。但要真正理解圣地亚哥是个“失败的英雄”和对“人的灵魂的尊严”的赞颂，在“失败与成功”的阅读框架下深挖作品的主题，就有必要更进一步细读文本，挖掘失败与成功背后的悲剧意义。

教材节选的部分是从圣地亚哥归航开始的，其实在此之前，老人已经连续 84 天出海捕鱼却一无所获。

---

① 杨仁敬．海明威学术史研究［M］．南京：译林出版社，2014：160.

那船帆用面粉袋打了几个补丁，收拢起来真像是一面标志着永远失败的旗帜。

老人瘦骨嶙峋，颈背上刻着深深的皱纹。他的两颊有着褐色的斑块，是阳光在热带海面上的反射造成的良性皮肤病变。褐斑从上到下布满面颊的两侧，他的双手由于常用钓线拖拽大鱼，勒出了很深的疤痕。可是，这些伤疤没有一处是新的，和没有鱼的沙漠里风雨侵蚀留下的痕迹一样的古老。

他浑身上下都显得很苍老，只有那双眼睛，和大海是一样的颜色，看上去生气勃勃，有一股不服输的劲儿。

凌晨，老人又一次出海。当太阳升起来后，终于有鱼上钩了。

“再吃点儿吧，”他说，“好好吃吧。”

如果它一门心思往下钻，我该怎么办？我不知道。如果它潜到海底，死在那里怎么办？我不知道，我得想想法子。我有不少办法呢。

夜里，……他开始怜悯起这条被他钓住的大鱼来了。它真是了不起，真是与众不同。

“鱼啊，”他轻轻地说出声来，“我会和你奉陪到底。”

…………

等太阳升得更高了，

“鱼啊，”他说，“我喜欢你，也非常尊敬你。不过，今天天黑之前，我要杀死你。”

“这叫什么手啊，”他说，“随你去抽筋吧。变成爪子好了。”

“我要杀死它，”他说，“不管它有多么了不起，多么神气十足。”……我可要让它看看，一个男子汉有多大能耐，一个男子汉能忍受多大的痛苦。

…………

太阳落下去了，

“我来把两只桨横绑在船尾，这样一来，夜里就能让它慢下来，”他说，“它能熬夜，我也行。”

…………

太阳第三次升起来的时候，

“我可不能不争气，就这样死在一条鱼跟前，”他说。

“我没有抽筋儿，”他说，“它很快就会浮上来，我得挺住。必须坚持住，这压根儿就用不着说。”

他又感到一阵头晕，不过还是用尽全力拉住大鱼。

“头啊，清醒清醒吧。”他说话的声音连自己都听不见，

我还要再试一次，他对自己许诺，尽管他的双手这时候已经力不从心，眼睛一忽看得见，一忽看不见。

老人丢下钓线，一脚踩住，把渔叉举得尽可能高，用足力气，再加上刚刚鼓起的劲儿，拼命向鱼的一侧刺去，渔叉正落在大胸鳍后面，它的胸鳍高高耸起，和老人的胸膛一般高。老人感到铁叉已经扎了进去，就把身子倚在上面，好扎得更深，然后把全身的重量都压了上去。

一个孤独的老渔夫，面对连续的失败、同行的哂笑，他没有放弃，依然在第85天坚持出海。这一次他终于捕到了一条大马林鱼，老人与大马林鱼进行了一场生存的较量。尽管被钓住，大马林鱼凭借无与伦比的力量与速度拖着小船游走了三天两夜。老人靠着十足的耐力和

韧劲、丰富娴熟的捕鱼技术、坚定的信心、顽强的意志，在手被勒到抽筋、头晕目眩、精疲力竭的状况下杀死了大马林鱼。老人一方面对大马林鱼充满了斗志，另一方面也满怀同情和尊重。在这个相持的过程中，老人的意志经受住了严峻的考验，生命力被激发到极限。这个冲突的场面如两大高手对决，充满杀机而互相尊重，全力而为又不失风度，尽显激烈、庄严、惊险、豪壮。老人不畏失败，历经磨难，也值得拥有捕获大马林鱼的成功，是真正的硬汉，是当之无愧的英雄。小说的人物形象、主题已经呼之欲出。可小说至此还远没有结束，更大的考验、更大的打击还在等待着老人。为什么海明威要让老人经历漫长的失败，好不容易才取得一点成功后，瞬即又陷入更大的危机当中？

美学家朱光潜曾说："悲剧向来被认为是最高的文学形式，取得杰出成就的悲剧家也是人间最伟大的天才。"[①] 悲剧的形成必然与现实社会有着一定联系，体现了历史发展的一种必然性。它不仅展示人的痛苦与悲惨，更表现出人与自然、社会的矛盾，以及人在与命运抗争的过程中体现出来的崇高价值。与中国悲剧的冲突多是站在伦理道德的立场上对人物进行审判，内容上常常表现为正义与邪恶对抗、善被恶欺凌、忠被奸打压等，带有很强的道德伦理性质不同，西方悲剧的冲突是一种对命运的抗争、自我的挣扎，主人公不满于现有的秩序，最后无法挣脱命运的束缚而导致悲剧结局。西方悲剧中常常表现出对人生深切的痛苦和焦虑，表现人对命运的无限抗争，在巨大的毁灭中，揭示某种无法逆转的必然，显示出人性的尊严和力量可能达到的高度；

---

① 朱光潜．悲剧心理学［M］．北京：人民文学出版社，1983：3.

更多地体现了人性的价值，人在不断奋斗的过程中，实现个人价值的超越。毫无疑问，这种悲剧精神一直影响着海明威的创作，其笔下的“硬汉”都是意志坚强、不轻言失败的人，无论命运对他们多么残酷、生活对他们多么无情，他们都从不抱怨，也没有绝望颓丧，以巨大的毅力默默地忍受着一切痛苦，尽管打击接连不断，身心都遭受到严重的挫伤，他们却仍以一种不屈的精神、抗争的姿态去迎接生活。这些都是海明威非常欣赏的“重压下的优雅风度”。圣地亚哥的形象无论从悲剧的思想内涵还是从悲剧性格的塑造来看，都到达了海明威悲剧小说创作的顶峰。

圣地亚哥是个普通的、贫苦的老渔夫，关于他，小说一开始只有简短的外貌描写。从小男孩的嘴里，我们得知他叫“圣地亚哥”。他住在用王棕的坚韧苞壳盖成的棚屋里，棚屋里有一张床（上面铺着旧报纸）、一张桌子、一把椅子，泥地上还有一块可以用木炭烧火做饭的地方。墙上挂有一幅彩色的《耶稣圣心图》，还有一幅《科伯圣母图》，因不愿看着妻子的照片孤单，他将妻子的照片放在屋角的搁板上自己那件干净的衬衫底下。我们无从得知圣地亚哥的身世，只有从他为了给自己打气，想起在卡萨布兰卡的一家小酒馆里和一个大块头的黑人比手劲，花费了整整一天一夜，终于战胜黑人的回忆里了解到他年轻时的一些生活碎片。相比于海明威笔下的其他“硬汉”，圣地亚哥更年老、更失败、更普通，但也更具普遍性，他的经历、勇气超越了故事本身，成为人类绝对真实的一种生存体验。

这个普通的老渔民在与大马林鱼的较量中已经耗尽精力，可是他马上又面临着大鲨鱼三番五次的袭击。如果说，与大马林鱼的冲突是他在心理和体力上做了充分准备的主动出击，是一场生存竞争，他与鲨鱼的搏斗则是在力量悬殊的情况下对掠夺者的反抗，是一场生死较量。这时候的圣地亚哥面临的是注定的失败，虽然不抱成功的希望，但他仍然下定决心搏击一番。

他想，我没法阻止它攻击我，但我也许能制服它。

不抱希望才愚蠢呢，他想。

“鱼啊，我本来就不该出海到这么远的地方，”他说，“对你对我都不好。鱼啊，真抱歉。”

这下子它们算是把我打垮了，他想，我太老了，没法子用棍子打死鲨鱼了。不过只有手里还有短棍和舵柄，我就要试试看。

“跟它们斗，”他说，“我要跟它们一直斗到死。”

他知道自己终于被击垮了，……“没有什么把我打垮，”他大声说，“都是因为我出海太远了。”

搏斗是激烈的、残酷的，老人将渔叉及绑上了刀子的船桨、短棍、舵柄全都用上了，但这些工具在搏斗中断的断、丢的丢。这时读者终于感受到老人那句“人不是为失败而生的，一个人可以被毁灭，但不能被打败”的心底呐喊中所饱含的力量与分量。

相对于捕获大马林鱼的成功，与鲨鱼的对决使他得来不易的成果被掠夺一空，他依然是个失败者。尽管大马林鱼最后只剩下巨大的骨架，但是在茫茫大海中孤身一人，在毫无取胜可能的情况下与强大而残暴的敌人交战所迸发出的不屈的信心、坚忍的意志、永不言败的精神已经证明老人确实成功地战胜了自己，超越了自己。正如奥地利诗人里尔克所说的，没有什么胜利可言，挺住就意味着一切。虽然老人最后失败了，但他是个英雄，是个失败的英雄！他挺住了！他在失败中没有丧失信心，没有丢失自我，拼尽全力彰显出人的灵魂的尊严与人格信念的崇高。孤独的奋斗，绝望下的抗争，在波诡云谲的人生悲剧中，一个普通老人的“硬汉”精神得到升华。小说的悲剧精神也使小说主题的内涵与外延都得到极大拓展。海明威的《老人与海》在揭示人类悲剧命运的同时，重塑了人的尊严与崇高，给世人带来了强大的心灵震撼、精神鼓舞。这就不难理解为什么海明威会成为“美国精神”的化身，以及时至今日为什么习近平总书记还对《老人与海》、对海明威赞赏有加了。

四、文本延伸：教学建议与阅读课型探索

（一）自读课任务设计

与鲨鱼搏斗的老人

——《老人与海》节选导读

【设计意图】

①了解海明威及其创作风格。

②通过梳理情节，把握小说的主要内容，细读重点段落和人物内心独白，感知圣地亚哥“硬汉”形象。

③学习“硬汉”精神，树立积极、乐观向上的人生观。

【课前准备】

①适当搜集海明威的相关资料，初步了解海明威及其创作风格。

②速读节选内容，了解故事梗概。

【教学过程】

任务一：梳理情节

通读全文，感受老人与鲨鱼搏斗的过程，填写下面的表格。

	袭击者	老人的武器	老人的搏击	老人的内心变化	结局
第一次					
第二次					
第三次					
第四次					
第五次					

参考答案：

	袭击者	老人的武器	老人的搏击	老人的内心变化	结局
第一次	一条灰鲭鲨	渔叉	把渔叉猛地向下扎进鲨鱼的脑袋。 他使出全身的力气，用鲜血模糊的双手把渔叉结结实实地刺了进去	搏斗前："我没法阻止它攻击我，但我也许能制服它。" 搏斗后："但人并不是为失败而生的""一个人可以被毁灭，但不能被打败"	杀死灰鲭鲨，渔叉被带走，大马林鱼被吃掉40磅

（续表）

	袭击者	老人的武器	老人的搏击	老人的内心变化	结局
第二次	两条铲鼻鲨	绑着刀子的船桨	他紧紧地攥起手，让它们忍着疼痛不畏缩。 老人把绑在桨上的刀子朝那交叉点刺进去，拔出来，再刺进它那黄色的猫一样的眼睛。 对准它扁平的脑袋正中扎了下去。一刀戳进它的左眼。把刀刃戳进鲨鱼的脊椎和脑袋之间	搏斗前：“不抱希望才愚蠢呢”。 搏斗后：“我什么也不能想，就等着别的鲨鱼来吧。真希望这是一场梦……说不定有个好结果”	鲨鱼一条被杀死了，一条逃走了。 大马林鱼被吃掉四分之一
第三次	一条铲鼻鲨	刀子	老人任凭它袭击大鱼，紧接着把绑在船桨上的刀子刺进它的脑袋	搏斗后：“这下子它们算是把我打垮了。我太老了，没法用棍子打死鲨鱼。不过只要手里还有短棍和舵柄，我就要试试看”	杀死鲨鱼，刀子被折断。大马林鱼又被吃掉一些

（续表）

	袭击者	老人的武器	老人的搏击	老人的内心变化	结局
第四次	两条铲鼻鲨	短棍	他高高举起棍子，重重地落下去，打在鲨鱼宽阔的脑袋顶上。……他抡起棍子打过去，…… 再一次抡起棍子朝它打去……他把棍子举得高得不能再高了，结结实实地打在鲨鱼身上	搏斗后：“我不能指望干掉它们了，年轻力壮的时候倒是能办到。要是我用两只手抡起一根棒球棒，准能把第一条打死。” “跟它们斗”“我要跟它们一直斗到死”	击退两条鲨鱼，老人浑身僵硬、酸痛。大马林鱼已经破损得不成样子
第五次	群鲨	短棍 舵柄	他只能凭感觉和听觉，拼死拼活地一顿棍棒打下去。 他把舵柄猛地从舵上扭下来，用它乱打乱砍一气。 他抡起舵柄砸向鲨鱼头。他又接二连三地抡起舵柄。他听见舵柄断了，就用断裂的手柄刺向鲨鱼	搏斗前：“但愿不用再搏斗了，真希望不用再搏斗了。” 搏斗后：“他知道自己终于被击垮了。” “是什么把你打垮了呢？”“没有什么把我打垮”“都是因为我出海太远了”	夜里，有些鲨鱼来袭击大鱼的残骸，老人毫不理睬

任务二：人物分析

细读人物的内心独白，说说圣地亚哥是位怎样的老人？为什么说他是一个“硬汉”？

参考答案：

圣地亚哥的内心独白，通过自由联想的方式，真实地再现了老人的思想与感受。圣地亚哥是具有丰富内心世界、用思想支配行动的人，在与命运、大海、大马林鱼及鲨鱼的不断较量中，老人身上体现出特有的“硬汉”魅力——勇敢坚强、百折不挠、永不服输。

任务三：主题探究

①老人在和鲨鱼几番激烈搏斗后，只得到一副大马林鱼的残骸。这个结局安排与“硬汉”形象的塑造有冲突吗？你认为作者这样安排有什么深意？

②在与鲨鱼搏斗后，老人认为“他终于给打败了”，你怎么看？

参考答案：

①作者这样安排，是想引起读者对“应该如何衡量人生的成败”的深刻思考。小说中的圣地亚哥虽然最终没能保住大马林鱼，但在与鲨鱼搏斗的过程中，他表现出无与伦比的力量和勇气，不失人的尊严，在精神上获得巨大成功。人虽然面临种种自然与社会的挑战，也许这些挑战强大到足以把人的肉体毁灭，但一个人只要保持旺盛的斗志和在任何艰难险阻面前不屈服的精神，人就永远是成功者。

②老人认为自己被打败了，是因为他的大马林鱼仅剩一副空骨架。而他的身体、精神疲劳到了极点，他甚至后悔捕到这条大马林鱼。但从另一个角度看，老人却是一位成功者，不仅因为他为捍卫自己的战

利品杀死了许多鲨鱼，更主要的是他在与鲨鱼搏斗的过程中，体现了勇敢、顽强的精神，让我们看到了一个真正的“硬汉”。

（设计者：广州市培正中学　肖鸿莹）

海明威独特的叙事艺术

——《老人与海》节选导读

【设计意图】

通过对比阅读，自主探究海明威叙事手法的独特之处。

【教学过程】

任务一

心理描写是塑造人物形象的重要手段，对比《老人与海》与《复活》中的心理描写片段，同样描写人物内心的挣扎，哪个片段给你的临场感更强、感受更为真切？试分析原因。

《复活》：

玛丝洛娃怎么也没想到会看见他，特别是在此时此地，因此最初一刹那，他的出现使她震惊，使她回想起她从不回想的往事。最初一刹那，她模模糊糊地想起那个充满感情和理想的新奇天地，这是那个热爱她并为她所热爱的迷人青年给她打开的。然后她想到了他那难以理解的残酷，想到了接二连三的屈辱和苦难，这都是紧接着那些醉人的幸福降临和由此而产生的。她感到痛苦，但她无法理解这事。她就照例把这些往事从头脑里驱除，竭力用堕落生活的特种迷雾把它遮住。此刻她就是这样做的。最初一刹那，她把坐在她面前的这个人同她一度爱过的那个青年联系起来，但接着觉得太痛苦了，就不再这样做。

《老人与海》：

不抱希望才愚蠢呢，他想。还有，我把这当成了一桩罪过。别去想什么罪过了，他想。眼下不说罪过，麻烦就已经够多的了，况且我对这个一无所知。

我根本就不懂什么罪过，也说不准自己是不是相信。也许杀了这条鱼是一桩罪过。我看是的，尽管是为了养活自己，让好多人有鱼吃。不过这样说来，干什么都是一种罪过。别再想什么罪过了。现在已经晚了，再说还有人专门拿薪水干这个呢，让他们去费心吧。你天生是个渔夫，就跟鱼生来是鱼一样。

不过，他喜欢把所有和自己相关的事情琢磨来琢磨去，没有书报可读，也没有收音机，他就想得很多，而且还继续琢磨罪过这个问题。你杀死这条鱼不光是为了养活自己和卖给别人吃。你杀死它还是为了自尊，因为你是个渔夫。它活着的时候你敬爱它，它死了之后你也一样敬爱它。如果你敬爱它，那么杀死它就不算是罪过。要么是更大的罪过？

参考答案：

在节选片段中，《复活》只有第三人称，采取全知视角，从旁观者的角度介绍玛丝洛娃的心理活动。这种始终以第三人称视角叙事的方式有助于表达作者对人物的情感和评价。《老人与海》从第三人称视角切入，融合了第一人称和第二人称，多种人称混用，立体、生动地描写了圣地亚哥内心的自我对话，更能让读者真切地体会到老人独自在海上与困境搏斗的心情。

任务二

海明威说：“我曾经看见过马林鱼伙伴，知道那些事情。所以我把它删去了。在同一片水面上，我看见过五十多条巨头鲸的鲸群，一次用渔叉叉住了几乎有六十英尺长的一条鲸鱼，但又被它逃走了。所以我把它删去。我从渔村中知道的一切故事，都删去了。”你能够在小说中找到哪些可能被海明威删去的内容？请试举一两例，并谈谈这样处理的好处。

参考答案：

“它们准把这鱼咬掉了四分之一”“天知道最后那条鲨鱼最后咬掉多少鱼肉”“不过小船现在轻多了”。隐去了鲨鱼啃食大马林鱼的详细过程，只保留了老人与鲨鱼搏斗的情节。通过人物心理活动交待情节，有助于展现人物内心活动，使人物形象更加鲜明，也使小说的叙事更加集中，语言精练，节奏简洁明快。

（设计者：广州市培正中学　王思斯）

（二）从节选推向整篇（部）阅读任务设计

感悟人性的光辉

——从节选到整本书阅读

【设计意图】

以“人物形象”为切入点，不断深挖。驱动从节选推向整篇（部）阅读。

【教学过程】

任务一：阅读整篇（部）小说，完成对人物形象的整体认知

除了节选部分所体现的老人的特征，老人还有什么其他特征呢？请结合你阅读过的其他章节的内容对老人的形象进行补充。

我阅读了《老人与海》第 ________ 章节。

老人遇到的困难	相关描写语句	老人的形象特点

参考答案：

①我阅读了《老人与海》第 1 章节。

老人遇到的困难	相关描写语句	老人的形象特点
84 天没打到鱼、年老、无帮手、被人开玩笑、生活拮据、丧妻	（语言描写）“不，”老人说。“你遇上了一条交好运的船。跟他们待下去吧”	善良、替他人着想
	（语言描写）“他没多大的信心。”“是啊，”老人说。“可是我们有。可不是吗？”	自信
	（语言、心理描写）“你不是去偷的吧？”“我愿意去偷，”孩子说。“不过这些是买来的。”“谢谢你了，”老人说。他心地单纯，不去捉摸自己什么时候达到这样谦卑的地步。可是他知道这时正达到了这地步，知道这并不丢脸，所以也无损于真正的自尊心	自尊自爱
	（语言描写）“我是个不同寻常的老头儿。”“不过你现在还有力气对付一条真正的大鱼吗？”“我想还有。再说有不少窍门可用呢”	乐观自信
	（细节描写）墙上一度挂着幅他妻子的着色照，但他把它取下了，因为不愿看着妻子的照片孤单	孤独

②我阅读了《老人与海》第 4、7 章节。

老人遇到的困难	相关描写语句	老人的形象特点
手被划破、无帮手、手抽筋、体力不支、眼睛不好使	（语言、动作描写）“现在，”等手晒干了，他说，“我该吃小金枪鱼了。”他跪下来，用鱼钩在船艄下找到了那条金枪鱼，小心不让它碰着那几卷钓索……在裤子上擦擦刀子，拎起鱼尾巴，把骨头扔在海里	经验老到 沉着冷静
	（细节描写）出现黑点子是正常的现象。但是他已有两回感到头晕目眩，这叫他担心	体力不支
	（语言描写）“我不能让自己垮下去……”	坚强
	（心理描写）我必须让它的疼痛老是在一处地方，他想。我的疼痛不要紧。我能控制。但是它的疼痛能使它发疯	尊重生命 热爱自然
	（心理描写）它再兜多几圈，我就不行了。不，你是行的，他对自己说。你永远行的	自强不息
	（心理描写）你必须保持头脑清醒。保持头脑清醒，要像个男子汉，懂得怎样忍受痛苦	坚忍
	（心理描写）我弄不懂。但我还要试一下……我还要试一下……他又试了一下……我还要再试一下	永不放弃

任务二：通过小说的结局探究人物形象的悲剧意义

小说的结局是，老人在结束了与最后一条鲨鱼的搏斗后，带着他“从鼻子到尾巴有十八英尺长”的大马林鱼骨回到了村庄。有些读者认为，这个结局太悲惨了，而且令老人的“英雄”形象受损，应该改成老人带着大马林鱼回到村庄，而不是鱼骨头，这才是真正的胜利。

你认为小说的结局是否需要改动？说说你的看法。

参考答案：

不需要改动，悲剧性的结局恰恰是小说对人物形象和主题的升华。

从现实看，老人确实是一个彻底的失败者，因为他付出了惨重的代价，最后却一无所获。但是从精神层面看，老人却是一个成功者。他同大马林鱼战斗了三天两夜，又同鲨鱼进行了五次漫长的战斗。在这个过程中，老人丧失过“武器”，但从未放下过“武器”；老人流过血水，但从未流过泪水。

老人与鲨鱼的搏斗是一场力量悬殊的生死较量。他面临的是注定的失败，但在茫茫大海中孤身一人，在毫无取胜希望的情况下与强大而残暴的“敌人”交战所迸发出的不屈的信心、坚忍的意志、永不言败的精神已经证明他确实成功地战胜了自己，超越了自己。

悲剧的结局最好地诠释了老人的自我挣扎和对命运的抗争，重塑了人的尊严与崇高，给世人带来了强大的心灵震撼和精神鼓舞。

任务三：探究小说中其他形象的含义

海明威曾说：“我试图描写一个真正的老人，一个真正的孩子，真正的大海，一条真正的鱼和许多真正的鲨鱼。然而，如果我能写得足够逼真的话，他们也能代表许多其他的事物。”你是否读懂了“老人”“男孩”“大海”“大马林鱼”“鲨鱼”“狮子”等这些贯穿整部小说的形象所蕴含的真正含义？

参考答案：

老人圣地亚哥与男孩马诺林，以及大海、大马林鱼、鲨鱼、狮子等，只是组成了水面之上的“八分之一”，而其象征寓意则是隐藏于水面之下的“八分之七”，两者有机结合，共同构成了《老人与海》

的深刻意蕴。

“老人”是抽象化了的人类精神的象征，是意志上的伟人、行动上的巨人，是一个典型的英雄形象代表。他不屈服于命运，凭着自己的勇气、毅力和智慧，捍卫了“人的灵魂的尊严”，显示了“一个人的能耐可以到达什么程度”，是一个胜利的失败者，也是一个失败的英雄。

“男孩”崇拜老人，崇拜英雄。在男孩马诺林的心里，老人值得同情，更值得尊敬。他准备和老人再度出海，他要学会老人的一切“本领”。这象征着人类这种“打不败”的精神将代代相传。他是老人的希望，是勇气和信念的延续，也是作者对未来希望的寄托。

“大海”象征着现实生活，是人类社会的剪影，是生的搏斗场，它永恒无限、神秘莫测。它时而仁慈，给你带来丰厚的收获；时而残忍，狂涛巨浪，让你九死一生。它是一个不可理喻、充满危险的世界，是永远无法理解的客观存在。

“大马林鱼”象征着人们想要达到的目标，人的理想总是那么美好而又可望不可即。

“鲨鱼”象征着人类永远摆脱不了的悲剧因素，它总是在你最欣喜得意的时候出现。人的一生不可能一帆风顺，不经历风雨怎能见彩虹？走在人生的路途中，我们不可避免会遇到挫折、被厄运所阻挠，只有经历与“鲨鱼”的较量，才能成为强者，唱出最美的歌。

“狮子”在作品中有节律地反复出现，有助于深化主题。狮子为百兽之王，是勇敢、自信、坚强的象征。孤独贫困的老人屡遭厄运，从不灰心，总是力图在狮子身上汲取力量，不断进取，与命运作不懈的抗争。

【参考资料】

1. 保世华 .《老人与海》教学设计［J］. 现代语文，2015（8）：2，40–42.

2. 张广录 . "冰山理论"：开启《老人与海》的一把钥匙：兼《老人与海》教学设计［J］. 中学语文教学，2011（2）：46–49.

（设计者：广州市第十六中学　梁秋燕）

（三）"硬汉"形象比较阅读任务设计

海明威的文学画廊

——"硬汉"形象比较阅读

【设计意图】

引导学生阅读海明威的经典作品，理解海明威笔下的众多"硬汉"形象，通过了解这些形象的变化，加深对《老人与海》中的圣地亚哥形象的认识。

【教学过程】

任务一：了解"硬汉"系列形象

阅读海明威的作品《太阳照样升起》《永别了，武器》《丧钟为谁而鸣》（可选读），分别说说杰克 · 巴恩斯、亨利 · 菲特力、罗伯特 · 乔丹的故事及人物特点。

参考答案：

《太阳照样升起》

故事：美国青年杰克 · 巴恩斯在第一次世界大战中脊椎受伤，失去性能力，战后在巴黎做记者时与英国人阿施利夫人相爱，夫人一味追求享乐，而他只能借酒浇愁。两人和朋友去西班牙潘普洛纳参加斗牛节，追求精神刺激。阿施利夫人拒绝了犹太青年科恩的苦苦追求，迷上了年仅十九岁的斗牛士罗梅罗。然而，在相处了一段日子以后，由于双方年龄实在悬殊，而阿施利夫人又不忍心毁掉纯洁青年的前程，这段恋情黯然告终。阿施利夫人最终回到了巴恩斯身边，尽管双方都清楚彼此永远也不可能真正地结合在一起。

人物特点：巴恩斯是一个失败者，但也是一个有着坚强意志的人。无论命运对他多么残酷、生活对他多么无情，他从不抱怨也从不唉声叹气。他以巨大的毅力默默地忍受着生活中的痛苦，而表面上还尽量表现得若无其事。生活的前景对他来说虽然是那样的黯淡，可他并没有绝望和颓丧；尽管心中在流泪，心灵的伤口在流血，可他仍能以一种超然洒脱的态度去迎接生活，这正是海明威所欣赏的重压下的优雅风度。

《永别了，武器》

故事：《永别了，武器》是典型的海明威式的战争、爱情与死亡三者交织在一起的故事。故事发生在第一次世界大战期间的意大利。主人公美国青年亨利·菲特力是意大利军队救护队中的一名中尉，由于在战场上目睹了各种各样的流血和死亡，亨利对战争产生了厌恶情绪。后来亨利自己也在战场上负伤，被送进了米兰的美军后方医院。住院期间，他爱上了医院里的英国护士凯瑟琳，于是爱情就成了他们在战争中的“避难所”。然而好景不长，一个富有浪漫情调的战地爱情梦最终在哀婉凄凉的悲剧气氛中结束了。

人物特点：亨利也是人生角斗场上的失败者，是一个试图摆脱悲剧命运但仍以失败收场的悲剧人物。亨利曾是一个诚实而好幻想的美国青年，第一次世界大战爆发后，他怀着光荣和神圣的梦想投身战场，加入意军救护队。在最初的日子里，他勇敢参战。面对命运的重压，亨利没有听天由命、坐以待毙，而是进行了一番艰苦的抗争，虽然这种抗争是消极的，而且远不彻底。但在经历战争的残酷和爱人的离世后，他身心疲惫，在迷惘的状态中失去了抵抗的动力。

《丧钟为谁而鸣》

故事：美国青年罗伯特·乔丹在大学里教授西班牙语，对西班牙有深切的感情。他志愿参加西班牙政府军，在敌后搞爆破活动。为配合反攻，他奉命和地方游击队联系，完成炸大桥的任务。他争取到游击队队长巴勃罗的妻子比拉尔和其他队员的支持，孤立了已丧失斗志的巴勃罗，并按部就班地布置好各人的具体任务。在纷飞的战火中，他和比拉尔收留的被敌人糟蹋过的小姑娘玛丽亚坠入爱河，并抚平了玛丽亚心灵的创伤。在这三天中，罗伯特历经爱情与职责的冲突和生与死的考验，人性不断升华。在炸掉大桥的撤退途中，他把生的机会让给了别人，自己却被炮弹炸断了大腿，独自留下阻击敌人。在他生命的最后时刻，他仍然对反法西斯正义事业充满必胜信心，怀着这样崇高而坚定的信念，他掩护了自己的同志，献出了宝贵的生命。

人物特点：①勇敢坚定的战士，勇于为战友献身；②温柔多情，有耐心、有责任感；③有将生死置之度外、心系他人的奉献精神。乔丹不是为个人荣辱奋斗的勇士，而是为人类正义事业献身的英雄。他与之抗争的也不是一般的邪恶势力，而是想奴役人类的法西斯主义。在被作者赋予了新的时代精神和崇高的信念之后，乔丹这一悲剧形象迸发出了真正的英雄主义的光辉。由于作者将乔丹的命运与整个人类的命运联系在了一起，乔丹的悲剧也就具有了超越个人的意义。

任务二：从“硬汉”形象的变化看“圣地亚哥”

从杰克、亨利、乔丹到圣地亚哥，思考并讨论海明威笔下的这些“硬汉”有什么变化？为什么说圣地亚哥是“硬汉”式英雄最完美的代表？

参考答案：

《太阳照样升起》中的杰克以顽强的毅力忍受着命运的重压，但缺乏人生目标，没有精神支柱，是迷惘的一代。杰克代表的是“硬汉”形象的形成期。在《永别了，武器》里，亨利以其特定的方式与不公平的命运进行了初步的抗争，但他对命运的反抗还带有消极的性质，只是局限在个人的小圈子里，未能触及不合理的社会结构和压迫者的根本利益。亨利代表的是“硬汉”形象的发展期。《丧钟为谁而鸣》中的乔丹已经不是为个人荣辱奋斗的勇士，而是为人类正义事业献身的英雄。由于作者将乔丹的命运与整个人类的命运联系在了一起，乔丹的悲剧也就具有了超越个人的意义。乔丹代表的是“硬汉”形象的成熟期。

与海明威塑造的其他“硬汉”形象相比，圣地亚哥这一人物有更加卓越的人格。之前的作品的主人公总有创伤，充满悲观情绪，缺乏生活目标和价值感，只能看到他们的奋斗和挣扎，却看不到其前途。直到圣地亚哥“硬汉”形象的成功塑造，海明威才把对个体生命的弘扬表现到极致。圣地亚哥的生活目标坚定而清晰，能够做到身处逆境而毫不气馁，敢于与险恶的环境抗争到底。其性格坚强勇敢、刚毅正直，能无畏地面对痛苦和死亡，勇敢地承受命运的重压。圣地亚哥的意义不仅在于他是一个真正的渔民或老人，还在于他是一个具有真正人生目标与价值感的人，体现出人类的精神力量是不可摧毁的。所以圣地亚哥是“硬汉”形象最完美的代表，有更强的生命力。

【参考资料】

1. 刘久明.“重压下的优雅风度”与海明威的“准则英雄”[J].外国文学研究，1998（2）：51–54.

2. 杨大亮.英雄的再创造：《老人与海》中桑提亚哥形象的塑造[J].河南师范大学学报（自然科学版），1996（3）：74–77.

（设计者：广州市第十七中学 姚文希）

杀鱼的“老人”VS打虎的“武松”

——“硬汉”形象比较阅读

【设计意图】

通过比较老人和武松这两个人物形象的“同”和“异”，深化对小说人物及主题的理解。

【教学过程】

任务一：异中求同——何以称“硬汉”

分别复述老人和武松的事迹，概括人物形象，寻找两人身上的“硬汉”共同特征，整体把握情节和人物形象。

参考答案：

老人——为了证明自己的能力独自出海，捕得大马林鱼后遭受鲨鱼袭击，凭借丰富的经验和顽强的斗志赶走了鲨鱼，安全回家，但大马林鱼被鲨鱼吃光了，他是一个充满勇气、面对强大的“敌人”敢于抗争的“硬汉”形象。

武松——喝醉酒后独自上山，遭受吊睛白额虎袭击，凭借自己的力量杀死了老虎，受到了大家的拥戴，他是一个勇武、敢于直面强大对手的“硬汉”形象。

两人都有强烈的自我尊严感和巨大的勇气，没有别人帮忙，甚至没有工具，独自面对凶险和强大的对手，最后都凭自己的力量战胜了“敌人”。

任务二：同中求异——寻找“硬汉”的不同

再次细读文本，找出两个人物形象的不同，通过填写阅读表格的方式概括两个“硬汉”的差异。

参考答案：

“硬汉”形象	身份，年龄	身心状态	外部环境	出海（上山）动机	工具	具体行为	心理	结果
老人	老渔夫，年迈	不服输，不言败	除了一个男孩爱他，其他人对他或同情或嘲笑	84天没有收入获，为了生存更为了尊严	渔叉，刀子，船桨，短棒，舵柄	扎、刺、戳、打	尽量保持清醒，下定决心搏击，人不是为失败而生的，“不，有办法”	杀死了几头鲨鱼，但大马林鱼的肉也被吃光了

（续表）

“硬汉”形象	身份，年龄	身心状态	外部环境	出海（上山）动机	工具	具体行为	心理	结果
武松	逃跑在外的平民，正值壮年	自负勇武	曾被柴进等冷落，受宋江赏识，结拜为异姓兄弟	开始是为了过冈看望哥哥，后来知道有虎后不退缩是避免被嘲笑	哨棒，后来徒手	闪、抡起哨棒、劈将下来、揪、按、踢、打	有醉意，惊，想拖死虎下冈看到猎户假扮的老虎，心里想“今番罢了”	受到猎户的尊敬、赞美，也因此获得了官府封赏

从自身条件及外部环境看，老人比武松更显孤独无助，不仅已经年迈，而且备受嘲笑，除了男孩以外，没有人对他抱有期待。

从动机来看，老人的主动性更强。

从行为本身来看，老人主要依靠的是丰富的经验和顽强的意志，武松依靠的主要是勇力。

从心理来看，老人更为清醒，虽然明知极可能失败，但依然坚持抗争，有悲壮感；武松则更多存在侥幸心理，打虎是一种保全自己的本能。

从结果来看，老人除了经历之外一无所获，武松则获得了世俗意义上的成功。

任务三：走进“硬汉”的内心

对于可能遭遇到的情况，老人是清醒的，而武松是带着醉意和抱有侥幸心理的。在故事的结尾，老人一无所获，而武松获得了世俗意义上的成功。从作者的意图出发进行分析，说说你如何理解这两种差异。

参考答案：

老人的“清醒”更能体现“硬汉”“可以被毁灭，但不能被打败”的精神，是明知不可为而为之；而武松的“醉意”却是为了让这件事情显得“无心插柳”，更能激发他身上打虎的潜力，使情节的发展更为合理。

老人的“一无所获”更能彰显海明威所颂扬的人生价值——很多像老人一样的“普通人”，可能在艰苦拼搏后一无所获甚至一败涂地，但人的价值和尊严在于不避艰难、敢于搏斗，在精神上永远不认输，小说的结尾更具有悲壮感、震撼力。武松的“成功”是为了进一步展现武松不同于平常人的勇武和“好汉”形象，也为小说接下来的情节发展作铺垫。

（设计者：广州市第三中学　简艺蕾）

第六章 《百年孤独》：“魔幻－现实”的交融

文本外围：“魔幻－现实”阅读框架构建　马尔克斯生平简介　《百年孤独》简介

文本路径：疾病的隐喻（食土癖·失眠症·失忆）　双时间结构——循环与线性（双线并行·心理与物理的时间冲突·循环主题细读·节选与整部的循环呼应）

文本内核：个体与家族的孤独（境况·多层次意蕴·重复）　拉丁美洲的孤独（过往与现在·文学诉求·反转结局与作者愿景）

文本延伸：族谱图绘制活动　“失忆”情节的比较阅读　拓展阅读

一、文本外围："这个家族的历史不过是一系列无可改变的重复"①

（一）入口："魔幻－现实"阅读框架构建

统编版高中语文选择性必修上册第三单元节选了加西亚·马尔克斯的《百年孤独》。提及马尔克斯和《百年孤独》，似乎总是离不开"魔幻现实主义"。教材节选文段后的"学习提示"就写道，"《百年孤独》是'魔幻现实主义'的经典作品"，而在后一句中又介绍道，"在这部小说中，真实与幻想之间的界限仿佛消失了，呈现在读者眼前的是一个离奇而又真切、不可思议而又颇具现实感的世界"，"学习提示"似乎无意间增加了误解的可能性，即魔幻现实主义小说就是有离奇情节和虚幻内容的作品。部分研究者也持有这一观点，哥伦比亚作家奥斯卡·科雅索斯认为马尔克斯的《百年孤独》形成了一个所谓"魔术现实主义"（即魔幻现实主义）的新流派，这种新流派小说的主题是反映现实的，但它的内容和表现方法是幻想和离奇的。②

这或许就是马尔克斯反感自己被定义为魔幻现实主义者的原因之一。虽然马尔克斯因其作品《百年孤独》精湛的魔幻现实主义艺术获得了诺贝尔文学奖，且《百年孤独》被公认为代表了魔幻现实主义的最高成就，但他多次强调自己是现实主义者而非魔幻现实主义者，他认为自己的作品不是虚构的、魔幻的，他所做的仅仅是抄写现实。"我总感到在自己构思和能够写出来的东西中，从没有一件事是比现实更

---

① 马尔克斯．百年孤独［M］．范晔，译．海口：南海出版公司，2017：341.

② 张国培．加西亚·马尔克斯研究资料［M］．天津：南开大学出版社，1984：56.

令人惊奇的。我所尽力做到的只是用诗的手法移植现实。但在我写的任何一本书里，没有一句话不是以现实为根据的。"[①] 弗雷德里克·杰姆逊则把魔幻现实主义看作一种生产方式的概念，认为文本的魔幻源于"前资本主义特征与新生期资本主义特征或技术特征相互重叠或共存"[②]。因此，魔幻现实主义不是"魔幻＋现实主义"，而是拉丁美洲社会现实本身，是历史访问现实的那个时刻——"所有过去层面接合叠加（印第安文化的或前哥伦布的现实、殖民地时期、独立战争、专制制度、美国统治时期）"[③]，它们曾经在其他叙事中缺席，但却在魔幻现实主义文本中得以再现。[④]

由此可见，"魔幻现实主义"这一后设概念并非是颠扑不破的。同时可以确定的是，魔幻现实主义归根结底是要反映现实，神奇和魔幻只是小说的讲述方式。"魔幻"和"现实"在作品中相互交融，互为表里，因而使得小说意蕴丰富。

魔幻现实主义在《百年孤独》中的表现可概括为现实的魔幻化和魔幻的现实化。所谓"现实的魔幻化"，即小说中许多看似荒诞奇幻的魔幻人物和情节都是有现实依据的。梅梅（奥雷里亚诺第二的次女，家族第五代）的爱人马乌里肖·巴比伦身边总是环绕着一大群黄蝴蝶，这一角色的原型是一名电表工。每次他一来，马尔克斯的外祖母都会

---

① 马尔克斯. 两百年的孤独：[哥伦比亚]加西亚·马尔克斯谈创作[M]. 朱景冬，译. 昆明：云南人民出版社，1997：12.

② 詹明信. 晚期资本主义的文化逻辑[M]. 陈清桥，等译. 北京：生活·读书·新知三联书店，2013：566.

③ 詹明信. 晚期资本主义的文化逻辑[M]. 陈清桥，等译. 北京：生活·读书·新知三联书店，2013：567.

④ 滕威."边境"之南：拉丁美洲文学汉译与中国当代文学（1949—1999）[M]. 北京：北京大学出版社，2011：88.

一面用破布赶蝴蝶，一面唠叨："这个人一到咱们家来，这只黄蝴蝶就跟着来。"[①]就连最让人难以置信的美人儿蕾梅黛丝（阿尔卡蒂奥的长女，家族第四代）升天的情节也有现实依据。马尔克斯曾遇见一个老妇人，她的孙女和男人私奔了，为了遮掩此事，她四处和别人说孙女升天了。为了赋予"升天"一定的现实逻辑，马尔克斯决意让蕾梅黛丝和床单一起升天："我当时实在想不出办法打发她飞上天空，心中很着急。有一天，我一面苦苦思索，一面走进我们家的院子里。当时风很大。一个来我们家洗衣服的高大漂亮的黑女人在绳子上晾床单，怎么也晾不成，床单让风给刮跑了。当时，我茅塞顿开，受到了启发。'有了。'我想。美人儿蕾梅黛丝有了床单就可以飞上天空了。在这种情况下，床单便是现实提供的一个因素。当我回到打字机前的时候，美人儿蕾梅黛丝就一个劲儿地飞呀，飞呀，连上帝也拦不住了。"[②]换言之，"魔幻"不是天马行空的乱想，它或多或少地有着现实依据和现实逻辑支撑。

"魔幻的现实化"是指小说把魔幻的细节和事物当作现实存在来叙述。阿莱霍·卡彭铁尔说拉丁美洲传统文化是一种新质的"混合文化"，马尔克斯正是在这种"混合文化"的滋养下长大的："在我的故乡，有些文化样式来源于非洲，而与高原地区的土著民族文化大不相同。在我们加勒比地区，非洲黑奴与殖民时期之前的美洲土著居民的丰富想象力结合在一起了，后来又与安达卢西亚人的奇情异想、加利西亚人对超自然的崇拜融合在一起了。这种以魔幻手法来描绘现实

---

① 林一安．加西亚·马尔克斯研究［M］．昆明：云南人民出版社，1993：204.

② 马尔克斯，门多萨．番石榴飘香［M］．林一安，译．海口：南海出版公司，2015：43–44.

的才干来源于加勒比地区和巴西。"[①]马尔克斯的外祖母擅长讲神怪故事，她的故事为马尔克斯打造了一个"使人着魔的、奇异的、充满幽灵的世界"。为打破真实的事物和难以置信的事件之间的界限，马尔克斯认为自己"必须像外祖母讲故事那样进行叙述。也就是说，用一种无所畏惧的语调，用一种即使老天塌下来也不改变的平静神情，任何时候也不怀疑所讲述的事情，无论是最轻浮的事情还是最可怖的事情"[②]。在节选中，布恩迪亚一家既不惊诧也不恐惧，以一种淡然自若的态度接受了丽贝卡带来的她父母嘎吱作响、神出鬼没的骨殖，仿佛一切本该如此。用如此实在的笔触极其平实地叙述出来的故事，渗透出了深沉的必然性和命运感，"魔幻"与"现实"便难分难解了。

需要特别说明的是，"魔幻现实主义"一词的西班牙文是 Realismo Mágico，英文译名为 Magic Realism，Realismo/ Realism，译成"现实主义"准确无疑，但 Mágico/Magic 是否该译作"魔幻"有待商榷，因为在西方语言辞典中该词的释义并不包括"幻想"和"幻觉"。但中文语境中"幻"常与"真"相对，意味着"非真实"和"非现实"，因此受中文译名的影响，学生往往容易把"魔幻现实主义"视作一种荒诞不经、脱离现实的文学流派。教师在引入"魔幻－现实"阅读框架时，有必要先厘清这一概念，避免学生先入为主。

以"魔幻－现实"作为阅读框架进入文本并不意味着理论先行，也并非用"魔幻现实主义"的框框条条先束缚住学生。相反，"魔幻现

① 马尔克斯，门多萨．番石榴飘香［M］．林一安，译．海口：南海出版公司，2015：65.

② 马尔克斯．两百年的孤独：［哥伦比亚］加西亚·马尔克斯谈创作［M］．朱景冬，译．昆明：云南人民出版社，1997：225-226.

实主义”这一文学概念本身就存在着巨大的裂隙，学生既可探究“魔幻”的艺术效果是如何形成的，又可以站在“现实”的角度，用批判的眼光从不同的视角观照文本，在多元性、叠合性的语境中发现更多的文本褶皱，从而打破既定的认知和经验的窠臼，摆脱原有的扁平化、定型化的想象，挖掘出马尔克斯及《百年孤独》的复杂性。

再者，“魔幻”和“现实”并不对立，相反，二者存在着互动关系。除了上文提及的文本内的“魔幻的现实化”和“现实的魔幻化”外，还应考虑到文本外的因素，即作家的文学诉求和政治理想，正是这些才使小说熠熠生辉。促使马尔克斯写成《百年孤独》“仅仅是由于我发现了现实，我们拉丁美洲的现实”①。拉丁美洲的现实是神奇的，“看上去是魔幻的东西，实际上正是拉丁美洲现实的特征。每走一步我们都会遇到其他文化的读者认为是神奇的事情，而对我们来讲则是每天的现实”②。对“理性主义者”来说，拉丁美洲自身神奇的现实本身就是“魔幻”的；而对拉丁美洲本土读者来说，“魔幻”所带来的艺术性也是必不可少的，因为他们“对于压迫和不公正实在太了解了，他们期待的是一种真正的小说，而不只是某种揭发材料”③。被排除在西方文明进程之外的拉丁美洲已然孤独了不止百年，马尔克斯渴望拉丁美洲的孤寂和苦痛能被知晓和理解。因此在诺贝尔文学奖颁奖仪式上致辞时，马尔克斯与米格尔·安赫尔阿斯图里亚斯、巴勃罗·聂鲁

---

① 马尔克斯，门多萨．番石榴飘香［M］．林一安，译．海口：南海出版公司，2015：74.

② 马尔克斯．两百年的孤独：［哥伦比亚］加西亚·马尔克斯谈创作［M］．朱景冬，译．昆明：云南人民出版社，1997：9.

③ 马尔克斯，门多萨．番石榴飘香［M］．林一安，译．海口：南海出版公司，2015：73.

达等拉丁美洲前辈一样，发表了关于拉丁美洲历史和现实的演说，他强调了自己作品的现实性，并表示对拉丁美洲作家而言，最大的挑战是无法让别人相信这就是他们生活的真实现状。他始终担忧"魔幻"会消解掉作品背后的"现实"，使读者把目光投注于情节，囿于奇特的审美感受中，而忽略了作品的现实性和政治性。

第三单元导读要求学生在学习本单元时"联系相关的历史文化背景，体察小说展现的千姿百态的社会生活，感受人类文化的丰富多彩"，而《百年孤独》的"学习提示"更明确表示小说"展现了拉丁美洲人民几个世纪的生活和奋斗历程"，并提示学生注意思考"失眠症"造成"失忆"这一情节的象征意味，"由此了解小说是如何透过日常生活的书写来展现宏大历史的"。因此，将作家作品置于拉丁美洲的历史背景下，联系其现实状况，是理解节选内容的必要前提，也是新课标对学生提出的要求。

节选部分出自小说第三章，和其他部分一样，选段的人物和情节本身就具有十足的"魔幻"意味：奥雷里亚诺的预言、食土的丽贝卡、咯吱乱响的骨殖、蔓延全镇的失眠症……这些背离日常经验的情节给学生带来了新奇的阅读体验，学生可以轻而易举地品味其中的"魔幻"滋味，却难以从中窥见作为作品底色的拉丁美洲历史和社会现实。在"魔幻 – 现实"的阅读框架之下，学生在研读过程中能避免无限度地滑向"魔幻"一侧，并发现"现实"的蛛丝马迹。在《百年孤独》的《圣经》式的总结构内，马尔克斯把几个世界历史事件和拉丁美洲的历史浓缩在马孔多百年变迁中：何塞·阿尔卡蒂奥·布恩迪亚苦寻不遇的大海和搁浅在沙滩上的白色西班牙大帆船指向欧洲对美洲的"发现"史和殖民史；奥雷里亚诺·布恩迪亚上校领导的革命代表了19世纪哥伦比亚自由党和保守党的内战；香蕉公司的入驻、工人罢工和大屠杀对应美国的新殖民主义……在这个意义上，节选篇章中马孔多遭受的外来文明冲击象征的是原本独立于西方所谓的“文明进程”外的拉丁美洲所遭受的冲击。那么，诸如“失眠症”一类的情节就不仅是为“魔幻”而“魔幻”了。

从节选可见，“魔幻–现实”的框架已内在于其中，并能够形成足够的推动力反向驱动学生从节选走向整篇（部）小说阅读。马里奥·巴尔加斯·略萨认为，《百年孤独》象征性地勾勒出了迄今为止人类历史的主要轨迹。[①]阅读节选就如同只看见了轨迹的一段，倘若学生渴望了解“魔幻”背后的“现实”，就必然会被吸引着从整体上把握全书，进而回头细细品味节选，毕竟仅凭一块碎片是难以拼凑出拉丁美洲乃至人类文明的全部图景的。

（二）语境：作家与作品简介

加西亚·马尔克斯，哥伦比亚作家、记者和社会活动家。1927年，马尔克斯出生于哥伦比亚马格达莱纳省的阿拉卡塔卡小镇，八岁前一直与外祖父母生活在阿拉卡塔卡。九岁时，马尔克斯随父母在辛塞、巴兰基亚、苏克雷几个城市中辗转，最终马尔克斯的父母决定让他就读巴兰基亚的圣·何塞教会学校。1940年，马尔克斯迁居哥伦比亚首都波哥大，就读于锡帕基纳国立学校。1946年马尔克斯中学毕业。1947年进入哥伦比亚国立大学攻读法律，实际上，马尔克斯对法

---

① 陈众议. 保守的经典　经典的保守：再评加西亚·马尔克斯的《百年孤独》[J]. 当代作家评论 .2011（5）：4–9.

律并不感兴趣。大学期间，马尔克斯加入了自由党，积极参加学生运动，并把大量时间花在阅读上，还在《观察家报》上发表了他的第一部作品《第三次忍受》。1948年，因爆发"波哥大事件"，自由党和保守党互相残杀，哥伦比亚国立大学被迫停课，马尔克斯转而前往卡塔赫纳大学继续攻读法律。不久后马尔克斯进入报界，任《宇宙报》记者。1950年，马尔克斯中止学业，移居巴兰基亚并任职于《先驱报》报社。1954年，他重返波哥大，在哥伦比亚第二大报《观察家报》报社任职。同年，因连载文章揭露卡尔达斯驱逐舰的走私丑闻，马尔克斯被迫离开祖国，前往欧洲。其后，马尔克斯先后赴民主德国、意大利、法国、英国、波兰、捷克、匈牙利等国采访。然而，《观察家报》报社不久后就被独裁当局查封了，失业后的马尔克斯生活拮据，陷入困境。1957年底，马尔克斯重返拉丁美洲，到委内瑞拉的加拉加斯当记者。1959年1月古巴革命胜利后，古巴通讯社拉丁社聘他为驻波哥大分社负责人。1960年，马尔克斯为该社工作。1961—1967年，马尔克斯在墨西哥从事文学、新闻和电影工作。1974年，马尔克斯在哥伦比亚创办了《抉择》周报。自1975年起，他实行"文学罢工"以抗议智利皮诺切特的军事政变，直至1981年才重新发表作品。为避开军政府的迫害，马尔克斯于1981年起流亡墨西哥。1982年，马尔克斯获诺贝尔文学奖，此后应法国密特朗总统之邀，任法国西班牙语文化交流委员会主席。同年，在哥伦比亚总统的担保下，他回到了祖国。1999年，马尔克斯不幸罹患淋巴癌，此后文学作品产量遽减，2006年1月宣布封笔。2014年4月18日凌晨，马尔克斯在墨西哥城去世，享年87岁。

马尔克斯是"爆炸文学"的代表人物，曾受威廉·福克纳、弗兰茨·卡夫卡、艾德林·弗吉尼亚·伍尔夫、格雷厄姆·格林等西方现代主义作家的影响，并继承了拉丁美洲本土文学传统。马尔克斯常借助象征、影射、夸张、意象、神话典故等描绘人鬼共存、时空纵横穿插但又与现实生活有着质的关联的神秘世界。虽然马尔克斯被誉为魔幻现实主义大师，但他的作品并非全都属于魔幻现实主义文学作品，如《迷宫里的将军》就属于历史小说类型。

马尔克斯是难得的作品数量多且质量高的作家，他的重要作品有小说《枯枝败叶》《没有人给他写信的上校》《恶时辰》《百年孤独》《族长的秋天》《一件事先张扬的凶杀案》《霍乱时期的爱情》和短篇小说集《格兰德大妈的葬礼》等。

巴尔加斯·略萨称马尔克斯为“拉丁美洲的弑神者”，一是指马尔克斯在文学上锐意创新，是前一辈或几乎是同辈文学大师们的“弑神者”；二是意在表明这位满怀政治激情的作家以文字抨击殖民主义和帝国主义对拉丁美洲的剥削，是拉丁美洲暴政的“弑神者”；三是喻意马尔克斯是一名义不容辞地承担揭露和砸碎拉丁美洲孤苦现实并再造崭新拉丁美洲重任的“弑神者”。

在《百年孤独》出版前，马尔克斯的作品虽然颇受好评，但都销量平平，马尔克斯的生活十分困难。为创作已酝酿十几年的长篇巨作《百年孤独》，马尔克斯把小汽车卖掉了，把钱交给妻子后一写就是18个月。当书稿完成时，马尔克斯已欠下约一万美元的债务。马尔克斯和妻子甚至凑不够将书寄给出版社的邮费，只能把一半书稿寄出，等出版社寄来钱后再寄出另一半。马尔克斯曾表示“我要么因此而一举成名，要么头破血流"[①]。

显然《百年孤独》大获成功，它一经出版就造就了"拉丁美洲文学的地震"，首印的8000册在布宜诺斯艾利斯半月之内便被抢购一空，随后一版再版，仅1968年这一年就在阿根廷一国印刷了46次。在文学代理人的运作下，这部小说畅销欧美。《百年孤独》被卡洛斯·富恩特斯誉为"拉丁美洲的《圣经》"[②]；诗人巴勃罗·聂鲁达称其为"继塞万提斯的《堂吉诃德》之后最伟大的西班牙语作品"，是"本世纪下半叶给人印象最深的一部小说，而且是任何一个世纪这类作品中的杰作"[③]。《百年孤独》问世之时正值拉丁美洲小说"爆炸"之际，它促使拉丁美洲小说摆脱默默无闻的状态，空前提高了拉丁美洲文学在世界文坛上的地位。

《百年孤独》的语言诡谲多变、丰富多彩、简洁紧凑、鲜活生动、奇丽夸饰、幽默俏皮、犀利敏锐、隐喻深广，与作品包罗万象的内容相唱和，显示出狂欢的色彩和拉丁美洲社会混合统一的深厚文化底蕴。[④]该小说使用了比喻、夸张、迂说、对称或对仗、重叠与铺排等手法。叙事简洁、明晰、紧凑，其叙述节奏之快、叙述密度之大招致哈罗德·布鲁姆的"抱怨"，他称《百年孤独》"造成了一种美学上的战斗疲劳"，"因为每一页都灌满了生命活力"。[⑤]

---

① 马尔克斯，门多萨．番石榴飘香［M］．林一安，译．海口：南海出版公司，2015：90.

② 富恩特斯．拉丁美洲的《圣经》［M］//朱景冬．我承认，我历尽沧桑．北京：中国社会科学出版社，1993：73.

③ 马尔克斯．百年孤独［M］．吴健恒，译．昆明：云南人民出版社，1993：7.

④ 李翠云．《百年孤独》的叙述学研究［D］．南京：南京师范大学，2008：30.

⑤ 布鲁姆．小说家与小说［M］．石平萍，刘戈，译．南京：译林出版社，2018：541.

伴随着马尔克斯获得诺贝尔文学奖消息的传入，20 世纪 80 年代，中国爆发了“马尔克斯热”和“《百年孤独》热”，影响了中国当代文学并迅速催生了“寻根文学”。当时，“《百年孤独》几乎出现在每一个中国作家的书桌上，大大小小的文学聚会上发言者们口中屡屡念叨着‘马尔克斯’这四个字”[①]，韩少功、莫言、贾平凹等作家苦心经营着他们的“马孔多”，而在此后的《白鹿原》《尘埃落定》等文学作品中亦不难窥见《百年孤独》的影子。

二、文本路径：疾病隐喻与时间结构

教师可从“疾病隐喻”和“时间结构”入手，让学生探寻“魔幻”的病症背后的“现实”根源，感知循环的“魔幻时间”和线性的“现实时间”的并行与抗衡，进而探究人物与作品主题。

（一）解读之一：疾病的隐喻——食土癖与失眠症

初看节选的学生或许会瞠目于其中病症的古怪，尤其是食土癖和失眠症这两种病都集中在一个刚刚出场的人物身上。丽贝卡到布恩迪亚家没多久，就被印第安姐弟发现患有食土癖，她什么正常食物都不吃，只喜欢吃院子里的湿土和用指甲刮下的石灰墙皮。乌尔苏拉好不容易用大黄和毒打治好了她的食土癖，丽贝卡又染上了失眠症，并且把病传染给了整个马孔多小镇的人。然而节选部分的情节在马孔多人与失眠症导致的失忆的斗争过程中戛然而止，马孔多人的失眠症会被

---

① 李洁非．寻根文学：更新的开始（1944—1985）[J]．当代作家评论，1995（4）：102-103.

治好吗？怎么治好的？关于丽贝卡的食土癖也可引发一连串的追问，她的食土癖真的好了吗？会复发吗？为什么复发？这些都是学生会关心的问题。其实，在《百年孤独》中，疾病屡见不鲜，如贯穿小说始终、如诅咒般笼罩着布恩迪亚家族的"猪尾巴"，吉卜赛人梅尔基亚德斯得过蜀黍红斑病、坏血病、麻风病、脚气病、腺鼠疫，阿玛兰妲因相思而高烧不退，乌尔苏拉晚年得了眼疾，费尔南达（第四代的奥雷里亚诺第二的妻子）子宫下垂，等等。

节选部分把疾病作为进入文本的路径之一。一方面期望以此推动学生从节选走向整篇（部）阅读，在后续的阅读中自行寻找答案；另一方面借疾病意象触碰人物隐秘的内心，探究作品主题，并将疾病作为一种文化现象，从文本出发，结合作家的经历和史实，讨论食土癖和失眠症对社会、政治、文化的隐喻。

马尔克斯的妹妹玛尔戈特是丽贝卡的原型，玛尔戈特幼年也有食土的癖好，为治疗她的食土癖，马尔克斯的外祖母在墙壁上涂上牛粪，在花盆中埋入辣椒。而马尔克斯则是玛尔戈特的"同谋"，他会替偷偷吃土的妹妹把风。丽贝卡的食土癖或许存在着现实原型，但在文学性叙述中，疾病不仅表示了个体生理的异常，它还是通过身体说出来的话，是一种用来戏剧性地表达内心情状的语言，是一种自我表达。[①] 丽贝卡从出场伊始就被浓重的孤独包围着。她被素不相识的皮草商人从遥远的马纳乌雷送至马孔多时年纪尚幼，只有 11 岁。且布恩迪亚家对她而言是完全陌生的，虽然那封托孤书信中言明她是乌尔苏拉的远房表妹，但何塞·阿尔卡蒂奥·布恩迪亚和乌尔苏拉对此毫无印

① 桑塔格. 疾病的隐喻［M］. 程巍，译. 上海：上海译文出版社，2003：41.

象，后来他们在丽贝卡的梦中也再次确认自己与丽贝卡的父母素未谋面，那么年幼的丽贝卡更不可能见过布恩迪亚家族的人了。她到达布恩迪亚家时，“穿着已显破旧的黑色斜纹布衣裳，脚上是漆皮脱落的短靴”，“青绿色的皮肤，圆滚紧绷如一面鼓的肚子，都显示出她体弱多病、忍饥挨饿的历史甚至比自身的年龄更久远”，显然在旅程中她也并未得到优待和关怀。年幼多病、父母双亡、千里投奔陌生亲戚的丽贝卡是否曾经渴望在布恩迪亚家重获家庭的温暖？这点我们不得而知，唯一可知的是，面对丽贝卡的食土癖，布恩迪亚家族没有给她言语上的关怀，他们采取的是强硬的手段。值得注意的是，食土癖被治愈后，丽贝卡的其他病症也立即同时消失，她加入孩子的游戏中，正常饮食，流利地使用卡斯蒂利亚语，性格不再乖僻古怪，反而变得风趣活泼。食土癖和孤独情绪一起被强行压抑，她顺利地成为丽贝卡·布恩迪亚，而非那个外来的、格格不入的食土少女。

食土既是丽贝卡孤独情绪的外在显现形式，也是她反抗的方式。丽贝卡一度被治愈的食土癖在爱情面前被重新诱发出来，一次是爱上了意大利技师皮埃特罗·克罗斯皮，为了抚慰自己被求而不得的爱恋灼烧的心灵，丽贝卡又开始吃土了；另一次是对何塞·阿尔卡蒂奥的渴望，“丽贝卡失去了自制力，又开始以往的狂热吃泥土和墙皮，饥渴地吮吸手指，拇指上甚至都结出了茧子”[①]。丽贝卡的食土癖在《堂吉诃德》中可找到互文关系，“不合时宜的好奇者”的主人公安塞尔模将为古怪的情爱念头所苦的自己比作“食土的女人”。而“吃土”兼有“被埋葬”的义项，引申为单相思的女子处于近乎“被活埋”的状态，

① 马尔克斯. 百年孤独［M］. 范晔，译. 海口：南海出版公司，2017：82.

她们肤色苍白且毫无（"正常的"）食欲。[1]然而，与其说丽贝卡吃土是因为爱情，不如说是因为极度孤独。孤独一直没有远离丽贝卡，作为孤独表征的食土癖刚被治愈，丽贝卡的孤独就摇身一变以失眠症的形式汹涌来袭。被发现得了失眠症时，丽贝卡正坐在摇椅上吮着手指，而当她清醒地做梦时，她仍坐在摇椅上。食土、坐摇椅、吮手指都是丽贝卡孤独不安时才会做出的行为。另外丽贝卡的梦也暴露了她压抑的孤独，她梦见了自己死去的父母，可见她在新家庭中尚未找到安全感，因此只好在梦中追忆从前。长大后情况一如既往，"她虽然表面热情坦诚，实际秉性孤僻，从不敞开心扉。她已出落成一位亭亭玉立的少女，身材修长结实，但仍旧喜欢坐在那把和她一起到来的小木头摇椅上，那椅子加固过多次，扶手已经不见了。没人留意她到了这个年龄还是喜欢吮吸手指"[2]，这些小习惯和她初到布恩迪亚家时一模一样，表明了她的不安、局促和孤独。当她遇到皮埃特罗·克罗斯皮和何塞·阿尔卡蒂奥时，她以为爱情可以让她摆脱无尽的孤独，然而无望的结合（她和皮埃特罗·克罗斯皮的婚姻遭到了阿玛兰妲的阻挠，而何塞·阿尔卡蒂奥和她是名义上的兄妹）将她置于极端的情绪中，孤独感在可望而不可即的解脱前被重重放大，食不可食之物成了这个被抛弃、忽略、边缘化的孤独者的绝地反击。

如果说食土癖是现实生活中真实存在的疾病，那么马孔多的失眠症就可谓奇之又奇，怪之又怪了。失眠症本身并不具备多大的威胁，其真正可怖之处在于"失忆"："患者慢慢习惯了无眠的状态，就开始

① 范晔．美人食土及其他［J］．读书，2018（6）：68．

② 马尔克斯．百年孤独［M］．范晔，译．海口：南海出版公司，2017：55．

淡忘童年的记忆，继之以实物的名称和概念，最后是各人的身份，以至于失去自我，沦为没有过往的白痴。”印第安姐弟不惜逃离部落，放弃公主和王子的身份，甘愿栖身于布恩迪亚家族做仆役，正是因为失眠症已在整个部落肆虐。而比西塔西翁能够熟稔地罗列失眠症各个阶段的病理特征，显然部落中已经出现了失眠症晚期病人，也就是说，这个印第安部落正在并终将失去自我、忘却历史。这不仅是比西塔西翁部落的遭遇，也是拉丁美洲的历史。欧洲殖民者对美洲的征服建立在对印第安土著的屠戮和对其文明的摧毁之上，大量的印第安人被残忍杀戮，过量的劳役夺去了许多土著人的生命，殖民者从欧洲带来的诸如天花一类的疾病也导致土著居民大量死亡，未被屠杀的印第安人和比西塔西翁的命运别无二致，只能沦为奴隶，如哥伦布曾将五百多名印第安人运往西班牙，将之作为奴隶在塞维利亚出售。殖民者虽然是为了寻找黄金而来，却披着“传教”的外衣。在墨西哥普埃布拉城附近有一座叫乔卢拉的小城，它曾经有过365座天主教教堂，但每一座天主教教堂下都是一座被夷为平地的印第安人庙宇。[①]《百年孤独》中虽然没有明确告诉我们那个首先遭受失眠症冲击的印第安部落的结局，但文本中的线索和现实中印第安文明的境况已经给出了答案，在突如其来的外来殖民力量面前，像卡塔乌雷和比西塔西翁这样逃离失眠症魔爪的印第安人只是少数，现存的印第安人仅占拉丁美洲总人口的8%，[②]如今古老的印第安文明只留下了废墟和少量文字记载。

为了抵御失忆，马孔多人把标签贴在物件上，试图以这样的方

---

① 段若川．安第斯山上的神鹰：诺贝尔奖与魔幻现实主义［M］．武汉：武汉出版社，2000：91.

② 索萨．拉丁美洲思想史述略［M］．昆明：云南人民出版社，2003：4.

式来帮助记忆。卡洛斯·富恩特斯认为马孔多人的这一举动复现了拉丁美洲被西方"发现"（discovered）、"发明"（invented）、"命名"（named）、"渴求"（desired）的历史。1492年8月3日，由哥伦布组建的由三艘三桅帆船组成的船队从西班牙西南部的巴洛斯港出发，同年10月12日到达巴哈马群岛中的瓜哈拉尼岛，这一天是哥伦布"发现"新大陆的日子，后被定为西班牙国庆日，也是拉丁美洲多国的民族节。但直到1506年哥伦布病逝之时他还以为自己"发现"的是印度，而不是从未被欧洲知晓的新大陆。其后，意大利航海家亚美利哥在1499—1504年期间三番四次到美洲探险，最终确认哥伦布"发现"的不是亚洲，而是"新大陆"。大泽区的人惊诧于马孔多"土地肥美、位置又比大泽区优越"，而在欧洲殖民者看来，美洲和马孔多一样富饶神奇，从哥伦布等一批冒险家所写的书信、报告到贝尔纳尔·迪亚斯·德尔卡斯蒂略的《征服新西班牙信史》再到印加·加西拉索·德拉维加的《印加王室述评》，都详细描绘了这片土地上的旖旎风光、丰富物产、珍禽异兽、古朴民风。[①] 为了得到欧洲王室的支持，第一批踏上美洲的殖民者宣称美洲有大量金银，于是美洲成为欧洲"渴求"的"乌托邦"。换言之，美洲一直是一个压迫性客体，它的诞生和发展始终依赖于他者的发现/发明/命名/渴求。"美洲必须被命名，以便被重新'发明'。我们还没有完成对我们的土地的发现和对我们

---

① 段若川．安第斯山上的神鹰：诺贝尔奖与魔幻现实主义［M］．武汉：武汉出版社，2000：72.

自己的想象——我们必须以同样的理由去命名世界。”[①] 马孔多人贴标签这一情节不仅艺术地再现了拉丁美洲的“发明”史，并告诉拉丁美洲人民颠覆殖民者所书写的历史，自我“发现”、自我“发明”、自我“命名”并自我“渴求”是可能的，且正当其时。对同样的情节，不同的研究者有不同的看法。美国学者乔·拉·麦克默里则认为这段故事讲到了记忆力所受到的摧残，以及人类为使知识能通过书面文字保存下来所做出的努力，它暗示了人类从原始的史前社会过渡到人类能意识到自己过去历史的社会这一创伤性转变。[②] 可见，失眠症的隐喻具有多样性，以上几种解读都能印证拉丁美洲的历史或人类历史并生引发讨论，教师应注意到文本的敞开性。

在梅尔基亚德斯的神奇药水的帮助下，马孔多人曾一度罹患的失眠病症已被根除，但其后遗症“失忆”却在多年后被重新激活，且不再有“失眠”的显性表征，香蕉工人大屠杀事件被魔幻地、悄然地从集体记忆中抹除干净，除了何塞·阿尔卡蒂奥第二（阿尔卡蒂奥的儿子，家族第四代）之外，没有任何人记得和承认大屠杀发生过。而拉丁美洲人民却不曾拥有梅尔基亚德斯的神奇药水，“失眠症”正在拉美大陆蔓延，落后狭隘、孤独封闭使他们正在逐渐地遗忘自我，忘却过往。对香蕉工人实施的大屠杀不仅存在于文本现实中，也存在于哥伦比亚乃至拉丁美洲的历史中。哥伦比亚独立后不到一个世纪，美国

---

① 原文为America must be named is order to be constantly re-invented. We have not finished the discovery of our land or the imagination of ourselves—and the world must be named for identical reasons. 译者为笔者。FUENTES C. Gabriel Garcia Marquez and the invention of America [J]. Harvard international review, 1983, 6 (2): 6.

② 林一安. 加西亚·马尔克斯研究 [M]. 昆明：云南人民出版社，1993：440.

策动哥伦比亚的巴拿马省独立，并于1903年取得了巴拿马运河的控制权，借机打开了拉丁美洲的大门，自此美国的经济势力侵入渐深。被拉丁美洲人民称为"绿色地狱"的美国联合果品公司就是《百年孤独》中香蕉公司的原型，联合果品公司在哥伦比亚经营着大批的香蕉种植园，残酷地剥削种植工人。马尔克斯的家乡阿拉卡塔卡正是香蕉种植重镇，就连"马孔多"这个名字也出自香蕉园："火车停靠在一个没有镇子的车站，没过多久，又途经路线上唯一一片香蕉园，大门上写着名字：马孔多。"[①] 在马尔克斯出生那年，阿拉卡塔卡发生了香蕉工人大屠杀事件，工人罢工遭到了军队的野蛮镇压，罢工者在谢纳加火车站惨遭机枪扫射。就像小说中所写的那样，政府和外来势力勾结，政客的谎言和手段层出不穷，而愚昧的民众一味盲从，最后的实际死亡人数无人知晓。"顺从者称的确无人死亡；绝不顺从者则斩钉截铁地断言，死者过百，他们曾亲眼目睹广场上血流成河，死者如残次香蕉，被装上货运列车，扔进大海。"[②] 联合果品公司成立又撤离，大屠杀发生又被忘却，经历了一切的阿拉卡塔卡人甚至没有意识到自己是被盘剥和抛弃的资本的牺牲者。不少阿拉卡塔卡人把联合果品公司当作救世主，甚至将这段被帝国主义剥削的时期追忆为"幸福的时代"。[③] 早已远离家乡的马尔克斯的母亲做的梦饱含着对香蕉种植园的怀念，她甚至幻想着联合果品公司能重回阿拉卡塔卡，这样老房子的房价便可翻四倍。这种蒙昧无知和布恩迪亚一家如出一辙，马孔多被"香蕉热"搅得天翻地覆、乌烟瘴气，乌尔苏拉却还在大肆宴请外乡人，奥

---

① 马尔克斯．活着为了讲述［M］．李静，译．海口：南海出版公司，2015：16.
② 马尔克斯．活着为了讲述［M］．李静，译．海口：南海出版公司，2015：55.
③ 略萨，林一安．加西亚·马尔克斯评传［J］．世界文学，1988（4）：5–79.

雷里亚诺第二也对外乡人的汹涌而至兴奋不已，而上校则把责任归咎到自家人身上，“瞧瞧我们自找的麻烦，就因为请个美国佬吃香蕉”[①]。

或许马孔多人/阿拉卡塔卡人是被蒙蔽而不自知的，又或许失忆只是他们逃避现实、保证自己继续生存下去的一种自我保护机制，于是马孔多人/阿拉卡人塔卡就在反复咀嚼鬼魂、孤独和追忆往事中苟且偷安。就像弗雷德里克·杰姆逊认为的，这种典型的压迫让我们所有人都能够活过历史上久远的噩梦，尽管身处“历史的屠宰场”，我们还是能够快乐地生活下去。这就是魔幻现实主义所说的现实主义，甚至可以说是魔幻现实主义所指的政治现实主义。[②]

马尔克斯曾说：“布恩迪亚家族的历史是拉丁美洲历史的一种解释，拉丁美洲的历史是一系列代价高昂然而徒劳的奋斗的集合，是一幕幕事先注定要被人遗忘的戏剧的集合。至今，在我们中间，健忘症仍然存在。只要时过境迁，谁也不会清楚地记得香蕉工人横遭屠杀的惨案，谁也不会再想起奥雷里亚诺·布恩迪亚上校。”[③] 但马尔克斯也说过，“作家的职责在于提醒公众牢牢记住容易被人遗忘的历史”[④]，因此，患病的马孔多就是病入膏肓的拉丁美洲，所有病痛都在警醒人们不应忘却历史。

---

① 马尔克斯．百年孤独［M］．范晔，译．海口：南海出版公司，2017：202.

② 詹明信．詹明信谈《百年孤独》：没有魔幻［EB/OL］.（2017-07-14）［2021-05-30］. https://www.thepaper.cn/newsDetail_forward_1730919.

③ 马尔克斯，门多萨．番石榴飘香［M］．林一安，译．海口：南海出版公司，2015：94-95.

④ 张国培．加西亚·马尔克斯研究资料［M］．天津：南开大学出版社，1984：95.

（二）解读之二：双时间结构——循环与线性

现代小说之所以被称为现代小说，正是由于它在时间问题上的专注、一意孤行和大胆尝试。时间是《百年孤独》的重要命题，要进入节选文本乃至全书，不妨随着小说的时间之河顺流而下。

马尔克斯曾借小说中的人物庇拉尔·特尔内拉之口道破《百年孤独》的时间结构：“这个家族的历史不过是一系列无可改变的重复，若不是车轴在进程中不可避免地磨损，这旋转的车轮将永远滚动下去。”[①] 也就是说，小说中并存着两种时间结构，一种是往前的线性时间，另一种则是循环往返的圆周型时间，如下图所示。

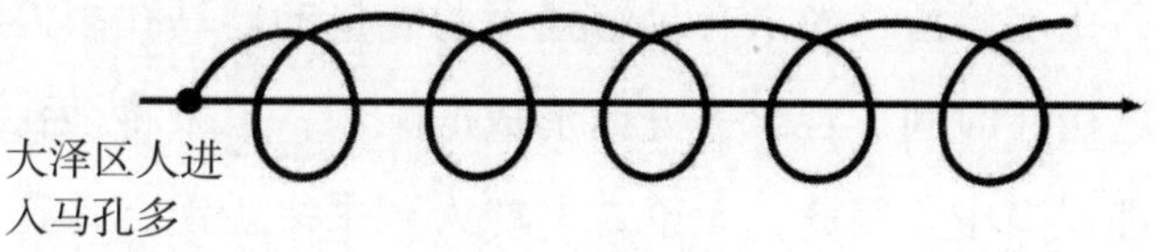

马孔多的创立有创世神话的意味。何塞·阿尔卡蒂奥·布恩迪亚和一众年轻朋友携家眷出走，创建了仿若伊甸园的乐土——马孔多。“那时的马孔多是一个二十户人家的村落，泥巴和芦苇盖成的屋子沿河岸排开……世界新生伊始，许多事物还没有名字，提到的时候尚需用手指指点点。”[②] 刚刚建立的马孔多实现了小说世界建构的从无到有，暗示着史前社会阶段，而处于史前社会阶段的马孔多的时间结构是循环往复的，“史前社会的特点是时间的循环，每件事都是周期性重复

① 马尔克斯．百年孤独［M］．范晔，译．海口：南海出版公司，2017：341.

② 马尔克斯．百年孤独［M］．范晔，译．海口：南海出版公司，2017：1.

的，或者通过仪式周期性出现”[①]，恰似一个在原地旋转的车轮，看似动态循环，实际上轮子上的每个点总是回到起点，一切都停滞不前。也因此，马孔多人的时间观是静止的、主观的、非逻辑的、非线性的，这种时间观影响着马孔多人的心理、思想和行为。[②]和循环的史前社会时间相对的是不可逆的、线性的现代时间，即时间仅能从“过去”到“现在”到“未来”，其最终指向的是未来。大多数读者早已接受时间是单向的、一去不复返的，但对于秉持循环往复时间观的马孔多人而言，现代时间观念是“现代性”的产物。

早在大泽区其他城镇的乡民进入马孔多之前，每年三月前后就有吉卜赛人带着世界各地新近的发明来到马孔多，吉卜赛人及其所携事物同样标志着外来的、异质性的现代文明的入侵，然而吉卜赛人只是短暂地在马孔多停留，尚未有足够强大的能量动摇马孔多人在马孔多镇被创立之初在时间、观念等方面形成的共识，也未将马孔多纳入现代文明的进程当中。因此，无论吉卜赛人到来多少次，马孔多人都拒绝进入线性的现代时间，仍遵循自己已有的时间观，把一切新奇事物纳入自身认知结构进行理解。

而大泽区的外来人带来的是一种迥乎于吉卜赛人的、更易于接受的、极具诱惑力的现代文明，“那不是吉卜赛人，而是和他们一样的男男女女……他们贩卖的乃是日常现实”[③]。就连何塞·阿尔卡蒂奥·布

---

① 吴晓东. 从卡夫卡到昆德拉：20 世纪的小说和小说家［M］. 北京：生活·读书·新知三联书店，2017：261.

② 吴祖明. 停滞的时间　孤独的死亡：论《百年孤独》的时间意识［J］. 江汉大学学报，1997（5）：37–41.

③ 加西亚·马尔克斯. 百年孤独［M］. 范晔，译. 海口：南海出版公司，2017：32.

恩迪亚也沉醉其中：“他着迷于眼前的现实，认为这比自己广袤的幻想世界更为神奇”。如节选首句所说的那样，“马孔多变了样”：人口数量增加，人口结构从单一趋向多元；经济上自给自足的村落发展为繁华侈靡的商业城市；社会阶层开始分级，参加马孔多初建的家庭成了“奴隶主”贵族阶层，以阿拉伯人、吉卜赛人等新迁移来的居民为主要成分的“自由民”阶层，以及处于社会最底层的“奴隶”阶层……那条直线型的时间线清晰地显现出来，原地打转的“车轮”终于开始向前滚动。木钟的出现可作为例证。报时鸟和木钟分别代表了两种时间结构。大泽区人进入马孔多后，何塞·阿尔卡蒂奥·布恩迪亚仅批准了一项自由——“释放从建村伊始就以歌声欢快报时的群鸟，代之以家家户户各备一台音乐钟”。从前马孔多人用自然事物感知时间，如今机械结构的现代钟表替换了无法把控、报时随性的鸟儿，现代时间观代替了原始的粗略的时间观。“每隔半小时镇上便响起同一乐曲的欢快和弦，一到正午更是蔚为壮观，所有时钟分秒不差地同时响奏整曲华尔兹。”在现代钟表的乐声中，现代文明在顷刻间倾倒在马孔多人身上，马孔多人就这样被线性时间裹挟着滚动向前。

最初一切看似很好，马孔多呈现出一幅欣欣向荣、井然有序的景象。但很快，马孔多人固有的时间运行模式开始与现代的线性时间产生摩擦和抗争，他们不再与外界时间相一致共同流向未来，在马孔多人的内心深处，他们渴望遁回到原有的循环的时间结构当中，以此抵御滚滚向前的线性时序。然而时间一去不复回，马孔多人只好试图用封闭、平静的想象来平复自己被新的时间序列搅乱的惶恐、痛苦、焦躁的心理。失眠症正是这种心理的具象化。马孔多人罹患失眠症后，叙事进入了其心理时间的序列中，陷入了意识深处。心理时间与物理时间不同，它打破了人们常规的物理时间观念，即物质运动过程的持续性和顺序性，取而代之的则是以心理活动的逻辑为内涵的心理时序。失眠症蔓延全镇后，线性时间仍存在，但已失去了意义，沦为凝固的群体心理时间可有可无的参照物："凌晨三点便无所事事，听着音乐钟数华尔兹的音符。"统编版高中语文教材删除的部分似乎更能表现出时间的凝滞，为消磨时间，马孔多人改编了阉鸡的故事。"讲故事的人问大家要不要听阉鸡的故事，如果大家说'要'，他就说没让大家说'要'，而是问大家要不要听阉鸡的故事；如果大家说'不要'，他就说没让大家说'不要'，而是问大家要不要听阉鸡的故事；如果大家都不说话，他就说没让大家不说话，而是问大家要不要听阉鸡的故事；而且谁都不许走，因为他没让人走，而是问大家要不要听阉鸡的故事。"[①] 阉鸡的故事本身就是一个首尾相连的圆圈，听故事的人无论做出何种努力干预故事进程，最终故事还是回到原点，即"问大家要不要听阉鸡的故事"。马孔多和布恩迪亚家族的历史就像阉鸡的故事，他们被囚禁在时间的笼牢中，时间看似流逝了，但实际上一切仍在原地。

现在我们来看看"旋转的车轮"，即马孔多/布恩迪亚家族的历史。在这个环形叙事结构中，马尔克斯显然把奥雷里亚诺·布恩迪亚上校、奥雷里亚诺第二的个人历史作为两个半圆，组合成马孔多/布恩迪亚家族的历史这个圆圈，如下图所示，这一点从第一章和第十章的开头即可看出。

---

① 马尔克斯．百年孤独［M］．范晔，译．海口：南海出版公司，2017：40.

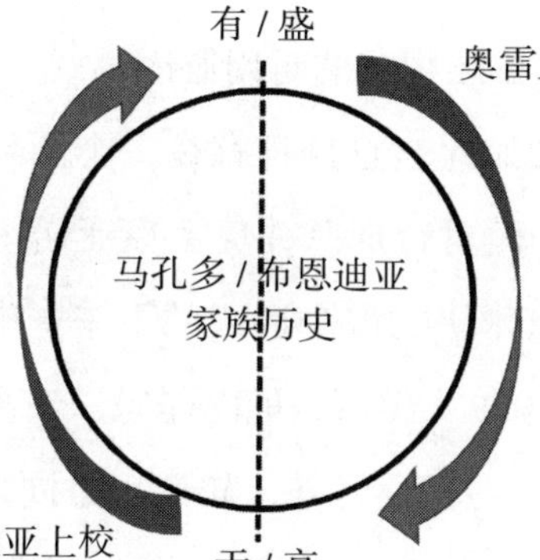

多年以后，面对行刑队，奥雷里亚诺·布恩迪亚上校将会回想起父亲带他去见识冰块的那个遥远的下午。

多年以后，在临终的床榻上，奥雷里亚诺第二将会回想起那个阴雨绵绵的六月午后，他走进卧室去看自己的头生子。

（选自《百年孤独》，南海出版公司 2017 年版，范晔译）

奥雷里亚诺·布恩迪亚上校在第一章出现，在接近第九章时死去，与此同时，马孔多 / 布恩迪亚家族经历了从无到有、由衰至盛的过程，就像半圆由低向高攀升（上图左半部分）。没有了上校，情节继续发展，只不过是换了一个同他一样的貌似主角的人物——奥雷里亚诺第二。第十章以奥雷里亚诺第二若干年后奄奄一息开始，马孔多 / 布恩迪亚家族也在此时开始由盛转衰，最后从有归无，这是从高向低坠落的另一个半圆（上图右半部分）。奥雷里亚诺·布恩迪亚上校和奥雷里亚诺第二的一生将小说一分为二，二者几乎构成了一个完美的闭合圆。人物自身的故事同样遵循这种结构，小说中的几乎每一个“故事”往往都从终局开始，再由终局回到相应的过去和初始，然后再顺序展开，最终构成首尾相连的封闭圆圈。①

开篇首句也是如此，它自身就是一个圆环，如下图所示。在开篇名句“多年以后，面对行刑队，奥雷里亚诺·布恩迪亚上校将会回想起父亲带他去见识冰块的那个遥远的下午”中，奥雷里亚诺·布恩迪亚上校从小说叙述的“当下”（即现在），到多年以后（未来）对“见识冰块”的回想（过去），另外一句话也是同理。它们容纳了现在、过去、未来三个向度，从某个现在展望将来，再从将来回忆过去，然后从过去缓缓道来，直到现在和将来结局的完成，叙事之始和叙事之尾在同一结点上。这种叙事形式是一种“既可以顾后，又能瞻前的循环往返的叙事形式”。②

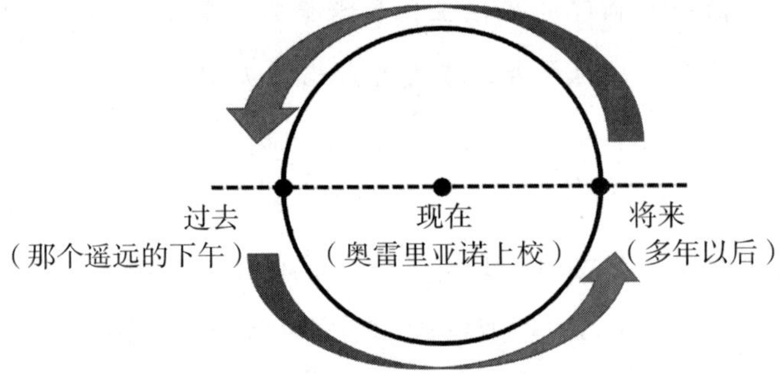

换言之，《百年孤独》从句子到语段，从人物、情节到故事结构，无处不是闭合圆，无处不是环中环。因此，除了应看到节选部分表现出的史前社会时间结构与线性的现代时间结构之间的矛盾，以及马孔多人群体心理时间和现实的物理时间之间的冲突之外，还应把节选部

① 陈众议．拉美当代小说流派［M］．北京：社会科学文献出版社，1995：108-109.
② 陈众议．拉美当代小说流派［M］．北京：社会科学文献出版社，1995：108.

分与大屠杀后马孔多人的经历结合起来进行比对，使之组合成为一个大的、闭合的圆环。节选部分选自小说第三章，节选部分的几件大事分别是马孔多被纳入现代文明的进程中、丽贝卡到来、失眠症在马孔多蔓延。而在倒数第三章，即第十七章中，失眠症的后遗症"失忆"席卷而来，在吞噬掉人们对大屠杀的记忆后，又来吞噬关于革命的记忆；丽贝卡死去了，和来时一样，大拇指还被含在嘴里；吉卜赛人回到了马孔多，拖着磁铁走街串巷，用巨型放大镜聚焦阳光；人们耗费积蓄观看吉卜赛人装卸假牙并为之惊叹……无论线性时间如何奔涌向前，马孔多人却依然与世隔绝，思维闭塞。因为这种不可思议的循环圈没有枝蔓，也没有缺口，无法与其他客体进行沟通和联系，也无法被注入新的、前进的、未来的因素，就像庞拉尔·特尔内拉说的那样，除非车轴在进程中被磨损，否则循环不会结束。

三、文本内核：以魔幻抗击孤独的现实

马尔克斯曾说："如果你仔细想一想，就会明白我正在写的书不是描写马孔多的书，而是表现孤独的书。"[①]《百年孤独》不仅表达了个人的孤独情绪，还表达了全球化语境下一整块大陆的总体感受。教师可以将文本置于"魔幻－现实"的阅读框架下，以帮助学生触碰到文本的"孤独"内核。读者越是能因为这些魔幻的人物和情节而困惑不解、啧啧称奇乃至发笑，就越是能品味出其中难以消解的深切的孤独。小说中的人物正是因为自我封闭、孤独无助才会以魔幻的视角看待一切，

① 马尔克斯．两百年的孤独：［哥伦比亚］加西亚·马尔克斯谈创作［M］．朱景冬，译．昆明：云南人民出版社，1997：44.

行一切魔幻之事，反之，也正是“且造且毁”等一系列重复的怪奇行为才让自己进一步陷入孤独的怪圈中无法自拔。而更发人深省的是，这种孤独并非纸上之物，而是拉丁美洲人民每时每刻都在经历的现实，也是被排除在现代文明之外的拉丁美洲积蓄百年之久的孤苦之绪。

（一）个体与家族的孤独

“百年孤独”这一标题就已然表明，孤独是小说的核心。“百年”是布恩迪亚家族的存在时长，而“孤独”是人类的主观情绪和生存状态，两者叠加凸显了孤独的历史沧桑感、纵深感和连绵感。换言之，“孤独”本身就是布恩迪亚家族的历史。

“孤独”是生存空间和生存状态的自我封闭，孤独的人通常会自我放逐，沉溺在自己的世界当中，他们与他人或社会间存在着隔阂，感觉自己被抛弃、疏远。布恩迪亚家族的第一代男性何塞·阿尔卡蒂奥·布恩迪亚兼具行动力和思考力，而在他之后，他的秉性、体格被分割成两半：一半是阿尔卡蒂奥们，一半是奥雷里亚诺们。阿尔卡蒂奥们在恣行欢谑中经历孤独，他们体格高大，热情、盲目、勇于行动，缺乏理性，耽于情欲，一生依照本能行动，蹉跎于平庸和堕落，最终任人宰割，甚至无权决定自己的死亡方式；而奥雷里亚诺们则在忧思默想中体验另一种孤独，他们头脑清醒，被理性和本能撕扯着，一边贪图肉体上的欢愉，另一边又在精神上感到痛苦，因而越发孤独。奥雷里亚诺们为改变家族的生存方式做出种种努力，结果反而加剧了混乱，最后沉溺在过往之中。

“孤独”也是马孔多的存在状态。马孔多因在地理位置上与世隔绝而成为一种孤独的存在，小说在何塞·阿尔卡蒂奥·布恩迪亚发现西班牙大帆船时首次出现了"孤独"一词，"整艘船仿佛占据着一个独特的空间，属于孤独和遗忘的空间，远离时光的侵蚀，避开飞鸟的骚扰"[①]。一方面，西班牙大帆船可被解读为欧洲殖民者对拉丁美洲的入侵；另一方面，它也可被视作对布恩迪亚家族的隐喻。帆船喻示着冒险精神，何塞·阿尔卡蒂奥·布恩迪亚想探索未知的世界，把"科学的好处"带给家族和小镇，然而最终布恩迪亚家族却只能像这艘大帆船一样，搁浅在离大海十二公里的陆地上，"在这里活活烂掉"，被世人遗忘、与孤独作伴是它的宿命。

布恩迪亚家族的孤独源于缺乏爱，"布恩迪亚家族不懂爱情，不通人道，这就是他们孤独和受挫的秘密"[②]。他们或是不知爱为何物，或是根本无力去爱。美人儿蕾梅黛丝属于前者，她天真单纯，有无数男性倾慕她，因她丧命，而她直到随着床单飞上天都还不知道爱为何物。奥雷里亚诺·布恩迪亚上校和阿玛兰妲则是后者。奥雷里亚诺·布恩迪亚上校一生中有许多女人：和他生下一个孩子的庇拉尔·特尔内拉、出于怜悯想解救他的混血姑娘、蕾梅黛丝及无数一夜风流后就消失的女人……但他都不曾爱过她们，更不曾爱过其他人，因为奥雷里亚诺·布恩迪亚上校那尚在母腹时的哭泣就已经昭告了他"不过是个无力去爱的人"[③]。阿玛兰妲同样如此，她为了阻止皮埃特罗·克雷斯皮和丽贝卡结婚，不惜在咖啡中下鸦片酊，导致蕾梅黛丝误食而死，但当皮埃特罗·克雷斯皮转而爱上她时，她却微笑着拒绝了他，皮埃

① 马尔克斯．百年孤独［M］．范晔，译．海口：南海出版公司，2017：10–11.

② 马尔克斯，门多萨．番石榴飘香［M］．林一安，译．海口：南海出版公司，2015：98.

③ 马尔克斯．百年孤独［M］．范晔，译．海口：南海出版公司，2017：219.

特罗·克雷斯皮因此割腕自杀。此后她以同样的方式拒绝了马尔克斯上校。她敢采用下毒的手段，却怯于回应他人的求爱，因为她“无穷的爱意与无法战胜的胆怯之间的殊死较量，最终胜出的是阿玛兰妲毫无理由的恐惧”[①]。这些不会爱的人引发了自身的悲剧，也殃及了下一代。阿尔卡蒂奥的孤独源于他从未被爱过。虽然他与家族中的人一起经历过失眠症，目睹过乌尔苏拉的实干热情、何塞·阿尔卡蒂奥·布恩迪亚的疯癫、奥雷里亚诺的高深莫测、阿玛兰妲和丽贝卡间的殊死搏斗，但实际上家族中没有人关心他在想什么，他也从未与家族中的人自由地交流过。他只能通过权力获得关注，忘却孤独，而最终也因权力而死。

亲情没有把布恩迪亚家族从孤独中解救出来，爱情也没能让他们逃离孤独，反而将孤独放大，要么把他们撕裂，要么干脆把人推进孤独的深渊。更何况，除了第六代的奥雷里亚诺和第五代的阿玛兰妲·乌尔苏拉外，其他人的爱情更像是出于欲望的渴求和共谋的需要。将乌尔苏拉和何塞·阿尔卡蒂奥·布恩迪亚紧紧黏合在一起的是他们对普鲁邓希奥共同的愧疚[②]，阿玛兰妲和奥雷里亚诺·何塞的私会是出于乱伦的冲动。而唯一一个爱情孕育出的生命，却是长着猪尾巴的第七代奥雷里亚诺。

节选中，丽贝卡的孤独丰富了小说孤独的层次。如果说布恩迪亚

① 马尔克斯. 百年孤独［M］. 范晔，译. 海口：南海出版公司，2017：220.

② 乌尔苏拉因害怕乱伦后生下怪胎而拒绝与何塞·阿尔卡蒂奥·布恩迪亚同房，这导致流言四起，进而引发了普鲁邓希奥和何塞·阿尔卡蒂奥·布恩迪亚的决斗。普鲁邓希奥死后乌尔苏拉醒悟，与何塞·阿尔卡蒂奥·布恩迪亚结合。后来普鲁邓希奥化作幽灵出没，何塞·阿尔卡蒂奥·布恩迪亚与乌尔苏拉不堪其扰，决意出走，定居马孔多。

家族的孤独是命定的，那么丽贝卡的孤独更多是基于个人的选择。丽贝卡身上并没有流着布恩迪亚家族的血液，但她同样孤独至死。她并非不会爱，相反，她“拥有冲动心性和炽热情欲”，敢于对皮埃特罗·克雷斯皮提出私奔要求，也敢于与自己名义上的哥哥阿尔卡蒂奥私下结合并叛出家门。然而，最终她蜷缩于一方小小的空间，把自己从世人的记忆中剔除，宁愿成为如同幽灵一般的活死人也不愿意接受怜悯。布恩迪亚家族是不懂/不会爱；丽贝卡则是在经历了重重打击后，不愿再爱，宁愿堕入孤独之中。

某些评论家指出，马尔克斯的荒诞与孤独不是卡夫卡或贝克特式的、纯粹形而上意义的。马尔克斯笔下的人物反抗孤独与荒诞的方式也不同于卡夫卡笔下的人物。他笔下的人物不是卡夫卡式幽独、恐惧、被现实世界挤压得“异化”了的小人物。《百年孤独》中的人物是类似于西绪福斯式的英雄，他们用自身独特的方式与不可抗拒的命运进行着抗争。[①] 布恩迪亚家族中的人很少进行心灵的交流，他们常常付诸行动。奥雷里亚诺·布恩迪亚上校要“跟孤独签订体面的协议”，他制作小金鱼，售出换来金子，然后又把金子融了做小金鱼；阿玛兰妲把寿衣拆了又织，织了又拆；丽贝卡在压抑自己和吃土之间反复……重复的劳作既毫无意义但同时又是意义本身，他们试图以悖谬式的反抗来抗击既定的命运。布恩迪亚家族一代又一代的重复也遵循这种规律。一方面，相似的姓名、相似的性格和相似的经历加深了孤独的宿命感：“所有叫奥雷里亚诺的都性格孤僻，但头脑敏锐，富有洞察力；所有叫何塞·阿尔卡蒂奥的都性格冲动，富有事业心，但命中注定带

① 田艳. 论《百年孤独》的寓言性［D］. 武汉：华中师范大学，2007.

有悲剧色彩”[①]；所有的阿玛兰妲都有乱伦的倾向；所有的蕾梅黛丝都既美丽又纯真；乌尔苏拉则具有实干精神。甚至对话也在重复，何塞·阿尔卡蒂奥第二研读羊皮卷时和乌尔苏拉说的话正是当年乌尔苏拉和奥雷里亚诺·布恩迪亚上校在死囚房里的对话。无怪于乌尔苏拉感叹：“世界好像在原地转圈。”[②]另一方面，奥雷里亚诺们、阿尔卡蒂奥们所经历的一切又并不完全相同，他们所处的客观的线性时间决定了他们不可能完全重复父辈们的过往，但循环的怪圈又让他们的一切行动归于原点。重复一面加深了布恩迪亚人的痛苦，一面作为自我拯救的武器给予他们慰藉。然而越是行动，越是沉默，布恩迪亚人孤独的硬壳就在强化/反击的推拉中越发坚不可破。

历经百年，伴随着布恩迪亚家族的只有永恒的孤独：孤独的人，孤独的家族，孤独的马孔多。他们在孤独中求生，也在孤独中死去。小说的最后，马孔多从世人记忆中被根除，而经受了百年孤独的布恩迪亚家族也随飓风而去，不再留存。

（二）拉丁美洲的孤独

马尔克斯在一次访谈中说到，《百年孤独》不是拉丁美洲的历史，而是拉丁美洲的隐喻。他在诺贝尔文学奖颁奖仪式上的致辞——《拉丁美洲的孤独》再次强调了这个说法，经历了百年孤独的是布恩迪亚家族，更是拉丁美洲。

拉丁美洲指的是美国以南的美洲地区，因 16 世纪欧洲殖民者入

---

① 马尔克斯．百年孤独［M］．范晔，译．海口：南海出版公司，2017：161.

② 马尔克斯．百年孤独［M］．范晔，译．海口：南海出版公司，2017：259.

侵，后来通用西班牙语、葡萄牙语、法语等拉丁语系语言而被称为拉丁美洲。除了语言共通外，他们受同种文化影响，有相似的殖民历史、独立历史，面临着同样动荡和分裂的政治局面，因而孕育出了超越个别国家地理区位的"拉美意识"。拉丁美洲独立战争的先驱西蒙·玻利瓦尔曾宣告："对我们来说，美洲就是我们的祖国。"马尔克斯也曾表示拉丁美洲只意味着一个国家。

拉丁美洲的孤独由来已久。在未被"发现"前，拉丁美洲和马孔多一样因地理位置独立于世，虽然它们同样孤独，但这种孤独是"一种纯粹、一种无辜、一种自由"[①]。殖民者带着宝剑和十字架踏上美洲后，拉丁美洲以土著的鲜血、黄金、白银"喂养"了欧洲，欧洲因而得以瞥见资本主义生产时代的曙光。为获得黄金，欧洲殖民者强迫印第安人淘金，许多印第安人为免于被剥削，先杀死自己的子女，然后集体自杀。侵夺被正当化，印第安人则被冠上了"懒惰"的罪名。在16世纪中叶，官方的编年史家费尔南德斯·德·奥维耶多这样解释安的列斯群岛的集体自杀现象："许多自尽身亡的人是为了娱乐消遣和逃避劳动而服毒自杀，另外一些人是用自己的双手自缢身亡。"[②]等到贵金属和劳力资源被搜刮完毕后，欧洲殖民者又看上了拉丁美洲的土地，种植蔗糖等的大种植园吞噬了农田，毁坏了森林，耗尽了土地肥力。自被"发现"后，拉丁美洲及其人民被掠夺、被榨取、被污名化，旧大陆如此渴求他们，却并不关心他们的生存境遇，也不在意他

---

① 詹明信．詹明信谈《百年孤独》：没有魔幻［EB/OL］.（2017-07-14）［2021-05-30］. https://www.thepaper.cn/newsDetail_forward_1730919.

② 加莱亚诺．拉丁美洲被切开的血管［M］．王玫，等译．南京：南京大学出版社，2018：18.

们需要什么、思考什么。为摆脱宗主国的控制，拉丁美洲各国的独立战争相继打响。然而正如马尔克斯所说："当倒霉的克里斯托弗·哥伦布在寻找印度的途中偶然发现了我们之后，我们便一直在过时的教条和他人的战争中挣扎求生。"[①] 拉丁美洲人民以为独立后就会迎来希望，殊不知苦难无穷、孤独无尽。无论是印第安人、克里奥约人（在殖民地出生的欧洲人后裔）、梅斯蒂索人（印欧混血）、黑人还是穆托拉人（黑白混血），他们都饱受新老殖民主义者野蛮掠夺政策的迫害，被长期地弃置于现代文明圈之外。独立后，多数拉丁美洲国家由独裁者掌权，国内的寡头政治和经济依附于国外权力中心，拉丁美洲人民被压迫得难以喘息。波哥大一半以上的中小学生体重不达标，哥伦比亚凶杀事件的案发率高于美国六倍，有四分之一的就业人口没有固定工作。[②] 秘鲁人民生产的蛋白质含量极高的鱼粉，被美国和欧洲用来喂牛，而大多数秘鲁人民的饮食中却看不到蛋白质。至于战争，马尔克斯在《拉丁美洲的孤独》中提到："五次战争，十七次军事政变……两千万拉美儿童不满两岁夭折，超过一九七〇年以来欧洲出生的人口总数。镇压与迫害造成的失踪人口近十二万，好比乌普萨拉全城市民不知去向。难以计数的孕妇被捕后，在阿根廷监狱分娩，婴儿被军政府秘密送养或送进孤儿院。"[③] 在拉丁美洲，人民在军事压迫、极端贫穷的重压下噤声不语；而在国际上，新殖民主义者只顾瓜分利益，遥远

① 马尔克斯. 我不是来演讲的［M］. 李静，译. 海口：南海出版公司，2012：127-128.

② 加莱亚诺. 拉丁美洲被切开的血管［M］. 王玫，等译. 南京：南京大学出版社，2018：121.

③ 马尔克斯. 我不是来演讲的［M］. 李静，译. 海口：南海出版公司，2012：23.

而孤独的拉丁美洲得不到任何应援和关注。

从时间来看，拉丁美洲的孤独横亘几个世纪；从地域来看，千万个体和不同国家的孤独充斥着整个拉丁美洲。而让拉丁美洲的孤独更为深重的是，正如西方读者阅读《百年孤独》时将其中的神奇现实视为幻想，那些"理性主义者"看待拉丁美洲异乎寻常的现实时也并不认为它是真实存在的，拉丁美洲的孤独从未被理解。因此，马尔克斯说"最大的挑战是无法用常规之法使别人相信我们真实的生活。朋友们，这就是我们孤独的症结所在"①。

这孤独了不止百年的拉丁美洲，就是马尔克斯出生、成长并始终热爱着的土地。他是坚定的社会主义者，对拉丁美洲的民族解放事业有着不可抑制的激情。作为记者，马尔克斯文笔辛辣并办报抨击时政；作为社会活动家，马尔克斯支持左翼武装力量，为营救左翼政治犯四处奔走；而作为作家，马尔克斯始终秉持着介入社会的承诺主义文学立场。1962 年，聂鲁达和富恩特斯在智利康塞普西翁大学主持召开了拉丁美洲知识分子代表大会，这次会议之后，拉丁美洲文学界打破疆域界限，凝聚成高度团结的整体。当时的马尔克斯许下宏愿："当我们找到如何表达这种水平的一天到来时，我们就写一部真正的拉丁美洲小说，拉丁美洲的整体小说，一部对拉丁美洲任何一国都适合的小说。"② 富恩特斯也曾回忆道："我想起了我们一起从奎尔纳瓦卡去阿卡普尔科旅行的那天加西亚·马尔克斯讲过的这句名言：'我们大家在写同一本拉丁美洲小说：我写哥伦比亚的一章，你写墨西哥的一章，胡

① 马尔克斯. 我不是来演讲的［M］. 李静，译. 海口：南海出版公司，2012：24.

② 林一安. 加西亚·马尔克斯研究［M］. 昆明：云南人民出版社，1993：176.

利奥·科塔萨尔写阿根廷的一章，何塞·多诺索写智利的一章，阿莱霍·卡彭铁尔写古巴的一章……'"[①]无法对拉丁美洲的现实和历史视而不见的马尔克斯所创作的《百年孤独》既是"拉丁美洲整体小说"中的"哥伦比亚的一章"，又是一部"对拉丁美洲任何一国都适合的小说"。他也曾追问略萨是否认为《百年孤独》能够帮助读者了解拉丁美洲的现实，这是他所关心的重要问题，因为在他看来，一个作家的伟大政治贡献就在于不回避他的信念，也不逃避现实，通过他的作品帮助读者更好地了解他的国家、他所在的大陆、他所处的社会的政治现实和社会现实。[②]了解了这些以后，我们也就可以理解为什么马尔克斯在描写香蕉工人大屠杀时没有采用真实数字，坚称三千具死尸被装在一列有两百节车厢的火车中并被投进大海，因为"书中的香蕉种植园事件不是发生在某个国家的某个特定的历史悲剧，而是规模未知、死难人数不一、刽子手无名无姓、没准谁也逃不了干系的事件"[③]。马尔克斯想要反映的绝不仅仅是个体的孤独情绪，而是将整个拉丁美洲纳入文本当中，用文字向落后和殖民发出挑战。

玻利瓦尔希望拉丁美洲团结起来，可是哥伦比亚分裂成了五个国家，希望破灭的玻利瓦尔临终前对乌达内塔将军说："我们永远不会幸福，永远不会！"《百年孤独》的回答是类似的，小说以悲剧结尾。马尔克斯在小说中没有给出解决方法，经受百年孤独的家族永远消失。

---

① 富恩特斯．拉丁美洲的《圣经》[M]//朱景冬．我承认，我历尽沧桑．北京：中国社会科学出版社，1993：73.

② 林一安．加西亚·马尔克斯研究［M］．昆明：云南人民出版社，1993：179.

③ 马尔克斯．我不是来演讲的［M］．李静，译．海口：南海出版公司，2012：104.

但在文本之外，马尔克斯曾经说过，"孤独的反面是团结"①。然而，拉丁文化的个人主义对拉丁美洲人民腐蚀极深，他们往往强调维护受控于族阀制度的家庭而推卸自己的社会责任，使议会选举形同儿戏，再加上他们几乎都是尊奉罗马教皇的天主教教徒，这更导致他们在社会改革上倾向于无所作为，同时又容易盲从各地区横行不法的"考迪罗（领袖）"们，无谓地卷入独裁者争权夺利的暴力场。② 马尔克斯所寻唤的不仅是个体孤独的终结，也不仅是一国的一枝独秀，还是这一整片大陆的解放，从战火纷飞的乱局中解放出来，从外国殖民者的侵占和掠夺中解放出来，也从旧大陆的文化桎梏中解放出来。而要打破僵局，唯有团结。人与人之间以爱相待，政党与政党之间结束各自为政的局面，国与国、民族与民族之间实现大团结。对此，马尔克斯充满信心，在《拉丁美洲的孤独》一文中，他反转了小说的结局，表示自己依然相信乌托邦的存在，并拒绝接受人类末日："我们这些相信一切皆有可能的寓言创造者有权相信：反转这个趋势，再乌托邦一次，还为时不晚。那将是一种全新的、颠覆性的生活方式：不会连如何死，都掌握在别人手里，爱真的存在，幸福真的可能，那些注定经受百年孤独的家族，也终于永远地享有了在大地上重生的机会。"③

---

① 马尔克斯. 两百年的孤独：[哥伦比亚]加西亚·马尔克斯谈创作[M]. 朱景冬，译. 昆明：云南人民出版社，1997：51.

② 张国培. 加西亚·马尔克斯研究资料[M]. 天津：南开大学出版社，1984：20-21.

③ 马尔克斯. 我不是来演讲的[M]. 李静，译. 海口：南海出版公司，2012：26-27.

四、文本延伸：教学建议与阅读课型探索

对学生而言，拉丁美洲文学既陌生又遥远，除地缘阻隔和译介滞后等原因之外，还因为在学生的知识谱系中拉丁美洲的历史文化通常是缺失、空白的，而拉丁美洲文学恰恰与其历史文化息息相关。因此，作为自读课文的《百年孤独》对学生提出了更大的挑战。本节尝试提出如下教学活动，帮助师生在“魔幻－现实”阅读框架下把握作品宏大的社会历史背景，促使学生自主探究，达到学习目标要求。

（一）族谱图绘制活动

家族存在是《百年孤独》的基本主题之一。为了全面了解这个庞大的家族且不至于被重复的名字和复杂的关系绕晕，在写作过程中马尔克斯自己也绘制了布恩迪亚家族的族谱图。为便于区分，后来他想出了一个好办法，只让奥雷里亚诺们拥有后代，这样血缘关系就比较简单清晰了。“学习提示”为学生提供了课文主要人物表，学生还可以通过绘制本篇的树状关系图来进一步理清人物关系，并初步感知重复的名字所带来的“魔幻”的眩晕感。本篇涉及的人物为布恩迪亚家族的第一、二、三代，他们是家族的创造者和奠基者，是家族树状图的开端，族谱图绘制因而简单可行。

族谱图绘制让学生带着任务阅读，促使学生进行文本细读，同时也成为将学生推向整本书阅读的驱动力。节选部分的族谱阅读绘制完成后，教师可引导学生将族谱置于“魔幻－现实”的阅读框架下进行分析，改换角度，以图表这一形式直观地感受小说“魔幻”与“现实”间的张力。族人间重复使用名字是拉丁美洲的传统之一，如节选

中就出现了三代“阿尔卡蒂奥”，但小说的“魔幻”之处在于，受家族血统的统摄，《百年孤独》中重名的人物也因而被强制纳入先辈所建立的行为和性格模式当中。布恩迪亚家族在这种“魔幻”的重复中陷入“孤独”的泥淖，消耗自身直至灭亡。此外，第一代布恩迪亚，即何塞·阿尔卡蒂奥·布恩迪亚极具代表性，他既有强壮体魄和矫健身手，又有钻研热情和理性思维，而在他之后，他的特质就被一分为二了。学生可在此意义上感受布恩迪亚家族男性系统性格的割裂甚至对立。

学生完成节选部分的族谱图绘制后，教师可鼓励学生通过阅读整本书将族谱图补充完整，进一步感受重复的艺术以及小说结构的精妙。弗雷德里克·詹明信认为家庭是《百年孤独》的主要叙事范式，并表示如此多的人物和重复的人物名字本身就应该作为历史上更重要的一种症候而被我们关注，即在一个人口过多的世界中，代（generations）与代际（the generational）被重新定义了，在这个世界它陷入的是共时性而不是历时性。[①] 即不同代际在马孔多循环的时间观中并存，布恩迪亚家族的历史是循环、重复的，因此完整的族谱是一个闭合圆。何塞·阿尔卡蒂奥·布恩迪亚是家族第一人，自他后，布恩迪亚家族蓬勃发展，在奥雷里亚诺·布恩迪亚上校时，家族人数达到了顶峰，他足足有十七个名为奥雷里亚诺的私生子，然而家族最后只剩下一个长着猪尾巴的第七代奥雷里亚诺。家族从零到一，再到多，最后又从一到零，正是一个闭合圆，如下图所示。

① 詹明信．詹明信谈《百年孤独》：没有魔幻［EB/OL］．（2017-07-14）［2021-05-30］．https://www.thepaper.cn/newsDetail_forward_1730919.

布恩迪亚家族族谱图

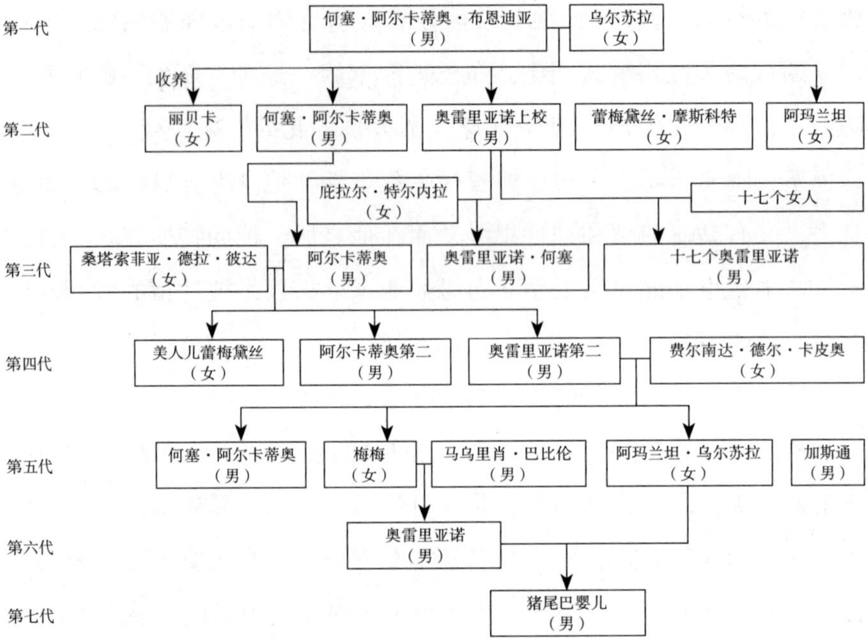

（二）“失忆”情节的比较阅读

节选中马孔多人因罹患失眠症而“失忆”，其后失眠症虽被根除，但后遗症“失忆”却仍存在，如第十五、十七、十九章就明确表示，人们已然将香蕉工人大屠杀和奥雷里亚诺·布恩迪亚上校及其发起的革命尽数忘却。

何塞·阿尔卡蒂奥第二喝完咖啡才开口说话。

“应该有三千人的样子。”他喃喃道。

“什么？”

“死人。”他解释道，“所有在车站的人都死了。”

那女人用同情的眼神打量着他。"这儿没有死人。"她说，"从你伯父，也就是上校那时候起，马孔多没发生过任何事。"何塞·阿尔卡蒂奥第二在到家前一路逗留过的三家厨房里都听到同样的回答："没有死人。"他走过车站广场，看见油炸食品摊子的桌子已被码起，那里也没留下任何屠杀的痕迹。

暴雨过后的情形便是如此。人们一派懈怠，而遗忘却日益贪婪，无情地吞噬一点一滴的记忆。就在尼兰迪亚协定签订的又一个周年纪念日，共和国总统特使赶来颁发曾被奥雷里亚诺·布恩迪亚上校多次拒绝的勋章，他们足足花了一个下午四处打听，发现竟无人知晓在哪里能找到上校的后人。

这一关系诞生于一个夜晚，当时他偶然谈起奥雷里亚诺·布恩迪亚上校，只有加夫列尔一个人没有把他的话当成玩笑。那晚连通常不参与谈话的老鸨也以长舌妇般的热情异常兴奋地加入讨论，说她的确听人说起过几次，但仍认为奥雷里亚诺·布恩迪亚上校其人只是政府编造的人物，用来作为屠杀自由派的借口。相反，加夫列尔却毫不怀疑奥雷里亚诺·布恩迪亚上校的存在，因为他祖上就是上校的同袍和密友，赫里内勒多·马尔克斯上校。他们谈起对工人的大屠杀，记忆变得更加扑朔迷离。每当奥雷里亚诺触及这个话题，不仅老鸨一人，一些比她年长的老人都会驳斥所谓工人被包围在广场、两百节车厢的火车满载死尸之类的谣言，并且坚决捍卫已然在法庭案卷和小学教科书中根深蒂固的说法：根本没有过什么香蕉公司。

（选自《百年孤独》，南海出版公司 2017 年版，范晔译）

教师可让学生将以上“失忆”情节与节选部分进行比较，并结合拉丁美洲的社会历史背景，进一步理解失忆情节的象征意味及作品潜藏的现实寓意。小说中看似魔幻的情节实则时时在现实中上演，节选部分的“失忆”源于欧洲殖民者对拉丁美洲的野蛮掠夺和暴力摧毁，革命的“失忆”是因为独裁者无休止的内战，而对香蕉工人大屠杀的“失忆”控诉的则是新殖民主义。虽然这三次“失忆”时间不一，诱因不同，根源却是一样的：政客们以强权、暴行、舆论肆意涂抹历史真相，而马孔多/阿拉卡塔卡人为逃避现实有意或无意地遗忘过去，以进行自我保护。此外，即便已经经历了三次“失忆”，马孔多/阿拉卡塔卡人的惶恐不安、自我封闭、可悲可笑却一如既往。这些“失忆”情节也表明，如果一味地龟缩在封闭的怪圈中，最终只能被边缘化、被离弃、被遗忘直至死亡。

（三）拓展阅读

1. 节选一：孤独主题

马尔克斯曾表示他对描写马孔多的书感到不满意，他最满意的是描写“孤独”的书。除了《百年孤独》，马尔克斯的其他不少作品也以“孤独”为主题。他把《族长的秋天》称作“描写权力的孤独的一首诗”[①]，而《没有人给他写信的上校》或可被认为是献给孤独的烈士的挽歌。《族长的秋天》创作于《百年孤独》之后，同样采用了魔幻现实主义手法；《没有人给他写信的上校》是马尔克斯的早期作品，更具

① 马尔克斯，门多萨．番石榴飘香［M］．林一安，译．海口：南海出版公司，2015：112.

现实主义色彩。两部作品都根植于现实。1958年1月1日，委内瑞拉爆发了推翻独裁者佩雷斯·希门内斯的革命，目睹独裁者倒台的经历激发了马尔克斯写作《族长的秋天》的灵感。而《没有人给他写信的上校》中的上校原型为马尔克斯的外祖父，他终其一生都在等待那笔不会到来的抚恤金。教师可引导学生在"魔幻－现实"的阅读框架下感受其中的孤独与《百年孤独》中的孤独的异同之处。

我们并不需要像预想的那样费力撞开大门，因为仿佛仅凭声音的推动它就已自动敞开，我们沿灰岩楼梯爬上主层，那石阶上铺就的歌剧院地毯已被母牛的蹄子踏得破碎不堪，从第一门厅到私人寝室，我们沿路看到多个已成废墟的大小办公室，母牛木然地穿梭其中，咀嚼着天鹅绒窗帘，啃噬着扶手梯的缎面，我们看到破旧的家具与鲜软的牛粪之间散落的圣徒与军人的恢宏画像，看到一个被母牛吃光了的餐厅、一间被母牛的喧杂玷污了的乐室、几张被母牛毁坏了的多米诺骨牌桌以及绿毡被母牛啃秃了的台球桌，我们看到一架仍在角落的鼓风机，它可以仿造来自指南针上任何方向的海风，慰藉府中的人们对那片已经消失的海洋的怀念，我们看到随处悬挂的鸟笼上依然蒙着上礼拜某个夜晚的布罩，我们透过一扇扇窗户看到了这个城市，它仿佛一头伏地酣睡的巨兽，对正开始度过的这个历史性的礼拜一毫无概念，我们看到城市的那一边有广阔无垠的平原伸向天际，那里曾是一片汪洋，而如今只能看到一个个被粗糙的月球尘埃所覆盖的死火山口。在那个只有极少数特权人士才见识过的禁区内，我们第一次闻到了兀鹫寻食的腐肉味道，觉察到了它千年的咳喘和预卜的本能，由它翅膀扇起的弥漫着腐烂气味的风指引，我们在会客厅看到了母牛被蛆虫蛀蚀后拱顶一般的躯体，在数面全身镜中它们雌性动物的后臀被反复映现，随后我们推开一道旁门，它通向掩于墙后的一间办公室，在那里我们看到了他，穿着没有军衔标志的粗布制服和军靴，左脚靴后跟扣有一根金质马刺，他比所有人、比所有陆上的水里的动物都更加年迈，面朝下趴在地上，弯着右臂垫在脸下当作枕头，在孤独暴君的漫长生命中，他用这样的姿势睡过了一个又一个黑夜。当我们把他翻转过来想看看他的脸时才意识到，即便他的面容没被兀鹫啄烂，也无人能将他辨认出来，因为我们之中没有哪一个见过他，尽管他的头像被刻在硬币的两面，被印在邮票上、净化剂的标签上、疝气带和僧侣的披肩上，尽管印着祖国的蛟龙标志、展现他胸襄那面旗帜的肖像的镶框版画无时无处不充斥眼前，也无人能将他辨认出来，因为我们所看到的只是在彗星年代就已被认为是失真之作的复制品，我们的父辈所认识的他仅仅源自他们父辈的讲述，正如他们的祖辈曾讲给他们父辈听的那样，我们从小就习惯性地认为他活在那座权力之屋里。

（选自《族长的秋天》，南海出版公司 2014 年版，轩乐译）

邮船在最后面。上校心事重重地看着它靠岸。他认出了舱顶的邮袋，系在蒸汽管上，盖着油布。十五年的等待使上校的直觉变得越来越敏锐，正如那只公鸡使他日益忐忑不安一样。从邮电局长上船解下邮袋背在背上的那一刻起，上校便目不转睛地盯住了他。

与码头平行的有一条街，那里简直是一座迷宫，到处是陈列着五光十色的货物的店铺和火炭。上校跟在邮电局长身后，沿着这条街走着，和往常一样，他满怀着既期待又害怕的心情。医生正在邮局门口等着取报纸。

"大夫，我妻子让我问问您，我们家可曾得罪过您。"上校对医生说道。

医生很年轻，一头乌亮的鬈发，一副整齐得令人难以置信的牙齿。他倒是挺关心害哮喘病的老太婆。上校一面向他详述病情，一面注视着局长往不同格子里分信的每个动作，他那副懒洋洋的样子真叫上校恼火。

医生拿到了信和一卷报纸。他把科普宣传的小报往旁边一放，先粗粗浏览了一遍来信。这时，邮电局长正把信分给来取信的人，上校则瞪大了双眼看着写有他姓氏字母的那一格。一封蓝边的航空信使他更加紧张起来。

医生拆开那卷报纸，先看了看大新闻。上校则目不转睛地盯住他那个格子，盼望局长在它跟前停下来。可他没有。医生放下报纸，看了看上校，又看了看在电报机前坐下来的邮电局长，然后又把目光落到上校身上。

"咱们走吧。"他说。

局长连头都没抬。

"没有给上校的任何东西。"局长说。

上校觉得不好意思。

"我没在等什么，"他撒了个谎，带着天真无邪的神情转向医生，"没人给我写信。"

（选自《没有人给他写信的上校》，南海出版公司2018年版，陶玉平译）

2. 节选二：拉美现实

马尔克斯始终关注拉丁美洲的现实，并把写作视为革命的责任，他的作品摆脱了直接的现实束缚，另辟反映现实的蹊径。教师可将马尔克斯的演讲《拉丁美洲的孤独》、对谈录《番石榴飘香》的选篇（例如《谈写作》《作品》）作为拓展材料供学生阅读，这两部作品均谈及拉丁美洲的“神奇现实”，学生可从中了解拉丁美洲大陆的“魔幻”魅力和孤寂“现实”，进而继续从“魔幻－现实”阅读框架中深入体会布恩迪亚家族和拉丁美洲的孤独。

随麦哲伦一道进行首次环球航行的佛罗伦萨水手安东尼奥·皮加菲塔，途经南美时如实记下的所见所闻，竟好似一部奇思妙想的历险记。他说见过肚脐长在背上的猪，雌鸟伏在雄鸟背上孵蛋的无爪鸟，以及形似鹈鹕、勺形喙的无舌鸟。他说见过骡头、骡耳、骆驼身、鹿脚、马嘶的怪物，还说曾给在巴塔哥尼亚遇上的第一个土著照镜子，那个大个子土著一激灵，被镜子里的自己吓得魂飞魄散。

在这本篇幅不长、引人入胜的小书里，甚至已窥见现代小说的萌芽，但它还远非当年最令人瞠目的史料。西印度群岛的史学家们留下了更惊人的书山文海。令人垂涎的黄金国，本是虚构的产物，却常年出现在不少地图上，位置形状随绘图员的臆想千差万别。为了寻找永葆青春泉，传奇人物阿尔瓦尔·努涅斯·卡维萨·德巴卡耗时八年勘察墨西哥北部，远征队痴念成狂，同类相食，六百人去，五人生还。还有很多其他的不解之谜，如一万一千头各驮一百磅黄金的骡子，从库斯科出发去赎还印加国王阿塔瓦尔帕，可一头也没到达目的地。后来，殖民时期，卡塔赫帕出售过一批在冲积土上饲养的母鸡，鸡胗里发现了金粒。我们那些开国者的黄金热，直到不久前还阴魂不散。上世纪，有个德国代表团研究在巴拿马地峡建造跨洋铁路的可能性，下结论说这地方铁太少，要建，就得用金。

我们摆脱了西班牙人的统治，却没有摆脱疯狂。安东尼奥·洛佩斯·德圣安纳将军三任墨西哥独裁者，曾为自己在"糕点战争"中失去的右腿举办隆重的葬礼；加夫列尔·加西亚·莫雷诺将军如专制君主般统治了厄瓜多尔十六年，死后身着戎装，胸前挂满勋章，端坐在总统宝座上供人吊唁；马克西米利亚诺·埃尔南德斯·马丁内斯将军，萨尔瓦多的暴君，神智学者，曾惨无人道地一次性屠杀了三万农民，还发明了检测食物是否有毒的钟摆，下令用红纸罩住路灯，以防猩红热；特古西加尔巴中心广场上的弗朗西斯科·莫拉桑将军像，其实根本是奈伊将军像，是从旧货市场淘来的二手货。

十一年前，当代著名诗人、智利的巴勃罗·聂鲁达曾用诗歌辉耀此地。那之后，拉丁美洲亦真亦幻的新闻如潮水般涌入了心地善良抑或居心不良的欧洲人的视野。在那片广袤的土地上，有胡思乱想的男人，有载入史册的女人，永不妥协的精神铸就了一段段传奇。而生活在其中的我们，从未享过片刻安宁。一位普罗米修斯似的总统曾困守在火光熊熊的总统府，孤身抵挡一支军队，直至战死；另一位高尚的总统与一名重塑民众尊严、推行民主制度的军人死于两起至今原因不明的可疑空难。

五次战争，十七次军事政变，还冒出一个恶魔似的独裁者，打着上帝的旗号率先开展了拉丁美洲当代的种族文化灭绝。与此同时，两千万拉美儿童不满两岁夭折，超过一九七零年以来欧洲出生的人口总数。镇压和迫害造成的失踪人口近十二万，好比乌普萨拉全城市民不知去向。难以计数的孕妇被捕后，在阿根廷监狱分娩，婴儿被军政府秘密送养或送进孤儿院，至今下落不明。为了让此类事件不再发生，约二十万拉美人献出了自己的生命，其中有十万丧生于尼加拉瓜、萨尔瓦多、危地马拉这三个中美洲肆意妄为的小国。若以相同比例换算至美国，相当于四年内横死一百六十万人。

智利本是好客之国，居然也有百分之十的人口——一百万人亡命天涯。乌拉圭是个两百五十万人口的小国，在拉美国家中文明程度最高，却也流放了五分之一的人口。自一九七九年起，萨尔瓦多内战几乎每二十分钟就制造一名难民。拉美各国的流亡者与难民，加起来比挪威总人口还多。

我斗胆认为，是拉丁美洲异乎寻常的现实，而不仅仅是其文学的表现形式，引起了瑞典文学院的极大关注。现实并非纸上之物，它就在我们身边，每天左右无数生死，同时也滋养着永不枯竭、充满了美好与不幸的创作源泉，我这个四处漂泊、思乡心切的哥伦比亚人只是蒙幸运女神的眷顾。现实是如此匪夷所思，生活在其中的我们，无论诗人或乞丐，战士或歹徒，都无需太多想象力，最大的挑战是无法用常规之法使别人相信我们真实的生活。朋友们，这就是我们孤独的症结所在。

（选自《我不是来演讲的·拉丁美洲的孤独》，南海出版公司 2012 年版，李静译）

现实并不是西红柿或鸡蛋多少钱一斤。拉丁美洲的日常生活告诉我们，现实中充满了奇特的事物。对此，我总是愿意举美国探险家 F.W. 厄普·德·格拉夫的例子。上世纪初，他在亚马逊河流域作了一次令人难以置信的旅行。这次旅行使他大饱眼福。他见过一条沸水滚滚的河流，还经过一个地方，在那里，人一说话就会降下一场倾盆大雨。在阿根廷南端的里瓦达维亚海军准将城，极风把一个马戏团整个儿刮上天空，第二天渔民们用网打捞上来许多死狮子和死长颈鹿。在短篇小说《格兰德大妈的葬礼》中，我描写了教皇在哥伦比亚的一个村庄里进行的一次难以想象的、不可能成为现实的旅行。我记得，我把迎接教皇来访的总统写成一个秃了顶的矮胖子，以别于当时执政的高个瘦削的总统。小说问世十一年后，教皇真的到哥伦比亚来访问，迎接他的总统跟我小说里描写的一模一样：秃顶、矮胖。我写完《百年孤独》之后，巴兰基亚有个青年说他确实长了一条猪尾巴。只要打开报纸，就会发现我们周围每天都会发生奇特的事情，我认识一些普普通通的人，他们兴致勃勃、仔细认真地读了《百年孤独》，但是阅读之余并不大惊小怪，因为说实在的，我没有讲述任何一件跟他们的现实生活大相径庭的事情。

（选自《番石榴飘香》选篇《谈写作》，南海出版公司2015年版，林一安译）

夸张实际上也是我们拉丁美洲现实的一个组成部分。我们的现实是十分夸张的，常常使作家们面临非常严肃的问题，其中之一便是词汇贫乏。如果我们说起一条河流，那么一个欧洲读者所能想象的最长河流就是全长两千七百九十公里的多瑙河，他们怎么能够想象宽阔浩瀚、在有些地方一眼望不到对岸的亚马逊河呢？对于欧洲读者来说，暴风雨这个词是一个概念，而对于我们来说是另一个概念；雨这个词也一样，在他们的头脑中同滂沱如注的热带暴雨毫不相干。炽热沸腾的河流、震天撼地的暴风雨，以及能把房子卷上天空的龙卷风，这些都不是人的创造发明，而是存在于我们世界中的大自然的巨大威力。

（选自《番石榴飘香》选篇《作品》，南海出版公司 2015 年版，林一安译）

3. 节选三：马孔多世界

《百年孤独》中有不少描写马孔多的语段，譬如马孔多在沼泽雾瘴之中，向东是无法逾越的山脉，向南是广阔的大沼泽，唯一与文明世界连接的是北方的道路。如果学生感兴趣，教师可将文学地理学作为阅读引导的媒介，让学生绘制马孔多地图。而在《百年孤独》之外，马尔克斯还创造了一个更大的“马孔多世界”：《枯枝败叶》宣告了马孔多的诞生，《格兰德大妈的葬礼》发生在一个世纪后的马孔多，上校试图拯救的少女埃伦蒂拉是《一个难以置信的悲惨故事——纯真的埃伦蒂拉和她残忍的祖母》的主人公，上校签订停战协议时出现并带来金砖的年轻人是那位没有人给他写信的上校……作品间的互文关系提供了真实感和趣味性，不失为学生进入整本书阅读的有效途径之一。

《百年孤独》与《格兰德大妈的葬礼》

这是镇上第一次也是参与人数最多的葬礼，一个世纪后的格兰德大妈的葬礼或可与之媲美。

（选自《百年孤独》，南海出版公司 2017 年版，范晔译）

全世界疑心重的人们：这是马孔多王国的绝对主宰格兰德大妈的一部信史。九十二年间，她身居统治要位，刚刚过去的九月的某个礼拜二，大妈在圣洁的气氛中撒手人寰。教皇前来参加葬礼。

（选自《礼拜二午睡时刻·格兰德大妈的葬礼》，南海出版公司 2015 年版，刘习良、笋季英译）

《百年孤独》与《没有人给他写信的上校》

奥雷里亚诺·布恩迪亚上校不为所动，在第一份文件上签了名。最后一份还没签完，一位起义军上校牵着骡子出现在帐篷门口，骡背上驮着两个箱子。来人非常年轻，却显出一副老成持重的模样。他是马孔多地区革命军金库的保管人。他拽着饥肠辘辘的骡子艰难跋涉了六天，终于在停战协定签订的日子及时赶到。他万分谨慎地卸下箱子，打开，一块接一块共取出七十二块金砖摆在桌上。没人记得有这笔财富存在。最近一年的混乱中，中央指挥部四分五裂，革命沦为各部首领之间的血腥混战，再无任何职责可言。革命军的黄金被熔铸成砖锭，后来又裹上一层陶土，却落得无人监管。奥雷里亚诺·布恩迪亚上校将这七十二块金砖列入上缴清单，不容多说当下就结束了仪式。瘦削的年轻人仍站在他面前，一双糖浆色的眸子肃然望着他的双眼。

“还有事吗？”奥雷里亚诺·布恩迪亚上校问道。年轻的上校从牙缝间挤出两个字。

“收据。”他回答。

（选自《百年孤独》，南海出版公司 2017 年版，范晔译）

上校警觉起来。他担任革命军马孔多军区司库时，曾牵着一头骡子，驮了满满两箱军款，艰苦跋涉了六天，最后硬是在协定签署前半小时，拖着那头饿得半死不活的骡子赶到了尼兰迪亚兵营。奥雷里亚诺·布恩迪亚上校——当时革命军大西洋沿岸总军需官——给他开了张收据，把那两箱钱列入了投降上缴的物资清单。

（选自《没有人给他写信的上校》，南海出版公司 2018 年版，陶玉平译）

选择性必修中册

第七章 《玩偶之家》：娜拉的觉醒

文本外围：“娜拉的觉醒”阅读框架构建　易卜生生平简介　易卜生主义《玩偶之家》与其他作品的关系　易卜生与社会问题剧

文本路径：突转的情节（发展：迷人的娜拉 · 延宕：心神不宁的娜拉 · 高潮：“可恶”的娜拉 · 突转：陌生的娜拉）

尖锐的冲突（明线：娜拉与海尔茂的婚姻冲突 · 暗线：林丹太太与柯洛克斯泰的情感冲突 · 娜拉与柯洛克斯泰的债权冲突 · 悲剧性人物与圣诞节环境冲突）

经典人物形象

文本内核：觉醒（娜拉 · 女性 · 人）

文本延伸：分组辩论　舞台表演　读写结合

一、文本外围："我只刻画真实的、活生生的人"①

（一）入口："娜拉的觉醒"阅读框架构建

统编版高中语文教材由必修上下两册和选择性必修上中下三册一共五本书组成。其中关于戏剧的内容按教材顺序有《窦娥冤》（节选）、《雷雨》（节选）、《哈姆莱特》（节选）、《玩偶之家》（节选）、《茶馆》（节选）。中国戏剧节选有三篇，《窦娥冤》（节选）代表了中国古代元杂剧经典，《雷雨》（节选）是五四运动后中国近代戏剧走向成熟这一时期的经典，《茶馆》（节选）是新中国成立后中国当代戏剧的又一力作。外国戏剧节选有两篇，一篇是英国文学史上最杰出的戏剧家莎士比亚的《哈姆莱特》（节选），另一篇是被誉为现代社会问题剧创始人的挪威作家易卜生的《玩偶之家》（节选）。

统编版高中语文选择性必修中册第四单元节选了挪威剧作家易卜生的《玩偶之家》。《玩偶之家》对中国文坛影响巨大，早在1907年，鲁迅就曾评价易卜生"则以更革为生命，多力善斗，即忤万众不慑之强者也"②。1918年，《新青年》开设"易卜生号"，大力介绍易卜生及其创作的戏剧。易卜生创作的戏剧所涉及的种种社会问题，与中国五四运动时期思想解放的需求相契合，因而中国出现了一股谈论易卜生的热潮。娜拉是妇女解放运动的代言人，《玩偶之家》被誉为妇女解放

① 科勒曼. 戏剧大师易卜生［M］. 蒋嘉，蒋虹丁，译. 长沙：湖南人民出版社，1985：187.

② 范文瑚.《玩偶之家》在中国：兼评胡适的《易卜生主义》［J］. 四川师院学报（社会科学版），1980（1）：48.

运动的宣言书。

《玩偶之家》的故事发生在克里斯替阿尼遏（今奥斯陆）的一个中小资产阶级家庭海尔茂家里。女主人公娜拉过着表面上幸福美满、在外人眼里无忧无虑的生活，她深爱着她的丈夫海尔茂。在他们结婚的第一年，海尔茂因工作繁重而病入膏肓，娜拉为了挽救丈夫的性命，背着他向柯洛克斯泰借债并伪造签名，给他们美满的婚姻生活埋下了隐患。八年后，就在海尔茂的职业生涯走向高峰之时，娜拉好友林丹太太的出现，触发了导火索，娜拉当年借债一事败露，海尔茂一改往日温情，自私自利的本性暴露无遗。风波过后，娜拉觉醒离家出走，走向独立。

《玩偶之家》一共有三幕，教材节选部分是第三幕后半部分，它既是全剧的高潮和结局，也是全剧矛盾冲突最为激烈的一部分。娜拉期待的婚姻“奇迹”终究没能发生，她如梦初醒般地意识到自己与丈夫在精神层面上有着无法逾越的鸿沟。最后她选择离家出走，留下“砰”的关门声！教材节选部分突出了娜拉的觉醒，失败的婚姻让她清楚地认识到自己的玩偶身份；社会对男女家庭责任的划分让娜拉意识到社会对女性的不公；对法律、宗教、伦理的质疑又让她突破了女性的身份，代表了人的觉醒。所以，娜拉在这场家庭变故中既有她本人的觉醒，又有娜拉所代表的社会女性意识的觉醒，更具备了作为独立个体的人的意识觉醒，如此，觉醒具有从个人到集体、从女性到人类的不同层次的意义。因此，根据文本的特点，可建立“娜拉的觉醒”的阅读框架，推动戏剧阅读从节选走向整篇（部）。

教材节选部分交代了这出戏剧的大结局，但故事是如何发生和发展的？娜拉和海尔茂两人八年的婚姻状态如何？为何娜拉是在结婚八年之后才发现问题从而觉醒的？究竟是什么事件促成了娜拉的觉醒？娜拉的觉醒是偶然还是必然？为何娜拉的觉醒会引起全世界读者关注？这些问题都需要学生在了解整部戏剧情节的基础上进行思考。以“娜拉的觉醒”为阅读框架，是有效引导学生从节选阅读走向整篇（部）阅读的驱动力。

（二）语境：作家与作品简介

1. 易卜生生平简介

易卜生，挪威戏剧家，1828 年出生在海滨小城斯基恩。他的父亲是商人，经营木材，家境优渥，可惜好景不长，易卜生 8 岁时父亲破产，这个变故对易卜生影响巨大，他因此未能接受良好的教育。16 岁时，易卜生为养活自己，不得不离开家当学徒。在繁重的工作中，易卜生并没有放弃自我学习，他坚持阅读，学习写诗。

受 1848 年欧洲政治革命和民族解放运动影响，易卜生创作了第一部戏剧《凯蒂琳》，这部剧富于浪漫主义色彩且反抗精神强烈。1850 年，易卜生为了考大学来到挪威首都克里斯蒂安尼亚，结识了很多热爱文学、思想进步的青年。19 世纪前半期，挪威的民族解放运动日益蓬勃，这为 19 世纪后半期文学迎来繁荣奠定了坚实基础。那时十分流行的民族浪漫主义对易卜生产生了鲜明的影响。

易卜生的戏剧创作既扎实又有开创性，这与他长达 6 年的剧院工作经历有关。从 1857 年开始，他一直担任挪威剧院的经理。1864 年，他得到一笔出国奖学金，当时丹麦正遭受普奥联军侵略，但作为盟国的挪威却没有对丹麦伸出援手，这让易卜生感到羞愧愤怒，认为挪威的统治者丧失了道德信义，所以他决定离开挪威，从此开始了 27 年的侨居国外的生活。

年近半百时，易卜生在“社会问题剧”方向上的创作取得了举世瞩目的成就。易卜生那敏锐又深邃的目光总能触及社会中尖锐的问题，他以此为中心，用典型的人物和故事再现社会病症，虽然他从不给出答案，但他指出的社会问题却能激发观众的思考，拨动社会的神经。易卜生的社会问题剧虽然已问世百年，但他所针砭的社会问题依然存在，从这个角度说，易卜生开创社会问题剧的现实意义具有永恒性。

2. 易卜生主义

百年来，对易卜生主义的研究从未停歇，以下几种观点都各具代表性。

根据李斌宁、彭克巽主编的《欧洲文学史》第二卷中十九世纪欧洲文学的北欧文学部分的观点，易卜生的创作较为鲜明地呈现出三个阶段的特点：第一阶段具有浪漫主义特点，以《苏尔豪格的宴会》（1856 年）和《厄斯特罗特的英格夫人》（1857 年）为代表；第二阶段，即他的创作中期，以具有鲜明现实主义特征的“社会问题剧”为主，其中《玩偶之家》（1879 年）最为著名；1884 年，从《野鸭》开始，他的创作进入了象征主义阶段，作品侧重于描写人的心理活动及对人生问题的探讨。[①]

不少学者试图用易卜生主义来概括他的创作理念。萧伯纳认为易卜生主义其实并无“准则”。胡适认为，“写实主义”和“个人主义”这两个特征兼具易卜生主义的精髓。[②] 随着特定时代渐行渐远和对易

① 李赋宁，彭克巽. 欧洲文学史：第二卷［M］. 北京：商务印书馆，2001：502.

② 胡适. 胡适经典文存［M］. 上海：上海大学出版社，2004：121–129.

卜生研究的深入，也有越来越多的学者指出萧伯纳和胡适的观点存在局限性。还有学者指出，易卜生主义的精髓在于“灵魂自审”和“艺术自审”。[①]

可是有趣的是，当《玩偶之家》风靡文学界，易卜生被誉为号召妇女运动的先驱时，易卜生自己并不接受这一评价。他曾在该剧发表20年后的一次演讲中说，他的创作动机并不是宣扬妇女运动，而是描写人类。

当人们用象征主义解读他的作品的内涵时，易卜生也是拒绝的。后来的研究者克勒曼在《戏剧大师易卜生》中引用过易卜生的话：“人们硬加给我的什么奥秘和象征一类的东西真是千奇百怪的——难道他们不能好好地去阅读我所写的作品吗？我写的只是人。我不去写象征性的东西，我只刻画真实的、活生生的人。”[②]

也许易卜生并不希望读者用一种固定的“主义”来探究他作品的精神，他希望大家认真地读他的每一部作品，在每一部作品中去感受人的痛苦、迷茫、伦理、信仰、自由等人类社会一直探索的问题。从这个角度思考，王忠祥在《关于易卜生主义的再思考》一文中提出的观点似乎更接近易卜生主义的本质。他认为，易卜生主义是一种易卜生式的人道主义，充满审美的乌托邦伦理道德理想。[③]

因此，易卜生主义作为一种统摄性的概念，实际上只是为文本提供了一个最大公约数式的解读。如易卜生的社会问题剧，既然直指社

① 汪余礼．重审“易卜生主义的精髓”［J］．戏剧艺术，2013（5）：41．

② 克勒曼．戏剧大师易卜生［M］．蒋嘉，蒋虹丁，译．长沙：湖南人民出版社，1985：187．

③ 王忠祥．关于易卜生主义的再思考［J］．外国文学研究，2005（5）：42．

会，必然带有现实主义；“个人主义”“自审”等解读聚焦于娜拉的觉醒，而娜拉作为女性谋求个人的解放，也必然会涉及女性主义议题；社会问题剧涉及的婚恋生活、个人独立等社会人文主题具有永恒的意义，因此不可避免地被解读为象征主义。以上解读都可从“人”出发，理解易卜生主义传达出的道德理想与人性力量。

3.《玩偶之家》与其他作品的关系

丹麦学者勃兰兑斯在《十九世纪文学主流》中指出，作家应该在作品中提出社会问题来进行讨论。易卜生的戏剧创作深受这一观点的影响，1877—1882 年，易卜生连续有四部社会问题剧问世：《社会支柱》（1877 年）、《玩偶之家》（1879 年）、《群鬼》（1881 年）和《人民公敌》（1882 年）。

《社会支柱》的主人公叫卡斯腾·博尼克，是一名造船商。他的生活体面富足，他高调地做慈善，被称为“社会支柱”。然而随着剧情的发展，观众发现这个“社会支柱”实则虚伪无耻，他为了一笔遗产而缔结不道德的婚姻，又为维护自己的名誉不惜暗算妻弟，丑恶的面目终于被揭露。这部作品对资产阶级的伪善进行了尖锐的讽刺。

《玩偶之家》是促使易卜生成为殿堂级戏剧大师的重要著作。故事梗概在前文已介绍，这里着重补充一下易卜生创作该剧的渊源。易卜生与当时挪威极具影响力的女作家同时也是女权主义者的卡米拉·科莱特在 1871—1872 年间相识，多年后，易卜生写信给卡米拉·科莱特说：“您开始通过您的精神生活道路，以某种形式进入我的作品。”后来易卜生又认识了女权主义者奥斯塔·汉斯泰。她们的思想都对易卜生的创作产生了一定影响。1879 年，挪威妇女解放运动正酣，易卜生也深切关心着妇女地位，他计划创作一个剧本，“关于两种精神法律和妇女在当今传统的男人社会中的艰难地位的时代悲剧”①。《玩偶之家》就在那样的背景下诞生了。

易卜生因《玩偶之家》而名声大噪，娜拉也成为“社会问题剧”的代表人物。鉴于当时人们的震惊和反对，他又创作了《群鬼》。《群鬼》同样也是反映婚姻家庭问题的戏剧，只是女主人公阿尔文太太选择了与娜拉截然相反的道路。她在不幸的家庭生活中恪守了社会对女性作为妻子的要求，最终成了病态的社会关系中的牺牲品。易卜生用这部作品表达了对娜拉的支持，如果不能剑指“群鬼”，最终只能被“群鬼”吞噬。

更猛烈的抨击随之而来。易卜生说自己几乎成了“人民公敌”。于是《人民公敌》就成了他最后一部社会问题剧的名称。这部作品的主人公斯多克芒医生是一个正直的、把人民群众的疾苦放在心上的、有良知的人，却被资产阶级代表以表决的方式宣布成“人民公敌”。易卜生通过这部剧对资产阶级民主和自由进行了抨击，并宣称“世界上最坚强的人是最孤立的人”。

《玩偶之家》作为易卜生创作社会问题剧承上启下的剧本，将婚恋、个人等社会问题搬上舞台，在历史的反复酝酿中引起强烈反响。1939 年春在斯德哥尔摩举行的《玩偶之家》的演出，据说是“戏剧”史上最伟大的成功。从赫尔辛基到奥斯陆，观众疯狂喝彩，用脚跺地板，演出都引起了同样的轰动。②《玩偶之家》无疑是社会问题剧中的最强音，它发出了改变社会、改革婚姻的号召，其中独立的精神飞跃

① 高中甫. 易卜生评论集［M］. 北京：外语教学与研究出版社，1982. 320.
② 高中甫. 易卜生评论集［M］. 北京：外语教学与研究出版社，1982：308.

使《玩偶之家》超过其他社会问题剧。

4. 易卜生与社会问题剧

根据《欧洲文学史》第二卷中十九世纪欧洲文学的北欧文学部分，英国的工业革命自 19 世纪 60 年代传入丹麦后，逐渐扩展到北欧诸国，生产力与生产关系的改变引起了整个社会的变革和动荡。在新的社会历史条件下，社会思潮、道德态度、伦理观念也在变化，这些都在文学上得到反映。自 19 世纪中叶以来，北欧国家尤其是丹麦、瑞典和挪威文学界的思想十分活跃，文学家们积极思索和寻求变革社会的道路。丹麦文学评论家勃兰兑斯就是在这样的背景下登高望远，于 1871 年在题为“十九世纪文学主流”的演说中喊出了“写社会与人生”这一振奋人心的口号。他的鼓动起到了催化剂的作用，写实主义的“问题文学”成为时尚。最先响应勃兰兑斯号召的是挪威作家，他们写出了许多抨击社会弊端、揭露资本主义社会欺诈和虚伪的作品，易卜生的《玩偶之家》是重要代表。①

王忠祥在《易卜生“社会问题剧”举隅》一文中指出，在易卜生的全部创作中，最重要的是现实主义的社会问题剧，这些戏剧从小资产阶级民主主义出发，对挪威资本主义社会政治经济发展中的痼疾痛下针砭，并揭露一系列重大的社会问题，如反对封建的传统道德、扫除资产阶级的市侩意识、争取民族独立、提倡个性自由、主张妇女解放等。对于这些社会问题，丹麦文学批评家勃兰兑斯说：“并不是易卜生创造出来的，而是在时代中间发芽出来的问题。这种问题，在时代

---

① 李赋宁，彭克巽. 欧洲文学史：第二卷［M］. 北京：商务印书馆，2001：516.

底里芽生，一般民众还没有感觉之前，易卜生早已洞察一切，将它指摘出来，使一般社会知道，这是使易卜生成为伟大的思想家和诗人的原因。”①

易卜生的社会问题剧以揭露尖锐的社会问题为戏剧冲突的中心，抓住典型人物和典型事件解剖社会，其结尾虽不直接给出结论，却能激发广大观众思考、探索问题。他所反映的社会虽然与当今社会有时间和地域上的不同，但他揭露的许多社会问题仍然是我们今天必须努力面对的。所以说易卜生的社会问题剧具有永恒的现实意义。

二、文本路径：戏剧要素与解读方法

教材节选《玩偶之家》部分的主要内容为舞会即将散场，客人们都要离去，此刻只剩下娜拉和海尔茂二人，海尔茂被舞会上美丽动人的娜拉再次迷住，言语中对娜拉表现出无限宠溺，他甚至郑重表白：“娜拉，你知道不知道，我常常盼望有桩危险事情威胁你，好让我拼着命，牺牲一切去救你。”听到这样的表白，一直想方设法不让海尔茂看到那封信从而知道当年她伪造签名借债一事的娜拉有了信心，她相信海尔茂一定会“拼着命”为自己扛下一切。然而，“奇迹”终究没能发生，海尔茂对娜拉伪造签名借债这件事的态度让娜拉大为失望，如梦初醒。双方发现在八年婚姻里，彼此之间并不了解。娜拉哀莫大于心死，愤而离家，留下“砰”的关门声！

对于戏剧的教学，教师可以从戏剧情节、冲突、人物形象这几个

---

① 王忠祥. 易卜生“社会问题剧”举隅［J］. 华中师院学报（哲学社会科学版），1982（2）：64.

非常传统但也最为扎实的路径来指导学生掌握戏剧。

（一）解读之一：突转的情节

教材节选部分是整部戏剧的最高潮，结局与高潮同时出现。为了营造激烈冲突的戏剧效果，作者在铺垫完情节发展之后，刻意设置了情节的延宕，充分蓄势之后走向高潮，伴随情节的突转，戏剧结束。剧情跌宕起伏，以海尔茂的视角，对应情节的发展、延宕、高潮、突转，他眼中呈现出不同的娜拉：迷人的娜拉、心神不宁的娜拉、“可恶”的娜拉、陌生的娜拉。情节的发展刻画了人物形象，同时展现了人物的命运变化，为戏剧冲突做了充分铺垫。“《玩偶之家》是一出很特殊的主角戏，而且几乎是一出女主角戏。支撑全戏的是一种情感，它集中于一个人，并且单独从她那里迸发出来。”① 以下围绕娜拉对《玩偶之家》的剧情进行分析。

1. 情节的发展：迷人的娜拉

娜拉本就是一个活泼漂亮的女人，一场舞会，让娜拉更加明艳动人。虽然她已经是三个孩子的母亲，虽然她和海尔茂的婚姻刚过“七年之痒”，但是海尔茂对娜拉的喜爱一如从前。刚刚跳完“塔兰特拉”舞的娜拉，让海尔茂重新找到了恋爱的感觉，这一夜仿佛是新婚之夜。“我头一次把你带回家——头一次跟你待在一块儿，头一次陪着你这娇滴滴的小宝贝儿！”不知各位读者听到这番甜得发腻的话有何感受？反正娜拉并不受用，她也没心情听。对于娜拉不爱听这些话，海尔茂感到大吃一惊，竟然不爱听？对即将来临的风暴毫不知情的海尔

① 高中甫．易卜生评论集［M］．北京：外语教学与研究出版社，1982：308.

茂，还沉浸在对娜拉的痴迷之中，完全不加掩饰的、夸大的爱语，也为后来海尔茂变脸做了对比铺垫。当初的话语越是甜蜜，日后的伤害对比就愈加深刻。这一部分的对话，也是在为后来二人爆发冲突蓄势。

2. 情节的延宕：心神不宁的娜拉

老朋友阮克的到来缓解了二人尴尬的氛围，同时也是对即将走向高潮的情节的一次延宕。

阮克医生几乎每日必到，他独自一人生活，海尔茂的家庭生活能让阮克感到温暖，活泼可爱的孩子、聪明美丽的娜拉都给阮克寂寞的生活带来了很多慰藉。不幸的是阮克快要死了，他来是做最后的告别。海尔茂觉得有点扫兴，在他重温“新婚之夜”的美好时刻，得知这么不吉利的事，但这并未影响到海尔茂继续向娜拉表白的兴致，他试图借这沉重一刻，用更为严肃郑重的口吻向娜拉表达爱意，连称呼都变得郑重其事——“娜拉！”，以前的他可是“小鸟儿”叫个不停，偶尔叫声“娜拉”，便不由得正经起来。他说：“娜拉，你知不知道，我常常盼望有桩危险事情威胁你，好让我拼着命，牺牲一切去救你。”情节短暂延宕之后，气氛更加紧张，对娜拉来说，不想面对而又必须面对的时刻到来了。

3. 情节的高潮：“可恶”的娜拉

比起前面那甜到齁的话语，显然这次表白更有质量，海尔茂成功了。因为娜拉听后，真的相信海尔茂会创造奇迹。娜拉用斩钉截铁的口气说：“托伐，现在你可以看信了。”剧情正式走向高潮，最为激烈的矛盾冲突拉开帷幕。

“好好儿睡觉，娜拉！我去看信了。”海尔茂拿着信关上门，留下门外陷入极度焦虑、大脑一片空白、只想投海自杀以保护海尔茂的娜拉独自凌乱。奇迹并未发生，海尔茂看信后爆发了。刚才还“小鸟儿”“娇滴滴的小宝贝儿”地叫着，现在已经变成“坏东西”“伪君子”“下贱女人”。海尔茂这样骂娜拉还不解气，还要追溯到娜拉父亲身上，他认为女儿不是好东西，是因为上梁不正，他痛诉娜拉父亲的坏德行——不信宗教、不讲道德、没有责任心。这样的父亲当然养不出好女儿，如果海尔茂还认识娜拉的爷爷，估计也要清算一下。这个“下贱女人”给他惹了大祸，把他一生的幸福都葬送了，前途也断送了。就是娜拉死了，也对他“一点儿好处都没有”。这个“下贱女人”辜负了自己的疼爱，孩子们也不能再交给娜拉管了，她不配。这个女人多“可恶”，简直不可饶恕。

面目狰狞的海尔茂让娜拉始料未及。这三天，娜拉在脑海里模拟了无数次事情败露后的场景，然而都没有预料到是今天这般。娜拉当初做这件事，都是缘于对丈夫的爱啊！娜拉甚至可以为保全海尔茂的名誉和前途而牺牲自己。可这份爱在海尔茂眼里，跟他的前途和名誉相比竟然一文不值。面对海尔茂连珠炮般的质问和辱骂，娜拉的回答极其简短，心态越发冷静。看清了海尔茂真面目的娜拉，不愿再多说一句话。

4. 情节的突转：陌生的娜拉

突转，也称陡转、突变，指剧情向相反的方面突然变化，即由逆境转入顺境，或由顺境转入逆境。它是通过人物命运与内心感情的根本转变来加强戏剧性的一种技法，有时也用于文章剧情突然转变。亚里士多德在《诗学》中说，最好的发现和突转同时发生。[①]

① 亚里士多德．诗学［M］．陈中梅，译．北京：商务印书馆，1996：25．

《玩偶之家》的情节出现了多次突转。第一次突转在圣诞节前夕，全城洋溢着新年的快乐气氛，海尔茂又即将升职加薪，娜拉快活得不行，这时多年未见的林丹太太到访，并向娜拉谋求一个职位，刚好海尔茂决定辞退柯洛克斯泰，也空出一个职位可以给娜拉的这个好朋友。这个情节的突转引出了即将被辞退的柯洛克斯泰，他为了保住职位不惜威胁娜拉。这让我们了解到，娜拉原来向柯洛克斯泰借过钱，并且伪造了签名，柯洛克斯泰手里握着娜拉的把柄。

第二次突转是在海尔茂觉得人生要彻底被葬送的时候。女仆爱伦送来一封信，是给娜拉的，却被海尔茂一把抢走。他慌忙地拆开信，猜测看完这封信俩人“都会完蛋”。然而，让人感到莫名其妙的是，看完信的海尔茂竟然快活得叫起来，“我没事了！娜拉，我没事了！”，原来柯洛克斯泰把当年娜拉伪造签名的借据还了回来，表示不再追究，并请求原谅。显然林丹太太在其中起了关键作用。海尔茂没有片刻耽搁，立刻撕毁两封信，连同借据一齐烧掉。在海尔茂看来会断送一生幸福的危机就这样突然消失了。这一次的突转是在为更大的戏剧冲突蓄势，因为海尔茂的危机虽然解决了，但他和娜拉婚姻的危机即将真正到来，更大的矛盾冲突将在后续情节中爆发。

这场危机促成了两人八年来的第一次正式谈话。这次彻夜长谈，让双方第一次认真审视对方，审视婚姻生活，甚至审视两人的价值观、社会观。海尔茂坦言他不了解娜拉，娜拉也认为自己跟陌生人同居了八年，海尔茂在这场危机中的表现，让娜拉失望透顶。在“正正经经”的谈话之后，娜拉坚定了离家出走的决心，最后决然而去。

情节的突转增强了戏剧的曲折性，也把娜拉一家的冲突从借债问题转向真正的夫妻关系、女性觉醒等重要议题上来。教材节选部分在情节设置上极为经典，可以看出易卜生在戏剧情节安排上的驾轻就熟，故事推进行云流水，步步走向高潮，中间又能跌宕起伏，大家风范展现无遗。

戏剧的表达主要依靠人物的语言，海尔茂对娜拉称呼的变化，既能体现人物内心情感的波动，同时也直接推动了情节发展，娜拉从海尔茂口中从“小鸟儿”“小宝贝儿”到“下贱女人”只有一封信的距离。这究竟是一封怎样的信？能引发如此大的矛盾冲突。我们可以通过补充的节选段落找到答案。

亚里士多德的《诗学》中有关于情节的论述：“情节应是一个整体。事件的承接要符合可然或者必然的原则。情节要有一定的长度，以能容纳足够表现人物命运变化的篇幅为宜。情节应该模仿一个完整的行动。部分的组合要环环相扣。”[1]补充的节选部分的内容为“交代伪造签名借债的来龙去脉”，回溯借债的具体过程有助于师生品读娜拉出走的情节。在短时间内从整体上把握整部戏的基本脉络。

柯洛克斯泰 对不起，海尔茂太太——

娜拉 （低低叫了一声，转过身来，半跪在地上）哦！你来干什么？

柯洛克斯泰 对不起，外头的门是开着的，一定是有人出去忘了关。

娜拉 （站起来）柯洛克斯泰先生，我丈夫不在家。

柯洛克斯泰 我知道。

娜拉 那么你来干什么？

---

① 亚里士多德．诗学［M］．陈中梅，译．北京：商务印书馆，1996：24．

柯洛克斯泰 我来找你说句话。

娜拉 找我说话?（低声告诉孩子们）你们进去找安娜。什么?别害怕，生人不会欺负妈妈。等他走了咱们再玩儿。（把孩子们送到左边屋子里，关好门。心神不定）你要找我说话?

柯洛克斯泰 不错，要找你说话。

娜拉 今天就找我? 还没到一号呢——

柯洛克斯泰 今天是二十四号，是圣诞节的前一天。这个节能不能过得好全在你自己。

娜拉 你要干什么，今天款子我没预备好。

柯洛克斯泰 暂时不用管那个。我来是为别的事。你有工夫吗?

娜拉 喔，有工夫，可是——

柯洛克斯泰 好。刚才我在对面饭馆里，看见你丈夫在街上走过去——

娜拉 怎么样?

柯洛克斯泰 陪着一位女客。

娜拉 又怎么样?

柯洛克斯泰 请问你那女客是不是林丹太太?

娜拉 是。

柯洛克斯泰 她是不是刚进城?

娜拉 不错，今天刚进城。

柯洛克斯泰 大概她是你的好朋友吧?

娜拉 是。可是我不明白——

柯洛克斯泰 从前我也认识她。

娜拉 我知道你认识她。

柯洛克斯泰 哦！原来你都知道。我早就猜着了。现在老实告诉我，是不是林丹太太在银行里有事了？

娜拉 柯洛克斯泰先生，你是我丈夫手下的人，怎么敢这么盘问我？不过你既然要打听，我索性告诉你。一点儿都不假，林丹太太就要进银行。举荐她的人就是我，柯洛克斯泰先生。现在你都明白了？

柯洛克斯泰 这么说，我都猜对了。

娜拉 （走来走去）你看，一个人有时候多少也有点儿力量。并不是做了女人就——柯洛克斯泰先生，一个人在别人手下做事总得格外小心点儿，别得罪那——那——

柯洛克斯泰 别得罪那有力量的人？

娜拉 一点都不错。

柯洛克斯泰 （换一副口气）海尔茂太太，你肯不肯用你的力量帮我点儿忙？

娜拉 什么？这话怎么讲？

柯洛克斯泰 你肯不肯想办法帮我保全我银行里的小位置？

娜拉 这话我不懂。谁想抢你的位置？

柯洛克斯泰 喔，你不用装糊涂。我知道你的朋友躲着不肯见我。我也知道把我开除了谁补我的缺。

娜拉 可是我实在——

柯洛克斯泰 也许你真不知道。干脆一句话，趁着现在还来得及，我劝你赶紧用你的力量挡住这件事。

娜拉 柯洛克斯泰先生，我没力量挡住这件事—— 一点儿力量都没有。

柯洛克斯泰 没有？我记得刚才你还说——

娜拉 我说的不是那意思。我！你怎么会以为我在丈夫身上有这么大力量？

柯洛克斯泰 喔，从前我们同学时候我就知道你丈夫的脾气。我想他不见得比别人的丈夫难支配。

娜拉 要是你说话的时候对我丈夫不尊敬，我就请你走出去。

柯洛克斯泰 夫人，你的胆子真不小。

娜拉 我现在不怕你了。过了一月一号，我很快就会把那件事整个儿摆脱了。

柯洛克斯泰 （耐着性子）海尔茂太太，你听我说。到了必要的时候，我会为我银行的小位置跟人家拼命。

娜拉 不错，我看你会。

柯洛克斯泰 我并不专为那薪水，那个我最不放在心上。我为的是别的事。嗯，我索性老实都对你说了吧。我想，你跟别人一样，一定听说过好些年前我闹了点儿小乱子。

娜拉 我好像听说有那么一回事。

柯洛克斯泰 事情虽然没闹到法院去，可是从此以后我的路全让人家堵住了。后来我就干了你知道的那个行业。我总得抓点事情做，在那个行业里我不能算是最狠心的人。现在我想洗手不干了。我的儿子都长大了，为了他们的前途，我必须尽力恢复我自己的名誉，好好儿爬上去，重新再做人。我在那银行里的小位置是我往上爬的第一步，想不到你丈夫要把我一脚踢下来，叫我再跌到泥坑里。

娜拉 柯洛克斯泰先生，老实告诉你，我真没力量帮助你。

柯洛克斯泰 那是因为你不愿意帮忙。可是我有法子硬逼你。

娜拉 你是不是要把借钱的事告诉我丈夫？

柯洛克斯泰 唔，要是我真告诉他又怎么样？

娜拉 那你就太丢人了。（带着哭声）想想，我这件又高兴又得意的秘密事要用这么不漂亮的方式告诉他——并且还是从你嘴里说出来。他知道了这件事会给我惹许多烦恼。

柯洛克斯泰 仅仅是烦恼？

娜拉 （赌气）好，你尽管告诉他。到后来最倒霉的还是你自己，因为那时候我丈夫会看出你这人多么坏，你的位置一定保不住。

柯洛克斯泰 我刚才问你是不是只怕在家庭里闹别扭？

娜拉 要是我丈夫知道了，他当然会把我欠你的钱马上都还清，从此以后我们跟你就再也不相干了。

柯洛克斯泰 （走近一步）海尔茂太太，听我告诉你。不是你记性太坏，就是你不大懂得做生意的规矩。我一定要把事情的底细跟你说一说。

娜拉 你究竟是怎么回事？

柯洛克斯泰 你丈夫害病的时候，你来找我要借一千二百块钱。

娜拉 我没有别的地方可以想法子。

柯洛克斯泰 当时我答应给你想法子。

娜拉 后来你果然把钱给我借来了。

柯洛克斯泰 我答应给你弄钱的时候，有几个条件。当时你只顾着你丈夫，急于把钱弄到手让他出门去养病，大概没十分注意那些小节目。现在让我提醒你一下。我借钱给你的时候，要你在我写的一张借据上签个字。

娜拉　不错，我签了字。

柯洛克斯泰　不错，你签了字。可是后来我又在那借据上加了几句话，要你父亲做保人。你父亲应该签个字。

娜拉　应该签？他确是签了字。

柯洛克斯泰　我把借据的日期空着没填写。那就是说，要你父亲亲笔签字填日期。这件事你还记得不记得？

娜拉　不错，我想大概是——

柯洛克斯泰　后来我把借据交给你，要你从邮局寄给你父亲。这话对不对？

娜拉　对。

柯洛克斯泰　不用说，你一定是马上寄去的，因为没过五六天你就把借据交给我，你父亲已经签了字，我也就把款子交给你了。

娜拉　难道后来我没按日子还钱吗？

柯洛克斯泰　日子准得很。可是咱们还是回到主要的问题上来吧。海尔茂太太，那时候你是不是正为一件事很着急？

娜拉　一点儿都不错。

柯洛克斯泰　是不是因为你父亲病得很厉害？

娜拉　不错，他躺在床上病得快死了。

柯洛克斯泰　不久他果然就死了？

娜拉　是的。

柯洛克斯泰　海尔茂太太，你还记得他死的日子是哪一天？

娜拉 他是九月二十九死的。

柯洛克斯泰 一点都不错。我仔细调查过。可是这里头有件古怪事——（从身上掏出一张纸）叫人没法子解释。

娜拉 什么古怪事？我不知道——

柯洛克斯泰 海尔茂太太，古怪的是，你父亲死了三天才在这张纸上签字！

娜拉 什么？我不明白——

柯洛克斯泰 你父亲是九月二十九死的。可是你看，他签字的日子是十月二号！海尔茂太太，你说古怪不古怪？（娜拉不做声）你能说出这是什么道理吗？（娜拉还是不做声）另外还有一点古怪的地方，“十月二号”跟年份那几个字不是你父亲的亲笔，是别人代写的，我认识那笔迹。不过这一点还有法子解释。也许你父亲签了字忘了填日子，别人不知道他死了，胡乱替他填了个日子。这也算不了什么。问题都在签名上头。海尔茂太太，不用说，签名一定是真的喽？真是你父亲的亲笔喽？

娜拉 （等了会儿，把头往后一仰，狠狠地瞧着柯洛克斯泰）不，不是他的亲笔。是我签的父亲的名字。

柯洛克斯泰 啊！夫人，你知道不知道承认这件事非常危险？

娜拉 怎么见得？反正我欠你的钱都快还清了。

柯洛克斯泰 我再请问一句话，为什么那时候你不把借据寄给你父亲？

娜拉 我不能寄给他。那时候我父亲病得很厉害。要是我要他在借据上签字，那我就一定得告诉他，我为什么需要那笔钱。他病得正厉害，我不能告诉他，我丈夫的病很危险。那万万使不得。

柯洛克斯泰 既然使不得，当时你就不如取消你们出国旅行的计划。

娜拉 那也使不得，不出门养病，我丈夫一定活不成，我不能取消那计划。

柯洛克斯泰 可是难道你没想到你是欺骗我？

娜拉 这事当时我并没放在心上。我一点儿都没顾到你。那时候你虽然明知我丈夫病得那么厉害，可是还千方百计刁难我，我简直把你恨透了。

柯洛克斯泰 海尔茂太太，你好像还不知道自己犯了什么罪。老实告诉你，从前我犯的正是那么一桩罪，那桩罪弄得我身败名裂，在社会上到处难以站脚。

娜拉 你？难道你也冒险救过你老婆的性命？

柯洛克斯泰 法律不考虑动机。

娜拉 那么那一定是笨法律。

柯洛克斯泰 笨也罢，不笨也罢，要是我拿这张借据到法院去告你，他们就可以按照法律惩办你。

娜拉 我不信。难道法律不许女儿想法子让病得快死的父亲少受些烦恼吗？难道法律不许老婆搭救丈夫的性命吗？我不大懂法律，可是我想法律上总该有那样的条文允许人家做这些事。你，你是个律师，难道不懂得？看起来你一定是个坏律师，柯洛克斯泰先生。

柯洛克斯泰 也许是。可是像咱们眼前这种事我懂得。你信不信？好，信不信由你。不过我得告诉你一句话，要是有人二

次把我推到沟里去，我要拉你做伴儿。（鞠躬，从门厅走出去）

娜拉 （站着想了会儿，把头一扬）喔，没有的事！他想吓唬我。我也不会那么傻。（动手整理孩子们刚才脱下来的衣服。住手）可是——？不会，不会！我干那件事是为我丈夫。

孩子们 （在左边门口）妈妈，生人走了。

（选自《易卜生文集》第五卷，人民文学出版社1995年版，潘家洵译）

（二）解读之二：尖锐的冲突

关键人物，浮出水面。不速之客柯洛克斯泰的到来，揭开了八年前娜拉伪造签名借债事件的秘密。柯洛克斯泰在平安夜当天拜访娜拉，来时正与离开的林丹太太擦肩而过，为他和林丹太太的一段往事冲突埋下了伏笔。柯洛克斯泰为保住即将被林丹太太取代的职位，向娜拉亮出底牌，他知道当年娜拉向他借债时伪造了担保人的签名。如果娜拉不帮他保住位置，那他就要让海尔茂身败名裂。至此娜拉当年伪造签名借债的来龙去脉终于清楚。

意料之外，情理之中。通过阅读教材节选内容和补充的节选内容，师生可以尽快走向整篇（部）。故事开端，娜拉八九年未曾见面的老朋友林丹太太突然到访，以至于娜拉一开始都没认出来，这个意料之外让故事情节富于变化。消瘦疲惫、憔悴苍老无一不昭示着林丹太太这些年的日子并不好过，正赶上娜拉一家因为海尔茂的升迁交了好运，林丹太太就趁势求助于娜拉，向海尔茂谋求一个职位。海尔茂爽快地答应了，而林丹太太将获取的职位原来是属于另一重要人物——柯洛克斯泰的。至此，构成戏剧冲突的各方面人物都已出场。

林丹太太突然出现，引发了后续系列冲突。林丹太太是该戏剧中次要但关键的人物，她是“玩偶之家”爆发冲突的导火索，如果说娜拉和海尔茂之间的冲突是整个戏剧的明线，那么林丹太太和柯洛克斯泰则是左右事态发展的暗线。通过明暗两条线索，读者在“娜拉的觉醒”的阅读框架下，可以尽快从整体上把握戏剧冲突。

1. 明线：娜拉与海尔茂的婚姻冲突

娜拉与海尔茂的婚姻冲突是《玩偶之家》中最主要的矛盾冲突，是女性对自己在家庭和社会中的位置及期待与现实中男性对女性的要求不对等的冲突。在海尔茂眼中，娜拉是男人“私有的财产”，他要求娜拉“老老实实”对待丈夫，什么事都由他做主，都由他来指点，包括不准娜拉吃杏仁饼干，只安心做他的“小鸽子”“小鸟儿”“小东西”之类的玩偶。娜拉则经历了甘于做玩偶到痛恨做玩偶的两段心路历程。八年来两人唯一一次正式谈话后，娜拉发现自己无法认同海尔茂的观点，意识到自己不是玩偶，首先是一个人，是一个跟海尔茂一样的，即跟男人一样的人，她应该享有和男人一样的权利和尊重。在他们的婚姻中二人间出现了一条无法逾越的鸿沟，娜拉对这样的家庭生活再也无法忍受。

娜拉和海尔茂的冲突表面是因为娜拉伪造签名借债而产生，实则是二人的性格冲突。在古希腊悲剧中，性格本身就可造成悲剧，而社会问题的加入则使悲剧意味更加明显，无怪乎易卜生在其札记中评论

《玩偶之家》为“关于一出当代悲剧的札记”[①]。娜拉性格活泼，天真善良，又不失勇敢坚定。我们能感受到易卜生在塑造娜拉时，是倾注了个人偏爱的，虽然她有时会表现出无知，偶尔还会撒几个小谎，但并不损害娜拉可爱的整体形象。相反海尔茂的性格就刻板许多，海尔茂没有自己独立的个性，他完全按照资产阶级社会要求的标准规范自己的言行，他甚至没有自己的是非善恶标准，而是完全被框定于资产阶级道德伦理中，危急关头，虚伪自私的性格特点就暴露无遗。海尔茂也是愚钝的，他甚至从未注意到娜拉为还债每天躲在屋子里抄写到后半夜，从未发现过娜拉总是挑最便宜的衣服买，他竟然对当年在意大利养病一年的巨大开销都不曾过问。这样的性格使得海尔茂无法理解娜拉对他的深沉的爱，他在人格上远远不及娜拉。二人性格的冲突是这场婚变的重要原因。

2. 暗线：林丹太太与柯洛克斯泰的情感冲突

现时显性冲突。易卜生为林丹太太与柯洛克斯泰的恩怨纠葛前后铺垫了两次。第一次是林丹太太刚去拜访娜拉时，柯洛克斯泰因得知海尔茂要做他们的新经理也前来拜访，两人没有正面接触，但是林丹太太认出他来，并向娜拉求证。她告诉娜拉他们从前认识，这是从林丹太太视角出发介绍了二人的关系。第二次是林丹太太刚走，柯洛克斯泰来找娜拉摊牌时认出了林丹太太，他也向娜拉求证了一次，这是从柯洛克斯泰视角出发介绍二人的关系。两个旧相识，两次擦肩而过，也与二人多年前有缘无分的情感经历相呼应。谁知命运在无形中再一次把两个人牵扯到一起，林丹太太要谋求的职位，正是海尔茂要辞掉

① 高中甫．易卜生评论集［M］．北京：外语教学与研究出版社，1982：309．

的柯洛克斯泰的职位。对于林丹太太来说，谋到这个职位意味着她可以在这个城市立足生存；而这个职位对于柯洛克斯泰来说又是他恢复名誉往上爬的起点，万万不能失去。这是二人的现时显性冲突，直接推动了整部戏剧的发展。

过去隐性冲突。二人过去的关系，林丹太太用“从前有一个时期我要他做什么他都肯答应”来概括。一个女人叫一个男人做什么他都答应，可见当初他们二人情深义重。为解娜拉困境，林丹太太主动约谈柯洛克斯泰，多年未见，林丹太太依然用昵称“尼尔”来称呼他。林丹太太当初为生活所迫，不得已和相爱的柯洛克斯泰分手，并写信让对方死心。柯洛克斯泰深受打击，以至于接下来的人生轨迹坎坷潦倒。在矛盾没有被化解之前，柯洛克斯泰的内心是痛苦的，对林丹太太是痛恨的：这是个没良心的女人，当初为了钱狠心抛弃他，今天又来抢他的职位。新仇旧恨在此刻汇聚，冲突一触即发，这是二人的过去隐性冲突。然而情节在这里又一次突转，经过林丹太太诚恳的解释，二人冰释前嫌，重新走到一起，面对新生活，幸福正降临在这两个命运多舛的苦人身上，这与楼上正要土崩瓦解的娜拉夫妇的感情关系形成了强烈对比。

3. 娜拉与柯洛克斯泰的债权冲突

娜拉是借债人，柯洛克斯泰是债权人，本来二人债权分明，不该有太多瓜葛。但当初娜拉为救海尔茂心切，冒充担保人伪造了签名。娜拉借债的担保人是她父亲，那时她父亲病重，且很快病逝，即便将借据寄给她父亲也赶不及，况且娜拉原本就不忍心让父亲再为此担心，根本没打算寄。娜拉认为自己替父亲签个名无所谓，哪里就构成犯罪了？法律如果不考虑动机那一定是笨法律。然而法律就是法律，法不容情。柯洛克斯泰牢牢抓住这个把柄，等待时机钳制娜拉。他要挟娜拉务必保住他在银行的职位，奈何娜拉根本无法左右海尔茂，当娜拉不能满足柯洛克斯泰的条件时，他们之间的矛盾冲突必然爆发。也正是这个事件，直接导致了海尔茂露出本性，瓦解了他和娜拉的婚姻。

4. 悲剧性人物与圣诞节环境冲突

环境既包括自然环境，又包括社会环境。危机发生在圣诞节前后三天，准确地说即平安夜、圣诞节、圣诞节过后的凌晨，自然环境天寒地冻，北风呼啸。在冲突没有爆发前，海尔茂家欢声笑语，女主人娜拉美丽迷人，男主人海尔茂即将高就，前途无量。然而冲突爆发后，小家庭的温暖片刻间就荡然无存，夫妻关系降到冰点，娜拉也是在堪称“西方人的除夕之夜”的圣诞节前夕愤而离家出走。环境的恶劣，既与人物关系形成映照，也给人物命运铺就了一层悲壮的底色。

至于社会环境，易卜生在创作《玩偶之家》时在特隆杰姆地区所做的一次演讲中说：“欧洲正在准备改造社会关系，这种改造，主要是想解决工人和妇女的将来状况的问题。”① 加之当时挪威妇女运动如火如荼，在这样的社会大背景之下，娜拉逐渐走向独立觉醒。海尔茂对社会环境的变动显然还没做好任何准备，所以他依然以过去的观念来对待女性，把娜拉当作附属品。

（三）解读之三：经典人物形象

该剧人物不多，主要人物有五个，分别是娜拉、海尔茂、林丹太

---

① 易卜生. 易卜生戏剧四种［M］. 潘家洵，译. 北京：人民文学出版社，2019：9.

太、柯洛克斯泰、阮克，其余的两个仆人和娜拉的三个孩子可不作讨论。这五个人物性格鲜明，关系既清晰又交错。教材节选部分可以呈现人物部分性格特征，完整的人物形象必须在完整的情节中才能展现。

1. 娜拉

在《玩偶之家》中，娜拉大致经历了甘做玩偶不自知到恨做玩偶终觉醒。这一心路历程完整地刻画了娜拉这一人物的成长，使其成为文学史上举起女性解放大旗的一员。

甘做玩偶不自知。娜拉出生在小资产阶级家庭，生活较为优渥，美丽活泼，性格单纯。在家做女儿时，得到父亲的宠爱，父亲叫她“泥娃娃孩子”，她对父亲是顺从的，有时即便她与父亲意见不同，她也不会说，因为怕父亲不高兴。嫁给海尔茂后，她一心相夫教子，努力哄丈夫高兴。她对海尔茂是依赖的，凡事都由丈夫做主，甘愿被海尔茂管束：大到家庭经济开支，小到不准吃杏仁饼干、不准在他面前做缝纫活计。娜拉不需要工作，花每一分钱都伸手向海尔茂要，她只需陪孩子们玩，把自己打扮得漂亮精致。海尔茂经常“小鸟儿”“小鸽子”“小松鼠”地叫娜拉，像玩偶一样宠溺她。娜拉有求于海尔茂时，也会扮成可爱的玩偶讨好丈夫。八年来，在婚姻危机没有爆发前，娜拉是心甘情愿的，甘愿做海尔茂的“玩偶老婆”，且并没有意识到这样的家庭关系有什么问题。

恨做玩偶终觉醒。这一切源于娜拉爱海尔茂，她也认为海尔茂一样深爱着自己。娜拉甘愿默默为家庭付出，当年为给海尔茂养病，她独自扛下高额债务，整整八年尚未还清。为了还钱，她只能拿自己的生活费补贴家用，买衣服总挑最便宜的，每晚躲在屋里做抄写工作直至后半夜，虽然累得不得了，但心里仍觉得痛快。然而婚姻中付出越大、牺牲越多，对配偶的期待也就越高。娜拉心里期望海尔茂得知真相后会为她扛下所有风暴，让她见证奇迹。也正因为海尔茂曾多次向娜拉表白“我常常盼望有桩危险事情威胁你，好让我拼着命，牺牲一切去救你”，娜拉才不再惧怕让海尔茂知道事情的原委。然而，娜拉的爱终是错付了。海尔茂狰狞自私的嘴脸让娜拉恍然大悟，这八年，自己如同和陌生人一起生活。之后二人进行了真正意义上的长谈，娜拉意识到自己不过是丈夫的玩偶，是海尔茂的私有财产，当她犯错误时，海尔茂认为她不配做妻子，甚至不配做母亲，娜拉也终于意识到自己的人生不仅仅是妻子、母亲，她首先是一个人，一个和男人一样的人。娜拉再也不甘心做玩偶，她在这场危机中觉醒了。

觉醒后的娜拉是勇敢的。这种勇敢不是突如其来的，我们在戏剧的第一幕中便可以看到易卜生为塑造娜拉性格所做的充分铺垫。勇敢表现在她遇事有主见上，即使知道海尔茂“不借钱，不欠债”的原则，在生死关头，娜拉是毫不犹豫的，生命大于一切，这是娜拉心底信奉的道德观。默默承受所有压力，省吃俭用毫不在乎，对婚姻和家庭的付出让娜拉自己觉得有了英雄气概。勇敢也表现在娜拉的不惧上，面对柯洛克斯泰的威胁，娜拉从未真正妥协，更没有软弱求饶，为保护海尔茂的名誉，娜拉随时准备献出生命以保全海尔茂的清白。娜拉的勇敢还表现在她的纯粹上，当她意识到婚姻矛盾，看清了海尔茂的真面目，尽管她对未来一无所知，更不懂如何独立生存，她依然决绝地与过去告别。娜拉的人生不苟且、不将就。

2. 海尔茂

这场家庭风暴之后，娜拉活明白了，她觉醒了。但是海尔茂却糊涂了，他因为娜拉的觉醒而陷入迷茫。迷茫的是，他可爱的“小鸟儿”怎么变得如此陌生？她竟然不知道他“不欠债，不借钱”的原则？她竟然对法律一无所知？她竟然不相信宗教？她竟然在自己原谅她后还决绝地离开？娜拉疯了吧？

海尔茂不是一个坏人。他是当时资产阶级的“社会支柱”和中小资产阶级的代表。海尔茂勤奋、能吃苦，新婚后，为了多挣几个钱，他日夜不休地拼命工作，因此得了重病。他恪守职业准则，做律师时能坚守底线，来历不明的钱一分都不要，他的勤奋、自律、能干使得家庭经济状况得到极大改善，海尔茂即将高升“拿大薪水，分红利”。他爱自己的家庭，对娜拉宠爱有加，让她衣食无忧；他也忠于家庭，没有什么不良嗜好，算得上品行端正。海尔茂符合资产阶级社会对男人道德品质的要求。所以《玩偶之家》一问世就激起当时很多资产阶级的不满，娜拉出走的结局被强行修改成大团圆。

但为什么大家还是无法给予海尔茂同情和理解？为什么他和娜拉的人物形象仍有巨大反差呢？归根结底，是在人品上，娜拉与海尔茂有着云泥之别。娜拉心中对生命的重视超越了道德和法律的要求，所以她不理解，法律难道能让一个女人对自己的丈夫见死不救？在娜拉心中，爱人的生命超越一切，所以她甘愿冒险，敢于冲破道德和法律的束缚。而海尔茂不是，他对资产阶级的道德与法律无条件遵守，使得他盲目又虚伪。他在家庭风暴来临时，没能像娜拉希望的那样扛下所有，反而表现出自私冷漠的一面。他对娜拉的爱是可以用地位、前途等来衡量的，他对娜拉的爱再重，都不及心中的前途和名誉重要。反观娜拉，她对海尔茂的爱是可以用自己的生命去换的、是无法衡量的。他们之间的爱情是不对等的，海尔茂的爱情过于自私和世俗。即便海尔茂觉得他自己宠了娜拉八年，但那是把娜拉当玩偶、当宠物的八年，海尔茂从未给过娜拉作为妻子、作为母亲的尊重。

三、文本内核：觉醒

（一）娜拉的觉醒

娜拉的觉醒是在娜拉对婚姻的热期待与冷现实中完成的。娜拉的觉醒是爱情的幻灭、婚姻关系的撕裂促成的。不得不说娜拉女性意识的觉醒是残酷的，同时也是被动的。

娜拉在没有意识到自己“玩偶老婆”的身份时，对玩偶身份并不反感，生活中还会不自觉地主动扮演玩偶，作为向丈夫撒娇、讨价还价的有效方式。比如她在请求海尔茂留下柯洛克斯泰时说“要是你的小松鼠儿求你点事——”“要是你肯答应她，小松鼠儿就会跳跳蹦蹦在你面前耍把戏”“要是你肯答应她，小鸟儿就会唧唧喳喳一天到晚给你唱歌儿”“要是你肯答应我，我变个仙女在月亮底下给你跳舞”。[①]

当娜拉意识到自己的玩偶身份时，她悔恨不已。“这些年我在这儿简直像个要饭的叫花子，要一口，吃一口。托伐，我靠着给你耍把戏过日子。”娜拉自己说出这番话时，内心该有多痛苦！这种觉醒，是伴随内心灼烧之疼的。不仅在家庭中如此，她做女儿时亦然，她的父亲从来没有把她当成一个“人”来看待，娜拉有不同的意见也不敢表达，怕父亲生气，她就乖乖做父亲的“玩偶女儿”。无论在哪个家庭中，娜拉想要像个“人”一样被尊重的愿望从未达成。

在这场婚姻冲突爆发之前，娜拉对自己的婚姻生活是满意的。要

---

① 易卜生．易卜生戏剧四种［M］．潘家洵，译．北京：人民文学出版社，2019：164．

不是债权危机爆发，娜拉也从未发觉自己的婚姻生活有什么问题。娜拉对婚姻一直抱有热切期待。家庭成立之初，他们家的日子过得并不宽裕，为了给海尔茂养病，娜拉不惜伪造签名借债。为了还债，娜拉自己省吃俭用，甚至偷偷做抄写工作补贴家用。这一切，娜拉没对海尔茂透露半个字，直接原因是娜拉深爱她的丈夫，对家庭具有责任感，她愿意为这个家付出所有。娜拉默默扛下重担，在二人的婚姻中感受到自己的力量，她“几乎觉得自己像一个男人”[①]，虽然衣食家用都要靠海尔茂，但毕竟在海尔茂生死存亡的重大事件上，娜拉是果敢有担当的，这让她在婚姻中找到了心理平衡。

现实与理想之间的巨大落差。娜拉的婚姻从幸福到失败只用了三天，娜拉在海尔茂口中从“小宝贝儿”到“下贱女人”只需要一封信。若不是这次危机，娜拉可能这辈子都看不清海尔茂虚伪胆怯的真面目。娜拉恍然发现，八年婚姻生活中，两人没有正正经经谈过一件事，“忽然从梦里醒过来，我简直跟一个陌生人同居了八年”，“我恨透了自己没出息！”。这不仅是八年深爱终究错付的遗憾，更是娜拉被动觉醒的开始。

婚姻中的两人价值观迥异。在矛盾冲突被隐藏的时候，尚可相安无事，矛盾一旦爆发，就会产生无法挽回的后果。二人在经济上的观念不一致，海尔茂在钱财上有明确主张：“不欠债！不借钱！一借钱，一欠债，家庭生活马上就会不自由，不美满。”[②]然而他的主张，娜拉

① 易卜生．易卜生戏剧四种［M］．潘家洵，译．北京：人民文学出版社，2019：136．

② 易卜生．易卜生戏剧四种［M］．潘家洵，译．北京：人民文学出版社，2019：122．

并不认同，娜拉是爱花钱的，且从来不认为借钱花是什么严重问题。在面对关乎生死存亡的抉择时，娜拉毫不犹豫地选择借钱，且绝不让海尔茂知道。

婚内双方期待错位。海尔茂希望娜拉什么也不想，什么也不做，凡事都由他做主，一切皆由他指点，听话是海尔茂对娜拉的基本要求。然而娜拉骨子里的性格是独立的，她果敢、有担当，当年为救丈夫，她果断借债，还债八年不动声色，事情将要败露，娜拉决定牺牲自己保全海尔茂，做这一切让娜拉觉得自己身上笼罩着英雄主义的光环。所以当冲突爆发，娜拉看清海尔茂的真面目之后，断崖式的失望落差让她决绝地出走，离开这个“玩偶之家”。娜拉做出这样的决定绝非偶然，这是娜拉性格所致的必然。

当理想与现实出现巨大落差，意识到两人性格迥异、价值观截然不同，海尔茂自私虚伪的本性暴露无遗时，娜拉终于在她失败的婚姻中觉醒了。她不得不痛苦地意识到，自己在海尔茂眼中无非就是一个玩偶，她从没有被当成一个“人”来对待。

（二）女性的觉醒

娜拉的遭遇令人痛心，大家为娜拉的勇敢叫好，也为她出走后的境遇担忧。她让读者意识到社会上还有大量“娜拉”存在。《玩偶之家》让人们看到了女性在社会中受到的不公正对待，在不同国度、不同时期，一直普遍存在，易卜生用这部作品让人们深入思考了妇女的解放问题。娜拉之后，人们对女性觉醒的关注远远超过了婚姻家庭问题本身。

海尔茂对娜拉从宠爱到辱骂，致使娜拉的爱情幻想破灭，触犯了娜拉作为女性的尊严，随后娜拉作为独立的女性，意识到女性在爱情、尊严、责任和权利上是欠缺平等的。

爱情上不平等。娜拉在没有觉醒之前，是有过相当长的舒适期的，她觉得那就是幸福。然而娜拉在爱情上的付出没有从海尔茂身上得到一点回馈。虽然在爱情上的付出本不该要求回报，似乎一提回报就破坏了爱情的神圣，但海尔茂显然配不上娜拉的爱。在海尔茂的思想意识中，女人就该这样毫无保留地爱自己的丈夫，这是本分。婚姻也并不需要建立在爱情的基础上，林丹太太的经历就是最好的证明。在当时的资产阶级社会中，能以爱情为基础的婚姻又有多少呢？而女人恰恰是感性的，对爱情这样至美至纯的情感始终抱有期待，无论婚前还是婚后。但事实上，一旦进入婚姻，爱情就随之消亡了。而娜拉期待的爱情，除非“奇迹”发生，否则难以实现。

尊严上不平等。女人成为妻子之后，就要听从丈夫的一切旨意吗？丈夫不喜欢杏仁饼干，娜拉只能偷偷吃，海尔茂讨厌女人在他面前做针线活，她只能藏起来做。娜拉想要用于家庭开支的钱和零花钱，每一次都得伸手要，还要扮可爱才能顺利到要。海尔茂对娜拉的管制，大到家庭经济，小到吃杏仁饼干。等到觉醒后的娜拉终于发现这些年她自己过得毫无尊严像个“叫花子”一样时，她才意识到自己每天的高兴是建立在完全丧失尊严的前提下获得的。

责任上不平等。娜拉要离家出走，海尔茂斥责她没有责任心。婚姻内女性的责任是什么？用海尔茂的话回答就是对丈夫和子女的责任。这不仅仅是海尔茂一个男人的回答，这是男权社会统一明确的回答。不知道自己责任的女人简直不可思议。在这样的责任划分下，我们看到女性个体的消失，在婚姻内，女性要为之负责的是丈夫和子女，她们的自我不再存在。如果婚姻内一个女性不把这样的责任放在最神圣的位置上，那她无疑是自私自利的，该受到舆论谴责。然而人们是否该思考，这个责任划分是平等的吗？家庭责任不是应该由双方共同承担吗？

权利上不平等。责任和权利是相呼应的，但娜拉围绕丈夫和子女也只能获取那么一点点的权利。残酷的是，海尔茂可以凭借一句“不配教育孩子”就把娜拉做母亲的权利立刻剥夺。当一个在家庭中毫无地位可言的女性连做母亲的权利都被剥夺时，女性在婚姻中还有什么权利可言？

当娜拉意识到她不仅是妻子、母亲，她首先应该是一个“人”时，女性意识的觉醒便不可逆转地启动了，封建社会、资本主义社会甚至现代社会对女性固有的要求，都是正确的吗？显然不是，作为人，女性和男性一样，“人生而平等”。

《玩偶之家》问世后，对全世界的妇女解放运动产生了巨大影响。无数个“娜拉”觉醒了，娜拉的“关门声”引起了极大共鸣。《玩偶之家》在五四运动时期传入我国，五四运动时期，争取婚姻自主、女性解放是整个反封建斗争的一个重要组成部分。《玩偶之家》在中国的大热，是时代的需要，是思考当时中国社会现实的需要，也是创造中国新文学的需要。受此影响，胡适首先创作了《终身大事》，陆续有欧阳予倩的《泼妇》、熊佛西的《新人的生活》、郭沫若的《卓文君》，这些作品打造了一批出走者形象，该种剧作被称为娜拉剧。[①]

---

① 范文瑚.《玩偶之家》在中国：兼评胡适的《易卜生主义》[J]. 四川师院学报（社会科学版），1980（1）：49.

（三）人的觉醒

首先，对责任的认知让娜拉第一次意识到人权。海尔茂所代表的男权社会典型的态度是女人是男人的私有财产，“最神圣的责任是你对丈夫和儿女的责任”。觉醒后的娜拉不认同这一观点，她认为“首先我是一个人，跟你一样的一个人——至少我要学做一个人”。娜拉第一次意识到，自己虽然是女人，但首先她更是一个人，和男人一样的人，人权是每个人都拥有的。所以女人首先要对自己负责，然后才能谈及对丈夫和儿女的责任，这样的排序是女权思想解放的表征，但这也让代表男权社会主流思想的男人们感到震惊和无法接受。

其次是对宗教问题的态度。当娜拉不再认同丈夫和儿女是自己的神圣责任时，海尔茂感到匪夷所思，他连用三个反问质询娜拉——“难道你不明白你在自己家庭的地位？难道在这些问题上你没有颠扑不破的道理指导你？难道你不信仰宗教？”宗教就是海尔茂口中所谓的“颠扑不破的道理”，说明在资产阶级社会中，宗教信仰依然对社会秩序起重要的规范作用。然而欧洲宗教盛行并统治全社会的时期是在中世纪，《玩偶之家》中的故事的发生时间已是19世纪欧洲社会正准备改造社会关系时，说明当时人们思想上的滞后与社会要求的进步形成了尖锐冲突。娜拉不信仰宗教，她说要把宗教问题仔细想一想，再想想牧师告诉她的话对她个人合不合用，这也是对规范社会秩序的信仰基础的动摇。

再次是对法律问题的质疑。娜拉对法律的认知一直没有和当时社会要求的保持一致。娜拉经历的悲剧也和她对法律的认知有关。娜拉第一次认真谈论法律问题是和债主柯洛克斯泰，娜拉认为自己伪造签名借债是为了救丈夫，这是性命攸关的事，法律为何不允许？柯洛克斯泰则用“法律不考虑动机”回答她。现今时代，犯罪动机一般不影响定罪，但是犯罪动机在较大程度上反映出犯罪主体的主观恶性大小。娜拉伪造签名没有主观恶性，更没有直接给他人或社会造成恶劣影响，在娜拉看来何罪之有？这一方面说明娜拉长期囿于家庭生活，与所处社会严重脱节，另一方面更凸显了一种社会转型期“打破”与“重建”之间的复杂关系。正如《乡土中国》中所述的，在乡下，人与人之间在生活、社交各个方面都有约定俗成的规则，并内化成习惯，维持社会的秩序，可以靠人们对于传统规则的服膺，“维持礼俗的力量不在身外的权利，而是在身内的良知”。[①] 然而当司法制度走进乡土，在某种程度上却破坏了原有的礼治秩序，且并未有效建立起法治秩序。娜拉所处的社会转型期与此非常类似，娜拉遵守的是内在的良知，然而新的社会规则也就是法律制度不再考虑这一点，这让娜拉费解，娜拉认为这样的法律“一定是笨法律”。第二次谈及这个问题是和海尔茂，娜拉说，“国家的法律跟我心里想的不一样，可是我不信那些法律是正确的”，“我不信世界上有这种不讲理的法律”，“我一定要弄清楚，究竟是社会正确，还是我正确”。娜拉说这些话时的声音并不比她关门留下的“砰”的声音小，当她质疑社会法则时，她真正成了一个独立思考的人。

当娜拉对责任、宗教、法律都产生怀疑的时候，她的觉醒已经超越了女性范畴，而是作为完整的人去思考问题。这是人的觉醒和解放

① 费孝通．乡土中国［M］．北京：人民出版社．2015：68．

问题，[①] 也更接近于易卜生的创作初衷：关注人、关注人类的问题。

娜拉用一场婚姻的痛苦撕裂换来懵懂的觉醒。诚然，娜拉并不知道出走之后究竟会怎样，易卜生自己也不知道。多年后，这一问题随剧作传入中国，鲁迅也不知道，但他认为娜拉出走的结果无非堕落或者回来。但是娜拉依然坚定地出走，带着她的勇敢、果决和宝贵的自尊，去尝试新生活。这也是娜拉被誉为妇女解放运动先驱的原因，娜拉出走时的形象，无比耀眼。

在让人变成玩偶的社会中，每个人都需要觉醒。

《玩偶之家》中的人物，最为典型的玩偶看似是娜拉，其实剧中的每个人，都是被无形之手掌控的玩偶。那无形之手就是挪威当时的社会，一个迫切需要改革的社会，社会中的每个人都需要觉醒。

海尔茂从始至终都没有反思过他在这场家庭危机中的表现，因为他认为他的反应和做法是无比正确的，是绝对符合社会道德和法律准绳的。娜拉在他眼里是幼稚无知的，不懂法律，还不信奉宗教，简直不可理喻。他从未考虑过娜拉借债的动机，更不在意娜拉长达八年独自背负重债默默偿还的付出。海尔茂心中的道德标准，是与资产阶级社会要求保持高度一致的，而更高层次的道德标准，海尔茂是没有能力领悟的。海尔茂自己也是资产阶级社会变革中的玩偶，只是他自己从未意识到而已。他被社会规则裹挟着，自己从来没有思考过社会规则、伦理是否正确，他像玩偶一样无意识地全部接受并严格遵守，甚至捍卫。因为这场变故，娜拉觉醒了，但海尔茂则陷入了迷茫。他有

① 蒋承勇．仅仅是“妇女解放”问题吗？：《玩偶之家》及“易卜生主义”考辨［J］．外国文学，2018（2）：5.

太多疑问：娜拉怎么了？她怎么会有那些奇怪的想法？娜拉怎么不承认错误？我不是原谅她了吗？难道我有错？其实海尔茂更需要觉醒，而且海尔茂的觉醒之路更长、更艰难。

林丹太太是促成娜拉觉醒的关键人物，她对婚姻关系的认知比娜拉清醒深刻。然而她也一样无法摆脱命运的安排，还是成为被命运掌控的玩偶，当年她与柯洛克斯泰相爱，本到了谈婚论嫁的程度，因为家庭贫困，她为了自己的母亲和弟弟，毅然与柯洛克斯泰断绝关系，嫁给了一个她不爱但经济条件更好的男人。她和丈夫没有感情，以至于丈夫死了，她都不会感到难过。林丹太太在婚姻中不是玩偶，但在没有情感交流、没有爱的夫妻关系中实则更像木偶。

柯洛克斯泰虽然是可恨之人，但也有其可悲之处。当年被林丹太太无情抛弃，几乎毁掉了他的一生，为了生活他也曾不择手段，声名狼藉。为了保住一个职位，他不惜用卑劣的手段威胁娜拉，也毁掉了娜拉努力维持的表面幸福的生活。然而柯洛克斯泰的人生本不该如此，他也是被命运左右的玩偶。被无情伤害，又在多年后与旧情人重归于好，一切都不是他主动决策所得，虽然他与林丹太太破镜重圆的结局跟娜拉夫妇分道扬镳的结局相比更为温暖，但他的一生依然摆脱不了受人支配的命运。

林丹太太和柯洛克斯泰二人被命运之手掌控，无力反抗，只能默默付出，努力改变悲惨现状，他们也会抱怨自己的生活，但是从来没有意识到这个社会对待底层人民的冷漠、不公。柯洛克斯泰不知道海尔茂要辞退他的真实原因仅仅是作为海尔茂大学同学的他曾经亲昵地唤对方小名，作为中小资产阶级代表的海尔茂一旦掌权，剥夺一个下属的职位易如反掌，阶级的压迫和剥削根深蒂固，柯洛克斯泰意识不到这一点，作为在底层挣扎的人，不知何时才能觉醒。

剧中的人物无论男女，在当时的社会背景下，都没有真正的自由，娜拉以前是糊涂的，但现在觉醒了；海尔茂以前认为自己是明白的，现在却糊涂了。时代裹挟着每个人，有的人幡然醒悟，有的人浑然不知，无论是男性还是女性，当一方无法获得真正的自由和权利时，另一方其实也无法获得真正的自由和权利。觉醒，是那个时代的主题。

四、文本延伸：教学建议

戏剧单元的教学，可以依托活动展开。本部分设置了三个活动，即分组辩论、戏剧表演、读写结合，分别从主题探究、戏剧体验、思维发散出发，帮助学生完成对《玩偶之家》整本书的阅读，加强学生对《玩偶之家》主题的理解。

（一）分组辩论（探究式任务）

辩题一：娜拉该不该出走？

辩题二：海尔茂究竟爱不爱娜拉？

这一活动旨在通过辩论，辩证分析娜拉出走的合理性，结合鲁迅《娜拉走后怎样》进行深入探究。学生通过辩论，可以更好地了解作品的时代背景、主题的社会意义，真正了解易卜生社会问题剧的特点，即抛出问题，但并不给出答案，以供大家深入思考。

海尔茂对娜拉的爱究竟是怎样的？这个问题，当事人海尔茂和娜拉无法达成共识，这个议题可以培养学生的个性化阅读思维。

相关节选：

从事理上推想起来，娜拉或者也实在只有两条路：不是堕落，就是回来。因为如果是一匹小鸟，则笼子里固然不自由，而一出笼门，外面便又有鹰，有猫，以及别的什么东西之类；倘使已经关得麻痹了翅子，忘却了飞翔，也诚然是无路可以走。还有一条，就是饿死了，但饿死已经离开了生活，更无所谓问题，所以也不是什么路。

所以为娜拉计，钱，——高雅的说罢，就是经济，是最要紧的了。自由固不是钱所能买到的，但能够为钱而卖掉。人类有一个大缺点，就是常常要饥饿。为补救这缺点起见，为准备不做傀儡起见，在目下的社会里，经济权就见得最要紧了。第一，在家应该先获得男女平均的分配；第二，在社会应该获得男女相等的势力。可惜我不知道这权柄如何取得，单知道仍然要战斗；或者也许比要求参政权更要用剧烈的战斗。

（选自《鲁迅演讲集》，漓江出版社 2001 年版，有删减）

（二）戏剧表演（体验式任务）

戏剧是一门融合了多种艺术形式的综合艺术，在高中语文教学中与诗歌、散文、小说三种文体同属文学作品，地位同等重要。戏剧表演有利于激发学生的学习兴趣，并有助于培养其舞台意识。学生进行戏剧表演必须认真研读剧本，梳理矛盾冲突，把握人物形象，从而领会戏剧主旨。表演是最能具体、直观感受戏剧文体的一种教学方式。这部戏剧值得师生共同学习、演绎。

（三）读写结合（发散式任务）

任务一：以读者身份，写《给海尔茂的一封信》《给娜拉的一封信》。

任务二：以剧中人物的身份写作，比如以娜拉身份写《给林丹太太的一封信》《给海尔茂的一封信》、以林丹太太身份写《给柯洛克斯泰的一封信》等。学生可以选择自己感兴趣的身份，就自己感兴趣的话题展开探讨。

学生在深入阅读整本书之后，自然会产生一些属于自己的阅读感悟，以书信的形式布置任务，正是为学生搭建了一座和作品中的人物进行对话的桥梁。这种写作建立在整本书阅读完成之后、对整本书的内容和主旨再一次统整的基础上，对于培养学生的阅读核心素养是有帮助的。

第八章 《自己之歌》：“自由”的呼喊

文本外围：“自由”阅读框架构建 惠特曼生平简介 《草叶集》简介 《自己之歌》简介

文本路径：自然意象（定义·选节的意象·草叶·海洋·星星、太阳与月亮·飞鸟·城市） 自由体形式（《自己之歌》自由体形式的具体表现·诗歌创新·“目录诗”·“语言”与“形式”的交错·自由体诗歌的“格律”）

文本内核：呼唤民族性格文学 成为介入的文学

文本延伸：译本对比与鉴赏 阅读课型探索 拓展阅读（梭罗《瓦尔登湖》）

一、文本外围："我在世界的屋脊上发出我的粗野的呼声" ①

（一）入口："自由"阅读框架建构

统编版高中语文选择性必修中册第四单元节选了沃尔特·惠特曼的《草叶集》（*Leaves of Grass*）中的《自己之歌》（*Song of Myself*）的第31节。编者有意把歌德的《迷娘》、普希金的《致大海》、惠特曼的《自己之歌》及特朗斯特罗姆的《树和天空》这四篇伟大诗人的作品编排在一处，体现了编者对外国现代诗歌的重视。从众多外国诗歌名篇中选编惠特曼的《自己之歌》，这与惠特曼的诗歌在美国文学史甚至世界文学史上的特殊地位有关。教材节选文段后的"学习提示"写道："惠特曼的诗歌意境开阔，气魄宏大，有一种质朴而明朗的力量。"还提到了诗歌中涌动的"旺盛的生命力"和诗中凸显出的那个"宏大的自我"，以及传统诗歌中很少出现的许多"自然事物"。"学习提示"似乎在暗示读者惠特曼诗歌的与众不同之处。

教材节选部分描写了抒情的"我"作为一个自由灵魂飘荡的旅程。诗人首先赞美万物的神圣性，"我相信一片草叶所需费的工程不会少于星星，/一只蚂蚁、一粒沙和一个鹪鹩的卵都是同样地完美"。然后将自己等同于自然万物，"我看出我是和片麻石、煤、藓苔、水果、谷粒、可食的菜根混合在一起，/并且全身装饰着飞鸟和走兽"；他能随时将"任何东西召来"，在时空中飞速穿梭，凭借超自然的灵魂能力

---

① 惠特曼．草叶集：上［M］．楚图南，李野光，译．北京：人民文学出版社，1994：151.

俯视地球上的自然万物——大陆、海洋、树林和绝岩。短短的21行诗句让读者直接感知到惠特曼诗歌中“无拘无束”的“自我”，以及自然界中最为普通的生灵的生命力和神圣性，同时为《自己之歌》的整体阅读勾勒出了相应的阅读框架。

从诗歌的标题“自己之歌”可以得知，这首诗是作者写给自己的。翻开《自己之歌》的开头，我们便能看到“我赞美我自己，歌唱我自己”①这样自白的诗句，但是“我”又不仅仅代表诗人本人，更有几层象征内涵。“我”代表美国全体普通民众的意志，又与自然高度融合，“我”从诗歌开头至结尾，从小我逐步与集体、国家乃至全人类相结合，组成了一支无所不能、包罗万象的多声部奏鸣曲。正如出现在《自己之歌》第24节的首行诗句，“瓦尔特·惠特曼，一个宇宙，曼哈顿的儿子”②，如果单从“自我”入手，在阅读时很可能会拘泥于“我”的身份，拘囿于对“自我意识”“个体价值”和“独特个性”的解读，从而忽略“自我”的多重含义及诗歌丰富复杂的意蕴。毋庸置疑，大自然旺盛的生命力是读者阅读《自己之歌》的第一感受，而无拘无束的“我”在惠特曼泛神论思想的影响下与万物合一，灵魂从身体这个躯壳中获得解放，不仅植根于现实，而且可以永存于超越时空的宇宙。因此，微小的“自我”被凸显，“自我”意识开始觉醒，人的价值得到无限延伸，这是读者能够获得的更深层次的诗歌内涵。然而“自我”的张力不局限于此，“自我”与“自然”“国家”“民族”甚至

---

① 惠特曼. 草叶集：上［M］. 楚图南，李野光，译. 北京：人民文学出版社，1994：59.

② 惠特曼. 草叶集：上［M］. 楚图南，李野光，译. 北京：人民文学出版社，1994：94.

“宇宙”都有关联。那么诗人想借“自我”表达什么呢？

读者若在“自由”的阅读框架下细读这首诗歌，也许可以串联以上关键词，以此为线索体味诗歌蕴含的多重思想，从而感受到诗人的真情实感。“自由”不仅涵盖了惠特曼开创的“自由体”诗歌的艺术特色，也指向了惠特曼复杂和矛盾的世界观。在《自己之歌》中，具体体现在诗歌的外部形式和内部逻辑上。外部形式即所谓的语言形式、文体风格、隐喻等修辞，内部逻辑包括“包罗万象”及“随心所欲”的内容，包括诗歌中的景物、人物、动物等意象。

《自己之歌》中涉及的人物众多，包括农民、工人、水手、律师、医生、牧师……这些地地道道的美国人“自由”地生活在惠特曼所绘制的宏阔图景中。在《自己之歌》的第47节，惠特曼如此描述美洲大陆上的人们：“和我最亲近的青年机器匠了解我很清楚，/身上背着斧头和罐子的伐木工人将整天带着我和他一起，/在田地里耕种的农家的孩子听到我歌唱的声音感到愉快，/我的言语在扬帆急驶的小船中前进，我和渔人和水手们生活在一起并喜爱着他们。”[①]不同阶级、职业与种族的普通人在惠特曼笔下成为富有魅力、活力、生命力的群体，诗集《草叶集》的“草”似乎是惠特曼有意放置在标题中的隐喻，“草”是普通劳动人民的象征，是充满希望的绿色的，也是虽平凡却也豪情满怀、激情迸发的普通人的象征。除却人物，辽阔的美利坚大地上的景色几乎全被惠特曼收入诗中，透过轰鸣、冒着浓烟的工厂，喧嚣的港口，正在扩建的城市，惠特曼看到的是一派生机盎然的新景

① 惠特曼. 草叶集：上［M］. 楚图南，李野光，译. 北京：人民文学出版社，1994：145.

象——宇宙中的巨大生机正在美国这片土地上喷薄、涌动。诗人歌唱高山、大海、平原等自然景观，也歌唱火车头、电缆、钢铁厂、港湾等现代人类文明。他将原始自然界与现代人类文明一起拥入自己的怀抱，展开想象的翅膀，在美利坚大陆上空自由翱翔。从诗歌意象方面看，动物、草木等自然意象，以及太阳、月亮和地球这些天体形象，不仅是诗人笔下自然之美的体现，更是诗人借此表达人类积极向上的精神寄托。“自然之物”渗透着诗人的思想精神和审美意识，因为惠特曼通常会将自己的亲身经历、现实感受与其融到一起。更不用说，意象作为诗歌的基本艺术符号，本身就有多重含义，读者如果单从诗歌意象的角度来阐释文本，也必定有所收获。

以“自由”为阅读框架进入文本的角度并不单一，就诗歌这种文学体裁而言，“自由”这一框架本身蕴含的层次就非常丰富，学生既可探究“自由”在诗歌中的具体表现，又可以深入发掘“自由”的多重内涵。从不同的角度观照文本，从诗歌的外部形式和具体内容着手，读者能够自如地往返于诗歌的语境，挖掘《自己之歌》的复杂内涵，由表及里，在更深层次上剖析诗人的创作动机和目的，这也是读者从节选部分阅读延伸到整首诗歌阅读的驱动力。

第四单元导读要求学生在学习本单元时“理解作品的内涵，领会多样的文化观念，尝试探讨作品所反映的社会文化差异，感受人类精神世界的丰富”，详细到诗歌则更是明确表示学生要“体会意象和隐喻，把握诗歌语言和情感的内在节奏，体味诗歌意蕴”。由此可知，了解诗歌是如何运用语言描写、如何透过意象和隐喻来表现惠特曼所生活的美国，展现诗人的思想感情，是必要的学习内容。而将作家的作品置于美国历史背景下，回到历史语境中，是理解节选内容的必要前提，也是新课标对学生提出的要求。

因此，除了上文提及的"形式自由"与"内容自由"外，还需考虑文本外的因素，即作家所处的时代环境、作家的文学诉求和政治理想。促成惠特曼写成《草叶集》的原因绝不仅仅是他在诗歌中所表现出来的，正如美国学者哈罗德·布鲁姆在《西方正典》里所说的："我们从未正确理解过惠特曼，因为他是一位既相当艰深又十分细腻的诗人，他所做的常与他声称要做的正好相反。"[①] 要注意到的是，在1855年以前，惠特曼只在布鲁克林和纽约的报刊上发表过一些诗歌、感伤小说和小品评论，1855年《草叶集》横空出世，美国超验主义思想家、文学家及诗人拉尔夫·沃尔多·爱默生写信对《草叶集》给予了高度评价。为何此前默默无闻的惠特曼会忽然写出《草叶集》这样的诗集来呢？这不得不到惠特曼过去的经历中寻找答案。惠特曼在《过去历程的回顾》一文中说："我发现自己在31岁到33岁时仍然醉心于一个特别的愿望和信念……这就是要发愤以文学或诗的形式，将我的身体的、情感的、道德的、理智的、审美的个性，坚定不移地、清楚地说出来和忠实地表现出来。"[②] 诗人写作的信念就是想要通过自己的喉舌来展现他所在的那个特殊的时代和环境。而对于美国文学界来说，从内容到形式都受困于英国文学藩篱的美国文学已经因循守旧太久了，在爱默生的影响下，惠特曼渴望美利坚合众国能够摆脱欧洲传统的影响，发出"自由"的美国式声音，"这声音响起于孤独、受伤或禁欲的

① 布鲁姆．西方正典：伟大作家和不朽作品［M］．江宁康，译．南京：译林出版社，2011：214．

② 李野光．惠特曼研究［M］．上海：上海外语教育出版社，2003：90．

心灵之中，响起于带有惠特曼色彩的想象性文学中”[1]。脱离时代语境、诗人的文学诉求及政治理想，单论诗歌本身，对诗歌的解读就会流于表面，更遑论《草叶集》中的意象符号十分复杂，因此解读《自己之歌》需要在了解美国社会、历史与文化背景的基础上探讨文本外部的建构方式与原则，从而加深对这首反映美国时代语境的诗歌的了解。

（二）语境：作家与作品简介

1. 惠特曼生平简介

沃尔特·惠特曼是美国浪漫主义时期的杰出诗人。1819 年 5 月 31 日，惠特曼出生在美国东海岸长岛的西山村。惠特曼的家族世系可以追溯到英国的伊丽莎白时代，世世代代靠着西山农场为生，家族曾经富裕无忧，但经过几番起伏，到惠特曼父亲这一代时已经大不如前。由于家境贫寒，惠特曼 11 岁时被迫辍学，1830 年在布鲁克林一家律师事务所当学徒，不久之后又转去一家医院当勤杂员，接着又辗转成为报刊印刷所的学徒。1838 年春末，未满 20 岁的惠特曼办起了《长岛人》周报。1844 年担任《纽约民主党人》的编辑，1846 年担任《每日鹰报》的编辑。1848 年去新奥尔良编辑报纸，不久回到布鲁克林。在出版行业工作期间，惠特曼关注美国政治，赞同美国民主，鼓励民族文化的发展，反对奴隶制。这一时期的惠特曼也开始了文学创作，主要以小说创作为主，但“总的看来，40 年代前期惠特曼的作品，包括少数诗作在内，大都流露出感伤情调，死亡、坟墓在其中经常出现，

---

① 布鲁姆．西方正典：伟大作家和不朽作品［M］．江宁康，译．南京：译林出版社，2011：223．

批评家们认为这是作者受爱伦·坡影响的结果"①。

成年之后，惠特曼当过排字工、乡村临时教师、木匠、新闻记者和编辑等，不同的职业经历开阔了惠特曼的眼界，他在变换职业的旅途中，几乎走遍了长岛，也接触和观察过各式各样的人物。积累独特的生活经验的同时，惠特曼利用空余时间，如饥似渴地阅读各类小说和传奇故事。从19世纪30年代中期开始，惠特曼便陆续阅读了希腊、罗马的古典著作和英美许多重要作家的作品，特别是英国诗人沃尔特·司各特和法国女作家乔治·桑的作品。1848年，欧洲各国纷纷爆发了革命活动，美国"自由土地"党宣布成立，标志着美国的反奴隶制运动进入了一个新的阶段。惠特曼带着激情立刻投入政治活动，但却因政见不合辞去了报社的编辑职务，离开了新闻界。19世纪50年代，惠特曼主要受到爱默生的影响，在建筑工地干活时，他也随身携带一本爱默生的著作。19世纪50年代以后，惠特曼不得不为了生计重操旧业，当起了木工和建筑师。正是在这一时期，惠特曼有意识地从艺术、知识和修养各方面为创作《草叶集》做准备。1855年春，惠特曼精选12首诗，自费出版了《草叶集》，这本诗集装帧别致，内容新颖，诗歌形式独特，却几乎无人问津。但爱默生却对《草叶集》大加赞扬，称这是"美国迄今作出的最不平凡的一个机智而明睿的贡献"②。1855年冬至1856年春，惠特曼又补充了三篇关于《草叶集》的评论。1856年8月，《草叶集》第二版问世，共收诗32首。1860年，《草叶集》第三版出版。每次出版都会增加新的作品，诸如《横过布

① 李野光. 惠特曼研究［M］. 上海：上海外语教育出版社，2003：7.
② 李野光. 惠特曼研究［M］. 上海：上海外语教育出版社，2003：15.

鲁克林渡口》《芦苇集》《亚当的子孙》等。

1861 年，美国南北战争爆发，1863 年惠特曼在华盛顿医院开始了长达两年之久的义务护理。据惠特曼自己统计，他曾到医院去过 600 余次，直接或间接护理过 8 万到 10 万名伤员。[①]1865 年，惠特曼充分表达对内战的全力支持、对蓄奴制鞭挞的诗集《桴鼓集》问世。1867 年出版的第四版《草叶集》收录了《桴鼓集》。1871 年第五版《草叶集》面世后，惠特曼的创作开始在英美国家得到认可。之后，再次失业的惠特曼重新堕入贫病的深渊。1873 年惠特曼患病，之后又经历一系列亲友的亡故，其中包括惠特曼的母亲，以及他素来敬重的美国诗人亨利·沃兹沃斯·朗费罗和爱默生。1886 年，惠特曼开始建造自己的墓穴。1889 年，《草叶集》第八版问世。1891 年，惠特曼对诗集做了最后一次修订，共收录诗作将近 400 首，同年 12 月惠特曼患上重感冒，于 1892 年 3 月 26 日与世长辞。

惠特曼是一位蜚声世界的美国民主诗人，其《草叶集》涵盖宇宙的恢宏气势，足以令后人把他奉为美国文学史上最伟大的诗人。受到西方的和东方的，古代的和近代的，从柏拉图到爱默生，从埃及神学到印度的神秘主义，以及当时已经在美国流行的唯物主义理论这些错综复杂和彼此矛盾的观念的影响，惠特曼的诗歌中充满了哲理性的沉思和议论。首先，惠特曼在哲学上受到德国哲学家黑格尔、约翰·戈特利布·费希特及伊曼努尔·康德的影响。其次，在惠特曼生活的年代，当时的主流文化思想"清教主义"（Puritanism）与新兴的"超验主义"（Transcendentalism）思想发生了激烈碰撞。清教主义认为人只

---

① 李野光. 惠特曼研究［M］. 上海：上海外语教育出版社，2003：30.

有遵守宗教法规，人的“罪恶天性”才不至于膨胀，人与自然是对立的。而以爱默生和梭罗为代表的超验主义思想家则将宇宙视作上帝精神的体现，并且认为人的心灵和自然界都与这一精神相通，人与自然都具有“神性”。惠特曼更多地受到了超验主义思想的影响，更不用说，惠特曼在沿袭西方唯心论的泛神主义传统以及吸收东方哲学神秘主义成分的同时，也注重唯物主义，“某些形似唯心的词语实际上只是一种象征或借喻”[①]。

在惠特曼生活的年代，美国在政治上取得了独立，经济上也开始迅猛发展。在美国大力发展经济急需扩张土地之时，拓荒成了那个时代美国人生活的主要内容，因此形成了一个重要的文化内涵——拓荒精神。美国人在开拓创新的同时，还注意到民主和自由在日常生活中的重要性。只有实现真正的民主和自由，个人价值才能得到充分的实现，于是，民主、自由的精神也成了拓荒时代美国的文化主题。开拓精神和自由主义精神等这些现代人耳熟能详的美国民族文化精神，在惠特曼创作初期的作品中都已初见端倪。

2.《草叶集》简介

《草叶集》的写作是惠特曼创作事业中的一个重大转折，这部1855年首次出版的诗集从形式到内容都新颖至极，以至于世界文坛对惠特曼诗歌褒贬迥异的争论持续到了20世纪，惠特曼本人也被美国文学评论界贴上了“反传统”的标签。从惠特曼在1850至1855年《草叶集》的准备阶段所做的读书笔记中可以看出，他受到了如济慈、雪莱、华兹华斯、柯勒律治等浪漫主义诗人的影响，以反传统为战略形

---

① 李野光. 惠特曼研究［M］. 上海：上海外语教育出版社，2003：64.

成了自己的创作实践。可以说，惠特曼的确受到了英国文学传统和从中派生出来的美国文学传统的影响，并在此基础上“开辟了一个新的流派，形成了自己的传统”。[①]

毫无疑问，惠特曼的主要作品就是这部举世闻名的《草叶集》。1891年的最终版《草叶集》体现了惠特曼的“有机”理论，即惠持曼不断将旧作、新作混在一起重新安排次序，类似组诗形式分列排布，它们既能承先启后、又能使整部诗集的结构更为丰满，从而连缀成另一个有机的整体。《草叶集》有着“19世纪美国史诗”之称，是惠特曼个人的史诗，亦是抒情性与史诗性兼容并蓄的结合体，且形成了独特的美国现代抒情史诗的风格。在这部“包罗万象”的诗集中，惠特曼以诗歌形式忠实记录着他所处时代的美国大陆、美国文化及美国精神，特别是诗歌内容大量涉及普通人的日常生活及新生的美国的一切景观，从中也能看出惠特曼本人强烈的爱国之情。在诗歌形式上，惠特曼采用了反传统的自由诗体，同时运用叠韵、双声、倒装、重复等诗歌传统技巧增强了诗歌的节奏感，再辅以自由体的豪迈奔放，使诗歌更具音乐感。诗歌中使用了大量的口头语，自首至尾都充溢着纯正的美国味，《草叶集》“从根本上动摇了传统格律诗长久以来的垄断地位，开了自由体在20世纪迅猛发展的先河”[②]，“改变了我们文学的整个面貌……增添了它所急需的粗犷、雄浑、大胆、独立以及原始的力量与健康的因素”[③]。不仅如此，《草叶集》引导美国文学从新英格兰文化中脱离出来，使美国文学摆脱了英国文学传统的藩篱，为美国现代

① 李野光. 惠特曼研究［M］. 上海：上海外语教育出版社，2003：94.
② 常耀信. 精编美国文学史［M］. 天津：南开大学出版社，2016：110.
③ 李野光. 惠特曼研究［M］. 上海：上海外语教育出版社，2003：274–275.

诗歌的发展开拓了一片无限的天地。

3.《自己之歌》简介

《自己之歌》作为《草叶集》的脊柱和缩影篇章，尤其引人注目，共52节，是惠特曼创作的最长的诗歌。《自己之歌》的主题思想与《草叶集》的中心思想一致，即"通过一个以自己为代表的个性来最好地表现我自己的特殊的时代、环境、美国和民主"[①]。这首诗歌内容丰富，从总统、律师、医生、牧师到囚犯、土著人等，社会各阶层的人物一应俱全，同时描绘了美国重要的历史事件，展现了诗人所处时代的广阔的生活空间，且诗人通过赞颂"自我"，也歌颂了具有美国民族特征和民族理想的巨人形象，字里行间充满了对普通人的赞叹、对人与自然及神和谐相处的诉求，以及对前途充满信心的乐观精神。虽然内容庞杂，但它显然是惠特曼思想成长过程的艺术呈现。"有了这首诗，诗人的灵魂就汇成了一股永远不会消散在绅士文学的废墟中的力量。"[②]

二、文本路径：自然意象与自由体

（一）解读之一：自然意象——言于此而意于彼

在中西方诗歌创作中，"意象"是比较重要的概念。所谓"意象"，是指"意"与"象"的完美结合。[③]学者罗良功在《英诗概论》中把"意象"解释为"灌注了一定思想情感的形象，即用具体的形象

---

① 李野光. 惠特曼研究 [M]. 上海：上海外语教育出版社，2003：124.

② 埃利奥特. 哥伦比亚美国文学史 [M]. 朱伯通，李毅，肖安溥，等译. 成都：四川辞书出版社，1994：375.

③ 朱光潜. 诗论 [M]. 北京：生活·读书·新知三联书店，1984：67.

或画面来表现人们在理智、情感方面的经验。……它是感性与理性、现象与本质相统一的形象"①，也就是说，"意象"是诗人通过语言文字塑造的客观物象，渗透着诗人的审美情趣与思想情感。因此，与诗歌形式、语言媒介等外部形式相比，诗歌意象更能表现诗歌的价值与意义。

自然意象作为惠特曼诗歌意象中的重要组成部分，是惠特曼的创作源泉，也体现着惠特曼对自然的热爱。在惠特曼看来，自然之美代表着一种纯粹之美，而人类如何能够与自然和谐共处也许是人类未来需要探索的话题。他曾说："陆地和海洋，动物、鱼类和禽鸟，天空和星辰，树木、山岳和河流，这些都不是小题……但是人民所期待于诗人的不只是指出那些无言的实物所常常具有的美和尊严而已……他们期待他指出现实与他们灵魂之间的通道。"② 由此可见，惠特曼认为具有象征性的诗歌意象可以连接现实世界和精神世界，并在两者之间找到一条通道。因此，本部分把意象作为进入文本的路径之一，分析诗作中具有象征意义的自然意象。一方面期望以此推动学生从节选走向整篇（部）阅读，在后续的诗歌阅读中自行寻找意象的内涵；另一方面希望通过诗歌的意象来探寻作品的主题，并阐释诗歌意象与诗歌的主旨、气质、风格特点之间的关系。

在展开分析前，有必要对课文节选内容中的自然意象进行分类。在节选的短短 21 行诗句中，诗人描写了星星、海洋、岩洞、树林等自然景观，也描写了蚂蚁、鹪鹩、雨蛙、母牛、小鼠、爬虫、鹰雕、腹

---

① 罗良功. 英诗概论［M］. 武汉：武汉大学出版社，2002：73.
② 李野光. 惠特曼精选集［M］. 济南：山东文艺出版社，1997：637.

蛇、麋鹿、海燕这些包括飞鸟和走兽在内的动物，还聚焦草叶、黑莓、苔藓、菜根这些具体的植物。考虑到节选段落与《自己之歌》整篇的意义关联，因此本部分对在节选段落中出现的，并于《自己之歌》中反复提及的，且与诗歌主旨和精神有关的具有象征意义的自然意象进行分析。

1. 核心——"草叶"意象

《自己之歌》作为《草叶集》的脊柱篇章，和《草叶集》的创作内核一脉相承。从《自己之歌》的第 1 节我们就能看见诗人在尽情享受大自然的美丽时，他首先看到的是一片草叶。"我邀了我的灵魂同我一道闲游，我俯身下视，悠闲地观察一片夏天的草叶。"①

诗人邀请自己的灵魂来观察充满生机的大自然，仿佛一片普通的草叶已然汇聚了灵魂、生命、自然等一切宇宙间的奥妙，虽然奇异又神秘，但也熟悉和普通。

一只蚂蚁、一粒沙和一个鹪鹩的卵都是同样地完美，
雨蛙也是造物者的一种精工的制作，
藤蔓四延的黑莓可以装饰天堂里的华屋。
我手掌上一个极小的关节可以使所有的机器都显得渺小可怜！
母牛低头啮草的样子超越了任何的石像，
一个小鼠的神奇足够使千千万万的异教徒吃惊。

（选自《自己之歌》，楚图南译本，第 31 节）

① 惠特曼. 草叶集：上［M］. 楚图南，李野光，译. 北京：人民文学出版社，1994：59.

上文为统编版高中语文教材内的选段。在惠特曼的眼中，微不足道的“草叶”足以与宇宙中的“星星”相媲美。惠特曼受泛神论影响，认为上帝不仅是一个无所不在的精神象征，也是万事万物的总和，因此在宇宙中，不论是蚂蚁、雨蛙、母牛、小鼠这类生物，还是沙、片麻石等非生命体，大自然中的一草一木、一沙一石都是平等的，无论事物巨大还是纤小，都具有自身的神圣性，与人类有着同样的地位和价值。

作为最重要且最富有意味的意象，“草叶”在惠特曼的作品中出现得较为频繁。《自己之歌》开篇就是“我”在闲游中观察一片草叶，更不用说教材节选的第一句便是“我相信一片草叶所需费的工程不会少于星星”。这不仅说明贯穿整部作品的“草叶”是惠特曼最钟爱的意象，也体现了“草叶”的重要性。惠特曼在《自己之歌》中曾说：“我猜想它必是我的意向的旗帜，由代表希望的碧绿色的物质所织成。”[①]因此，“草叶”首先便是惠特曼个体精神与形象的象征物。其次，“草叶”不仅指代一株草的其中一片叶子，也可以被认为是一株丛生的植物，更不用说草是自然界中最朴素、最平凡、最随处可见的植物了。因此，《草叶集》中的“草叶”不仅代表单一的个体，也代表了全体的概念，它能代表全体美国人民的形象与精神。值得一提的是，“草叶”本身“野火烧不尽，春风吹又生”的生生不息的特性象征了生命从诞生到死亡再到新生的不断循环，体现了惠特曼对绵延不绝的生命的赞赏。

---

① 惠特曼．草叶集：上［M］．楚图南，李野光，译．北京：人民文学出版社，1994：66．

2. "海洋"意象

《草叶集》中除却"草叶"外，便是"海洋"意象最为重要。虽然"海洋"这一意象在节选段落中只出现了1次，但在《自己之歌》整篇诗歌中大约出现了37次[①]。《草叶集》中的《海流集》专写海洋，包括《从永久摇荡着的摇篮里（1859年）》《当我与生命之海一起退潮时（1860）》《黑夜中在海滩上（1871年）》《夜里独自在海滩上（1856年）》等11首诗歌。除此以外，《草叶集》在其他篇章中也直接或间接地写到了海洋。因此，"海洋"意象在《自己之歌》，甚至在惠特曼其他诗歌中的重要性不言而喻。英国维多利亚时代的小说家乔治·艾略特认为："我们所有人，在一生的所见、所闻、所感之中，某些意象（而不是另外一些）屡屡重现，充满着感情，情况不就是这样吗？……这样的记忆会有象征性的价值，但究竟象征着什么，我们无从知晓；因为它们代表了那种我们的目光不能透入的感情深处。"[②]艾略特认为，意象的产生离不开人类对外界事物的感知，更离不开对事物的感情，只有当感知成为感情深处不可分割的一部分时，意象才能产生。惠特曼的家乡长岛，海岸线曲折且多港湾。海洋的辽阔与力量给他留下了极深的印象，自然成为他创作灵感的一个重要来源。

惠特曼笔下的"海洋"有三重含义。

首先，"海洋"作为自然景观本身，有着辽阔、宁静、汹涌等特点，惠特曼从一个普通观赏者的角度来审视和描绘他眼中的海洋和海湾风光，大自然纯净的自然风光也让他的身心得到了升华，或仰望天

---

① "海"在诗歌中共出现37次，该结果为通过QQ阅读App中《自己之歌》文内搜索关键词"海"得出。

② 艾略特，裘小龙. 观点（选译）[J]. 诗探索，1981（2）：104.

空或在海边漫步，“当天下午仰面望着天空，或者在小巷中或者沿着海边漫游”[①]。目光所及之处是“海岸和海边的黝黑的岩石”，甚至想同海涛一道，抚摸海滩。“海涛就是他的手掌，他的手掌就是海涛。……海涛便像身体一样亲切，自然便像身体一样亲切。”[②]在惠特曼眼中，人类与自然界密不可分，大自然能给予他精神上的养料和情感上的慰藉，因此，他笔下的“海洋”已然远远超出了其自然属性，富有人文情怀。同时，在诗中的大海形象的描写中，“海洋”的丰富性情得到了很好的诠释。如在《自己之歌》的第22节中，“浪涛延伸到陆地上来的大海呦，/呼吸粗犷而又阵阵喘息的大海呦”[③]，惠特曼笔下的大海不仅是力量和生命的象征，在拥有博大的胸怀的同时，也拥有女性的柔情与优雅。

其次，惠特曼的“海洋”同“陆地”一样丰富多彩，具有旺盛的生命力，如翠绿的苔藓和茂盛的海藻在水中摇曳生姿，更有活泼的海底生物如鲨鱼、海象、海龟、鲸鱼等，甚至“海洋”本身就是“母亲”。如在《海流》中惠特曼将大海比作孕育诗歌灵感的温床，在《摇篮》里把大海称作“母亲”。因此，惠特曼笔下的“海洋”绝不仅是单纯的“大海”，而是具有无限性和生态魅力的完整有机体，这与《草叶集》“有机体”的布局类似，“海洋”也可以被视作一种把整个自然囊括在内的有机体，在这个布局内，“海洋”是一个有生命的、能

① 惠特曼．草叶集：上［M］．楚图南，李野光，译．北京：人民文学出版社，1994：112．

② 王敏．惠特曼笔下的“海”［D］．湘潭：湘潭大学，2012：9．

③ 惠特曼．草叶集：上［M］．楚图南，李野光，译．北京：人民文学出版社，1994：91．

够自我调节的整体。更独特的是，惠特曼笔下的“海洋”不再局限于与自然的关系，还包括与人类文明的互动。如《自己之歌》第 33 节中的描写，“那里汽船尾后拖着浓长的黑烟，/ 那里鲨鱼的大鳍如黑色木板一样地划着水，/ 那里烧剩了一半的双桅帆船在不知名的海上漂浮”①。惠特曼在《百老汇大街上一支壮丽的行列》中写道：“我歌唱远处那些富饶的满天星斗般的岛屿。”② 惠特曼把依海而建的城市文明也纳入“自然有机体”的范围，迫使读者将目光转向人为的自然，为探寻人类与生态的关联提供了更新颖和更广阔的视角。

最后，在惠特曼的诗歌中，海洋被赋予了冷酷，蕴含着死亡的气息。自古以来大海就显得非常神秘，虽然在诗歌中不乏温柔的海风、悦耳的海浪声、盘旋的海鸥等，但从“大海是供人以生命的盐水而又随时给人准备下无需挖掘的坟墓的大海呦”③ 这句诗中我们能看出大海令人捉摸不定的特点。在《自己之歌》第 35 节中，“我”以旁观者的身份目睹了残酷的海战。

我们和他肉搏了，帆桅缠着帆桅，炮口挨着炮口，
我的船长很快地击打着手掌。

我们在水中受到了大约十八发一磅重的炮弹，

---

① 惠特曼. 草叶集：上［M］. 楚图南，李野光，译. 北京：人民文学出版社，1994：110.

② 惠特曼. 草叶集：上［M］. 楚图南，李野光，译. 北京：人民文学出版社，1994：409.

③ 惠特曼. 草叶集：上［M］. 楚图南，李野光，译. 北京：人民文学出版社，1994：91.

我们下层炮舱里在最初开火时，就有两门炮爆炸了，杀死了周围的人，满天血肉横飞。

战斗到日落，战斗到天黑，

在夜里十点钟时，圆圆的月亮上升了，我们的船越来越漏，据报告已经水深五尺了，

我们的军械长把关闭着的俘虏放出来，给他们一个机会逃命。

［选自《草叶集》（上），人民文学出版社
1994 年版，楚图南、李野光译］

虽然夺取人类生命的并不是海洋而是战争，但正是在平静的海洋上，一艘艘船奔向死亡的深渊，而此时“头上几点硕大的星星沉默而悲哀地闪照着，海风的轻吹，岸旁的水草和水田的香气，死者对残存者的嘱托”①，在世人眼里，大海见证了死亡，也是死亡的最终归宿。在惠特曼笔下，大海蕴含着死亡。然而不必把惠特曼所认为的死亡与悲观画上等号，诚如惠特曼所言：“人生之所以不会因为死亡而决断，因为人类的肉体可以复归大自然的宇宙，从而铸造未来生命，永远没有穷尽的往返循环。”② 通过大海，惠特曼把生与死联系起来，暗示了死亡既是生命的终结也是生命的开端。惠特曼相信正如大海会涨潮和退潮一样，生和死紧紧相连，周而复始，如此轮回。死亡会让生命不断地奔腾和流淌，而生命的哲学就在于生命永恒不止、反复循环。英

① 惠特曼．草叶集：上［M］．楚图南，李野光，译．北京：人民文学出版社，1994：123．

② 王敏．惠特曼笔下的“海”［D］．湘潭：湘潭大学，2012：26．

国作家 D. H. 劳伦斯说："惠特曼是一个善于写生命终结的伟大诗人，一个非常伟大的写死后的诗人……写灵魂在死亡边缘的最后呼喊和尖叫的诗人。"①与惠特曼同时代的英国诗人阿尔弗雷德·丁尼生在自己的诗歌中也描写了象征死亡的大海，巧合的是，两位诗人都认为生死不是截然相对的，生命在宇宙中没有终结。只不过，惠特曼在泛神论思想的影响下，更突显海洋不仅是肉体的归宿，也是精神的归宿，正如在《自己之歌》第 22 节中，惠特曼写道："你，大海呦！我也委身于你吧——我能猜透你的心意……请以多情的海潮向我冲击，我定能够以同样的热爱报答你。"②总而言之，《自己之歌》中的"海洋"意象与惠特曼的哲学思想密不可分，惠特曼通过海洋诠释了生命的哲学。

3. "星星""太阳""月亮"等天体意象

地球、星星、太阳、月亮这些天体意象也经常在惠特曼的诗歌中出现。节选段落中仅提到了"星星"，李野光在《惠特曼研究》中指出，"黑夜里的星星会重新发光，长久存在"，惠特曼相信"星星的消逝也是一种分娩，一种庄严不朽的诞生"，即星星象征着"不朽者的胜利和死亡的虚幻"。③和"海洋"一样，"星星"也体现了惠特曼丰富的生命哲学观。这种"生死相连"的生命观在《自己之歌》第 49 节得到了印证。

---

① 李野光. 惠特曼评传［M］. 上海：上海文艺出版社，1988：61.

② 惠特曼. 草叶集：上［M］. 楚图南，李野光，译. 北京：人民文学出版社，1994：90-91.

③ 李野光. 惠特曼研究［M］. 上海：上海外语教育出版社，2003：113.

啊，天上的星星呦！我听见你在那里低语，
啊，太阳呦，——啊，墓边的青草呦——啊，永恒的转变和前进呦，
假使你们不说什么，我又能说什么呢？

秋天树林中的浑浊的水塘，
从萧瑟的黄昏绝岩降下来的月亮，
摇动吧，白天和黑夜的闪光——在垃圾堆里腐朽的茎叶上摇晃，
伴着干槁的树枝的悲痛的谵语摇晃。

我从月亮上升，我从黑夜上升，
我觉出这朦胧的微光乃是午间的日光的反映，
我要从这些大小的子孙走出，走到那固定的中心。

［选自《草叶集》（上），人民文学出版社
1994 年版，楚图南、李野光译］

在以上节选段落之前，惠特曼描绘了他眼中的“婴儿新生”，从而由新生联想到死亡。惠特曼认为用“死亡来恐吓我是毫无用处的”，正相反，“尸体，我想你是很好的肥料，这我并不介意”。[①] 惠特曼不畏惧死亡，而只看重尸体能够哺育新的生命。值得注意的是，“星星”“月亮”等意象不仅能渲染悲剧气氛，更能将死亡与两种天体意象联系到一起。在获得艺术效果的同时，惠特曼“从月亮上升，从黑夜上升”，如同星星向着“固定的中心”——恒星出发，这便是“诞

① 惠特曼．草叶集：上［M］．楚图南，李野光，译．北京：人民文学出版社，1994：148．

生—死亡—再生—永恒"这一过程的象征了。[①]

相反，无论是作为主体还是陪衬，出现在诗歌中的"太阳"意象，总是带有积极向上的生气。正如诗人艾青在《太阳之歌》中写道："惠特曼 / 从太阳得到启示 / 用海洋一样开阔的胸襟 / 写出海洋一样开阔的诗篇。"[②]首先，太阳因不朽、伟大、光明等特征，象征着丰富的美满生活。《草叶集》收录的很多诗篇中都出现了"太阳"这一意象，如《自己之歌》第 2 节中的"由床上起来为迎接太阳而发出的我的歌声"[③]。鲜活的"太阳"意象充满了理想与乐观的色调，也表现了一个新生民族火热的自信及美国当时所处年代的"热火朝天"风格——"我们也是同太阳一样耀眼而猛烈地上升"[④]。李野光认为，在《桴鼓集》中，惠特曼把"太阳"与"丰饶的果园"和"牧草茂密尚待收割的田野"相联系，"果园、牧草和田野"象征着一种"原始"的自然环境和田园生活。同时，惠特曼有意将太阳作为创作力的象征，暗示诗歌的创作过程也像太阳一样，有着"突然的爆发和一道道巨大的火焰"[⑤]。太阳所包含的丰富意蕴和审美趣味对中国新诗中"太阳"意象的审美产生了巨大的影响，以郭沫若为首的中国现代诗人汲取的正是惠特曼的太阳精神，《日出》《太阳礼赞》和《女神之再生》均表现了那个时代的雄浑，彰显出一种生命的理想色彩。

---

① 李野光. 惠特曼研究［M］. 上海：上海外语教育出版社，2003：150.

② 艾青. 艾青诗选［M］. 北京：人民文学出版社，1979：108.

③ 惠特曼. 草叶集：上［M］. 楚图南，李野光，译. 北京：人民文学出版社，1994：61.

④ 惠特曼. 草叶集：上［M］. 楚图南，李野光，译. 北京：人民文学出版社，1994：98.

⑤ 李野光. 惠特曼研究［M］. 上海：上海外语教育出版社，2003：114.

4. “飞鸟”意象

《自己之歌》中还有许多其他的常见意象，其中鸟类也很值得注意。教材选段中出现的“鹰雕”“海燕”，以及出现在这些鸟类后的动词“背负”及“飘浮”，都含有丰富的意蕴。惠特曼让它们或歌唱，或飞翔，或展示自己的习性，皆象征着自然界万物原始的本性，也隐隐指向惠特曼对原始、自然及自由的追求。在《自己之歌》的最后一节中，那只“在世界的屋脊上发出我的粗野的呼声”的苍鹰，也象征着惠特曼自己和他那原始的本性。惠特曼研究专家密勒认为，惠特曼的诗歌中最常出现的三种鸟类，即模仿鸟、山鹰和隐士鸫，具有三种不同的含义，且和主题相关——模仿鸟代表爱情，山鹰代表民主，隐士鸫代表宗教。①

5. “城市”意象

《自己之歌》中反复出现的许多自然意象，其丰富性和多样性还可继续探索并挖掘，如花草树木、河流山川等，这些自然意象不仅是惠特曼创作灵感的源泉，更是惠特曼充沛情感、思想哲理的体现。同所有的浪漫主义作家一样，惠特曼对自然有着深厚的感情，但值得注意的是，有别于同时期的浪漫主义作家，惠特曼对城市中的海港、工厂甚至冒着浓烟的烟囱更为包容，这些意象也在他的诗歌中反复出现。

我听到了鸟雀的歌曲、生长着的麦穗的喧闹火焰的絮语、烹煮着饭食的柴棍的爆炸，

我听到了我所爱的声音、人的语言的音响，

---

① 李野光. 惠特曼研究［M］. 上海：上海外语教育出版社，2003：111-112.

我听到一切声音流汇在一起，配合、融混或彼此追随，

城市的声音、郊外的声音、白天和黑夜的声音，

……

码头旁边卸货的船夫们的吭唷歌、起锚工人的有节奏的合唱，

警铃的鸣叫、火警的叫喊、铃声震耳灯光灿烂的飞驰着的机车和水龙皮带车的急响，

汽笛的鸣叫、进站列车的沉重的隆隆声，

双人行列前面吹奏着的低缓的进行曲。

［选自《草叶集》(上)，人民文学出版社 1994 年版，楚图南、李野光译］

惠特曼在嘈杂的城市声音环境中"聆听"城市的生机勃勃，这些声音在他的耳中融汇成一曲和谐的交响乐。城市的意象群仿佛与自然融为一体，成为美国理想的一部分。"惠特曼与其他作家的一个主要不同点在于他热爱乡村也热爱城市"[①]，在惠特曼看来，自然和城市并不矛盾，生活在现代工业社会中的人们有着淳朴的自然天性，且能够与自然和谐相处。同时，透过城市的意象群，惠特曼看见的是蒸蒸日上的城市，通过对这些工业景象的描写表现当时美国的锐意进取。他将现代文明与自然界一起写进自己的诗歌，歌颂国家的未来和人类的未来，也看到了巨大生机正在美国这片土地上喷涌。尽管如今看来，野性自然与人类城市共存的美好图景只是惠特曼出于对城市和田园的热爱而构建的白日梦，但追根究底，他对现代文明的憧憬和赞赏源于他

① 李野光. 惠特曼评传［M］. 上海：上海文艺出版社，1988：417.

独特的生命精神。

（二）解读之二：《自己之歌》的自由体形式

在美国文学史上，惠特曼开创的“自由体诗”揭开了美国诗歌的新篇章，因而他被后来人称作“现代美国诗歌之父”。自由体诗是惠特曼在《草叶集》中开创的一种全新诗体，要进入选段乃至全书，不妨从这一外部形式入手。《自己之歌》给读者的初印象便是它那壮阔雄浑的整体结构及诗歌技巧上的新颖奇特。从诗歌的外部形式上看，《自己之歌》呈现给读者的是散文化的诗歌，也可以称之为诗化的散文。诗歌突破了诗行的局限，没有固定的合辙押韵，还给诗歌本来的自然和自由，“以短句为顿挫单位形成语调、语气高低急徐的自然节奏，毫无斧凿痕迹”[①]。同时，通过语法结构或者与意义相关的平行结构、重叠结构来将诗歌推至高潮，形成一种“后浪推前浪”的韵律。《自己之歌》的内容是那么庞杂，结构又是如此松散和奇特，就像诗人任想象奔驰，想到哪里就写到哪里，断断续续地把所见所闻记录下来，再连缀成篇，甚至反复颠倒和前后矛盾的地方也不少。

学者李野光在《惠特曼研究》中指出，惠特曼诗的“特性并不在于韵律或形式的均匀”，而是全面否定了以音节、重音、韵脚为基本要素的诗歌格律，取而代之的是“注重内部法则的崭新艺术形式”。[②]惠特曼在《草叶集》初版的序言中说道：“诗的特性并不在于韵脚或形式的均匀或对事物的抽象的表白，也不在于忧郁的申诉或善意的教诲，

① 常耀信．精编美国文学史［M］．天津：南开大学出版社，2016：110.
② 李野光．惠特曼研究［M］．上海：上海外语教育出版社，2003：82-84.

而是这些以及其他许多内容的生命，并且是寓于灵魂之中的。韵的好处是它为一种更美妙、更丰饶的韵律播下种子，而均匀性能将自己导入扎在看不见的土壤中的根子里。完美的诗的韵脚和均匀性表现节奏规律的自由产生，并从它们像枝头的丁香或玫瑰那样精确而毫无拘束地长出蓓蕾，并且像栗子、柑橘、甜瓜、梨子的坚实形状那样构成自己的形状，并且放出缥缈的香气来。"[①] 此种新的艺术形式依靠的不是形式化的格律，而是更深层次的情感。

在英美格律诗中，一首英语诗歌一般包括若干诗节，而每一诗节则由若干诗行组合而成，每一行诗可分为若干音步。音步又叫韵步，是英语诗歌中表示诗歌节奏的单位，由重读音节和相邻的非重读音节按照一定的规律组合排列，与包括头韵[②]、尾韵[③] 和句内韵在内的各种押韵方式一同构成英语诗歌的格律。诗歌的格律又称韵律，是诗歌中的声韵和节律。在传统的英语诗歌中，节奏最为重要，而节奏来自格律、韵步、音拍以及音韵的变化。在英语诗行的每一个音步中，重读音节称作"扬"，非重读音节称作"抑"。因此，根据重读音节与非重读音节的排列顺序，可把英语诗歌的常见格律分为扬抑格、抑扬格、扬抑抑格及抑抑扬格。而根据每一诗行不同的音步数量，可把音步分为单音步、双音步、三音步、四音步、五音步等。在惠特曼的自由体诗出现之前，欧美文坛中的诗歌大多是格律诗，且采用抑扬格五音步，

---

① 李野光. 惠特曼精选集［M］. 济南：山东文艺出版社，1997：637.

② 头韵（alliteration），指两个单词或两个单词以上的首个字母相同且发音相同。如 first and foremost。《普林斯顿诗歌百科全书》中把头韵定义为"一行诗文中，两个或两个以上的词具有相同音素或音节的任何重复。"

③ 尾韵（end rhyme），指每行最后一个单词的词尾音素重复而形成的押韵，这最接近中文中的押韵概念。如 great 和 bait，它是英语诗歌最常见的押韵之一。

如莎士比亚的十四行诗中最著名的第 18 首采用的就是抑扬格五音步，即每行诗由 5 个抑扬格的音步组成，如在首句“Shall I compare thee to a summer's day”[①] 中，可以划分为 5 部分，每个部分用斜杠隔开，即“Shall **I**/com**pare**/thee **to** /a **sum**/mer's **day**”（中文意思为“我可以把你比作夏日吗”，其中“thee”为当时英语的第二人称代词的宾格形式，加粗的部分重读），如此，一行诗有 5 组由轻重音组成。

英国诗人华兹华斯的诗歌《水仙》中的第 1 小节也是如此。

I wandered lonely as a cloud,
That floats on high o' er vales and hills,
When all at once I saw a crowd,
A host, of golden daffodils;
Beside the lake, beneath the trees,
Fluttering and dancing in the breeze.

（选自刘守兰《英美名诗解读》，上海外语教育出版社 2003 年版）

依照音节划分第一行诗句可划分为 I /wan /dered / lone/ly/ as /a/ cloud，能看到此句共有 8 个音节，而后面五行也都是 8 个音节。一个重音为一个音步，即有 4 个音步，所以《水仙》是典型的抑扬格四音步诗歌。以上两首都属于抑扬格诗歌。

惠特曼的诗作，无须为满足押韵的需求而跨行，一行一般为一个短语或者句子，有时甚至还会出现比句子还长的诗句，而且常常出现

① 方红，朱新福. 英国文学选读［M］. 苏州：苏州大学出版社，2017：2.

除逗号之外的标点符号，如感叹号、破折号、问号等，这些标点符号的使用使惠特曼的诗歌有一种气贯长虹的朗诵效果。如《自己之歌》第2节：

你认为一千英亩是很多了么？你认为地球是很大了么？
你已有了长久的实习，学到了读书的能力了么？
你在理解了诗歌的意义的时候曾感到非常骄傲么？

［选自《草叶集》(上)，人民文学出版社
1994年版，楚图南、李野光译］

惠特曼的诗歌不受旧格律的限制，而是以一种情感节奏和思想的韵律内化于其中，且多用重复、对偶和排比的修辞手法，创造了一种具有惠特曼气质的诗歌形式。有研究者认为："对偶和排比包括诗行、诗句和短语乃至单词几个方面，而以诗行为主，其功用有三：一是给诗行提供一个基本框架，使每一行都自成独立的陈述，没有跨行现象；二是产生一种有节奏的吟诵格调；三是能把一些诗行聚合起来，形成一个类似传统诗节的单元。……在许多场合给人以特殊的美感。"[①] 用词语和句子的重复构成排比句式是惠特曼诗歌中常用的一种手法，通常是诗行左侧开头使用同一个单词和短语，人称代词最为常见，其余还有冠词、动词等，如《自己之歌》第3节中的某些段落就十分工整：

从前没有过像现在这样多的起始，

① 李野光．惠特曼研究［M］．上海：上海外语教育出版社，2003：84．

也没有像现在这样多的青春和年岁，
将来也不会有像现在这样多的完美，
也不会有比现在更多的地狱或天堂。

［选自《草叶集》（上），人民文学出版社
1994 年版，楚图南、李野光译］

上述选段句式相仿，句子长短一致，结构较为工整，而且运用了排比的修辞手法。诗行的前半句句式相同，通篇形成一种节奏感，而这样的列举和排比如果不加以节制，便会成为“目录诗”[①]，即以表达同一个主题为前提，将一连串的事物逐个举例说明，成为一组诗句，如《自己之歌》第 33 节：

行走过长满青草、树叶轻拂着的小径，
那里鹌鹑在麦田与树林之间鸣叫，
那里蝙蝠在七月的黄昏中飞翔，
那里巨大的金甲虫在黑夜中降落，
那里溪水从老树根涌出流到草地上去，
那里牛群站着耸动着它们的皮毛赶走苍蝇，
那里奶酪布悬挂在厨房里，那里薪架放在炉板上，那里蛛网结在屋角的花束间，
那里铁锤打击着，印刷机回转着卷纸筒，

① 史记．惠特曼诗歌在中国的评介与接受研究［D］．长春：吉林大学，2012：25．

那里人心以可怕的惨痛在肋骨下面跳动着，

那里梨形的气球高高地浮起来了，（我自己也随着气球上升，安详地注视着下面，）

那里救生船用活套拖拽着行进，那里高热在孵化着沙窠里的淡绿色的鸟卵，

那里母鲸携带着她的小鲸在游泳并从不远离它，

那里汽船尾后拖着浓长的黑烟，

那里鲨鱼的大鳍如黑色木板一样地划着水，

那里烧剩了一半的双桅帆船在不知名的海上漂浮，

那里蚌壳已在她的泥滑的船舱上生长，那里死者在舱底腐烂了，

那里繁星的国旗高举在联队的前面；

［选自《草叶集》（上），人民文学出版社
1994 年版，楚图南、李野光译］

在这段诗歌中，诗人一口气列举出了十几种不同属性的物体，包括自然景观、人文景观和生物景观。且每一行诗的意象都不尽相同，每一行诗都表现了一幅独特的画面，在朗诵的过程中，这些画面在脑海中形成一连串丰富的联想，转瞬即逝又包罗万象。同时，从诗歌韵律上来说，能够产生有节奏的朗诵格调。如此相近的要素形成的诗节单元还能使诗歌形成一种强劲而雄浑的节奏感与气势，随着诗人驰骋的想象和澎湃的激情形成一种壮阔的旋律，诗人印刻在诗句中的思想也自有一种动人心魄的力量。批评家们对惠特曼经常使用"目录法"的诗歌创作手法一直褒贬不一。有研究者认为，惠特曼因为无法控制自己的激情而使他的诗歌成了各类名词的集会。然而，我们考察一下

诗人受到的泛神论的影响，便不难理解为何惠特曼会如此创作了。泛神论认为，人们相信所有事物都具有神圣的本性。万物都被视为神，所以它们并无高低贵贱之分。惠特曼在诗歌中列出不同属性的物体名称的方法能够使万物平等呈现。“惠特曼式”目录法，在客观上增强了诗歌豪迈奔放的气势，也暗合了诗人“包罗万象”的决心和气魄。

惠特曼晚年时期曾说，自己从没有专门研究过表现的问题，他不会追求完美，也从不过分卖弄技巧。[①] 惠特曼的这一表白的确是真诚的，他认为诗歌的首要功能便是传递信息，而不是对诗歌形式进行精心设计。但如果因此认为自由体诗完全摆脱了“诗歌韵律”，如同散文一样“无拘无束”，就是对自由体诗歌的形式产生了认知的偏差。自由体诗之所以为“诗”，正是因为诗歌作为一种文体有它自身的特点，即惠特曼无论怎么创新都不能完全与传统割裂，因为诗歌并不能抛弃它独有的特征。惠特曼的自由体诗，凭借诗人对词语和句式的巧妙安排，组合成一种无固定形式却有节奏的韵律，即“思想韵律”，读者在朗读中便可以感受到这种从诗歌“内部”生发的韵律。除此之外，惠特曼创作诗歌时虽然抛弃了用韵，却仍然十分看重诗歌的节奏，如通过反复、排比的修辞手法来表现诗歌的节奏。因此，在一定程度上说，惠特曼的诗歌在形式上并不全完是无格律的。

除却诗歌形式，自由体诗的特点还体现在诗歌的语言“自由”上，惠特曼在《草叶集》中道明了自己的艺术标准是质朴，他注重在诗歌中表达思想、抒发情感。他曾经为了寻找一个确切的词来形容光着脚

---

① 史记. 惠特曼诗歌在中国的评介与接受研究［D］. 长春：吉林大学，2012：119.

走在沙滩浅水中发出的声音，或者形容晨曦中知更鸟唱出的喜悦所能给人带来的感觉，花了好几年工夫。[①] 在《草叶集》中，惠特曼以日常生活为主要材料，采用口头式的语言，偏爱从工地、农场和码头吸收词语，并将俚语、印第安语和外来语入诗，不仅与他朴实的文风相契合，更是他决心创造民族诗歌语言的表现。

三、文本内核：以自由呼唤"自由"

从教学目标的实现来看，本部分主要解读《自己之歌》的主题内涵，从而把握诗歌的情感。从论述层次来看，本部分除却对文学艺术特征的分析外，更为注重对作品的多层次解读和理清作品背后的文化脉络。《自己之歌》歌颂自我，歌颂自由、民主、美国的灵魂，不仅是时代最强音，更是惠特曼思想成长过程的艺术呈现。

（一）呼吁民族性格的文学

《草叶集》问世后，人们议论纷纷，争论的焦点就是《自我之歌》。在《草叶集》最初出版时，只有爱默生等少数人能够接受并欣赏，更多的则是受到文学批评界的冷落，如朗费罗等几位波士顿的文苑派诗人在爱默生的推荐下读了《草叶集》，他们都觉得没有什么值得称赞的地方。美国文艺理论界和媒体也猛烈地抨击惠特曼，视惠特曼为"那种几年以前，主要以荒谬的夸张、无耻淫秽的所谓诗歌招揽人们注意力的美国诗人"[②]。但一些评论家如理查德·蔡斯则认为，《自

---

① 史记．惠特曼诗歌在中国的评介与接受研究［D］．长春：吉林大学，2012：119．

② 李野光．惠特曼研究［M］．上海：上海外语教育出版社，2003：16-17．

己之歌》的内容大体可以概括为“意象派似的小诗、现实主义的城乡风俗画、各式各样的目录、说教、哲理探讨、滑稽插曲、自由和抒情沉思等”[①]这样的特殊组合。如若把《自己之歌》的内容定义为一种“特殊的融合”，便能发现这首诗歌的表达方式的确包含了叙述、抒情、议论等。世界文坛对惠特曼及其作品的评价从《草叶集》刚出版时就呈现出了两极化的倾向。对于外界对其诗歌形式褒贬不一的情况，惠特曼丝毫不受影响，他心中自有一种坚定不移的抱负。

在惠特曼出生之时，美利坚合众国还只是一个建国不到百年的农业国，创办英国《爱丁堡评论》的史密斯先生反问：“在地球上，有谁能读到一本美国书？”[②]这略带鄙夷的发问让美国文学界不得不承认，直到19世纪上半叶，美国在文学上仍主要从属于英国，甚至还没有形成与自己的民族和国家相适应的文学。从19世纪30年代开始，以爱默生为首的美国超验主义者提倡个性繁荣，为浪漫主义文学注入了新鲜的血液。19世纪50年代，爱伦·坡、麦尔维尔、梭罗、爱默生等美国作家创作的美国地道式的文学小说或散文陆续出版，其中没有一本是诗歌。“朗费罗很早就呼吁建立美国民族自己的诗歌，可是按照爱默生的标准……还不是历史使命所要求的那种美国诗人。”[③]少年至青年时期的不同职业经历使得惠特曼成为一名经验丰富的“美国观察家”，虽然半生漂泊不定，但他见证了年轻的美国逐步走向成熟，他从事的出版行业在1830—1850年间飞速发展，时代的熏陶及历史提

① 李野光. 惠特曼研究［M］. 上海：上海外语教育出版社，2003：125.

② 黄宗英. 惠特曼《我自己的歌》：一首抒情史诗［J］. 北京大学学报（哲学社会科学版），2001（4）：144.

③ 李野光. 惠特曼研究［M］. 上海：上海外语教育出版社，2003：88–89.

供的机遇让依托敏锐的直觉和悟性感知世界的惠特曼意识到，美国正在建设一个崭新的现代国家，“美国诗人要总揽新旧，因为美利坚是一个多民族的民族。作为它们的一个诗人要同这整个民族相称才行”①。对于身处这一伟大事业之中的诗人来说，创作一种新的民族史诗，歌颂这一时代和富有创造性的人民，责无旁贷。②

《草叶集》的初版序言宣告了美国文学的独立，诗歌的背景就是美国文学独立斗争的历史。美国文学不再跟随在欧洲国家之后，而是有了自己的脉搏，能够表现出美国的民族个性与精神。因此，惠特曼所寻找和呼唤的“自己”与“美国的自我”隐约有了共性，这也许是对惠特曼诗歌中的“自我”的另一种解读。如《自己之歌》第2节：

和我在一处呆过一日一夜，你就会有了一切诗歌的泉源，

你将会得到大地和太阳的一切美善，（还有千万个太阳留在那里，）

你将不再会间接又间接地去认识事物，也不会通过死人的眼睛去观看一切，也不会以书本里的假象和鬼影作为你的粮食，

你也不会通过我的眼睛观察，从我去获得一切，

你将静静地向各方面倾听，经过你自己而滤取它们。③

［选自《草叶集》（上），人民文学出版社
1994年版，楚图南、李野光译］

---

① 李野光．惠特曼精选集［M］．济南：山东文艺出版社，1997：633.

② 刘树森．探索惠特曼诗歌的深层结构与价值：《〈草叶集〉：歌唱自我与民主的美国抒情史诗》评析［J］．国外文学，1995（1）：37.

③ 惠特曼．草叶集：上［M］．楚图南，李野光，译．北京：人民文学出版社，1994：61.

质朴的诵诗声从美国大陆深处传来，这声音冲破了英国传统的诗歌格律的限制，带着美利坚民族拓荒时期的原始精神力量，成为强劲的时代话语，宣告着美国人期盼已久的新诗派的到来。《草叶集》出版之后，接踵而来的负面评论并没有击退惠特曼的创作激情，惠特曼仍然自由地写着自己想写的，他甚至发表了三篇匿名书评来为自己的《草叶集》辩护。他认为："最伟大的诗人所特有的主要不是一种鲜明的风格，而是一条思想和事物的不增不减的渠道，同时是他本身的自由渠道。……我所体验和描绘的东西将从我的笔底不带任何笔墨痕迹地向外流淌。"[①] 不难看出惠特曼立志于摆脱欧洲文化的束缚，创立独立的美国新诗派的决心。惠特曼认为《草叶集》只是或力求成为一个忠实无讹而固执己见的记录，如同惠特曼"固执己见"地发表书评为自己辩护，惠特曼所希望反映的是绝不仅仅是"本民族的个性"，还有未受到别的色彩浸染的诗人自己的信念，惠特曼也想要从自我的主观出发，将"人"的本性真实地记录下来。由此，《自己之歌》也注定是惠特曼"自我"的诗歌。

（二）成为介入的文学

《自己之歌》广泛描绘了北美大陆的山水风光、飞禽走兽，如密西西比河、五大湖、科罗拉多大峡谷、阿巴拉契亚山脉、尼亚加拉大瀑布等。在这首诗歌中，见不到夜莺、城堡等欧洲诗歌中的传统意象，取而代之的是极具美国特色的森林、瀑布、山脉、峡谷等。惠特

① 惠特曼. 草叶集：下［M］. 楚图南，李野光，译. 北京：人民文学出版社，1994：1085.

曼在1847—1848年的笔记中写道："我的右手是时间，我的左手是空间——两者都巨大无比，我也巨大无比。"惠特曼希望自己的诗歌可以包罗万象，他别出心裁地利用英文中"eye"（眼睛）与"I"（我）同音双关的特点，使诗歌中的主人公"我"不仅成了无所不见的"见者"，而且成为无所不说的"言者"，诉说着所有人的人生经历和生活中的一切。[①]因此，大量地道的美国本土景观，以及美国南北战争、解放奴隶等社会政治事件都在惠特曼的诗歌中有所展现。《自己之歌》的第8节至第15节写出了"我"在生活中的种种经历。在第9节中，惠特曼收录了农忙时人们繁忙的身影。在第10节中，惠特曼在遥远的西部看见了捕兽人与他心爱的姑娘在家人和朋友的见证下举行婚礼的场面。第11节写男女在海边沐浴。第12节写屠夫和铁匠。第13节写美国的生活图景。甚至在一些章节中还出现了美国历史上真实发生的事件，例如1779年，独立战争期间，美国军舰"好人理查德"号与英国军舰"塞拉皮斯"号的海战。

欧洲传统诗歌大多以一个英雄为主角展开冒险历程，而《自己之歌》则以多组英雄群像代替欧洲诗歌中的中心英雄，这些散布在美利坚大陆上的所有平凡人成为惠特曼笔下的"英雄"，惠特曼"用古希腊的封建时代的诗人们所赋予他们的神一般的或贵族出生的人物那种英雄气概和崇高境界，来赋予美国普通的民主个人"[②]。因此，惠特曼目光所及之处的"英雄"皆是形形色色的、崇尚和热爱自由的普通人，这不仅表现了惠特曼对普通的个人价值的肯定，也体现了当时美国时

① 黄宗英．惠特曼《我自己的歌》：一首抒情史诗［J］．北京大学学报（哲学社会科学版），2001（4）：146.

② 李野光．惠特曼研究［M］．上海：上海外语教育出版社，2003：74.

代语境下的文化精神。最初的美国只是英国的一个殖民地，殖民地人民为了争取自己的一席之地，奋起反抗，最终迎来了美国的独立。紧接着，植根在美国人心中对独立和自由的渴望促使美国人民走上了拓荒的道路。在辽阔的美国西部，移民们通过自己的个人努力换来土地和财产。美国的自由主义文化随着美国的发展逐渐发展，直到如今，美国的国鸟——白头海雕仍象征着自由、独立精神，美国的国徽、硬币上都有白头海雕图案，足以证明美国人对自由、独立和平等的热爱。

埃默里·埃利奥特在《哥伦比亚美国文学史》中指出，惠特曼的诗集是为自我的解放大声呐喊。[①] 这呐喊声来自惠特曼灵魂深处对自由的渴望，也代表不能被其他事物束缚的美国文学的自由精神。因此，山川河流、飞鸟走兽、花草树木等意象频频出现在惠特曼诗歌中，这些意象对《自我之歌》中自由精神的解放主题起到了象征和阐释作用。在惠特曼看来，“现实与灵魂之间是有通道的，这个通道是连接肉体与精神的纽带，这其中必然包含自由因素，并且自由应该存在于任何角落、任何环境和任何时候”[②]，自由具有无坚不摧的力量。然而美国大陆上并不总是如诗歌中描绘得那样美好，惠特曼不得不停下脚步，为美国的前景感到担忧，这正是因为美国大陆依旧没有废除违反“自由精神”的奴隶制。惠特曼一贯反对奴隶制，他年轻时就不止一次发文抨击奴隶买卖，但也许是因为他认为自己“是个动作迟缓的人，即使在愤怒中也并不急于行动”[③]，因此他反对暴力斗争，主张和平解决。

---

① 埃利奥特．哥伦比亚美国文学史［M］．朱通伯，李毅，肖安溥，等译．成都：四川辞书出版社，1994：367.

② 郭英杰，赵青．惠特曼《自我之歌》的主题思想研究［J］．北京第二外国语学院学报，2010，32（2）：49.

③ 李野光．惠特曼研究［M］．上海：上海外语教育出版社，2003：68.

不必评判惠特曼温暾的观念和立场，因为《自己之歌》中隐含了惠特曼“坚决”的态度。惠特曼曾在《过去历程的回顾》中谈到自己对文艺和社会关系的看法，他说：“我不把文学作为一种职业来看……它是一种有目的的手段，这就是它的全部意义所在。”[①] 在惠特曼看来，文学是最强有力的、能够拯救他人灵魂的工具。虽然惠特曼对外主张和平的解决方式，但他已经通过诗句表达了他的斗争之心。只要再回头看《自己之歌》中惠特曼对黑人奴隶的描写，就能看出他对奴隶制的真实态度。

逃亡的黑奴来到我的屋子的前面站着，
我听见他在摘取木桩上的小枝，
从厨房的半截的弹簧门我看见他是那样无力而尪弱，
我走到他所坐着的木头边领他进来，对他加以安抚，
我满满地盛了一桶水让他洗涤他的汗垢的身体和负伤的两脚，
我给他一间由我的住屋进去的屋子，给他一些干净的粗布衣服，
我现在还清楚地记得他的转动着的眼珠和他的局促不安的样子，
记得涂了些药膏在他的颈上和踝骨的疮痕上面，
他和我住了一个星期，在他复元，并到北方去以前，
我让他在桌子旁边紧靠我坐着，我的火枪则斜放在屋子的一角。

［选自《草叶集》（上），人民文学出版社
1994 年版，楚图南、李野光译］

---

① 李野光. 惠特曼研究［M］. 上海：上海外语教育出版社，2003：71.

诗中的“我”以坦荡的胸怀庇护黑奴，给了他一间通过“我”自己房间的屋子。不但让他坐在“我”身旁，而且墙角倚着“我”的火枪，“我”时刻准备着用武力来保护这名黑奴。正如惠特曼曾在笔记中写的那样：“我是奴隶们的诗人，我是奴隶主们的诗人……我写这世间的奴隶，我一样写这世间的奴隶主。我将站在奴隶与奴隶主的中间，深入他们的生活，让他们都能了解我。”①

“一般地讲，文学往往反映时代的主要趋势。它来源于影响作者感受力的道德、社会以及思想变迁。美国文学尤其是这样，因为作为一个国家，从其发展的崛起时期起，美国人便有意识地将比较古老的欧洲文明形式移植到美国的拓荒文明中来，所以，一般美国人通常不仅意识到自己在历史中的地位，而且还把自己的日常生活和本国政府及社会机构的形成直接联系在一起。”② 的确，惠特曼的诗歌是深度介入美国文化和政治之中的，惠特曼的诗歌表现了美国历史的发展，展现了美国南北战争时期具有冲击力的环境，诗歌中不乏对下层民众包括黑人奴隶的同情。因此惠特曼的诗歌从诞生到成长都和美国的时代背景紧密相连，他本人曾说“必须认真记住，第一流的文学并不是单凭它的本身的光辉发光；诗歌也不是。他们是在客观环境中成长，是在演变的”。③ 虽然诗歌也似乎不如小说与现实生活勾连得更为紧密，但事实上，在“19 世纪的美国发展进程中，人们并没有把诗歌看成是

---

① 黄宗英. 惠特曼《我自己的歌》：一首抒情史诗［J］. 北京大学学报（哲学社会科学版），2001（4）：149.

② 霍顿，爱德华兹. 美国文学思想背景［M］. 房炜，孟昭庆，译. 北京：人民文学出版社，1991：1–2.

③ 惠特曼. 草叶集：下［M］. 楚图南，李野光，译. 北京：人民文学出版社，1994：1158.

一个封闭的王国，倒是把它看成是表达了美国文化内部的焦虑和隐约的威胁。而诗歌直接参与并处理了这个新生国家面临的急切问题"[①]。在国家、民族与文学的关系上，时代和国家是诗人自由歌颂的精神寄托，歌唱自我、自由、民主的惠特曼式诗歌始终充满了昂扬的社会思想与美国精神，处处流露着民族自豪感与使命感。从这一点看，《草叶集》具有昂扬和澎湃的国家精神，因此具有强烈的介入性。

四、文本延伸：教学建议与阅读课型探索

（一）《草叶集》译本对比鉴赏

1919 年 7 月 5 日，田汉在报刊上发表《平民诗人惠特曼的百年祭》，首次将这位伟大的美国诗人介绍到中国。惠特曼及其诗歌被引入中国之后，对中国文学特别是新诗的发展产生了巨大的影响。田汉、郭沫若、胡适等文学家都对惠特曼的诗歌表示推崇，郭沫若、艾青等人更是参与了新诗创作。20 世纪 30 年代，中国对惠特曼诗歌的译介逐渐普遍，以鲁迅、闻一多、徐志摩等为代表的重要作家以不同的方式为惠特曼诗歌在中国的传播做出了积极的努力。[②] 楚图南认为，"为反对法西斯的恐怖统治，想适当地介绍一点民主思想"[③]，于是《草叶集》的第一个中文选译本，即《大陆之歌》于 1944 年出版。之后，楚

---

① 伯科维奇. 剑桥美国文学史：第四卷［M］. 李增，译. 北京：中央编译出版社，2010：167.

② 刘树森. 评《草叶集》的六个中译本（上）：纪念惠特曼逝世一百周年［J］. 外国语（上海外国语学院学报），1992（1）：38.

③ 刘树森. 评《草叶集》的六个中译本（上）：纪念惠特曼逝世一百周年［J］. 外国语（上海外国语学院学报），1992（1）：38.

图南又在此译本的基础上陆续补充了40余首译作，译本名为《草叶集》。1955年，人民文学出版社将楚图南所译版本再版发行并改名为《草叶集选》，并增加了3首国际主题的诗作。楚图南译本“力求形神兼备”，更加贴近原作。楚图南在把握原作的基础上灵活变换句式，辅以得体的措辞和造句，再现了惠特曼原作的风格。统编版高中语文选择性必修中册第四单元节选的就是楚图南所译版本。

《草叶集》的第二个中文本由屠岸翻译，屠岸字斟句酌，力图保持原作的语义、结构和内在韵律，从而准确地传达出诗歌原本的意蕴和神韵。但有学者评价屠岸译本过于追求“准确性”，朗读起来有些拗口和生涩。杨耐东译本《草叶集》于1983年出版，但有评价认为该译本“就整体的内容而言，翻译质量不高”，大部分译作在理解或表达方面存在问题。[①]1987年，李野光完成了《草叶集》在中国大陆第一个中文全译本的翻译工作，并由人民文学出版社出版，该译本增加了译者撰写的《译本序》。在该译本中，译者系统地介绍了惠特曼的生平，并详细地剖析了惠特曼的文学创作思想与诗歌艺术特征，为对惠特曼的研究和教学提供了广阔的思考路径。就翻译质量来说，“译者全面、深刻地理解诗人驳杂的思想内容与自由豪放的诗风”[②]，并且格外注意英语和汉语的句法差异，在此基础上忠实地再现了原作的内涵。同时，译者把握住了惠特曼诗歌文字内容与表现形式之间的“有机”关系，再现了惠特曼诗歌的艺术特征。赵萝蕤于1987年出版译本

---

① 刘树森. 评《草叶集》的六个中译本（上）：纪念惠特曼逝世一百周年[J]. 外国语（上海外国语学院学报），1992（1）：42.

② 刘树森. 评《草叶集》的六个中译本（下）：纪念惠特曼逝世一百周年[J]. 外国语（上海外国语学院学报），1992（2）：30.

《我自己的歌》，标题的翻译体现了译者独到的见解。前几个版本皆把"Song of Myself"翻译为"自己之歌"，而赵萝蕤译本则翻译为"我自己的歌"，将由惠特曼塑造的独特的"我"凸显出来。之后，还有李视歧于1988年出版的译本《惠特曼诗选》等。

回顾《草叶集》的百年翻译史，可谓名家辈出、译本众多，译本的嬗变也反映出惠特曼的诗歌一直为中国翻译界所关注。事实上，翻译是一项创造性的思维活动，不仅需要译者对文本意义做出准确阐释，还需要将源于文本的风格及其所表达的思想情感移植到译本中。在翻译过程中，译者还需把握直译与诗歌意境、形式的平衡，翻译是完全忠实原作还是更加忠实诗歌意境的创造，这些翻译策略的选择都关乎读者在阅读体验中对诗歌的认同与感受。同时，译者还需要兼顾原作的内容、语言等。因此让学生了解《草叶集》译本的嬗变及不同，在此基础上感受原作的语言、风格形式，以及思考译作是否保有原作的特点和美感，促使学生进行文本细读，增强学生对诗歌赏析的驱动力。在鉴赏诗歌的过程中，教师可引导学生阅读楚图南译本、李野光译本以及赵萝蕤译本中的课文相关选段，分小组研究以上译本的特点，之后开展译本对比分析。教师可以引导学生从词汇、语句、风格等方面分析并进行比对，改换角度，思考造成译本不同的原因，再以小组辩论的形式评选出"最佳译本"。

教师可参考文献：

1. 刘树森. 评《草叶集》的六个中译本（上）：纪念惠特曼逝世一百周年［J］. 外国语（上海外国语学院学报），1992（1）：40-46，82.

2. 刘树森. 评《草叶集》的六个中译本（下）：纪念惠特曼逝世一百周年［J］. 外国语（上海外国语学院学报），1992（2）：32–37.

《自己之歌》第31节英文版：

I believe a leaf of grass is no less than the journey-work of the stars,
And the pismire is equally perfect, and a grain of sand, and the egg of the wren,
And the tree-toad is a chef-d'oeuvre for the highest,
And the running blackberry would adorn the parlors of heaven,
And the narrowest hinge in my hand puts to scorn all machinery,
And the cow crunching with depress'd head surpasses any statue,
And a mouse is miracle enough to stagger sextillions of infidels.

I find I incorporate gneiss, coal, long-threaded moss, fruits, grains, esculent roots,
And am stucco'd with quadrupeds and birds all over,
And have distanced what is behind me for good reasons,
But call any thing back again when I desire it.

In vain the speeding or shyness,
In vain the plutonic rocks send their old heat against my approach,
In vain the mastodon retreats beneath its own powder'd bones,
In vain objects stand leagues off and assume manifold shapes,
In vain the ocean settling in hollows and the great monsters lying low,

In vain the buzzard houses herself with the sky,
In vain the snake slides through the creepers and logs,
In vain the elk takes to the inner passes of the woods,
In vain the razor-bill'd auk sails far north to Labrador,
I follow quickly, I ascend to the nest in the fissure of the cliff.

（选自《草叶集》，辽宁人民出版社 2017 年版）

楚图南译本：

我相信一片草叶所需费的工程不会少于星星，
一只蚂蚁、一粒沙和一个鹪鹩的卵都是同样的完美，
雨蛙也是造物者的一种精工的制作，
藤蔓四延的黑莓可以装饰天堂里的华屋，
我手掌上一个极小的关节可以使所有的机器都显得渺小可怜！
母牛低头啮草的样子超越了任何的石像，
一个小鼠的神奇足够使千千万万的异教徒吃惊。

我看出我是和片麻石、煤、藓苔、水果、谷粒、可食的菜根混合在一起，
并且全身装饰着飞鸟和走兽，
虽然有很好的理由远离了过去的一切，
但需要的时候我又可以将任何东西召来。

逃跑或畏怯是徒然的，
火成岩喷出了千年的烈火来反对我接近是徒然的，
爬虫退缩到它的灰质的硬壳下面去是徒然的，

事物远离开我并显出各种不同的形状是徒然的，
海洋停留在岩洞中，大的怪物偃卧在低处是徒然的，
鹰雕背负着青天翱翔是徒然的，
蝮蛇在藤蔓和木材中间溜过是徒然的，
麋鹿居住在树林的深处是徒然的，
尖嘴的海燕向北飘浮到拉布多是徒然的，
我快速地跟随着，我升到了绝岩上的罅隙中的巢穴。

［选自《草叶集（上）》，人民文学出版社 1994 年版］

李野光译本：

我相信一片草叶的意义不亚于星星每日的工程，
一只蝼蚁，一粒沙，一枚鹪鹩蛋，也同样地完美，
雨蛙也是造物者的一件精心杰作，
四处蔓延的黑莓可以装饰天堂的客厅，
而我手上一个最小的关节能藐视一切机器，
低头吃草的母牛能胜过任何一座塑像，
一只小鼠便是奇迹，足以使千千万万个异教徒震惊不已。

我发现我是片麻岩、煤、苔藓、果实、谷粒和可口的菜根的混合物，
并且浑身粉饰着飞禽和走兽，
我还满有理地把背后的东西抛得远远，
但需要时又可把任何一件叫回到我面前。

逃跑或畏缩是徒然的，
火成岩喷出古老的烈火来抵制我的接近是徒然的，
乳齿象退缩到它自己的粉碎的骨头底下是徒然的，
物体远离我站着并装出种种不同的形状是徒然的，
海洋静伏在深凹处是徒然的，巨大的怪物低身偃卧着是徒然的，
秃鹰让自己与苍天同住是徒然的，
蛇滑行着穿过藤蔓和木材是徒然的，
麋鹿躲藏到树林深处是徒然的，
尖喙的海鸟远远地向北漂航到拉布拉多是徒然的，
我迅速地跟着，我上升，直到悬岩裂缝中的巢穴。

（选自《草叶集选》，译林出版社 2013 年版）

赵萝蕤译本：

我相信一片草叶就是星星创造下的成绩，
一只蝼蚁，一颗沙粒，一枚鷦鹩产下的卵也一样完美，
雨蛙是造物者的一件精心杰作，
那蔓生植物悬钩子能够装饰天上的厅堂，
我手上一个最狭小的关节能使一切机器都暗淡无光，
母牛低头嚼草的形像超过了任何雕塑，
一只老鼠这一奇迹足以使亿万个不信宗教者愕然震惊。

我发现我身体里包含着片岩、长须的苔藓、果实、谷米、可口的根芽，

遍体粉刷着走兽和飞禽，

满有理地把身后之物远远抛在身后，
但在愿意的时候又可以把任何物召回。

超速奔跑或羞怯是徒劳的，
火成岩因我的来到而喷射它们古老的烈焰是徒劳的，
柱牙象走避在它自己已碾碎的骨粉下是徒劳的，
事物远远站在一边以千变万化的形体出现是徒劳的，
海洋伏在深渊里，怪兽躲起来是徒劳的，
秃鹰和苍天住在一起是徒劳的，
蛇在藤蔓和木材中间滑行是徒劳的，
麋鹿躲藏在树林深处是徒劳的，
利喙的海鸟远远北航到拉布拉多去是徒劳的，
我急急跟去，直上悬岩裂缝中的巢穴。

（选自《草叶集》，上海译文出版社 1991 年版）

（二）阅读课型探索

1. 文本解读：分析意象，理解内容和情感

（1）意象是诗歌抒情言志的主要载体，引导学生归纳该诗中诗人选取了哪些主要意象。

明确：诗人选取了蚂蚁、沙、鹪鹩、雨蛙、藤蔓、黑莓、母牛、小鼠、片麻石、煤、藓苔、水果、谷粒、菜根、火成岩、爬虫、鹰雕、蝮蛇、麋鹿、海燕等传统诗歌中较为少见的自然意象。

（2）诗人在诗歌节选部分选取的意象和传统的外国诗歌中常见的意象有什么不同？

明确：一般而言，在外国诗歌作品中，我们比较熟悉的动物类意象主要是夜莺、天鹅、麻雀、鸽子、蝴蝶、蜜蜂等。而在该诗歌节选部分，诗人选取的意象看起来很平常、普通，似乎缺乏一般诗歌意象的"美感"和"诗意"。比如蚂蚁、沙、鹪鹩、雨蛙、黑莓、母牛、小鼠、火成岩、爬虫、蝮蛇等，它们容易被人忽略，也体现不出什么"美感"。或者是片麻石、煤、藓苔、水果、谷粒、菜根等，这些都是人们生活中毫不起眼、司空见惯的东西。

（3）诗人为什么会选择这些意象？赋予了它们怎样的诗意？

明确：①诗人来自当时社会的底层，选取这些生活中毫不起眼的、看起来没有什么"美感"的事物，恰恰体现了诗人的本色，反映了诗人当时的思想立场。②《自己之歌》抒发的情感，既是诗人个性化的表达，更代表了美国广大社会底层民众的心声。只有这些底层群众生活中的熟悉事物，才能引发民众的情感共鸣。③诗歌中的意象是为诗人抒情服务的。《自己之歌》抒发的是追求民主、自由的思想，渴望打破传统，挣脱束缚，焕发生命的激情与张力。这些看似不起眼的、容易被人忽略的意象充满了旺盛的生命力，它们自由自在地生长，经受风吹雨打，正如我们说的，平凡的也是伟大的。同时，诗人对这些寻常的甚至是粗俗的事物倾注了无限的热爱之情。在他的眼里，自然界中的任何一分子，无论是巨大还是纤小，都体现着造物者的灵性。借看似不起眼的物抒发磅礴的情感，从而赞美自然界中的万物的神圣性。

2. 技法探析：探析意象组合形式，理解情感起伏流动

（1）该诗选取了大量的意象，它们在组合形式方面有什么特点？

明确：一般而言，诗歌意象的组合形式包括剪影式、并列式、递进式、反差式、跳跃式等。从该诗的意象组合形式来看，主要采用了并列式组合形式，如“一只蚂蚁，一粒沙和一个鹪鹩的卵都是同样地完美”“我看出我是和片麻石、煤、藓苔、水果、谷粒、可食的菜根混合在一起”等。也采用了跳跃式组合形式，如“雨蛙也是造物者的一种精工的制作，藤蔓四延的黑莓可以装饰天堂里的华屋，我手掌上一个极小的关节可以使所有的机器都显得渺小可怜，母牛低头啮草的样子超越了任何的石像”。还采用了反差式组合形式，如“海洋停留在岩洞中，大的怪物偃卧在低处是徒劳的，鹰雕背负着青天翱翔是徒劳的，蝮蛇在藤蔓和木材中间溜过是徒劳的，麋鹿居住在树林的深处是徒劳的，尖嘴的海燕向北漂浮到拉布拉多是徒劳的”。[①]

（2）诗歌意象不同的组合形式如何实现情感的起伏流转？

明确：形式是为内容服务的，意象是为抒情服务的。戴望舒认为，“诗的存在在于它的组织”，这里说的“组织”就是意象的组织。不同的意象组合形式能对诗歌情感的流转、变化起到显著的作用。

①并列式组合：意象的排列既没有什么时间的先后，也不存在承继关系，联系它们的纽带是诗人内在的情绪。[②]这种意象密集的并列，体现出诗人内心澎湃的情感。诗人热情讴歌自然万物，他看到的蝼蚁、沙砾、卵等，都是“星星”创造的成绩，为它们注入了神性的光辉和伟大的力量。诗人的情绪到第二节又有了更进一步的发展。“我看出我是和片麻石、煤、藓苔、水果、谷粒、可食的菜根混在一起”，同样是一系列的意象并列出现，带入了诗人个人强烈的情感，即“我出身

① 惠特曼．草叶集：上［M］．楚图南，李野光，译．北京：人民文学出版社，1994：105-106．

② 陈树宝．诗歌中的意象与意象组合［J］．宁波教育学院学报，2006，8（3）：28-30．

平凡，我来自自然”，自然给予了“我”巨大的能量。

②反差式组合。通过具有强烈对比性的表层意象组合，揭示深层寓意的碰撞与激荡，给读者留下深刻的阅读体验。本诗第三节大量运用了反差式组合形式，纵情高歌。“我”上天入地，无所不能，任谁都不能阻挡“我”的脚步，“我”能量无穷，无拘无束。这正是惠特曼式的自由，渴望冲破一切藩篱，高歌生命与自由。

③跳跃式组合。意象的跳跃在某种程度上来讲就是意象与意象的连接之间出现“空位”，好像没有什么逻辑关联，给读者留下丰富的审美想象空间。“雨蛙、黑莓、极小的关节、母牛、老鼠”，从小动物到植物，又从人到动物，看似跳跃无章，实则包罗万象。它们或独立生活，或远离人类，或安静地存在，或是与人类相依。这正是诗人想抒发的情感，万物无论多么渺小，都有着自己独特的价值，无论以何种形式存在，都是平等的，都是造物者的杰作。

3. 主旨研讨：分析作品抒发的情感，理解诗人自我意识的觉醒

（1）这首诗是如何表现“我”的形象的？

明确：①诗的第一节运用类比的手法，诗人选取了“草叶”等渺小的事物来类比“我”，表明“我”来自自然，“我”和草叶一样是平凡的一员。又把“草叶”等小事物与“星星”等大事物进行对比，以突出“我”虽小却拥有不可替代的价值，大、小事物都是上帝的杰作。②第二节通过对事物的描写来烘托“我”的形象。“我”的身体里包含着片麻石、煤、苔藓、果实等，体现出“我”与自然界中的万物本为一体，并且“全身装饰着飞鸟和走兽，虽然有很好的理由远离了过去的一切，但需要的时候我又可以将任何东西召来”。体现出诗人对自由的渴望和追求，为了自由，“我”可以放弃一切。③第三节把“我”置身于各种逆境来反衬“我”的形象，表现“自己”不管面对何种逆境都绝不退缩，凸显“我”的无所不能，与宇宙融为一体，世间万物都不能阻挡“我”，“我”与天地同在。

（2）诗中的“我”是如何实现自我意识的觉醒的？

①发现自我。自我意识觉醒的前提是要正视自我，发现自我。诗人发挥丰富的想象力，将自我投射在自然界中，把深刻的思想寓于其中。以自然界中的平凡事物来观照自己，如同用一面镜子将自我呈现出来。“草叶、蝼蚁、沙砾、雨蛙”，在诗人看来，这些就是自我本体的生命呈现。由此，诗人说“我看出我是和片麻石、煤、藓苔、水果、谷粒、可食的菜根混在一起”，正是诗人把自我融入大自然，找回了精神层面的“自我”。发现自我，是自我意识觉醒的先决条件，如果一个人失去了对自我的觉察，又何来觉醒呢？

②驱动自我。诗人对自我的发现，促使了“我”的本质意义上的觉醒。而这种觉醒，令诗人从内到外焕发了无穷的生命力。这不仅是对个体的正视，更是对个体价值的深刻领悟。正是基于这种认识，诗人从内心驱动自我，“虽然有很好的理由远离了过去的一切，但需要的时候我又可以将任何东西召来”。诗人爆发出巨大的能量，展现出极强的主观能动性。

③放飞自我。此时，诗人的感情已不可遏制，表现出一泻千里的、无可阻挡的气势。诗人连用九个“徒劳”，铺陈描绘，通过陈列大量的意象，纵情高歌自由、平等、民主。这正是“惠特曼式”的乐观，放飞自我，上天入地，气势恢宏。

（三）拓展阅读

"自然文学"是在美国特殊的自然和人文背景下产生的一种文学，自然与田园是美国文学中一个非常重要的主题，通过歌颂美国田园的自然风光来追求精神自足和升华的美国作家不胜枚举。随着惠特曼生活时期工业的飞速发展，自然和田园逐步让位于城市与机器。由于工业社会的负面侵略性，传统的美国田园逐渐被吞噬，在机器化日益发展的时代，作家们更愿意把目光投向自然，寻求心灵上的自由与宁静。因此，"自然"成为美国文学中不变的主题。19世纪，爱默生的《论自然》率先为美国自然文学的思想奠定了基础。之后，梭罗和惠特曼更是在自己的文学创作中理解自然、体验自然和描写自然。不仅因为"自然"是两位作家的创作内容，更因为他们同样受到了超验主义的影响。学者常常把惠特曼和梭罗放在一起进行研究和探讨，分析惠特曼与梭罗笔下"自然"主题表现的异同等。教师可引导学生试着在"自由"的阅读框架下，感受梭罗的《瓦尔登湖》与惠特曼《自由之歌》的异同之处。

《瓦尔登湖》节选一：

瓦尔登的风景是卑微的，虽然很美，却并不是宏伟的，不常去游玩的人，不住在它岸边的人未必能被它吸引住：但是这一个湖以深邃和清澈著称，值得给予突出的描写。这是一个明亮的深绿色的湖，半英里长，圆周约一英里又四分之三，面积约六十一英亩半；它是松树和橡树林中央的岁月悠久的老湖，除了雨和蒸发之外，还没有别的来龙去脉可寻。四周的山峰突然地从水上升起，到四十至八十英尺的高度，但在东南面高到一百英尺，而东边更高到一百五十英尺，其距离湖岸，不过四分之一英里及三分之一英里。山上全部都是森林。所有我们康科德地方的水波，至少有两种颜色，一种是站在远处望见的，另一种，更接近本来的颜色，是站在近处看见的。第一种更多地靠的是光，根据天色变化。在天气好的夏季里，从稍远的地方望去，它呈现了蔚蓝颜色，特别在水波荡漾的时候，但从很远的地方望去，却是一片深蓝。在风暴的天气下，有时它呈现出深石板色。海水的颜色则不然，据说它这天是蓝色的，另一天却又是绿色了，尽管天气连些微的可感知的变化也没有。我们这里的水系中，我看到当白雪覆盖这一片风景时，水和冰几乎都是草绿色的。有人认为，蓝色“乃是纯洁的水的颜色，无论那是流动的水，或凝结的水”。可是，直接从一条船上俯看近处湖水，它又有着非常之不同的色彩。甚至从同一个观察点，看瓦尔登是这会儿蓝，那忽儿绿。置身于天地之间，它分担了这两者的色素。从山顶上看，它反映天空的颜色，可是走近了看，在你能看到近岸的细砂的地方，水色先是黄澄澄的，然后是淡绿色的了，然后逐渐地加深起来，直到水波一律地呈现了全湖一致的深绿色。却在有些时候的光线下，便是从一个山顶望去，靠近湖岸的水色也是碧绿得异常生动的。有人说，这是绿原的反映；可是在铁路轨道这儿的黄沙地带的衬托下，也同样是碧绿的，而且，在春天，树叶还没有长大，这也许是太空中的蔚蓝，调和了黄沙以后形成的一个单纯的效果。这是它的虹色彩圈的色素。也是在这一个地方，春天一来，冰块给水底反射上来的太阳的热量，也给土地中传播的太阳的热量溶解了，这里首先溶解成一条狭窄的运河的样子，而中间还是冻冰。在晴朗的气候中，像我们其余的水波，激湍地流动时，波平面是在九十度的直角度里反映了天空的，或者因为太光亮了，从较远处望去，它比天空更蓝些；而在这种时候，泛舟湖上，四处眺望倒影，我发现了一种无可比拟、不能描述的淡蓝色，像浸水的或变色的丝绸，还像青锋宝剑，比之天空还更接近天蓝色，它和那波光的另一面原来的深绿色轮番地闪现，那深绿色与之相比便似乎很混浊了。这是一个玻璃似的带绿色的蓝色，照我所能记忆的，它仿佛是冬天里，日落以前，西方乌云中露出的一角晴天。可是你举起一玻璃杯水，放在空中看，它却毫无颜色，如同装了同样数量的一杯空气一样。众所周知，一大块厚玻璃板便呈现了微绿的颜色，据制造玻璃的人说，那是"体积"的关系，同样的玻璃，少了就不会有颜色了。瓦尔登湖应该有多少的水量才能泛出这样的绿色呢，我从来都无法证明。一个直接朝下望着我们的水色的人所见到的是黑的，或深棕色的，一个到河水中游泳的人，河水像所有的湖一样，会给他染上一种黄颜色；但是这个湖水却是这样地纯洁，游泳者会白得像大理石一样，而更奇怪的是，在这水中四肢给放大了，并且给扭曲了，形态非常夸张，值得让米开朗琪罗来作一番研究。

《瓦尔登湖》节选二：

湖岸怎么会铺砌得这样整齐，有人百思不得其解，乡镇上的人都听到过传说，最年老的人告诉我说，他们是在青年时代听来的——在古时候，正当印第安人在一个小山上举行狂欢庆典，小山忽然高高升到天上，就像湖现在这样深深降入地下，据说他们做了许多不敬神的行为，其实印第安人从没有犯过这种罪，正当他们这样亵渎神明的时候，山岳震撼，大地突然间沉下去，只留下了一个印第安女子，名叫瓦尔登，她逃掉了性命，从此这湖沿用了她的名字。据揣想是在山岳震撼时，这些圆石滚了下来，铺成了现在的湖岸。无论如何，这一点可以确定，以前这里没有湖，现在却有了一个；这一个印第安神话跟我前面说起过的那一位古代的居民是毫无抵触的，他清清楚楚地记得他初来时，带来一根魔杖，他看到草地上升起了一种稀薄的雾气，那根榛木杖就一直指向下面，直到后来他决定挖一口井。至于那些石子呢，很多人认为它们不可能起固于山的波动；据我观察，四周的山上有很多这样的石子，因此人们不能不在铁路经过的最靠近那湖的地方在两边筑起墙垣；而且湖岸愈是陡削的地方，石子愈是多；所以，不幸的是，这对于我不再有什么神秘了。我猜出了铺砌的人来了。如果这个湖名不是由当地一个叫萨福隆·瓦尔登的英国人的名字化出来的话，——那末，我想瓦尔登湖原来的名字可能是围而得湖。

（选自《瓦尔登湖》，上海译文出版社 2004 年版，徐迟译）

参 考 文 献

《哈姆莱特》

一、专著

［1］ 福斯特. 小说面面观［M］. 苏炳文，译. 广州：花城出版社，1984.
［2］ 卞之琳. 莎士比亚悲剧论痕［M］. 合肥：安徽教育出版社，2007.
［3］ 程雪猛，祝捷. 解读莎士比亚戏剧［M］. 武汉：武汉大学出版社，2008.
［4］ 段自力. 朱生豪莎剧翻译经典化研究［M］. 杭州：浙江大学出版社，2015.
［5］ 黑格尔. 哲学史讲演录［M］. 贺麟，王太庆，译. 北京：商务印书馆，1959.
［6］ 黑格尔. 逻辑学：下卷［M］. 杨一之，译. 北京：商务印书馆，1976.
［7］ 麦克格雷格. 莎士比亚的动荡世界［M］. 范浩，译. 郑州：河南大学出版社，2016.
［8］ 帕斯卡尔. 思想录：第6编［M］. 何兆武，译. 北京：商务印书馆，1985.
［9］ 莎士比亚. 莎士比亚全集：第五卷［M］. 朱生豪，译. 北京：人民文学出版社，1994.

[10] 莎士比亚. 莎士比亚悲剧喜剧全集：悲剧Ⅱ[M]. 朱生豪，译. 杭州：浙江文艺出版社，2017.

[11] 莎士比亚. 无事生非[M]. 朱生豪，译. 南京：译林出版社，2018.

[12] 叔本华. 作为意志与表象的世界[M]. 石冲白，译. 北京：商务印书馆，1982.

[13] 索天章. 莎士比亚：他的作品及其时代[M]. 上海：复旦大学出版社，1986.

[14] 亚里士多德. 诗学[M]. 陈中梅，译. 北京：商务印书馆，1996.

[15] 杨周翰. 莎士比亚评论汇编：上[M]. 北京：中国社会科学出版社，1979.

[16] 杨周翰. 莎士比亚评论汇编：下[M]. 北京：中国社会科学出版社，1981.

[17] 张沛. 哈姆雷特的问题[M]. 北京：北京大学出版社，2006.

[18] 张泗洋，徐斌，张晓阳. 莎士比亚引论：上[M]. 北京：中国戏剧出版社，1989.

[19] 张泗洋，徐斌，张晓阳. 莎士比亚引论：下[M]. 北京：中国戏剧出版社，1989.

[20] 中国莎士比亚研究会. 莎士比亚研究：创刊号[M]. 杭州：浙江人民出版社，1983.

[21] 中国莎士比亚研究会. 莎士比亚研究：第二期[M]. 杭州：浙江文艺出版社，1984.

二、期刊

[1] 丁春花. 品读人称，破解哈姆莱特的疯言密码[J]. 语文学习，2020（7）：19-20.

[2] 姜丽．经典独白的艺术魅力［J］．语文学习，2020（7）：21–22.
[3] 李红玲．论《哈姆莱特》中人物语言特色［J］．大观（论坛），2020（8）：150–151.
[4] 刘海云．《窦娥冤》与《哈姆莱特》的比较：中西古代复仇时间观为何不同？［J］．语文教学与研究，2019（19）：89–92.
[5] 刘生权．《哈姆莱特》整本书阅读素养测评［J］．语文教学通讯，2020（Z1）：136–140.
[6] 覃薇薇．中学戏剧教学中“剧场感”的营造策略探究：以《哈姆莱特（节选）》的教学为例［J］．中学教学参考，2018（6）：91–93.
[7] 王纪田，杨平．新课程背景下高中戏剧教学的思考与实践［J］．山东教育，2020（Z5）：47–49.
[8] 王楠．颠覆与虚无：莎剧《麦克白》与《哈姆莱特》中的主观性困境［J］．社会，2020，40（1）：124–163.
[9] 王忠亚，张秋玲．戏剧与人生：统编高中语文必修下册第二单元专题学习设计［J］．语文教学通讯，2020（7）：47–50.
[10] 伍佩敏．开展整本书阅读教学的几个措施［J］．语数外学习（高中版上旬），2020（6）：28–29.
[11] 肖鹰．审美文化：历史与现实［J］．浙江学刊，1997（5）：54–57.
[12] 薛琦．《〈窦娥冤〉〈雷雨〉〈哈姆莱特〉群文阅读》教学设计［J］．中学语文教学，2020（5）：67–70.

《变形记》

一、专著

[1] 阿尔特. 卡夫卡传 [M]. 张荣昌，译. 重庆：重庆大学出版社，2012.

[2] 弗洛姆. 健全的社会 [M]. 孙恺祥，译. 贵阳：贵州人民出版社，1994.

[3] 纳博科夫. 纳博科夫文学讲稿三种：文学讲稿 [M]. 申慧辉，等译. 上海：上海译文出版社，2018.

[4] 叶廷芳. 卡夫卡全集：第5卷 [M]. 黎奇，赵登荣，译. 石家庄：河北教育出版社，1996.

[5] 叶廷芳. 卡夫卡全集：第6卷 [M]. 孙龙生，译. 石家庄：河北教育出版社，1996.

[6] 叶廷芳. 卡夫卡全集：第7卷 [M]. 叶廷芳，黎奇，赵乾龙，等译. 石家庄：河北教育出版社，1996.

[7] 卡夫卡. 变形记：中短篇小说集 [M]. 张荣昌，译. 上海：上海译文出版社，2012.

[8] 卡夫卡. 卡夫卡短篇小说选 [M]. 叶廷芳，译. 桂林：漓江出版社，2013.

[9] 布鲁姆. 西方正典 [M]. 江宁康，译. 南京：译林出版社，2005.

[10] 马尔库塞. 爱欲与文明：对弗洛伊德思想的哲学探讨 [M]. 黄勇，薛民，译. 上海：上海译文出版社，2005.

[11] 马克思. 1844年经济学哲学手稿 [M]. 中共中央马克思恩格斯列宁斯大林著作编译局，译. 北京：人民出版社，2000.

[12] 勃罗德. 卡夫卡传 [M]. 叶廷芳，黎奇，译. 石家庄：河北教育出版社，1997.

[13] 昆德拉. 小说的艺术 [M]. 孟湄, 译. 北京: 生活·读书·新知三联书店, 1992.
[14] 叶廷芳. 论卡夫卡 [M]. 北京: 中国社会科学出版社, 1988.
[15] 曾艳兵. 卡夫卡研究 [M]. 北京: 商务印书馆, 2009.

二、期刊

[1] 郭祥赓, 戴经论. 我国研究卡夫卡述评 [J]. 外国文学研究, 1983 (2): 134-137.

《大卫·科波菲尔》

一、专著

[1] 阿尼克斯特. 英国文学史纲 [M]. 戴镏龄, 吴志谦, 桂诗春, 等译. 北京: 人民文学出版社, 1959.
[2] 福斯特. 小说面面观 [M]. 广州: 花城出版社, 1984.
[3] 狄更斯. 大卫·科波菲尔 [M]. 宋兆霖, 译. 郑州: 河南文艺出版社, 2015.
[4] 狄更斯. 圣诞颂歌 [M]. 吴钧陶, 译. 南京: 译林出版社, 2019.
[5] 巴克莱. 青春的季节－成长小说: 从狄更斯到戈尔丁 [M]. 郑利萍, 译. 济南: 明天出版社, 2014.
[6] 罗经国. 狄更斯评论集 [M]. 上海: 上海译文出版社, 1981.
[7] 罗经国. 狄更斯的创作 [M]. 沈阳: 辽宁大学出版社, 2001.
[8] 赖干坚. 狄更斯: 为人道而战的伟大作家 [M]. 厦门: 厦门大学出版社, 2015.

[9] 梁实秋. 英国文学史［M］. 北京：新星出版社，2011.
[10] 上海辞书出版社文学鉴赏辞典编纂中心. 狄更斯作品鉴赏辞典［M］. 上海：上海辞书出版社，2015.
[11] 伊瓦肖娃. 狄更斯评传［M］. 蔡文显，廖世健，李筱菊，译. 广州：广东人民出版社，1983.
[12] 赵炎秋. 狄更斯长篇小说研究［M］. 北京：社会科学文献出版社，1996.
[13] 赵炎秋. 狄更斯研究文集［M］. 蔡熙，刘白，赵炎秋，译. 南京：译林出版社，2014.
[14] 赵炎秋，刘白，蔡熙. 狄更斯学术史研究［M］. 南京：译林出版社，2014.

二、期刊

[1] 曲宪明. 狄更斯小说艺术风格浅论［J］. 作家，2015（24）：140-141.
[2] 申家仁.《大卫·科波菲尔》：自我的解脱与补偿［J］. 佛山大学佛山师专学报（社会科学版），1990（1）：26-35.
[3] 张世梅，田祥斌. 狄更斯笔下的孤儿形象［J］. 青海师专学报，2000（1）：45-48.
[4] 张怡. 论狄更斯小说艺术风格的演变［J］. 吉林化工学院学报，2015，32（2）：8-10.

《复活》

一、专著

［1］ 波波夫金. 列夫·托尔斯泰传［M］. 李未青，辛守魁，译. 哈尔滨：黑龙江人民出版社，1987.
［2］ 曹明海. 文学解读学导论［M］. 北京：人民文学出版社，1997.
［3］ 日丹诺夫.《复活》的创作过程［M］. 雷成德，译. 呼和浩特：内蒙古人民出版社，1982.
［4］ 黄霖，韩同文. 中国历代小说论著选［M］. 南昌：江西人民出版社，1982.
［5］ 托尔斯泰. 列夫·托尔斯泰论创作［M］. 戴启篁，译. 南宁：漓江出版社，1982.
［6］ 托尔斯泰. 复活［M］. 草婴，译. 上海：上海译文出版社，1983.
［7］ 托尔斯泰. 忏悔录［M］. 崔建华，译. 杭州：浙江文艺出版社，2015.
［8］ 刘国屏，于心文. 世界文学名著导读：下［M］. 南昌：百花洲文艺出版社，1996.
［9］ 罗兰. 名人传［M］. 张冠尧，艾珉，译. 北京：人民文学出版社，2010.
［10］倪蕊琴. 俄国作家批评家论列夫·托尔斯泰［M］. 北京：中国社会科学出版社，1982.
［11］王立明.《复活》诠释与解读［M］. 北京：中国少年儿童出版社，2002.
［12］伍尔夫. 伍尔夫读书随笔［M］. 刘文荣，译. 上海：文汇出版社，2006.
［13］郑克鲁. 外国文学史：上［M］. 北京：高等教育出版社，2001.

二、期刊

［1］ 曹明海．文体艺术价值：人物形象表现功能解读：小说教学中“怎么读”的问题分析［J］．语文教学通讯，2021（1）：16-20．

［2］ 王梅菊．从《复活》解析托尔斯泰的宗教思想［J］．文教资料，2014（19）：10-11．

［3］ 杨道麟．试论经典小说的教育策略［J］．喀什师范学院学报，2010，31（6）：87-91．

［4］ 宋瑞静．托尔斯泰与阿尔扎马斯之夜［J］．世界文化，2009（7）：15-16．

［5］ 杨道麟．语文教育应探求真善美融合的新理念［J］．贵州师范大学学报（社会科学版），2007（6）：130-132．

［6］ 杜春荣．就《复活》试论托尔斯泰的艺术渊源［J］．辽宁大学学报（哲学社会科学版），1993（2）：76-79．

［7］ 白晓朗，黄林妹．如何理解《复活》中的“复活”［J］．外国文学研究，1983（4）：111-114．

［8］ 易漱泉．托尔斯泰创作中聂赫留朵夫的形象［J］．湖南师院学报（哲学社会科学版），1981（2）：95-102．

［9］ 徐稚芳．《复活》中的卡秋莎·玛丝洛娃的形象［J］．国外文学，1981（1）：42-48．

《老人与海》

一、专著

[1] 陈平原. 中国小说叙事模式的转变［M］. 上海：上海人民出版社，1988.

[2] 董衡巽. 海明威研究［M］. 北京：中国社会科学出版社，1980.

[3] 董衡巽. 海明威传［M］. 杭州：浙江文艺出版社，2006.

[4] 卡莱. 八分之七的冰山：海明威传［M］. 周琳琳，译. 北京：中央编译出版社，2019.

[5] 哈米顿. 小说法程［M］. 华林一，译. 上海：商务印书馆，1924.

[6] 海明威. 老人与海［M］. 李育超，译. 北京：人民文学出版社，2012.

[7] 海明威. 流动的盛宴［M］. 汤永宽，译. 上海：上海译文出版社，2016.

[8] 金苏. 海明威评传［M］. 北京：中华工商联合出版社，2018.

[9] 李瑞红，孟晓媛. 海明威［M］. 沈阳：辽宁人民出版社，2014.

[10] 热奈特. 叙事话语　新叙事话语［M］. 王文融，译 . 北京：中国社会科学出版社，1990.

[11] 申丹，王丽亚. 西方叙事学：经典与后经典［M］. 北京：北京大学出版社，2010.

[12] 申丹. 叙事、文体与潜文本：重读英美经典短篇小说［M］. 北京：北京大学出版社，2018.

[13] 杨仁敬. 海明威学术史研究［M］. 南京：译林出版社，2014.

[14] 张薇. 海明威小说的叙事艺术［M］. 上海：上海社会科学院出版社，2005.

[15] 朱光潜. 悲剧心理学［M］. 北京：人民文学出版社，1983.

二、期刊

［1］保世华.《老人与海》教学设计［J］. 现代语文（教学研究版），2015（8）：2，40–42.

［2］江溶. 海明威《老人与海》创作史初探［J］. 北京大学学报（哲学社会科学版），1992（1）：112–121.

［3］刘久明. “重压下的优雅风度”与海明威的“准则英雄”［J］. 外国文学研究，1998（2）：51–54.

［4］刘铁. 给人类增添信心与力量的文学形象：论海明威的“生命英雄”［J］. 外国文学研究，1998（2）：45–50.

［5］刘义峰.《老人与海》的艺术特色新解读［J］. 东北师大学报（哲学社会科学版），2014（5）：276–278.

［6］曲涛. 叙事大师海明威笔下变幻多“焦”的《老人与海》［J］. 外国语文，2012，28（S1）：4–6，19.

［7］王宁. 海明威的美学思想及创作实践［J］. 外国文学研究，1983（3）：50–56.

［8］杨大亮. 英雄的再创造：《老人与海》中桑提亚哥形象的塑造［J］. 河南师范大学学报（自然科学版），1996（3）：74–77.

［9］杨大亮，吴秀玲. 海明威笔下“硬汉”形象的成长轨迹［J］. 河南师范大学学报（哲学社会科学版），2001（2）：69–72.

［10］张广录. “冰山理论”：开启《老人与海》的一把钥匙：兼《老人与海》教学设计［J］. 中学语文教学，2011（2）：46–49.

三、其他

［1］蔡小文.《老人与海》：描述永恒的精神［N］. 光明日报，2017-12-04（4）.

[2] 欧阳开宇. 习近平出访“读书会”：不仅荐书，也是展大国姿态[N/OL].(2015-09-23)[2021-04-26]. https://www.chinanews.com/gn/2015/09-23/7540744.shtml.
[3] 周峰. “渔”行为与海明威[D]. 上海：华东师范大学，2011.
[4] 邱云峰. 美国二十世纪“迷惘的一代”研究[D]. 济南：山东大学，2008.

《百年孤独》

一、专著

[1] 陈众议. 拉美当代小说流派[M]. 北京：社会科学文献出版社，1995.
[2] 段若川. 安第斯山上的神鹰：诺贝尔奖与魔幻现实主义[M]. 武汉：武汉出版社，2000.
[3] 布鲁姆. 小说家与小说[M]. 石平萍，译. 南京：译林出版社，2018.
[4] 加莱亚诺. 拉丁美洲被切开的血管[M]. 王玫，等译. 南京：南京大学出版社，2018.
[5] 马尔克斯. 百年孤独[M]. 吴健恒，译. 昆明：云南人民出版社，1993.
[6] 马尔克斯. 两百年的孤独：[哥伦比亚]加西亚·马尔克斯谈创作[M]. 朱景冬，等译. 昆明：云南人民出版社，1997.
[7] 马尔克斯. 我不是来演讲的[M]. 李静，译. 海口：南海出版公司，2012.

[8] 马尔克斯. 族长的秋天［M］. 轩乐，译. 海口：南海出版公司，2014.

[9] 马尔克斯，门多萨. 番石榴飘香［M］. 林一安，译. 海口：南海出版公司，2015.

[10] 马尔克斯. 礼拜二午睡时刻［M］. 刘习良，笋季英，译. 海口：南海出版公司，2015.

[11] 马尔克斯. 百年孤独［M］. 范晔，译. 海口：南海出版公司，2017.

[12] 马尔克斯. 没有人给他写信的上校［M］. 陶玉平，译. 海口：南海出版公司，2018.

[13] 桑塔格. 疾病的隐喻［M］. 程巍，译. 上海：上海译文出版社，2003.

[14] 索萨. 拉丁美洲思想史述略［M］. 昆明：云南人民出版社，2003.

[15] 滕威. "边境"之南：拉丁美洲文学汉译与中国当代文学（1949—1999）［M］. 北京：北京大学出版社，2011.

[16] 崔宝衡. 外国散文鉴赏辞典②：现当代卷［M］. 上海：上海辞书出版社，2010.

[17] 吴晓东. 从卡夫卡到昆德拉：20世纪的小说和小说家［M］. 2版. 北京：生活·读书·新知三联书店，2017.

[18] 詹明信. 晚期资本主义的文化逻辑［M］. 2版. 陈清桥，等译. 北京：生活·读书·新知三联书店，2013.

[19] 张国培. 加西亚·马尔克斯研究资料［M］. 天津：南开大学出版社，1984.

[20] 朱景冬. 我承认，我历尽沧桑［M］. 北京：中国社会科学出版社，1993.

二、期刊

[1] 范晔. 美人食土及其他［J］. 读书，2018（6）：66-73.

[2] 陈众议.保守的经典 经典的保守：再评加西亚·马尔克斯的《百年孤独》［J］. 当代作家评论，2011（5）：4-9.

[3] 李洁非. 寻根文学：更新的开始（1944—1985）［J］. 当代作家评论，1995（4）：101-113.

[4] 略萨，林一安. 加西亚·马尔克斯评传［J］. 世界文学，1988（4）：5-79.

[5] 吴祖明. 停滞的时间 孤独的死亡：论《百年孤独》的时间意识［J］. 江汉大学学报，1997（5）：37-41.

[6] 张懿德，林德. 马尔克斯与富恩特斯的文学信札四则［J］. 书城，2012（1）：81-85.

[7] FUENTES C. Gabriel Garcia Marquez and the invention of America［J］. Harvard international review，1983，6（2）：6.

三、学术论文

[1] 李翠云.《百年孤独》的叙述学研究［D］. 南京：南京师范大学，2008.

[2] 田艳. 论《百年孤独》的寓言性［D］. 武汉：华中师范大学，2007.

四、网址

[1] 詹明信. 詹明信谈《百年孤独》：没有魔幻［EB/OL］.（2017-07-14）［2021-05-30］. https：//www.thepaper.cn/newsDetail_forward_1730919.

《玩偶之家》

一、专著

［1］ 费孝通. 乡土中国.［M］. 北京：人民出版社. 2015.
［2］ 高中甫. 易卜生评论集［M］. 北京：外语教学与研究出版社，1982.
［3］ 胡适. 胡适经典文存［M］. 上海：上海大学出版社，2004.
［4］ 科勒曼. 戏剧大师易卜生［M］. 蒋嘉，蒋虹丁，译. 长沙：湖南人民出版社，1985.
［5］ 李赋宁，彭克巽. 欧洲文学史：第二卷［M］. 北京：商务印书馆，2001.
［6］ 亚里士多德. 诗学［M］. 陈中梅，译. 北京：商务印书馆，1996.
［7］ 闫晶明. 鲁迅演讲集［M］. 桂林：漓江出版社，2001.
［8］ 易卜生. 易卜生戏剧四种［M］. 潘家洵，译. 北京：人民文学出版社，2019.
［9］ 易卜生. 易卜生文集：第五卷［M］. 潘家洵，译. 北京：人民文学出版社，1995.

二、期刊

［1］ 范文瑚.《玩偶之家》在中国：兼评胡适的《易卜生主义》［J］. 四川师院学报（社会科学版），1980（1）：48–54，65.
［2］ 蒋承勇. 仅仅是“妇女解放”问题吗？:《玩偶之家》及“易卜生主义”考辨［J］. 外国文学，2018（2）：3–7.
［3］ 汪余礼. 重审“易卜生主义的精髓”［J］. 戏剧艺术，2013（5）：41–49.

［4］王忠祥．易卜生“社会问题剧”举隅［J］．华中师院学报（哲学社会科学版），1982（2）：64-69．
［5］王忠祥．关于易卜生主义的再思考［J］．外国文学研究，2005（5）：42-44，171．

《自己之歌》

一、专著

［1］埃利奥特．哥伦比亚美国文学史［M］．朱通伯，等译．成都：四川辞书出版社，1994．
［2］艾青．艾青诗选［M］．北京：人民文学出版社，1979．
［3］常耀信．精编美国文学史［M］．天津：南开大学出版社，2016．
［4］方红，朱新福．英国文学选读［M］．苏州：苏州大学出版社，2017．
［5］布鲁姆．西方正典：伟大作家和不朽作品［M］．江宁康，译．南京：译林出版社，2011．
［6］惠特曼．草叶集［M］．沈阳：辽宁人民出版社，2017．
［7］惠特曼．草叶集［M］．赵萝蕤，译．上海：上海译文出版社，1991．
［8］惠特曼．草叶集［M］．楚图南，李野光，译．北京：人民文学出版社，1994．
［9］惠特曼．草叶集选［M］．李野光，译．南京：译林出版社，2013．
［10］罗良功．英诗概论［M］．武汉：武汉大学出版社，2002．
［11］李野光．惠特曼评传［M］．上海：上海文艺出版社，1988．
［12］李野光．惠特曼精选集［M］．济南：山东文艺出版社，1997．

［13］李野光．惠特曼研究［M］．上海：上海外语教育出版社，2003．
［14］刘守兰．英美名诗解读［M］．上海：上海外语教育出版社，2003．
［15］霍顿，爱德华兹．美国文学思想背景［M］．房炜，孟昭庆，译．北京：人民文学出版社，1991．
［16］伯科维奇．剑桥美国文学史：第四卷［M］．李增，译．北京：中央编译出版社，2010．

二、期刊

［1］艾略特，裘小龙．观点（选译）［J］．诗探索，1981（2）：104-109．
［2］陈树宝．诗歌中的意象与意象组合［J］．宁波教育学院学报，2006，8（3）：28-30．
［3］郭英杰，赵青．惠特曼《自我之歌》的主题思想研究［J］．北京第二外国语学院学报，2010，32（2）：48-52．
［4］黄宗英．惠特曼《我自己的歌》：一首抒情史诗［J］．北京大学学报（哲学社会科学版），2001（4）：143-150．
［5］刘树森．评《草叶集》的六个中译本（上）：纪念惠特曼逝世一百周年［J］．外国语（上海外国语学院学报），1992（1）：40-46，82．
［6］刘树森．评《草叶集》的六个中译本（下）：纪念惠特曼逝世一百周年［J］．外国语（上海外国语学院学报），1992（2）：32-37．
［7］刘树森．探索惠特曼诗歌的深层结构与价值：《〈草叶集〉：歌唱自我与民主的美国抒情史诗》评析［J］．国外文学，1995（1）：36-40．
［8］王贵明，刘文杰．《我自己之歌》中的超验主义思想［J］．北京理工大学学报（社会科学版），2005（4）：67-71．

三、学位论文

[1] 李荣. 论惠特曼与美国文化的精神联系 [D]. 武汉：华中科技大学，2009.

[2] 史记. 惠特曼诗歌在中国的评介与接受研究 [D]. 长春：吉林大学，2012.

[3] 宋思令. 惠特曼诗歌主题分析 [D]. 沈阳：辽宁大学，2013.

[4] 王敏. 惠特曼笔下的“海” [D]. 湘潭：湘潭大学，2012.

后 记

《推向》几订纲目，数易其稿，终于宣告完成。本书作为带有学术意味的教材辅导书目，期间遇到的最大困难还是如何在编写上平衡学术和教学的内容。各章的编写者身份不同、职业各异，有来自珠三角名校的资深一线教师，也有来自高校的博士生、学者，学院派和实践派之间常有碰撞：课文的主题分析和艺术手法该如何表述，这本面向素质教育的教辅定位是否合理，如何在学术视野下规避诘屈聱牙的理论而更为平易近人，一线教师如何在文学史坐标下合理运用理论分析课文？以上问题都值得商榷。

令人欣喜的是，各位作者在撰写过程中，对外国文学的阐释和理论的学习表现热情且积极：他们翻起了繁琐的人物传记、晦涩的叙事理论，甚至主动了解如欧洲文艺复兴、英国维多利亚时期、俄国沙皇时期、拉丁美洲的文学爆炸等历史，才呈现了如此生动丰富的人物与时代背景的简介，满足教师教学活动所需、学生认知规律的课文阐释分析。以上都贴合新课标，在完成教学任务的前提下响应“双减”政策，培养学生的批判性思维，并提高其人文素养。在此，再次感谢《语文月刊》胡家俊主编的支持，感谢林健、杨婷婷对本教参的定位与内容提供了许多宝贵的建议与设想。感谢博士生邓丽婵，在校对文献、统筹稿件等方面做出了许多努力。感谢晏丽萍、李金华、张小丹、潘艳荔、钟培旭、黄文继几位名师，他们十分配合我的编写工作，常常为了一场会议讨论百忙之中从中山、东莞、广州赶来，感谢博士生鲁雅俊和硕士李瑞妍，本书的打磨离不开辛勤的作者们。感谢教育局和华南师大对我工作的支持。

在写作中，另一困难是如何处理课本中消沉的主题，使得学生恰如其分接受，在感悟之余仍对生活保持美好的向往。伟大的文学经典都是“孤独”的，一方面是因其原创性和此前的作品区分开来；另一方面，孤独是文学经典永恒的主题，如哈姆莱特独自怀抱重整乾坤的人文理想死去；格里高尔变为虫后苟且在阴冷的房间中，一旦出现在公共领域必定招致驱逐；可怜的大卫几经辗转，在生存和寻亲中挣扎；聂赫留朵夫“背叛”了自己的阶级道德，寻求精神上的复活；老渔夫圣地亚哥在大海中独自与鲨鱼进行搏斗，誓死捍卫胜利成果；横亘几代人的孤独在马孔多小镇的上空挥之不去，布恩迪亚家族重复着无趣枯燥的生活；觉醒后渴望从玩偶之家逃离的娜拉在当时的欧洲社会必是一位被视为异类的女性；美国浪漫主义诗人惠特曼“自由体”诗歌呼吁摆脱欧洲传统文学的影响，也并非即刻为时人所接受。凡此种种，都涉及到孤独这一主题，孤独贯穿于每一篇外国名著节选课文中。教师如何处理此类主题的阐释是一个迫切的问题。

然而，也不必过于担忧。一是高中生具备了一定的情绪调解能力，且在当今时代，他们的阅读数量之大、阅读体裁之广让人惊奇，尽管可能包括更多非经典的、碎片化的内容。二是高中生若无法回避在阅读文学经典时遇到的消沉主题，教师应该主动引导学生“复行数十步”，才可达“豁然开朗”之境。例如《哈姆莱特》中挪威王子福丁布拉斯起誓要接替哈姆莱特的精神成为一位贤明的君主，实际上承继了哈姆莱特的人文主义精神；《大卫·科波菲尔》大卫保持心中的善意，在苦难挣扎中道德渐趋完善；《老人与海》的圣地亚哥尽管未能保住马林鱼，但是巨大的鱼骨架是他胜利的象征，老人的精神影响到了与其相依为命的小学徒。凡此总总，可知文学的主题表达不尽然是光明的，但必会留出罅隙，让阳光得以照射进来。

在教授学生学习课文之余，还应鼓励他们进入整本书的阅读当中，并因此获得愉悦感，消除日常生活的百无聊赖和内心孤独，代之以充实和慰藉。如今电子资源唾手可得，书架上尽是琳琅满目一片，若不细细阅读，对其品味则容易流于肤浅。大卫·科波菲尔在其感到希望消失、前途渺茫之时，视书架上的旧书为唯一、忠诚的慰藉。无论是教师或是学生都应该保持着非功利的心态去读小说、诗歌、戏剧甚至理论，以此在愉悦中摆脱庸俗，并到达最终的目标——知识，而教学的最终归宿也是知识的传授。在社会上，我们共享着由特定的社会形态、文化政治结构所塑造的情感结构。

总而言之，语文的教学本应致力于教授创造性思维、文学想象力或语言表达能力，要完成这一动态的思维过程，实在任重道远。愿《推向》承载编写者的一点人文理想和向往，对一线教师与学生的教材名著阅读能稍有助益。

陈少华

2024 年 5 月于广州华商学院